Practical Vim

손이 먼저 반응하는 Practical Vim

초판 1쇄 발행 2017년 2월 28일 **지은이** 드류 네일 **옮긴이** 김용균 **펴낸이** 한기성 **펴낸곳** 인사이트 **편집** 문선미 **제작 · 관리**
박미경 **용지** 월드페이퍼 **출력** 소다미디어 **인쇄** 현문인쇄 **후가공** 이지앤비 **제본** 자현제책 **등록번호** 제10-2313호 **등록일자**
2002년 2월 19일 **주소** 서울시 마포구 잔다리로 119 석우빌딩 3층 **전화** 02-322-5143 **팩스** 02-3143-5579 **블로그** http://
www.insightbook.co.kr **이메일** insight@insightbook.co.kr **ISBN** 978-89-6626-208-3 책값은 뒤표지에 있습니다. 잘못
만들어진 책은 바꾸어 드립니다. 이 책의 정오표는 http://www.insightbook.co.kr에서 확인하실 수 있습니다. 이 도서의 국
립중앙도서관 출판예정도서목록(CIP)은 서지정보유통지원시스템 홈페이지(http://seoji.nl.go.kr)와 국가자료공동목록시스템
(http://www.nl.go.kr/kolisnet)에서 이용하실 수 있습니다.(CIP제어번호: CIP2017001620)

손이 먼저 반응하는

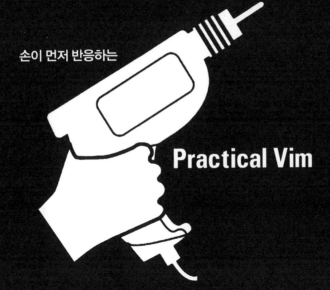

Practical Vim

드류 네일 지음 | 김용준 옮김

인사이트
insight

차례

3부 빠르게 이동하기

4부 레지스터

옮긴이의 글

리눅스를 처음 배울 때, 화면은 멀쩡한데 키 입력이 하나도 되지 않고 먹통이 되던 순간이 종종 있었다. 그럴 때마다 내가 선택할 수 있는 유일한 방법은 본체 스위치를 눌러서 끄는 것이었다. 그때 봤던 책에는 분량 탓인지 nano 외에는 다른 설명이 없었는데 만약 그때 그 문제의 화면이 Vim이었다는 점을 알았다면 지금 내 인생이 또 달라지지 않았을까 하는 생각이 든다. 이렇게 Vim을 마주하고도 이 도구가 얼마나 강력한 도구인지 알기 전까지는 글자 하나 입력하는 일도 쉽지 않다. 이런 Vim을 사용하는 방법을 곁에서 하나씩 가르쳐 주는 선생님이 있다면 얼마나 좋을까? 이 책을 처음 읽었을 때 평생 기다리던 선생님을 만난 기분이었다.

Vim은 편집기 역사의 흐름 속에 서 있는 도구 중 하나로, 오래 사용된 만큼 수많은 비법과 겹겹이 쌓인 내공이 가득한 편집 도구다. Vim을 배우다 보면 지금보다 더 많은 기술적 제약이 있던 시절부터 효율성에 대한 깊은 고민이 있었다는 것을 이곳저곳에서 발견할 수 있을 것이다. 하지만 처음에는 이런 기술적 깊이가 배워야 할 범위를 넓혀 놓기 때문에 Vim을 어디서부터 배우고 사용해야 할지 막막한 기분마저 든다. 하지만 차근차근 하나씩 배워가면서 Vim에 익숙해지기 시작하면 어느 편집기보다도 빠르게 사용할 수 있고, 생각을 코드로 전환하는 시간을 아낄 수 있다. Vim의 철학을 이해하고 각각의 기능을 수련하다 보면 마치 뇌가 확장돼서 화면 위에 존재하는 것처럼 느껴질 것이다. 생각만 했는데 내용이 화면에 나타나는 착각마저 들지도 모른다.

설명서 한번 읽는다고 Vim의 기능을 다 알기는 어려울 것이다. 이 책은 선형적인 학습서의 모습을 탈피하고 요리책과 같은 형식을 채택하고 있으며 각각의 주제를 병렬로 나열하고 있다. 앞에서부터 차근차근 읽어도 되지만 필요한 요리법만 발췌해서 읽어도 상관없을 것이다. 이 구성은 단순히 책에만 국한되지 않고 Vim을 학습하는 기법까지 확장해서 적용할 수 있다. Vim을 꾸준히 사용하면서 동시에 자신이 필요한 부분을 찾아보고, 더 나아가 자신에게 꼭 맞는 맞춤형 도구가 되도록 다듬는 과정이 필요하다. 그런 의미에서 이 책은 Vim을 세세하게 설명하는 설명서라기보다는 Vim을 '내 것'으로 만들기 위해서 어떤 시각과 방법으로 보고 습득해야 하는지 알려주는 지침서에 가깝다. 물론 이 책을 본다고 해서 Vim을 완전히 마스터할 수는 없다. 하지만 숙련자가 되는 방법을 배우고 싶다면 꼭 읽어야 하는 책이라고 자신 있게 말할 수 있다. 이 책이 Vim 숙련자로 가는 길에 도움이 되었으면 좋겠다.

먼저 좋아하는 도구에 대한 책을 번역할 수 있도록 기회를 주신 인사이트와 편집에 수고해주신 문선미 님께 감사 말씀을 전한다. 이 책을 번역하는 동안 주변 여러 사람에게 많은 도움을 받았다. 번역 작업을 흔쾌히 허락해준 Scott Lovett, 호주 생활에서 늘 든든한 힘이 되어준 유정협 님, 김지만 님, 늘 응원의 말을 해줬던 강미경 님을 비롯한 이상한모임 식구들, 그리고 항상 기도로 후원해준 가족과 김민경 님께 감사의 말씀을 드리고 싶다.

호주 멜버른에서
김용균

지은이의 글

가장 먼저, Vim을 개발한 브램 무레너(Bram Moolenaar)에게 감사를 전한다. Vim은 시대를 초월한 소프트웨어다. 앞으로도 Vim이 성장하는 만큼 나도 성장할 수 있기를 기대해 본다.

이 책을 만들기 위해 함께 힘써준 Pragmatic Bookshelf 모든 직원분께 감사한다. 잦은 짜증과 성장통으로 괴롭게 해도, 친절히 글을 쓰는 방법을 알려주고 책을 다듬는 것을 도와준 개발 편집자 케이 캐플러에게 특별히 감사의 말을 전한다. 또한 일반적이지 않은 구성 요청을 능숙하게 처리해준 데이비드 켈리와 개정판 편집자 케서린 드보락에게도 감사의 말을 전한다.

처음에는 이 책을 레시피 방식으로 쓰지 않았다. 집필 도중 수잔나 팔처가 레시피 구성 방식을 제안했고, 이를 받아들여 원고를 다시 작성하기로 했다. 다시 쓰는 과정은 고통스러웠다. 그렇지만 새롭게 초안을 작성하고 나서는 처음으로 마음에 드는 원고를 얻을 수 있었다. 어떤 방식이 최선인지 알았던 수잔나가 자신의 통찰을 공유해준 점에 또한 감사를 전한다. Pragmatic Bookshelf를 설립한 데이브 토마스와 앤디 헌트에게도 감사의 말을 전한다. Pragmatic Bookshelf 출판사에서 출간된 훌륭한 책들과 나란히 놓일 수 있어 영광이다.

이 책을 쓰는 일은 기술 리뷰를 담당해준 사람들의 기여와 도움 없이는 불가능했을 것이다. 아담 맥크레이, 앨런 가드너, 알렉스 칸, 알리 알워시티, 앤더스 잰미어, 앤드류 도널슨, 앵거스 닐, 찰리 탱슬리, 체스 마틴, 다니엘 브리토이, 데이비드 모리스, 데니스 고린, 엘리에즈 멘데즈 레젠다, 데릭 세인트 마틴, 페드리코 갈라시, 펠릭스 가이젠도퍼, 플로리안 발렌, 그램 매티슨, 한스 하셀버그, 헨릭 느, 자비에르 콜라도, 제프 홀랜드, 조쉬 설리번, 조슈아 플라나간, 카나 나츠노, 켄트 프레이저, 루이스 메리노, 마시아스 메이어, 매트 사우더든, 미스라브 마로닉, 미치 거트리, 모건 프라이어, 폴 배리, 피터 아로노프, 피터 린, 필립 로버트, 로버트 에반스, 라이언 스텐하우스, 스티븐! 라그나로크, 티보어 시믹, 팀 체이스, 팀 포프, 팀 파이렐과 토비아스 세일러에게 감사를 전한다.

물론 책에 아직도 실수가 남아 있을 수 있다. 이 책에서 오류를 찾았다면 많은 사람들이 리뷰를 하면서도 발견하지 못한 오류를 찾은 것이다. 이 책의 오류를 알려주고 고칠 수 있게 도와준 모든 분들께 감사의 말을 전한다.

Vim에 포함되어 있는 내장 문서는 Vim을 공부할 때 훌륭한 자원이 될 것이다. 나는 책을 쓰는 내내 이 문서를 많이 참조했다. 이 모든 문서를 온라인에서 볼 수 있도록 vimhelp.appspot.com에 배포하고, 최신 문서로 유지하는 데 도움을 준 카를로 터브너에게도 감사의 말을 전한다.

Practical Vim의 첫 번째 판에서 다소 어색하게 쓰여진 팁이 있었다. 어색한 걸 알면서도 그 팁을 이 책에 포함시켰는데 두 번째 판에서도 여전히 중요한 내용이라고 생각했기 때문이다. 물론 어색했던 팁은 재출간 과정에서 수정했다. 'Tip.84 검색 후 오퍼레이터 명령 사용하기'를 다시 작성할 수 있도록 강력한 gn 명령을 작성해준 크리스찬 브라번트에게 감사한다. 'Tip.97 여러 파일에서 검색하고 치환하기'를 다시 작성할 수 있었던 것은 cfdo 명령과 같은 계열의 명령을 구현해준 에가팬 락시매넌의 덕이 컸다. 또한 패치 7.3.850을 작성하여 vimgrep 명령에서 생긴 버그를 해결해준 데이비드 버건에게도 감사를 전한다.

인터넷을 통해 Vim 커뮤니티가 공유하는 통찰력에도 감사한다. 이 책을 저술하면서 스택오버플로의 Vim 태그로 올라온 글과 vim_use 메일링 리스트를 통해 많은 것을 배웠다. 여기에서 얻은 지식은 각각의 팁에 녹아 들었다. 팀 포프의 rails.vim 플러그인은 Vim을 좀 더 진지하게 마주할 수 있는 계기가 되었다. 그가 작성한 많은 플러그인은 내가 쓰는 Vim 환경에서도 필수적인 부분으로 자리잡았다. 또한 카나 나츠노가 작성한 플러그인에서도 많은 영감을 얻었다. 이 플러그인은 텍스트 객체를 확장해서 Vim 핵심 기능 전반에서 사용할 수 있는 강력한 텍스트 객체를 제공한다. 많은 사용자들이 편하게 사용할 수 있도록 길을 닦아준 것이다. 이 두 사람에게도 감사의 말을 전한다.

:make 명령을 소개할 수 있는 소스코드를 제공해준 조 로즈너에게 감사를 전한다. 오레그 이피모브는 nodelint 문제에 대해 빠르게 답변해주었고, 벤 코맥은 로봇과 닌자 일러스트를 그려주었는데, 이들에게도 감사의 말을 전한다.

나는 2012년 1월에 독일 베를린으로 이사했다. 베를린에는 기술 커뮤니티가 있었는데, 책을 완성하기까지 좋은 영감을 주었다. Vim 베를린 사용자 모임을 시작한 그레고르 슈미트와 모임을 주최하는 젠 슐츠호펜에게 감사의 말을 전한다. 모임에 속한 Vim 사용자와 함께 대화할 기회를 얻을 수 있었고 생각을 정리하는 데 많은 도움을 받았다. Vim 베를린 모임에 참여한 모든 사람에게 감사를 전하고 싶다. 그리고 우리에게 지낼 수 있는 집을 제공해준 다니엘과 니나 홀레에게 감사의 말을 남긴다. 기거하기에 아주 아름다운 장소였고 생산적으로 저술을 할 수 있는 좋은 환경이었다.

2011년 3월에는 이집트에서 지내고 있었다. 이집트에서 지내는 동안에 수술이 필요한 장유착 증세가 있었다. 집에서 멀리 떨어진 곳에서 수술을 받는다는 게 쉬운 일은 아니었다. 하지만 감사하게도 내 곁에는 아내 한나가 있었다. 한나는 동시나이 병원에 입원하는 것을 도와줬고 그 병원에서 최고의 진료를 받을 수 있었다. 병원에서 지내는 동안 내 회복을 도와준 모든 직원 분들께 감사의 말을 전하며 성공적인 수술을 집도한 샤우켓 저지스 박사에게 감사를 표한다.

내가 수술이 필요하다는 사실을 알고 나서 어머니는 모든 일을 팽개치고 이집트행 비행기를 타고 오셨다. 당시 이집트는 혁명이 한창인 기간이라서 여기로 오는 데는 대담한 용기가 필요했다. 어머니가 오셔서 든든한 지원을 해주지 않았다면 한나와 내가 그 어려운 시간을 어떻게 버텼을지 상상할 수가 없다. 이 아름다운 두 사람과 함께 내 삶을 보낼 수 있기에 나는 스스로를 축복받은 사람이라고 생각한다.

추천의 글

전통적으로 Vim은 학습 곡선이 가파르다고 이야기한다. 하지만 Vim 사용자 대부분은 이 명제에 동의하지 않을 것 같다. 물론 초기에 넘어야 하는 산이 있다. Vim 자습서로 기본적인 내용을 습득하고 vimrc에 넣어야 하는 설정을 배우고 나면 걸음마 수준이긴 하더라도 실제로 무언가 작업을 할 수 있게 될 것이다.

기본적인 내용을 학습한 다음에는 무엇을 배워야 할까? 이 질문의 답은 '팁'이다. 팁은 특정 문제를 해결하기 위한 조리법이다. 눈앞의 문제는 풀었지만 최적의 해결책이 아니란 기분이 들 때, 여러분은 그 문제를 해결하는 팁을 검색해볼 것이다. 학습에 적극적이라면 유명한 팁을 찾아서 살펴볼 수도 있다. 이런 접근 방식은 좋은 전략이다. 하지만 이 전략의 단점은 학습이 느리다는 것이다. 커서 밑에 있는 단어를 검색하기 위해서 * 명령을 사용하는 방법을 배우면 유용하기야 하겠지만 이것이 Vim 숙련자처럼 생각하도록 해주는 데에는 도움이 되지 않는다.

이 책이 팁 형태로 저술되었다는 걸 알았을 때 나는 조금 회의적이었다. 수많은 Vim의 기술을 어떻게 백여 개의 팁으로 담아낼 수 있단 말인가. 하지만 책을 몇 페이지 읽고 나서는 내가 생각한 '팁'의 정의가 너무 협소하다는 걸 깨달았다. 책을 읽기 전에는 문제와 해결책을 대조해서 설명하는 방식으로 쓰였을 것이라 예상했지만, 이 책은 능숙한 Vim 사용자가 어떻게 생각하는지를 각각의 팁을 통해 알려주고 있었다. 즉, 각각의 팁은 단순한 레시피가 아니라 우화에 가까웠다. 초반에는 다양한 상황에서 사용할 수 있는 점 명령을 배운다. 이 명령은 Vim 숙련자라면 누구나 사용하는 명령 중 하나지만 지도 없이 이 기능을 알기까지 수년의 시간이 걸릴 수도 있다.

이런 이유에서 이 책의 출간이 더욱 신날 수밖에 없다. Vim 초보자가 다음 단계를 위해 무얼 봐야 하는지 물어본다면 이제 그 답을 알 것 같다. 나도 이 책을 통해 새로운 것을 배울 수 있었다.

팀 포프
Vim 코어 컨트리뷰터

시작하기 전에

이 책은 프로그래머의 실력을 향상하기 위한 책이다. Vim 전문가가 되면 생각의 속도만큼 빠르게 글을 편집할 수 있다는 이야기를 들어봤을 것이다. 이 책을 읽으면 그런 전문가에 한걸음 가까워질 것이다.

이 책은 Vim을 통달하기 위한 빠른 방법을 제공한다. Vim에서 제공하는 대화형 강의인 Vim 튜터[1]를 통해 필수적인 지식을 배울 수 있다. 이 강의는 Vim을 처음으로 접하는 초보자에게 유용할 것이다. 이 책은 핵심적인 개념을 강조한다음 자주 쓰는 사용법을 시연하는 방식으로 작성됐다.

Vim은 vimrc 파일을 열어서 세세하게 설정할 수 있다. 하지만 설정을 변경하는 것은 개인적인 취향과 관련된 부분이기 때문에 무엇을 해야 하고 하지 말아야 하는지 일일이 추천하는 것은 피하려고 한다. 대신 이 책에서는 환경에 상관없이 사용할 수 있는 에디터의 핵심 기능(항상 존재하는 기능)만 다룰 것이다. Vim의 핵심을 숙달한다면 이 강력한 문서 편집 도구를 어디에서나 사용할 수 있게 된다. 그러므로 이 책에서는 설치된 곳에 구애받지 않고 사용할 수 있는 에디터의 핵심 기능, 항상 존재하는 기능만 주제로 다룬다. 따라서 이 책을 읽는 독자가 원격 서버의 SSH에서 작업하든, 추가적인 기능을 위해 플러그인을 설치한 GVim에서 작업하든 환경에 상관없이 활용할 수 있을 것이다.

책의 구성

이 책은 처음부터 끝까지 읽지 않아도 된다(진심이다! 내용을 지나가거나 건너뛰라고 조언할 것이다). 이 책에 각각 주제에 따른 팁을 모았고 어떤 방식으로 사용하는지 정리했다. 팁 중에 몇 개는 다른 팁과 연관되어 있지 않다. 이 책에서 언급한 다른 자료는 교차해서 쉽게 확인할 수 있도록 참조로 넣었다.

전체적으로 볼 때 책의 구성이 초급 수준에서 고급 수준으로 나아가는 흐름은 아니다. 각각의 장에서는 개별적인 내용을 다루기 때문에 자신의 수준에 맞게 찾아보면 된다. Vim에 대한 경험이 적은 사용자라면, 각 장 초반에 나오는 팁을

---

[1] *http://vimhelp.appspot.com/usr_01.txt.html#vimtutor*

위주로 책을 먼저 훑어보는 것이 좋다. 고급 사용자라면 후반부의 팁에 초점을 맞추어도 좋고, 필요에 따라 찾아 읽는 식으로 활용해도 좋다.

예제에 대한 노트

Vim에서는 같은 작업을 처리하는 방법이 하나 이상 존재한다. 예를 들면 '1장 Vim의 방식'에서 모든 문제를 애플리케이션의 점(dot) 명령을 사용해 해결하지만 같은 문제를 :substitute 명령으로도 해결할 수 있다. 여기에서 설명하는 해결책보다 더 빠른 방법을 알고 있다면 그 방법이 맞을 것이다.

이 책은 각 내용에 따른 기법을 사용해서 해결책을 제시한다. 그 기법을 읽는 것으로 끝내지 말고 매일 직면하는 문제와 어떤 점이 유사한지 찾기 위해 노력해야 한다. 그러한 노력이 결과적으로는 당신의 시간을 아껴줄 것이다.

키보드 자판에 숙달된 후 Vim 학습하기

키보드를 내려다 보고 입력해야 할 키를 매번 찾아야 한다면 Vim을 배워서 얻는 이득이 미미할 것이다. 먼저 키보드 자판에 숙달되어 있어야 한다.

Vim은 vi와 ed 같은 전통적인 유닉스(Unix) 편집기의 후손이다(Tip.27의 'Vim의 어원과 가계도'에서 상세하게 다룬다). 이 편집기는 마우스 같은 포인트 앤 클릭(point-and-click) 인터페이스가 나오기도 전에 만들어졌다. 이런 역사적 배경 덕분에 Vim에서도 모든 작업을 키보드로 처리할 수 있다. 타자 방식에 따라 자판을 사용한다면 Vim의 기능을 더욱 빠르게 사용할 수 있다는 뜻이다.

Vim을 시작하기 위한 준비운동

이 책에서는 예제를 묘사하는 방식이 아니라 실질적으로 예제를 시연하는 방식으로 주로 설명한다. 단순하게 설명만 보고 따라하기는 어렵기 때문이다. 세션에서 실제로 상호작용하는 것처럼 입력한 명령과 각각의 결과를 보여줘서 Vim 버퍼에서 어떤 과정으로 사용하는지 확인할 수 있다. 본론으로 바로 들어가고 싶다면 이 장을 건너뛰어도 괜찮다. 이 장에서는 이 책에서 어떤 방식으로 각각의 기능을 설명하는지 안내하고 있다. 대부분은 그냥 보기만 해도 이해할 수 있다. 책을 보다 보면 반복적으로 나오는 기호가 어떤 의미인지 궁금한 경우가 있을 것이다. 그럴 경우 다시 이 장으로 돌아와서 답을 찾길 바란다.

Vim 내장 문서 사용하기

Vim 문서를 알기 위한 가장 좋은 방법은 문서를 읽는 것이다. 예를 들어 :h vimtutor를 입력해보자(:h는 :help 명령의 축약이다). 이 명령은 문서 내에서 vimtutor라는 일종의 URL을 사용해 고유한 참조 위치를 검색하고 그 도움말을 연다. 이 도움말 참조는 Vim 내장 문서에서 일종의 하이퍼링크와 같은 역할을 한다.

Vim을 책에서 표현하기 위한 표기법

Vim은 다른 문서 편집기와는 차별화된 다중 모드 인터페이스(modal interface)를 사용한다. 쿼티 자판을 피아노에 비유해보자. 피아니스트는 선율에 따라 건반을 하나씩 누르기도 하고 화음을 넣기 위해 여러 건반을 동시에 누르기도 한다. 문서 편집기 대부분은 키보드 단축키를 사용해서 명령을 실행한다. 컨트롤(control) 키나 커맨드(command) 키 같은, 하나 이상의 조건 버튼(modifier button)을 누른 상태로 단축키를 입력해야 한다. 이 방식은 피아노에서 화음을 연주하기 위해 사용하는 방식과 유사한 접근이라고 볼 수 있다.

Vim 명령 중에는 피아노 화음을 연주하듯 사용해야 하는 명령도 있다. 그렇지만 일반 모드에서는 순서대로 키를 입력하는 방식으로 명령을 사용하도록 설계된 부분도 있다. 이 방식은 피아노 건반에서 선율에 따라서 연주하는 방식과 동일하다.

Ctrl-s는 동시에 입력하는 키 명령을 표현하는 일반적인 표기법이다. 이 표기법은 '컨트롤 키를 누르고 있는 동안 s키를 누른다'는 의미다. 하지만 이 표기법은 Vim의 다중 모드 명령을 설명하기에는 적절하지 않다. 이 책에서는 Vim의 사용 방법을 설명하기 위해 다음과 같은 표기 방식을 사용한다.

선율 연주하기

일반 모드에서는 하나 또는 그 이상의 키를 연속적으로 입력해서 명령을 조합하는 방식으로 사용한다. 본문에서는 이 방식을 다음과 같이 표시한다.

표기법	뜻
x	x를 한 번 입력
dw	d를 누르고 w를 입력
dap	d, a, p를 순서대로 입력

순서대로 입력하는 경우에는 대부분 두세 번 정도 입력을 하게 된다. 때로는 그보다 더 많은 키를 입력해야 할 때도 있다. Vim 일반 모드 명령이 어떤 의미에서 사용했는지 지금은 판독하기 어려울 수도 있지만 이 책을 읽고 나면 명령의 의미를 이해할 수 있을 것이다.

화음 연주하기

〈C-p〉 키 입력은 '<와 C와 –와 p와 >를 차례로 누르라'는 뜻이 아니다. 〈C-p〉 표기법은 '컨트롤 키를 누르고 있는 동안 p를 누른다'는 의미다.

아무 이유 없이 이 표기법을 선택한 것은 아니다. 이미 Vim 문서에서는 이 표기법을 사용하고 있고(:h key-notation) 직접 단축키를 정의할 때도 사용된다. Vim 명령 중에는 화음처럼 동시에 입력하는 방식과 연속으로 입력하는 방식을 조합해서 사용하는 경우도 있어 그런 상황에는 이 표기법이 유용하다. 다음 예제를 확인하자.

표기법	뜻
<C-n>	<Ctrl>을 누르는 동안 n을 입력
g<C-]>	g를 누른 다음 <Ctrl>과]를 동시에 입력
<C-r>0	<Ctrl>을 누르는 동안 r을 입력한 후, 0을 입력
<C-w><C-=>	<Ctrl>을 누르는 동안 w를 입력한 후, <Ctrl>과 =을 동시에 입력

플레이스홀더(placeholder)

Vim 명령은 대부분 키를 두 번 이상 연속해서 입력하는 방식을 사용한다. 일부 명령 중에서는 입력한 명령 뒤에 특정한 종류의 키만 허용하는 경우도 있지만 반대로 키보드의 모든 키를 사용할 수 있는 명령도 존재한다. 키를 입력할 때 특정 규칙에 따라야 하는 경우에는 중괄호({})를 사용해서 다음과 같이 표기한다.

표기법	뜻
f{문자}	f를 누른 다음, 문자 입력 가능
`{a-z}	`를 누른 다음, 영문 소문자 입력 가능
m{a-zA-Z}	m을 누른 다음, 영문 대소문자 입력 가능
d{모션}	d를 누른 다음, 모션 명령 입력 가능
<C-r>{레지스터}	<Ctrl>을 누르는 동안 r을 입력한 후에 참조할 레지스터 주소를 입력

특수키 표시하기

이름으로 불리는 키도 존재한다. 다음 표를 확인한다.

표기법	뜻
<Esc>	<Esc>를 누름
<CR>	캐리지 리턴(carriage return) 키를 누름(<Enter>라고도 함)
<Ctrl>	컨트롤(Control) 키를 누름
<Tab>	탭(Tab) 키를 누름
<Shift>	시프트(Shift) 키를 누름
<S-Tab>	<Shift>를 누르는 동안 <Tab>을 누름
<Up>	위 방향 화살표 키를 누름
<Down>	아래 방향 화살표 키를 누름
␣	스페이스(Space) 막대를 누름

참고로 스페이스로 입력하는 공백은 ␣로 표기한다. 이 문자를 f{문자} 명령과 함께 사용한다면 f␣로 표기한다.

중간 명령(midcommand)으로 모드 전환하기

Vim을 사용하다 보면 일반 모드에서 끼워넣기 모드로 전환하거나 끼워넣기 모드에서 다시 일반 모드로 전환하는 경우가 빈번하게 발생한다. 어떤 모드가 활성화되어 있는지에 따라 키 입력의 의미가 달라질 수 있다. 따라서 일반 모드에서 어느 키를 입력하는지 다른 양식으로 표시해서 일반 모드 키 입력과 쉽게 구분할 수 있도록 했다.

`cwreplacement`⟨Esc⟩를 보면 일반 모드 명령인 `cw`는 현재 단어를 지운 후에 끼워넣기 모드로 전환하는 기능을 수행한다. 그러고 나서 치환할 단어인 "replacement"를 끼워넣기 모드에서 입력한 다음에 ⟨Esc⟩를 눌러 일반 모드로 돌아온다.

일반 모드 양식은 비주얼 모드 키 입력에서도 사용하며 끼워넣기 모드의 양식은 명령행 모드나 바꾸기 모드에서 동일하게 사용한다. 어느 모드가 활성화되었는지 맥락에 따라 좀 더 명확하게 파악할 수 있을 것이다.

명령행 모드 사용하기

팁 중에는 셸에서 명령행을 실행하는 경우도 있고, Vim 내부에서 명령행을 실행하는 경우도 있다. 다음은 셸에서 grep 명령을 실행하는 방식이다.

⇒ **$ grep -n Waldo ***

Vim의 내장 `:grep`을 사용하는 경우에는 다음처럼 표시한다.

⇒ **:grep Waldo ***

이 책에서 $ 기호는 외부 셸에서 명령행을 실행한다는 의미로 사용하고 : 프롬프트는 Vim 내부의 명령행 모드에서 명령행을 실행하는 경우를 뜻한다. 그 외에도 다음과 같은 프롬프트 표시를 사용한다.

프롬프트	뜻
$	외부 셸의 명령행에 입력
:	Ex 명령을 실행하기 위해 명령행 모드 사용
/	정방향 검색을 수행하기 위해 명령행 모드 사용
?	역방향 검색을 수행하기 위해 명령행 모드 사용
=	Vim 스크립트 표현식을 사용하기 위해 명령행 모드 사용

`:write` 같은 Ex 명령이 표시되어 있다면 그 명령을 실행하기 위해서 해당 명령을 입력한 후에 ⟨CR⟩을 눌러야 한다. 명령을 입력한 다음에 아무 동작이 없으면 ⟨CR⟩을 입력하는 것을 생략한 경우다.

반대로 Vim 검색 명령에서는 〈CR〉을 누르기 전에 첫 번째 일치하는 본문을 미리 보여준다('Tip.82 검색을 실행하기 전에 첫 번째 일치 항목 미리보기'에서 자세히 다룬다). 그래서 검색 명령을 표시할 때는 /pattern〈CR〉과 같이 〈CR〉을 명시적으로 표시했다. 검색 명령에서 〈CR〉이 표시되어 있지 않다면 의도적으로 표시하지 않은 것이므로 엔터 키를 누르기 전에 잠시 멈춰야 한다.

버퍼에서 커서의 위치 보이기

책에서 버퍼 내용을 보여주는 경우에 커서의 위치를 확인할 수 있다면 유용할 것이다. 다음 예제에서 커서의 위치는 단어 "One"의 첫 번째 문자이다.

```
One two three
```

여러 단계로 이뤄진 명령을 입력한다면 버퍼 내용은 중간 단계를 거치게 된다. 이 과정을 표현하기 위해서 좌측 열에는 실행한 명령을, 우측 열에는 버퍼의 내용을 표시하는 식으로 작성했다. 다음은 이 방법으로 작성한 표다.

키 입력	버퍼 내용
{시작}	One two three
dw	two three

두 번째 행을 보면 dw 명령을 실행해서 커서 밑에 있던 단어를 제거했다. 명령을 실행한 다음에 버퍼가 어떻게 달라졌는지 같은 행에 있는 내용으로 바로 확인할 수 있다.

검색에 일치하는 본문 강조하기

Vim의 검색 명령을 사용할 때, 버퍼 내에서 일치하는 모든 항목을 강조로 표시한다면(기본적인 Vim 설정이라면 음영으로 표시된다) 유용할 것이다. 이 예제에서는 "the" 문자열을 검색한다. 검색을 사용하면 이 패턴이 나타나는 모든 문자열이 강조로 표시된다.

키 입력	버퍼 내용
{시작}	the problem with these new recruits is that they don't keep their boots clean.
/the<CR>	the problem with these new recruits is that they don't keep their boots clean.

검색 강조를 활성화하는 방법은 'Tip.81 검색 일치 강조하기'에서 확인할 수 있다.

비주얼 모드에서 본문 선택하기

비주얼 모드는 버퍼에서 본문을 선택하고, 선택한 영역을 조작할 수 있는 기능을 제공한다. 텍스트 객체 it를 사용해서 <a> 태그의 내용을 선택하는 예제를 확인한다.

키 입력	버퍼 내용
{시작}	`<a href="http://pragprog.com/dnvim/">Practical Vim</a>`
vit	`<a href="http://pragprog.com/dnvim/">Practical Vim</a>`

비주얼 선택 영역의 양식은 검색 일치 강조와 동일하게 사용했다. 이 양식이 검색 일치를 의미하는지, 비주얼 선택을 뜻하는지는 맥락에 따라 파악할 수 있으니 걱정하지 않아도 된다.

예제 다운로드하기

예제는 대부분 변경하기 전 파일의 내용을 보여주고 시작한다. 코드를 보여줄 때는 코드의 경로를 첫 행에 포함한다.

```
macros/incremental.txt

partridge in a pear tree
turtle doves
French hens
calling birds
golden rings
```

위 코드와 같이 파일 경로와 함께 본문을 표시하고 있다면 그 코드는 다운로드 받을 수 있는 예제에 포함되어 있다. Vim에서 그 예제 파일을 열어서 직접 연습하는 것을 추천한다. 팁을 따라 직접 연습하는 것은 최고의 학습 방법이다! 이 책에서 다루는 모든 예제와 소스 코드는 인사이트 웹사이트에서 다운로드할 수 있다.

Vim을 출하 설정(Factory Settings)으로 사용하기

Vim은 강력한 설정 기능을 제공한다. 기본 설정이 마음에 들지 않는다면 변경하면 된다. 설정을 세세하게 변경할 수 있는 것은 분명 좋은 점이긴 하다. 다만 설정을 변경할 경우 이 책에서 다루는 예제를 따라할 때 책의 설명과 실제 동작이 달라져 혼란스러울 수 있다. 본문에서 설명하는 부분과 동일하게 동작하지 않는 부분을 발견할 수도 있는 것이다. 설정이 달라 동작이 제대로 작동하지 않는 것 같다면, 설정에 문제가 있는지 없는지 간단하게 확인하는 방법이 있다. Vim을 종료한 후에 다음 설정으로 Vim을 다시 실행한다.

⇒ `$ vim -u NONE -N`

-u NONE 플래그를 사용하면 Vim이 vimrc 파일을 사용하지 않고 실행된다. 이 방법으로 Vim을 구동하면 기존의 모든 설정과 플러그인을 제외한 채 동작한다. 이전 버전의 Vim에서 vimrc 파일을 부르지 않고 Vim을 불러오면 vi 호환 모드로 전환이 되며 이 모드에서는 유용한 기능이 대부분 비활성화된다. -N 플래그는 nocompatible 설정을 활성화하는 기능으로 vi 호환 모드로 전환되지 않도록 방지한다.

vim -u NONE -N 명령으로 Vim을 실행하면 이 책에서 다루는 예제의 설명과 대부분 동일하게 동작한다. 하지만 몇 가지 예외도 존재한다. Vim에 내장된 일부 기능은 Vim 스크립트로 구현되어 있는데 이 기능은 플러그인이 활성화되어 있을 때만 동작한다. 다음 파일은 Vim 내장 플러그인을 활성화하는 최소 설정만 적용한 파일이다.

essential.vim

```
set nocompatible
filetype plugin on
```

vimrc 대신 이 essential.vim 파일을 사용하여 Vim을 구동하려면 다음과 같이 실행하면 된다.

⇒ `$ vim -u code/essential.vim`

code/essential.vim의 경로는 상황에 맞게 변경해야 할 것이다. Vim 내장 플러그인을 활성화하면 netrw('Tip.44 netrw로 파일 시스템 탐색하기' 참고), 전체 완성(omni-completion, 'Tip.119 맥락 경고와 함께 자동완성 사용하기' 참고)과 같은 여러 기능을 사용할 수 있다. 앞으로 Vim 기본 설정으로 사용한다는 뜻은 vi 호환 모드는 끄고 내장 플러그인은 활성화한 상태라고 생각하면 된다.

팁을 읽다 보면 '준비'라는 제목이 있는 팁을 볼 수 있다. 그 팁에서 다루는 내용을 따라하려면 Vim의 설정을 일부 변경해야 한다. Vim을 출하 설정으로 사용하더라도 즉석에서 설정을 변경해서 적용하는 것이 가능하기 때문에 설명을 잘 따라가면 아무 문제 없을 것이다. 이 과정을 따라 해도 문제가 해결되지 않는다면 아래에 나오는 'Vim 버전' 내용을 참고하자.

Vim 스크립트의 역할

Vim 스크립트는 Vim에 새로운 기능을 추가하거나 이미 존재하는 기능을 수정하는 데 사용할 수 있다. 이 언어는 그 자체로 완벽한 스크립트 언어로 동작하며, 이 내용만으로도 책 한 권을 만들 수 있다. 이 책에서는 Vim 스크립트에 대한 자세한 내용은 다루지 않는다. 하지만 자주 사용할 만한 Vim 스크립트는 몇 가지 예제를 사용해서 간단하게 설명한다. Vim 스크립트는 따로 실행하지 않아도 Vim에서 언제든 사용할 수 있기 때문에 명령만 내리면 즉각 동작한다. 'Tip.16 즉석에서 계산하기', 'Tip.71 목록에 있는 숫자 항목을 반복자로 계산하기', 'Tip.95 치환에서 산술 계산 수행하기', 'Tip.96 두 개 이상의 단어 교체하기'에서 확인할 수 있다.

이 책에서는 Vim의 핵심 기능을 사용하는 방법을 주로 다룬다. 즉, 다른 서드파티 플러그인은 고려하지 않는다. 다만 'Tip.87 비주얼 선택 영역으로 검색하기'는 예외다. visual-star.vim 플러그인은 빼놓을 수 없을 정도로 중요한 기능이다. Vim 스크립트로도 열 줄도 안되는 코드라서 책에 포함했다. 이 플러그인은 Vim 기능을 확장하는 과정이 얼마나 간단한지 살펴보기에도 좋은 예제다. visual-star.vim은 설명 없이 한 줄의 스크립트로 작성되어 있다. 이 팁에서 다루는 내용을 보면 Vim 스크립트가 어떻게 생겼는지, 어떤 원리로 기능을 수행하는지 확인할 수 있다. Vim 스크립트에 흥미가 있다면 이 팁이 특히 유익하게 느껴질 것이다.

Vim 버전

이 책에서 다루는 모든 예제는 최신 버전의 Vim, 즉 8.0에서 모두 동작한다. 물론 7.3 버전도 충분히 최근 버전이라 할 수 있기 때문에 이 책에서 다루는 대부분의 기능을 사용할 수 있다. 하지만 예외도 있다. 'Tip. 84 검색 후 오퍼레이터 명령 사용하기'에서 배우는 gn 명령은 Vim 7.4.110에서 소개된 기능이다. 'Tip.97 여러 파일에서 검색하고 치환하기'에서 다루는 :cfdo 명령은 Vim 7.4.858부터 사용할 수 있다. 이런 향상된 기능의 혜택을 보기 위해 가능한 한 최신 버전을 사용하길 권한다.

Vim 8의 새로운 점

Vim 8.0은 2016년 9월에 공개되었다. 이전 버전의 Vim은 vi 호환 모드가 기본 설정이었지만 8에서는 명시적으로 설정을 넣어야만 vi 호환 모드로 동작한다. 그래서 이론적으로는 7에서 동작하던 플러그인이 몇 가지의 호환성 문제 때문에 8에서는 사용할 수 없다. 하지만 대부분의 플러그인이 이미 vi 호환 모드를 비활성화한 상태를 가정하고 있었기 때문에 하위 호환성에 변화가 있는데도 실제로는 큰 영향이 없다. 그래도 7.4에서 8로 넘어간다면 문제가 생길 변경점이 있다는 점을 염두해야 한다.

Vim 8에서 중요한 새 기능 중 하나는 향상된 Vim 스크립트다. Vim은 외부의 프로세스를 실행하고 중지할 수 있는 작업 제어(job control)와 비동기 입출력, 백그라운드에서 실행하는 프로세스와 메시지를 주고 받는 기능을 지원한다. 이런 기능은 문법 확인이나 자동완성 추천을 생성하는 작업에 유용하게 사용할 수 있다. 이전에는 프로세스를 동기적으로 실행할 수 있어서 프로세스가 완료되기 전까지 Vim은 응답하지 않는 경우가 잦았다. 이제는 프로세스를 백그라운드로 구동할 수 있기 때문에 기존 작업을 방해하지 않으면서도 모든 기능이 더 멋지게 반응할 것이다.

선택 기능

Vim 기능 중 일부는 컴파일 과정에서 제외할 수 있다. --with-features=tiny 설정을 사용해서 Vim을 빌드했다면 아주 핵심적인 기능을 제외하고는 모두 비활성화 상태로 제공한다(이 플래그 외에도 small, normal, big, huge가 있다). 각각의 플래그가 제공하는 기능 목록은 :h +feature-list에서 확인할 수 있다.

이 책에서 다루는 기능 중에서 빠진 게 있다면 최소 설정으로 컴파일한 Vim일 가능성이 높다. 현재 설치한 Vim에서 현재 설치한 Vim에 어떤 기능이 포함되어 있는지는 :version 명령을 실행해서 확인해볼 수 있다.

```
⇒ :version
⟨ VIM - Vi IMproved 8.0 (2016 Sep 12, compiled Nov 1 2016 08:33:27)
  Huge version without GUI.  Features included (+) or not (-):
  +acl             +file_in_path    +mouse_sgr      +tag_old_static
  +arabic          +find_in_path    -mouse_sysmouse -tag_any_white
  +autocmd         +float           +mouse_urxvt    -tcl
  ...
```

아주 오래된 컴퓨터를 쓰는 게 아니라면 huge로 빌드한 Vim을 사용하지 않을 이유가 전혀 없다.

GUI를 사용하는 Vim, 터미널에서 사용하는 Vim? 선택은 자유!

Vim은 전통적으로 그래픽 사용자 인터페이스(Graphical User Interface, GUI)가 없는 터미널 내에서 동작한다. 이 환경을 텍스트 사용자 인터페이스(Textual User Interface, TUI)라고도 한다. 터미널 환경에 익숙한 사용자라면 터미널에서 사용하는 Vim이 더 자연스럽게 느껴질 것이다.

반대로 GUI 기반의 문서 편집기에 더 익숙하다면 GVim(OS X이라면 MacVim)을 이용하는 것도 좋다. GVim이 Vim의 세계에 입문하기에 좋은 징검다리 역할을 할 것이다. GVim은 다양한 색깔과 서체를 제공해 알아보기가 더 쉽다.

또한 마우스도 사용할 수 있다. 운영 체제에서 제공하는 일부 기능도 활용할 수 있다. MacVim에서는 시스템 클립보드를 Cmd-X, Cmd-V 명령을 사용해서 일반 프로그램처럼 사용할 수 있다. 운영체제에서 범용적으로 쓰이는 단축키와 동일하게 문서를 저장할 때는 Cmd-S를, 창을 닫을 때는 Cmd-W를 사용할 수 있다. Vim을 배우는 동안에는 운영체제에서 기본적으로 제공하는 기능을 사용하더라도 큰 문제가 없다. 하지만 같은 작업을 운영체제의 기능 대신 Vim이 제공하는 기능을 사용했을 때 더 편리하게 처리할 수 있다는 점을 항상 염두에 두자.

이 책에서는 핵심적인 기능에 초점을 두고 있기 때문에 터미널에서 사용하는 Vim을 쓰든 GVim을 쓰든 상관없이 Vim이라면 모두 활용 가능하다. Vim에서는 어떤 방식으로 문제를 해결하는지 배우게 될 것이다.

Vim의 방식

대부분의 작업은 반복적이다. 변경해야 하는 내용은 조금이지만 여러 위치에서 동일한 변경을 반복해야 하는 경우도 있고, 같은 작업을 반복하려고 문서 내 비슷한 위치로 계속 이동해야 하는 경우도 있다. 어떤 작업이든 그 흐름을 효율적으로 만든다면 이런 중복 작업에 쓰는 시간을 절약할 수 있을 것이다.

Vim은 반복 작업에 최적화되어 있다. Vim이 사용자의 최근 작업을 추적하는 방식을 보면 Vim이 반복 작업에 얼마나 효율적인지 알 수 있다. Vim에서는 언제든 단 한 번의 키 입력으로 마지막 변경을 반복할 수 있다. 하지만 반복적인 작업을 제대로 수행할 수 있도록 작업 단위를 만드는 방법을 배우지 못한다면 이러한 기능도 무용지물이다. 반복적으로 적용할 수 있는 단위로 작업을 처리하는 습관을 기르는 것이 Vim을 효과적으로 사용하는 열쇠다.

반복 작업에서 사용할 수 있는 점 명령부터 살펴보자. 점 명령은 단순하면서도 가장 다양하게 사용할 수 있는 도구다. 이 명령을 이해하는 것이 Vim의 달인이 되는 첫걸음이라고 할 수 있다. 이 장에서는 점 명령을 이용해 간단한 수정 작업을 빠르게 처리한다. 각각의 작업은 서로 연관이 없어 보일지 몰라도 결국 하나의 해결 과정으로 수렴한다. 이 과정에서 이상적인 편집 공식이 무엇인지 배운다. 이 공식은 이동을 위한 키 입력 한 번, 그리고 명령을 실행하는 키 입력 한 번으로 구성된다.

Tip.1 점 명령 만나기

점 명령은 마지막 변경을 반복하는 기능을 수행한다. Vim에서 가장 강력하고 유용한 명령이다.

Vim 문서에서는 점 명령을 '마지막 변경을 반복한다'고 단순하게 정의한다(:h . 참고). 설명만 봤을 때는 별거 아닐 것 같지만 Vim 다중 모드 편집 모델이 효율적인 이유가 이 기능에 숨어 있다. 가장 먼저 여기에서 말하는 '변경'이란 것이 과연 무엇인가부터 알아보자.

점 명령의 강력함을 알기 위해서는 먼저 '마지막 변경'이라는 표현에 얼마나 많은 경우의 수가 들어 있는지 이해해야 한다. 여기에서 말한 '변경'은 개별적인 문자, 행 전체, 또는 파일 전체도 해당할 수 있다. 명령을 사용해보기 위해 다음 예제를 확인해보자.

> **the_vim_way/0_mechanics.txt**

```
Line one
Line two
Line three
Line four
```

x 명령은 커서 아래에 있는 문자를 삭제한다. x 명령을 사용한 후에 점 명령을 사용하면 '마지막 변경을 반복'하게 된다. 즉, 이 명령은 앞에서 사용한 명령의 맥락에 맞춰서 커서 아래에 있는 문자를 제거한다.

키 입력	버퍼 내용
{시작}	Line one Line two Line three Line four
x	ine one Line two Line three Line four
.	ne one Line two Line three Line four

```
..          ▌one
            Line two
            Line three
            Line four
```

u를 반복해서 입력하면 지금까지 변경한 사항을 되돌려서 원래 파일 상태로 복원한다.

dd도 삭제를 수행하는 명령이지만 x 명령과는 다르게 현재 행 전체를 제거한다. dd를 사용한 다음에 점 명령을 사용하면 '마지막 변경을 반복'해서 현재 행을 삭제한다.

키 입력	버퍼 내용
{시작}	▌ine one Line two Line three Line four
dd	▌ine two Line three Line four
.	▌ine three Line four

>G 명령은 현재 행부터 문서 끝까지 들여쓰기를 추가하는 명령이다. 이 명령을 사용한 다음, 점 명령을 사용하면 Vim은 '마지막 변경을 반복'해서 현재 위치부터 파일 끝까지의 들여쓰기 단위를 추가한다. 이 예시에서는 이 명령이 제대로 동작하는지 확인할 수 있도록 두 번째 행으로 커서를 이동해서 명령을 사용한다.

키 입력	버퍼 내용
{시작}	Line one ▌ine two Line three Line four
>G	Line one ▌ine two Line three Line four

```
j         Line one
             Line two
          ▌ine three
             Line four
─────────────────────────────────
.         Line one
             Line two
               ▌ine three
             Line four
─────────────────────────────────
j.        Line one
             Line two
             Line three
               ▌ine four
─────────────────────────────────
```

x, dd, > 명령 모두 일반 모드에서 변경을 실행했다. 하지만 끼워넣기 모드로 들어가서 변경을 실행할 수도 있다. Vim은 끼워넣기 모드로 들어간 순간부터(예를 들어 i를 눌러서) 일반 모드로 돌아오기까지(⟨Esc⟩를 눌러서) 모든 입력을 기록한다. 내용을 변경한 다음에 점 명령을 사용하면 끼워넣기 모드에서 입력했던 모든 내용이 다시 입력된다('Tip.8의 끼워넣기 모드에서 변경점을 초기화하고 이동하기'를 확인한다).

'11장 매크로'에서는 Vim에 어떤 입력이든 저장해뒀다가 다시 반복해서 사용할 수 있는 매크로를 배운다. 반복적으로 수행해야 하는 작업을 저장해 두면 키 입력 한 번으로 작업을 처리할 수 있다. 점 명령은 가벼운 버전의 매크로라고 생각해도 되고 그냥 매크로 자체라고 생각해도 된다.

이 장에서는 점 명령을 사용하기 적합한 예를 들어본다. 그리고 'Tip.9 반복 가능한 변경 조합하기'와 'Tip.23 가능하면 비주얼 명령 대신 오퍼레이터 명령 사용하기'를 통해 점 명령을 사용할 수 있는 사례를 살펴본다.

Tip.2 반복하지 않기

각 행의 마지막에 세미콜론을 붙이는 일은 일상에서 흔히 겪을 만한 반복 작업 중 하나다. Vim은 이 작업에 적합한 명령을 만들 수 있도록 두 단계를 하나로 만들 수 있는 기능을 제공한다. 다음과 같은 자바스크립트 코드가 있다.

the_vim_way/2_foo_bar.js
```
var foo = 1
var bar = 'a'
var foobar = foo + bar
```

위 파일에서 각각의 행 끝에 세미콜론을 입력해야 한다. 이 작업을 처리하려면 행의 마지막까지 커서를 이동한 후 내용을 변경하기 위해 끼워넣기 모드로 전환 해야 한다. $ 명령은 모션(motion) 명령인데, 이 키를 입력하면 커서가 행 끝으 로 이동한다. 그 후에 a;⟨Esc⟩를 차례대로 입력한다.

나머지 두 행에서 앞에서와 동일하게 입력을 반복하여 작업을 마무리할 수 도 있다. 하지만 직접 입력하는 대신에 앞에서 배운 기법을 적용해보자. 점 명 령으로 마지막에 실행했던 변경을 다시 반복할 수 있기 때문에 동일한 입력을 반복하는 것 대신 j$.을 두 번 입력하면 된다. 한 번 입력(.)으로 세 가지 입력 (a;⟨Esc⟩)을 처리할 수 있다. 얼마 안 되지만 반복이 많은 작업에서는 효율을 높 일 수 있다.

앞에서 입력한 j$. 명령을 유심히 보자. j 명령은 커서를 한 행 밑으로 옮기고, $ 명령은 커서를 현재 행의 끝으로 이동시킨다. 점 명령으로 수정한 내용을 반복 하기 적당한 위치로 이동했다. 이 과정을 더 효율적으로 향상시킬 수 있는 부분 이 아직 더 남아 있다.

관련 없는 이동 줄이기

a 명령은 현재 커서 위치 뒤에 내용을 입력하는 기능을 한다. 대문자 A 명령을 사용하면 현재 행 끝으로 이동한 다음에 내용을 입력할 수 있다. 이 명령은 현재 커서가 어디에 위치하고 있는지 상관없이 사용할 수 있다. A를 누르기만 하면 끼 워넣기 모드로 전환되고 커서가 행의 끝으로 이동한다. 다시 말하면 두 번의 키 입력이 필요한 $a 명령을 A 입력 한 번으로 줄일 수 있다는 뜻이다. Vim은 유용 한 혼합 명령(다음 페이지의 '반 값 할인' 참고)을 제공한다.

앞에서 본 예제를 다시 살펴보자.

키 입력	버퍼 내용
{시작}	var foo = 1 var bar = 'a' var foobar = foo + bar
A;<Esc>	var foo = 1; var bar = 'a' var foobar = foo + bar
j	var foo = 1; var bar = 'a' var foobar = foo + bar

```
.          var foo = 1;
           var bar = 'a';
           var foobar = foo + bar

j.         var foo = 1;
           var bar = 'a';
           var foobar = foo + bar;
```

$a 대신 A를 사용하면 점 명령이 더욱 유용해진다. 행 끝에 내용을 추가하기 위해 커서를 직접 이동할 필요가 없다. 해당 행 위에 커서가 있는지만 확인하면 된다. 내용을 더 변경하고 싶다면 변경하고 싶은 만큼 j.을 반복해서 입력한다. 첫 입력은 이동을 위한 명령이고 다음 입력은 내용을 변경하기 위한 명령이다. 각각 명령을 의도대로 실행할 수 있는 것은 좋은 일이다. 다른 예제에서도 불쑥 사용할 때가 많으니 이 명령의 사용 방식을 눈여겨 보도록 한다.

앞에서 살펴본 예제에서 사용한 공식도 충분히 멋지지만 보편적으로 사용할 수 있는 해결책은 아니다. 끝에 세미콜론을 추가해야 할 분량이 50행 정도 된다고 생각해보자. j. 명령으로 각각의 행을 이동하면서 세미콜론을 추가하는 작업은 결코 간단한 일이 아니다. 이 작업의 대안은 'Tip.30 일반 모드 명령을 범위 대상으로 실행하기'에서 찾을 수 있다.

반 값 할인

A 명령은 두 동작($a)을 입력 한 번으로 대체할 수 있는 조합이다. 이 키만 이런 기능을 제공하는 것은 아니다. Vim에서는 둘 이상의 명령을 압축해서 단일 키 명령으로 사용할 수 있다. 아래 표는 몇 가지 예제를 추린 내용이다. 공통적인 특징이 어떤 게 있는지 확인해보자.

조합 명령	동일한 기능을 하는 긴 명령
C	c$
s	cl
S	^C
I	^i
A	$a
o	A<CR>
O	ko

여태껏 ko를 직접 입력하고 있었다면(아니면 더 복잡하게 k$a<CR>) 더 이상 그러지 않아도 된다. 하려고 하는 일이 무엇인지 생각하자. 이 긴 명령 대신에 O 명령을 사용하면 된다. 이 표에 나타난 명령은 어떤 특징을 공유하고 있는가? 이 표에 나온 명령은 모두 일반 모드에서 끼워넣기 모드(insert mode)로 전환하는 기능을 가지고 있다. 이 특징을 생각하면서 이 명령을 사용했을 경우에는 점 명령에 어떤 영향이 끼칠지 생각해보자.

Tip.3 한 걸음 물러나고 세 걸음 나아가기

문자 앞뒤로 공백 문자를 입력하려고 한다. Vim에서는 이 작업을 Vim만의 특별한 방법으로 해결한다. 처음에는 이 해결 방법이 이상하게 느껴질 수 있지만 반복을 이용하기 때문에 결과적으로는 더 효율적이다.

다음과 같은 코드 한 줄을 예를 들어보자.

the_vim_way/3_concat.js

```
var foo = "method("+argument1+","+argument2+")";
```

자바스크립트에서 문자열을 붙이는 코드는 깔끔해질 수가 없다. 하지만 그나마 읽기 편하도록 아래 코드처럼 + 문자 앞뒤로 띄어쓰기를 추가하려고 한다.

```
var foo = "method(" + argument1 + "," + argument2 + ")";
```

반복 가능하게 만들기

아래와 같은 방법으로 문제를 해결할 수 있다.

키 입력	버퍼 내용
{시작}	var foo = "method("+argument1+","+argument2+")";
f+	var foo = "method("+argument1+","+argument2+")";
s␣+␣<Esc>	var foo = "method(" +argument1+","+argument2+")";
;	var foo = "method(" + argument1+","+argument2+")";
.	var foo = "method(" + argument1 +","+argument2+")";
;.	var foo = "method(" + argument1 + "," +argument2+")";
;.	var foo = "method(" + argument1 + "," + argument2 +")";

s 명령 하나로 두 가지 동작을 해결할 수 있다. 이 명령은 커서 밑에 있는 문자를 제거한 후에 끼워넣기 모드로 진입하는 명령을 수행한다. +를 지운 다음에 ␣+␣를 입력하고, 끼워넣기 모드를 벗어나서 작업을 끝낸다.

한 걸음 물러난 다음 세 걸음 나아가는 전략을 썼다. 이상한 춤을 추는 것처럼 느껴질지 모른다. 물러났다가 나아가는 전략이 직관적이지 않지만, 점 명령을 이용할 수 있어 작업을 반복할 수 있다. 그 다음 작업부터는 + 문자로 커서를 이동하고 점 명령을 실행하면 알아서 작은 춤을 반복해서 추게 될 것이다.

반복 가능한 이동 만들기

이 예제에는 또 다른 기법이 들어 있다. f{문자} 명령은 현재 행에서 {문자}가 나타나는 위치를 검색하는 기능을 수행한다. 해당 행에 검색한 {문자}가 존재하면 그 문자 위치로 커서를 바로 이동한다(:h f 참고). 그래서 앞에서 f+를 입력하면 커서를 다음 + 문자로 옮긴다. f{문자} 명령은 'Tip.50 문자로 찾기'에서 자세히 배울 것이다.

내용을 처음 변경한 후, 그 다음에 나타나는 +를 찾기 위해 f+ 명령을 다시 실행해도 되지만 더 나은 방법이 있다. f 명령으로 수행한 마지막 검색을 반복하는 ; 명령을 사용하는 것이다. f+를 네 번 반복해서 입력하는 대신 f+를 한 번 입력한 다음에 ; 명령을 세 번 입력하면 된다.

모든 작업을 한번에

; 명령으로 커서를 다음 대상으로 이동시킨 후 . 명령으로 마지막 변경을 반복한다. 결국 ;.을 세 번 입력하는 것으로 모든 변경을 마무리할 수 있다. 이 과정이 익숙하게 느껴지지 않는가?

Vim의 다중 모드 입력 모델을 단번에 이해하기는 어려울 수 있다. 하지만 피하지 말고 이 입력 모델과 친해져 보자. 수많은 작업이 손쉽게 해결되는 것을 발견할 수 있을 것이다.

Tip.4 실행하기, 반복하기, 되돌리기

반복적인 작업을 할 때, 반복에 유리하도록 이동과 변경 기능을 사용해야 편집 전략을 최적화할 수 있다. Vim은 이런 반복 작업에 특화되어 있다. 이전까지 수행한 모든 동작을 기억하고 사용하기 쉬운 곳에 저장해둔다. 이전 동작이 다시 필요할 때는 언제든 꺼내서 쉽게 반복할 수 있다. 이 팁에서는 각 동작을 어떻게 반복할 수 있는지 설명하고 작업을 되돌리는 방법까지 살펴본다.

점 명령을 사용해서 마지막 변경을 반복하는 법을 앞에서 살펴봤다. 점 명령의 다재다능함은 앞에서 다룬 예제에서 충분히 증명했다. 이 외에도 반복을 위한 또 다른 명령들이 존재하는데, 점 명령으로 수행하는 반복 기능과는 조금 다르다. Ex 명령을 반복하기 위해서는 @: 명령을 사용한다. 자세한 내용은 'Tip.31 마지막 Ex 명령 반복하기'에서 살펴본다. Ex 명령 중 하나인 :substitute 명령을 반복하려면 & 명령을 사용한다(:substitute 명령 자체도 이전에 실행한 치환 Ex

명령을 반복한다). 이 내용은 'Tip.93 이전 치환 명령 반복하기'에서 확인한다.

작업을 반복할 때 이미 입력했던 내용을 다시 타이핑하지 않아도 된다면 더 효율적일 것이다. 우선 내용을 수정한 다음에 입력했던 내용을 반복한다. 물론 키를 반복해서 누를 때는 몇 번이나 입력해야 하는지 잘 살펴봐야 한다. 키를 반복해서 누르다보면 쉽게 기분이 즐거워지기 때문이다. j.j.j.을 반복하고 또 반복해서 입력하다보면 마치 드럼치듯 리듬을 타기 쉽다. 한 번 눌러야 할 j를 실수로 두 번 누르게 되면 무슨 일이 벌어질까? 아니면 .을 연속으로 눌렀다면?

Vim은 동작과 이동을 언제든 쉽게 반복할 수 있는 기능을 제공한다. 그만큼 예상했던 범위 외 영역을 변경하거나 이동하게 되는 경우가 자주 발생할 수 있다. 점 명령을 사용한 경우에는 언제든 u를 눌러 마지막 변경을 취소할 수 있다. f{문자} 명령을 사용한 후에 ;를 사용해서 다음 위치로 이동하다가 가야 할 위치를 지나치는 경우도 있다. 이런 상황에는 ,를 사용한다. 이 명령은 마지막 f{문자} 검색을 반대 방향으로 수행한다('Tip.50 문자로 찾기' 참고).

실수로 키를 더 많이 누르는 경우를 대비해 반대 역할을 하는 키를 알아두는 것이 좋다. Vim에서 제공하는 반복 명령과 이 반복을 되돌릴 수 있는 명령을 표 1에 요약했다. 대부분은 실행 취소 명령인 u로 해결할 수 있다. 이런 탓에 내 키보드는 u가 너덜너덜하게 닳아버렸다.

기능	동작	반복	되돌리기
내용 변경하기	{편집}	.	u
행에서 다음 문자 찾기	f{문자} / t{문자}	;	,
행에서 이전 문자 찾기	F{문자} / T{문자}	;	,
문서에서 다음 일치 찾기	/패턴<CR>	n	N
문서에서 이전 일치 찾기	?패턴<CR>	n	N
치환 동작하기	:s/대상/치환	&	u
연속 변경 실행하기	qx{변경}q	@x	u

표 1 반복 가능한 동작과 되돌리는 방법

Tip.5 직접 찾고 치환하기

Vim은 :substitute 명령으로 내용을 찾아 치환하는 기능을 제공한다. 이 방법 외에도 가장 먼저 나타나는 위치를 직접 찾아서 이동한 다음에 내용을 하나씩 확인하면서 변경 여부를 결정할 수 있다. 점 명령은 이런 지루한 일을 처리하기에 제격이다. 우리는 일치하는 단어 사이를 이동하는 데 사용할 수 있는 또 다른 멋진 단일 키 명령을 배울 것이다.

아래 요약을 보면 "content"라는 단어가 매 행마다 나타난다.

```
the_vim_way/1_copy_content.txt
...We're waiting for content before the site can go live...
...If you are content with this, let's go ahead with it...
...We'll launch as soon as we have the content...
```

여기에서 "content"를 "광고 문구(copywriting)"란 의미에서 "copy"로 변경하려고 한다. 이 작업은 다음 치환 명령으로 어렵지 않게 해낼 수 있다.

⇒ `:%s/content/copy/g`

잠깐! 그런데 이 명령을 실행하면 "만약 당신이 만족한다면"이란 문장이 "만약 당신이 광고 문구한다면" 이라는 문장으로 바뀌게 된다. 보다시피 전혀 말이 되지 않는 문장이다.

이 문장에서는 "content"를 두 가지 의미로 사용하고 있기 때문에 문제가 발생한다. 하나는 "광고 문구"란 의미로, 다른 하나는 "만족하다"라는 의미로 사용했다. 기술적으로 이런 단어를 동철이음이의어(철자는 같지만 뜻과 발음이 다른 단어)라고 한다. 이런 상황에 대비하려면 치환 동작을 하기 전에 하나하나를 직접 살펴봐야 한다.

이 경우에는 무턱대고 모든 "content"를 "copy"로 바꿀 수 없다. 변경 대상이 되는 모든 단어를 직접 확인하면서 이 단어를 변경해야 할지 말지 판단해야 한다. 물론 치환 명령도 하나씩 확인해서 변경하는 기능을 제공하며 'Tip.90 치환 전에 일일이 확인하기'에서 확인할 것이다. 지금은 치환 명령 대신에 다른 해결책으로 문제를 해결해 보려고 한다.

게을러지자: 입력 없이 검색하기

점 명령이 내가 가장 좋아하는 Vim 단축키라는 점을 알아챘을 것이다. 그 다음으로 좋아하는 명령은 * 명령이다. 이 명령은 현재 커서 밑에 있는 단어를 검색한다(:h * 참고).

"content"라는 단어를 검색하려면 검색 프롬프트를 열어서 해당 단어를 전부 입력해야 한다.

⇨ **/content**

커서를 단어 위로 옮기고 *를 눌러 위와 같이 검색하는 기능을 간단히 수행할 수 있다. 다음에서 작업의 흐름을 살펴보자.

키 입력	버퍼 내용
{시작}	...We're waiting for content before the site can go live... ...If you are content with this, let's go ahead with it... ...We'll launch as soon as we have the content...
*	...We're waiting for content before the site can go live... ...If you are content with this, let's go ahead with it... ...We'll launch as soon as we have the content...
cwcopy\<Esc\>	...We're waiting for content before the site can go live... ...If you are content with this, let's go ahead with it... ...We'll launch as soon as we have the copy...
n	...We're waiting for content before the site can go live... ...If you are content with this, let's go ahead with it... ...We'll launch as soon as we have the copy...
.	...We're waiting for copy before the site can go live... ...If you are content with this, let's go ahead with it... ...We'll launch as soon as we have the copy...

"content" 위로 커서를 이동한 후에 * 명령을 사용해서 해당 단어를 검색했다. 직접 해보자. 이 명령을 실행하면 두 가지 결과가 나타난다. 먼저 커서는 다음 일치하는 단어로 이동한다. 그리고 해당 단어와 일치하는 모든 단어가 강조 표시될 것이다. 만약 강조 표시가 보이지 않는다면 :set hls를 입력해서 강조 기능을 활성화할 수 있다. 더 자세한 내용은 'Tip.81 검색 일치 강조하기'를 참고한다. "content"로 검색을 했다면 다음 일치하는 단어로 n을 눌러 이동할 수 있다. 위 예제에서 *nn을 누르면 일치하는 모든 단어로 이동한 다음에 처음 시작했던 위치로 돌아온다.

반복 가능하게 만들기

가장 먼저 나타나는 "content"에 커서가 놓이면 내용을 변경할 준비가 된 것이다. 이번 편집에도 두 가지 기능이 동작한다. 먼저 "content" 단어를 제거한 후 대체할 단어를 입력한다. cw 명령은 현재 커서가 위치한 곳의 단어를 삭제한 다음에 끼워넣기 모드로 변경하는데 이 모드에서 "copy"를 입력할 수 있다.

Vim은 끼워넣기 모드를 벗어나기 전까지 입력한 모든 내용을 저장하기 때문에 `cwcopy`〈Esc〉는 하나의 변경으로 처리된다. `.` 명령을 입력하면 현재 단어를 끝까지 지운 다음에 "copy"로 단어가 변경된다.

모두 한 자리에

이제 모든 준비가 끝났다! n을 반복해서 눌러 다음에 나타나는 "content" 단어 위로 커서가 이동하면 `.`을 눌러서 해당 단어를 "copy"으로 변경할 수 있다.

일치하는 단어를 모두 변경하기 원하면 `n.n.n.`을 연타로 입력해도 상관없다. 물론 이 경우에는 `:%s/내용/copy/g` 명령을 사용할 수 있긴 하지만 말이다. `n.n.n`을 이용할 경우 일치가 잘못된 경우가 있는지 검증이 필요하다. n을 누른 후에 현재 일치하는 단어가 "copy"로 변경할 단어가 맞는지 살펴봐야 한다. 맞다면 `.` 명령으로 내용을 치환하고, 맞지 않다면 치환하지 않는다. 어떤 결정을 내리든 상관없이 n을 눌러서 다음 위치로 이동할 수 있다. 모든 단어를 검사할 때까지 이 작업을 반복하기만 하면 된다.

Tip.6 점 공식 만나기

지금까지 세 가지 간단한 작업을 살펴봤다. 각각 다른 문제지만 점 명령을 사용해서 해결하는 방법을 찾았다. 이 팁에서는 각 해결책을 비교하고 일반적인 패턴을 분석해서 최적의 편집 전략을 이끌어내려고 한다. 이 전략을 점 공식이라고 이름 붙여 보았다.

세 가지 점 명령

'Tip.2 반복하지 않기'에서 다룬 예제처럼 각 행의 끝에 세미콜론을 붙이려고 한다고 생각해보자. 첫 행에서 `A;`〈Esc〉를 입력해 점 명령으로 각각 행에서 세미콜론 입력을 반복할 수 있도록 변경했다. 다음 행으로 이동하기 위해서 j 명령을 활용했고, 나머지 행의 끝에 세미콜론을 붙이기 위해 `j.`을 필요한 만큼 반복해서 입력했다.

'Tip.3 한 걸음 물러서고 세 걸음 나아가기'에서는 찾을 수 있는 모든 + 문자 앞과 뒤에 띄어쓰기를 추가했다. 가장 먼저 + 문자로 이동하기 위해서 `f+` 명령으로 해당 행의 글자를 찾고 s 명령을 눌러 커서 밑에 있는 글자 하나를 제거한 후에 세 글자를 입력했다. 반복할 작업을 입력한 후에 `;.` 명령을 몇 번 더 입력해 모든 작업을 완료할 수 있었다.

'Tip.5 직접 찾고 치환하기'에서 단어 "content"를 "copy"로 치환했다. 가장 먼저 목표한 단어를 검색어로 사용하기 위해서 * 명령을 사용했다. 그리고 cw 명령을 사용해서 첫 번째로 나타난 단어를 변경했다. 그 다음 변경할 단어로 이동하기 위해 n을 사용했다. . 명령으로 앞에서 수행한 변경을 동일하게 적용했다. 나머지를 모두 치환하기 위해서 n.을 필요한 만큼 반복해서 입력했다.

이상적인 방법: 키 입력 한 번으로 이동하고, 키 입력 한 번으로 실행하기

이 세 가지 예제는 점 명령을 사용해 마지막 변경을 반복했다. 이 예제에서의 공통점은 그 뿐만이 아니다. 각각의 예제는 키를 한 번만 입력해서 다음 목표로 커서를 이동시켰다.

이동을 위해 키 하나를 입력했고 실행을 위해 다른 키 하나를 또 입력했다. 이보다 더 좋은 방법은 없을 것이다. 참으로 이상적인 해법이다. 이 편집 전략은 반복해서 나타날 것이다. 편의상 이 패턴을 '점 공식'이라고 이름 붙였다.

1부

모드

Vim은 다중 모드 사용자 인터페이스를 제공한다. 키보드 키를 누른 결과가 현재 활성화된 모드에 따라 다를 수 있다. 그렇기 때문에 활성화된 모드가 어떤 모드인지, 그리고 다른 모드로 어떻게 전환하는지 아는 것은 중요하다. 1부에서는 각 모드를 동작하고 사용하는 방법을 배운다.

일반 모드

일반 모드(normal mode)는 Vim의 자연스러운 대기 상태를 의미한다. 이 장의 내용은 생각보다 짧다. 일반 모드를 사용하는 방법은 이 책 대부분을 할애해서 설명하고 있기 때문에 그렇다. 여기서는 핵심적인 개념과 일반적인 팁을 다룬다.

다른 문서 편집기는 끼워넣기 모드(insert mode)에서의 조작을 설명하는 데 대부분의 시간을 할애한다. 그래서 막 Vim을 시작한 사람이라면 Vim의 기본 상태가 일반 모드라는 점이 더욱 이상하게 느껴질 수 있다. 'Tip.7 붓을 놓고 잠시 멈추기'에서는 Vim을 사용하는 과정을 그림 그리는 화가에 비유한다. 그림 그리는 과정을 통해서 모드를 전환하는 작업이 왜 필요한지 설명한다.

일반 모드에서 사용할 수 있는 명령은 대부분 반복해서 실행할 수 있도록 실행 횟수를 지정할 수 있다. 'Tip.10 간단한 산술에 실행 횟수 사용하기'에서 숫자로 된 값을 증감하는 명령 쌍을 배운다. 더불어 이 증감 명령을 실행 횟수와 조합해서 간단한 산술을 처리하는 방법을 살펴본다.

실행 횟수를 이용하면 키 입력을 줄일 수 있지만 꼭 사용해야 하는 것은 아니다. 몇 번 실행해야 하는지 횟수를 세는 것보다 단순히 반복 명령을 사용하는 것이 더 편리한 예제를 살펴본다.

일반 모드의 강력함은 대부분 동작 명령을 모션(motion)과 함께 사용할 때 발휘된다. 이 강력한 기능을 살펴보는 것으로 2장을 마무리한다.

Tip.7 붓을 놓고 잠시 멈추기

Vim에 익숙하지 않다면, 일반 모드는 기본 상태치고 이상하게 보일 수 있다. 하지만 Vim에 익숙한 사용자라면 다른 방식을 상상하는 일이 더 어려울 것이다. 이번 팁에서는 Vim이 어떤 방식으로 각각의 모드를 사용하는지 비유를 통해 설명한다.

화가가 그림을 그릴 때 실제로 캔버스에 페인트 붓을 칠하고 있는 시간은 얼마나 될까? 물론 화가에 따라 다르겠지만 작업하는 시간 중 절반만 돼도 충분히 놀라운 일이다.

화가가 그림을 그리는 과정을 한번 생각해보자. 그림의 대상을 연구하고, 광원을 적절하게 조절하며, 새로운 색을 위해 물감을 섞는다. 캔버스에 물감을 칠할 때 붓만 사용하라는 법은 없다. 어떤 화가는 팔레트 칼로 다른 질감을 표현하기도 하고 이미 색이 칠해진 부분을 면봉으로 문지르기도 한다.

아무리 화가라고 해도 캔버스에 붓을 댄 채로 쉬지 않는다. Vim도 동일하다. 일반 모드는 자연스러운 대기 상태에 해당한다. 그 이름을 보아도 짐작할 수 있다. 화가가 물감을 칠하는 일 외에도 부분 부분 시간을 사용하는 것처럼 프로그래머도 코드를 조합하는 시간을 여럿으로 나눠 사용한다. 코드를 작성하는 시간보다 더 많은 시간을 들여 생각하고, 읽고, 코드를 이곳저곳으로 옮긴다.

내용을 변경하기 위해서 무조건 끼워넣기 모드로 전환해야 하는 것도 아니다. 끼워넣기 모드로 전환하지 않고도 존재하는 코드를 새로운 양식으로 바꾸거나 복제, 이동, 삭제하는 작업이 가능하다. 일반 모드에서도 본문을 편집하기 위한 수많은 도구를 제공하고 있기 때문이다.

Tip.8 덩어리로 실행 취소하기

다른 문서 편집기에서는 단어를 몇 개 입력한 다음에 실행 취소 명령을 내리면 마지막으로 입력한 단어나 문자부터 되돌리기 시작한다. 그러나 Vim에서는 실행 취소 명령에서 되돌릴 범위를 사용자가 직접 제어할 수 있다.

Vim에서는 u 명령으로 실행 취소 명령을 내릴 수 있다. 이 키를 누르면 가장 마지막 변경점으로 되돌린다. 이 변경점은 문서에서 편집한 내용 중 어떤 것이든 될 수 있다. 일반 모드, 비주얼 모드, 명령행 모드에서 실행한 명령도 이 변경점에 해당한다. 끼워넣기 모드에서 추가하거나 삭제한 내용도 여기에 포함된다. i{추가할 내용}⟨Esc⟩로 추가한 내용도 변경점에 해당한다.

모드가 없는 문서 편집기에서는 몇 단어를 입력하고 나서 실행 취소를 하면 다음 두 가지 경우 중 한 방법으로 동작한다. 첫 번째, 마지막으로 입력한 문자를 되돌리는 방식으로 동작한다. 두 번째, 더 빠르게 내용을 되돌릴 수 있도록 문자 단위 대신 단어 단위로 제거하는 방법으로 동작한다.

Vim에서는 실행 취소 명령에서 되돌리는 범위를 설정할 수 있다. 일반 모드가 끼워넣기 모드로 변경되는 순간, 끼워넣기 모드에서 입력했던 모든 입력(또는 삭제)을 하나의 변경점으로 처리한다. 즉 사용자 스스로 〈Esc〉를 사용해서 실행 취소 동작 범위를 단어로 할지, 문장 또는 문단 단위로 되돌릴지 설정할 수 있다는 뜻이다.

그렇다면 끼워넣기 모드를 얼마나 자주 벗어나야 할까? 이 문제는 전적으로 개인적인 취향 문제이긴 하다. 조언을 하나 하자면 스스로 '되돌릴 수 있는 덩어리'라고 생각하는 단위를 기준으로 삼아 보자. 글을 작성하다 보면(물론 Vim에서!) 문장의 끝에서 다음에 무슨 내용을 작성해야 하는지 종종 멈추고서 생각할 때가 있다. 이 시간이 얼마나 되든 상관없이, 입력을 멈추는 상황이 될 때마다 자연스럽게 끼워넣기 모드를 벗어난다. 계속 글을 쓸 준비가 되었다면 A를 눌러서 마지막 작성했던 위치에서 글쓰기를 다시 시작한다.

잘못된 내용을 되돌리고 싶은 경우 일반 모드로 돌아와서 u를 입력한다. 실행 취소 명령을 입력할 때마다 문서를 작성하다 멈추고 생각했던 흐름 단위로 글을 되돌릴 수 있다. 글을 작성하면서 문장을 하나 또는 둘 이상 작성해보고 마음에 들지 않으면 키 입력 몇 번만으로 이전의 내용으로 쉽게 돌아올 수 있는 것이다.

끼워넣기 모드에서 커서가 행의 끝에 위치하고 있는 경우라면 〈CR〉을 입력하는 것이 새로운 행을 만드는 가장 빠른 방법이다. 하지만 더 좋은 방법은 〈Esc〉o 명령을 사용하는 것이다. 이 명령을 사용하면 새로운 행을 추가하는 작업을 별개의 변경점으로 처리하기 때문이다. 이런 특징 덕분에 나중에 실행 취소를 하는 상황도 미리 고려할 수 있게 된다. 어렵게 들릴 수도 있지만 걱정할 필요 없다. Vim에 익숙해지면 이런 모드 전환은 일도 아니기 때문이다.

"지금 끼워넣기 모드를 벗어나야 하나?"라는 질문에 답변하기가 약간이라도 머뭇거려진다면 그 순간에 벗어나는 것을 원칙으로 삼자.

> **끼워넣기 모드에서 변경점을 초기화하고 이동하기**
>
> 끼워넣기 모드에서 실행 취소 명령으로 입력한(또는 삭제한) 모든 문자를 되돌릴 수 있다고 얘기했지만 세부적인 내용을 따져보면 정확한 설명은 아니다. 끼워넣기 모드에서 <Up>, <Down>, <Left>, <Right> 방향키를 사용해서 이동하면 그 순간에 새로운 실행 취소 덩어리를 생성한다. 이 방향키는 일반 모드로 돌아온 다음에 h, j, k, l 명령으로 이동하는 것과 같은 역할을 하지만, 끼워넣기 모드를 벗어나지 않는다는 점에서 다르다. 이 기능은 점 명령 동작에도 영향이 있다.

Tip.9 반복 가능한 변경 조합하기

Vim은 반복에 최적화되어 있다. 반복하는 방법을 확인하기 전에 내용을 어떤 방식으로 수정해서 조합해야 하는지 먼저 염두에 두어야 한다.

Vim에서는 한 가지 작업을 처리하는 방법이 하나 이상 존재한다. 가장 좋은 방법을 판단하는 데 확실한 기준은 바로 효율성이다. 어느 기법이 키를 가장 적게 입력하는가 따져보면 어느 명령이 가장 효율적인지 쉽게 판단할 수 있다(일명 Vim 골프[1]). 하지만 이 효율성을 겨루는 대회에서 모두 동점을 기록했다면 그중 승자는 누가 될까?

아래 문장에서 커서의 위치는 문장의 마지막인 "h"에 있다. 이 문장에서 "nigh"를 제거하려고 한다.

normal_mode/the_end.txt

```
The end is nigh
```

역방향으로 제거하기

커서가 이미 단어 끝에 위치하기 때문에 커서의 위치로부터 역방향으로 제거하는 방법을 우선 사용한다.

키 입력	버퍼 내용
{시작}	The end is nig**h**
db	The end is **h**
x	The end is■

---

[1] *http://vimgolf.com/*
   (옮긴이) 키를 적게 입력할수록 높은 점수를 얻는다. 타수가 적을수록 유리한 스포츠 골프에서 이름을 따왔다.

db를 입력하면 커서의 위치부터 현재 단어가 시작하는 위치까지 글자들이 제거되지만 여전히 "h"가 남는다. 이렇게 떨어져 나온 문자를 "x"를 눌러 삭제한다. 이 방법을 Vim 골프 점수로 계산하면 총 세 번을 입력했기 때문에 3점이다.

정방향으로 제거하기

이번엔 정방향으로 제거하는 명령을 사용해보자.

키 입력	버퍼 내용
{시작}	The end is nig**h**
b	The end is **n**igh
dw	The end is**▮**

정방향으로 제거하려면 먼저 커서 위치를 단어 앞으로 이동하기 위해 b 모션을 입력한다. 앞으로 이동한 후에 dw 명령으로 현재 커서가 위치한 단어를 하나 삭제할 수 있다. 이 방법도 Vim 골프 점수로 계산하면 3점이다.

단어 전체 삭제하기

위에서 살펴본 두 해결책은 모두, 삭제를 준비하는 과정과 실제로 삭제하는 과정으로 이뤄졌다. 이런 작업에서는 모션을 사용하는 방법 대신에 aw 텍스트 객체를 활용하면 더 효과적으로 문장을 수정할 수 있다(:h aw 참고).

키 입력	버퍼 내용
{시작}	The end is nig**h**
daw	The end i**s**

daw는 단어 삭제하기(delete a word)에서 연상할 수 있는 명령이기 때문에 기억하기 쉽다. 텍스트 객체에 대한 자세한 정보는 'Tip.52 정밀 텍스트 객체로 선택 영역 추적하기'와 'Tip.53 주변 삭제하기, 내부 변경하기'에서 다룬다.

동점 깨기: 어느 방법이 가장 반복하기 좋을까?

앞에서 단어를 제거하기 위한 세 가지 명령 dbx, bdw, daw와 각각의 원리를 살펴봤다. 이 명령은 모두 Vim 골프 점수 3점에 해당한다. 그렇다면 같은 점수의 명령 중에 어느 방법이 가장 최고인지 가려내는 기준은 무엇일까?

Vim이 반복에 대해 최적화되어 있다는 점을 다시 생각해보자. 앞서 다룬 이세 가지 기법을 다시 살펴보면서 점 명령으로 동일한 명령을 다시 실행했을 때어떤 일이 일어나는지 확인해보자. 이 부분은 책에서 보여주지 않을 것이므로직접 해보기 바란다.

역방향으로 제거하는 기법은 두 가지 동작으로 이뤄졌다. db로 현재 커서가위치한 단어의 시작 부분까지 제거한 후에 x로 문자 하나를 제거했다. 만약 이동작을 점 명령으로 다시 실행한다면 문자 한 개를 제거하는 동작만 반복하게된다(.은 x). 완벽하다고 말하기에는 조금 부족하다.

정방향으로 제거하는 기법도 두 단계로 이뤄졌다. 이번에는 b로 이동했고 dw로 내용을 제거했다. 점 명령은 dw를 반복하기 때문에 현재 커서 위치부터 다음단어의 첫 부분까지 제거된다. 이미 커서 위치가 문장의 마지막에 있기 때문에'다음 단어'는 존재하지 않는다. 즉, 이 맥락에서 점 명령은 유용하지 않다. 하지만 적어도 앞에서 사용한 명령보다는 더 긴 입력을 축약해서 사용할 수 있었다(.은 dw).

마지막 해결책인 daw 명령은 한 번의 동작으로 실행된다. 이 기법은 단어를 제거하면서 동시에 공백 문자까지 깔끔하게 처리한다. 이 기법을 사용하면 커서는마지막 단어인 "is"에 놓이게 된다. 이 상황에서 점 명령을 사용하면 단어를 삭제하는 명령을 반복한다. 즉, 이 명령을 사용하면 점 명령을 정말로 유용하게 사용할 수 있다는 뜻이다(.은 daw).

토론

점 명령을 가장 강력하게 사용할 수 있는 명령은 바로 daw였다. 따라서 이번 대결의 승자는 바로 daw 명령이다.

점 명령을 효율적으로 사용하려면 이후 어떤 작업을 할지 미리 예상해야 한다. 내용을 조금 변경하더라도 여러 위치에서 반복할 예정이라면 점 명령을 사용해서 조작을 반복할 수 있도록 적절한 명령을 잘 조합해서 사용해야 한다. 이런 기회를 미리 눈치채려면 무엇보다 연습이 중요하다. 동일한 변경을 여러 번수행해야 하는 경우에만 이런 노력을 하는 것이 아니다. 가능한 한 일상적인 모든 작업에서 명령을 반복할 수 있는 방식으로 명령을 조합해서 사용하는 습관을기르자. 그 대가는 Vim이 충분히 보상할 것이다.

작업하기 전에 봤을 때는 점 명령을 사용할 필요가 없어 보이는 경우도 있다. 하지만 코드를 변경한 후 동일한 작업을 반복해야 한다는 것을 뒤늦게 깨달을 때도 있다. 반복 가능한 형태로 만드는 습관을 길렀다면 뒤늦게 반복해야 하는 상황을 마주하더라도 걱정할 필요가 없다. 점 명령으로 동일한 작업을 수행하면 되기 때문이다. 이러한 상황을 마주할 때마다 아주 뿌듯해질 것이다.

Tip.10 간단한 산술에 실행 횟수 사용하기

일반 모드에서 명령은 대부분 실행 횟수와 함께 사용하는 것이 가능하다. 간단한 계산에서 이 기능을 활용할 수 있다.

일반 모드에서 대부분의 명령은 실행 횟수를 지정하기 위해 숫자를 명령 앞에 붙일 수 있다. 명령을 입력하면 한 번만 실행되지만 앞에 숫자를 붙여 명령을 실행하면 그 숫자만큼 반복해서 실행된다(:h count 참고). Vim에서는 커서 밑에 있는 숫자를 〈C-a〉 명령으로 증가시키거나 〈C-x〉 명령으로 감소시킬 수 있다. 이 명령으로 숫자를 하나씩 증감할 수도 있지만 반복하고 싶은 만큼 숫자를 입력하고 명령을 입력하면 그 수만큼 증감하는 것도 가능하다. 예를 들면 숫자 5 위에 커서를 올려 놓고 10〈C-a〉를 입력하면 15로 증가한다.

하지만 커서가 문자에 놓여 있는 상황에서 이 명령을 사용하면 어떤 일이 일어날까? 문서에서 〈C-a〉 명령은 커서가 놓인 곳이 숫자일 경우 해당 숫자를 [숫자]만큼 증가시킨다. 커서가 놓인 곳이 숫자가 아닌 경우에는 커서 이후에 있는 숫자로 이동해 [숫자]만큼 증가시킨다(:h ctrl-a 참고). 즉 숫자가 아닌 문자에 커서가 놓인 상태에서 〈C-a〉 명령을 사용하면 현재 행에서 커서 위치 이후에 존재하는 숫자를 검색한다. 만약 숫자가 존재한다면 커서가 그 위치로 바로 이동한 다음에 숫자를 증가시킨다. 이런 특징을 장점으로 활용할 수 있다.

다음의 CSS 코드를 살펴보자.

```
normal_mode/sprite.css
.blog, .news { background-image: url(/sprite.png); }
.blog { background-position: 0px 0px }
```

이 내용에서 마지막 행을 복사한 후에 두 부분을 조금 수정하려고 한다. "blog"를 "news"로 변경하고 "0px"를 "-180px"로 변경할 것이다. 먼저 행을 복사하기 위해서 yyp를 입력한 다음에 cW 명령을 입력해서 첫 번째 단어를 변경한다. 이제 나머지 숫자는 어떻게 처리해야 할까?

f0 명령을 이용해 변경하려는 숫자 0으로 커서를 이동한 다음에 끼워넣기 모드로 전환해서 직접 값을 변경하는 방법을 고려할 수 있다. 즉, 1-18〈Esc〉 명령

으로 수정하는 방법이다. 더 빠르게 180⟨C-x⟩ 명령을 사용할 수도 있다. 이 명령을 사용하면 커서가 숫자 위치에 놓여 있지 않더라도 현재 행에서 처음 나타나는 숫자로 이동하기 때문에 커서를 변경하려는 위치로 직접 이동하지 않아도 된다. 실제로 어떻게 움직이는지 아래 예를 살펴보자.

키 입력	버퍼 내용
{시작}	`.blog, .news { background-image: url(/sprite.png); }` `.blog { background-position: 0px 0px }`

yyp	`.blog, .news { background-image: url(/sprite.png); }`
	`.blog { background-position: 0px 0px }`
	`.blog { background-position: 0px 0px }`

cW.news<Esc>	`.blog, .news { background-image: url(/sprite.png); }`
	`.blog { background-position: 0px 0px }`
	`.news { background-position: 0px 0px }`

180<C-x>	`.blog, .news { background-image: url(/sprite.png); }`
	`.blog { background-position: 0px 0px }`
	`.news { background-position: -180px 0px }`

이 예제에서는 행을 복제하고 내용을 변경하는 작업을 한 번만 수행했다. 하지만 행을 10번 복제해야 하고 연속하는 행마다 180씩 더 감소해야 한다고 가정해보자. 끼워넣기 모드에서 각각의 숫자를 수정했다면 매 행마다 숫자가 다르기

숫자 양식

007 다음은 무엇일까? 제임스 본드 농담을 하려는 것이 아니다. 앞에서 배운 명령으로 007에 숫자를 더하면 어떤 결과가 될지 묻는 것이다.

대부분 008이라고 대답할 것이다. 그러면 앞에 0이 붙는 숫자에서 <C-a> 명령을 사용했을 때 놀랄지도 모른다. 프로그래밍 언어에서 흔히 사용하는 문법처럼 Vim은 0이 앞에 붙는 숫자를 10진법이 아닌 8진법의 수로 해석하기 때문이다. 8진수에서는 007 + 001 = 010이다. 다시 말해 010은 8진수 표기 방식으로 8을 뜻하지만 이 숫자를 10진수 표기 방식으로 읽으면 10을 뜻한다는 것이다. 혼란스러운가?

8진수 표기를 선호한다면 Vim의 기본 설정으로도 큰 문제 없을 것이다. 하지만 8진수 표기로 작업하는 일이 많지 않다면 vimrc에 다음 행을 추가해서 불편을 해소할 수 있다.

```
set nrformats=
```

이 설정을 추가하면 앞에 0이 붙어 있는 경우라도 모든 숫자를 10진수처럼 처리한다.

혼동을 피하기 위해 첨언하면, Vim 8에서는 'nrformats' 설정의 기본 값에 이미 8진수 설정이 제외되어 있다.

때문에 직접 입력해야 했을 것이다. -180, -360 식으로 말이다. 하지만 180⟨C-x⟩ 명령을 사용해서 작업했다면 동일한 명령을 반복해 작업을 처리할 수 있을 것이다. 이런 입력을 매크로로 기록한다면('11장 매크로' 참고) 필요한 만큼 반복해서 실행하는 것도 가능하다.

Tip.11 직접 반복할 수 있다면 실행 횟수 사용하지 않기

키 입력을 최소화하기 위해서 사용하는 명령에 실행 횟수를 지정할 수 있다. 하지만 실행 횟수를 넣어 짧게 입력한 명령이 모든 경우에 효율적인 것은 아니다. 명령 앞에 실행 횟수를 사용하는 방식과 직접 명령을 여러 번 실행하는 방식의 장단점을 살펴보자. 버퍼에 다음과 같은 문장이 있다.

```
Delete more than one word
```

문장의 내용이 여기서 할 작업을 설명하고 있다. "Delete more than one word"를 "Delete one word"로 변경하려고 한다. 즉 이 예제에서는 두 단어 "more than"을 제거할 것이다.

이런 상황에서 유용하게 사용할 수 있는 명령으로 d2w 또는 2dw 명령이 있다. d2w는 삭제 명령을 실행한 후, 모션으로 2w를 입력하는 방법이다. 이 명령을 풀어보면 '두 단어 삭제(delete two words)'로 읽을 수 있다. 이에 반해 2dw는 그 의미가 조금 다르다. 이 명령은 삭제 명령에 실행 횟수가 적용되어 있으며 모션 동작도 한 단어에 대해서만 수행한다. 즉, 이 명령은 '단어를 두 번 삭제(delete a word two times)'로 읽을 수 있다. 두 명령의 의미는 조금 다르지만 두 명령을 실행한 결과는 동일하다. 다른 대안도 고려해보자. dw.은 '한 단어를 삭제한 후 같은 명령을 반복'이라고 읽을 수 있다.

정리해보면 여기서 고를 수 있는 해결 방법은 d2w, 2dw, dw.이다. 각각의 명령 모두 키를 세 번 입력해야 한다. 어느 명령이 좋은 방식일까?

앞서 이야기한 것처럼 d2w와 2dw의 결과는 동일하다. 이 명령을 실행한 후에 u를 눌러 취소하더라도 제거한두 단어가 다시 나타날 것이다. 실행 취소를 한 다음에 점 명령을 사용하면 이전 명령처럼 다음 두 단어를 제거한다.

하지만 dw. 명령을 사용한 다음에 u 또는 .을 누른 경우에는 그 결과가 미묘하게 달라진다. dw 명령을 사용하면 '단어를 제거(delete word)'한다. 이미 제거한 두 단어를 다시 되돌리려면 실행 취소를 두 번 실행해야 한다. uu를 눌러야 한다는 뜻이다(2u가 편하다면 이 명령을 사용할 수 있다). 점 명령을 누르면 다음 단어 두 개가 아니라 다음 단어 하나만 제거된다.

앞에서 살펴본 상황에서는 단어를 두 개씩 제거하고 있지만 원래 의도는 세 단어를 제거하는 것이라고 가정해보자. 이 문제를 알게 된 다음에 d2w 대신 d3w 명령을 실행한다. 문제가 해결되었을까? 명령을 실행한 다음에 보니 단어 네 개를 제거하고 싶었던 것이라면 어떨까? 이 상황에서는 점 명령을 사용할 수 없다. 마지막 명령을 실행 취소한 다음에 다시 세 단어를 제거하거나(ud3w) 그냥 단어 하나만 추가로 제거해야(dw) 한다.

반면에 실행 횟수를 사용한 명령을 사용하지 않고 처음부터 dw.을 사용했다면 단순히 점 명령을 한 번 더 사용하는 것으로 문제를 해결할 수 있었다. 단순히 dw 명령으로 내용을 수정했기 때문에 u와 . 명령을 더 강력하게 활용할 수 있게 되었다. 각각의 명령은 한 단어씩 처리하는 형태로 동작한다.

이번에는 단어 7개를 제거하려고 한다. 여기서 d7w를 실행할 수도 있고 dw......명령을 사용할 수 있다(dw를 점 명령으로 6회 반복했다). 이 대결에서는 입력한 횟수를 보면 어느 명령이 이겼는지 명확하다. 물론 편집할 때마다 명령을 몇 번이나 반복해야 할지 정확하게 셀 수 있다고 생각한다면 말이다.

숫자를 세는 것은 지루한 작업이다. 점 명령을 6번 입력하는 시간이 더 오래 걸릴 것 같지만 몇 번 입력해야 하는지 횟수를 세는 시간과 비교해보면 별 차이가 없다. 점 명령을 너무 많이 입력했더라도 u를 눌러서 이전으로 되돌릴 수 있으니 큰 문제가 되지 않는다.

'Tip.4 실행하기, 반복하기, 되돌리기'의 제목을 떠올리자. 실행하고, 반복하고, 되돌려라. 이 말을 여기서 실천하자.

횟수가 중요할 때는 실행 횟수 사용하기

"I have a couple of questions."라는 문장을 "I have some more questions."로 변경하려고 한다면 다음과 같이 처리할 수 있다.

키 입력	버퍼 내용
{시작}	I have a couple of questions.
c3wsome more<Esc>	I have some more questions.

이 시나리오는 점 명령을 사용하기에 적합하지 않다. 한 단어를 제거한 다음에 나머지 내용은 점 명령을 이용해서 지울 수 있지만 그 다음 작업을 위해서 끼워 넣기 모드로 전환하는 작업이 번거롭다(예를 들어 i나 cw). 이런 상황에서는 그냥 제거할 단어의 수를 세서 명령을 사용하는 것이 더 낫다.

실행 횟수를 넣어 명령을 실행하는 방법에는 또 다른 장점이 있다. 실행 횟수를 이용하면 깔끔하고 통일성 있는 실행 취소 히스토리를 만들 수 있다. 변경 점이 만들어진 후에 u를 한 번 누르면 해당 작업을 되돌릴 수 있다. 이 부분은 'Tip.8 덩어리로 실행 취소하기'에서 논의한 내용과 밀접하다.

동일한 문제를 놓고 실행 횟수를 넣은 명령(d5w)이 반복하는 명령(dw....)보다 낫다고 이야기하니 내 주장이 좀 일관성 없게 느껴질 수 있다. 실행 취소 히스토리를 깔끔하게 관리하는 것이 나은지, 아니면 숫자를 직접 세서 한번에 지우는 작업을 더 편하게 느끼는지는 개인적인 취향에 따라서 갈리는 부분이다.

Tip.12 분할 정복

Vim은 오퍼레이터(operator)와 모션(motion) 기능을 조합해서 사용할 수 있다는 점에서 강력한 힘을 발휘한다. 이 팁에서는 조합이 어떻게 동작하는지 살펴보고 그 동작에 함축된 의미를 생각해본다.

오퍼레이터 + 모션 = 행동

d{모션} 명령은 본문을 제거할 때 사용할 수 있는 명령이다. 모션 범위에 따라 문자 하나(dl), 단어 하나(daw)를 제거하거나 문단 전체를 제거(dap)하는 것도 가능하다. 명령의 범위는 모션을 통해 정의한다. 동일한 규칙은 c{모션}, y{모션}과 다른 유용한 명령에도 적용할 수 있다. 이런 명령을 오퍼레이터(operator)라고 부른다. 오퍼레이터의 모든 항목은 :h operator에서 확인할 수 있으며, 표 2에서 일반적으로 사용하는 오퍼레이터 목록을 확인할 수 있다.

g~, gu, gU와 같은 명령은 키를 두 번 입력하여 실행한다. 각각의 명령에 들어간 g를, 다음 입력의 행동을 수정하는 접두어로 생각하자. 2장의 맨 끝에 나오는 '오퍼레이터-대기 모드 만나기'에서 더 자세한 내용을 살펴볼 수 있다.

오퍼레이터와 모션을 조합하는 방법은 일종의 문법이다. 첫 번째 규칙은 간단하다. 행동은 오퍼레이터와 그 뒤를 따라오는 모션의 조합으로 만든다. 새로운 모션과 오퍼레이터를 학습하는 일은 마치 Vim의 어휘를 공부하는 것과 같다.

이 Vim의 어휘를 배우고 간단한 문법 규칙만 준수한다면 더 많은 개념을 명령으로 표현할 수 있을 것이다.

트리거	효과
c	변경
d	삭제
y	레지스터로 복사하기
g~	대소문자 변환하기
gu	소문자로 변환하기
gU	대문자로 변환하기
>	우측으로 탭 이동
<	좌측으로 탭 이동
=	자동으로 들여쓰기
!	{모션}에 해당하는 행을 외부 프로그램을 사용해 여과(필터)

표 2 Vim의 오퍼레이터 명령

이전 내용에서 daw 명령으로 단어를 삭제하는 방법을 배웠다. 그리고 위에서 gU 명령도 배웠다(:h gU 참고). 이 명령도 오퍼레이터 명령이기 때문에 gUaw 명령을 실행하면 현재 단어를 모두 대문자로 전환한다. 문단 단위로 적용하는 모션, 즉 ap 모션을 배운다면 이 모션을 여기에서 살펴본 두 오퍼레이터 명령인 d와 gU에 조합하는 것으로 새로운 두 명령을 사용할 수 있게 된다. dap를 사용하면 문단을 삭제할 수 있고 gUap를 사용하면 문단 전체를 대문자로 변경할 수 있다.

Vim의 문법에는 다른 규칙이 하나 더 있다. 오퍼레이터 명령을 반복해서 입력하면 현재 행을 대상으로 동작한다는 것이다. 그래서 dd로 현재 행을 제거하거나 >>로 들여쓰기가 가능하다. gU 명령은 두 번의 입력으로 이뤄졌기 때문에 약간 특별한 경우에 해당한다. 이 명령을 현재 행을 대상으로 실행하려면 gUgU를 실행하거나 약식 표기 gUU를 이용한다.

조합의 힘으로 Vim 확장하기

Vim에서 기본으로 제공한 오퍼레이터와 모션을 조합하면 어마어마하게 큰 경우의 수가 나온다. 커스텀 모션과 오퍼레이터를 이용하면 이보다도 더 크게 확장할 수 있다. 커스텀 모션과 오퍼레이터를 사용해서 명령을 더욱 함축적으로 사용하는 방법을 살펴보자.

기존의 모션과 함께 커스텀 오퍼레이터 사용하기

Vim에서 표준으로 제공하는 오퍼레이터는 양이 적게 느껴질 수 있지만 이 오퍼레이터를 사용해서 새로운 정의를 만드는 것도 가능하다. 팀 포프의 commentary.vim 플러그인이 좋은 예다.[2] 이 플러그인은 Vim에서 지원하는 모든 언어에서 활용 가능한 플러그인으로 여러 행의 코드를 주석으로 변환하거나 주석을 해제하는 기능을 제공한다.

이 플러그인을 설치하면 gc{모션}으로 주석 변환 명령을 실행할 수 있는데 이 명령으로 특정 행을 주석으로 변경할 수 있다. 이 명령은 오퍼레이터 명령이기 때문에 모든 일반적인 모션과 조합해서 사용할 수 있다. gcap 명령을 이용해 현재 문단을 주석으로 전환하거나 주석에서 일반 코드로 전환할 수 있다. gcG 명령은 현재 행부터 파일 끝까지를 대상으로 주석 전환 동작을 수행한다. 현재 행을 주석으로 변환할 때는 앞에서 배운 것처럼 명령을 반복해서 gcgc로 입력하면 된다. 이 명령의 약식 표현인 gcc로도 동일한 기능을 수행할 수 있다.

커스텀 오퍼레이터를 직접 만드는 방법이 궁금하다면 :h :map-operator를 참고하자.

기존의 오퍼레이터와 함께 커스텀 모션 활용하기

Vim에서는 기본적으로 상당히 광범위한 분량의 모션을 제공하고 있지만 새로운 모션과 텍스트 객체(text objects)를 정의해서 더 확장할 수 있다.

카나 나츠노(Kana Natsuno)의 textobj-entire 플러그인[3]이 이 경우에 해당한다. 이 플러그인은 전체 파일에 해당하는 새로운 텍스트 객체 두 가지 ie, ae를 추가했다.

= 명령을 사용해서 파일 전체를 자동 들여쓰기하려면 gg=G 명령을 실행해야 한다. gg로 파일 최상단으로 이동한 후, =G를 이용하면 현재 커서 위치부터 파일 끝까지 모든 내용을 자동으로 들여쓰기할 수 있다. 하지만 textobj-entire[4] 플러그인이 설치되어 있다면 =ae를 실행하기만 하면 된다. ae 텍스트 객체를 사용한 덕분에 현재 커서 위치를 파일 최상단으로 이동할 필요 없이 전체를 대상으로

---

2 *https://github.com/tpope/vim-commentary*
3 *https://github.com/kana/vim-textobj-entire*
4 (옮긴이) textobj-entire를 사용하려면 textobj-user를 먼저 설치해야 한다.
   https://github.com/kana/vim-textobj-user

손쉽게 명령을 사용할 수 있게 되었다.

　commentary와 textobj-entire 플러그인을 둘 다 설치했다면 이 두 가지 플러그인을 함께 사용해도 전혀 문제없다. gcae를 실행하면 현재 파일에 있는 내용을 전체 주석으로 전환한다.

　자신만의 모션을 만드는 방법을 알고 싶다면 :h omap-info를 확인하자.

오퍼레이터-대기 모드 만나기

일반 모드, 끼워넣기 모드, 비주얼 모드는 화면 하단에 표시되어 있기 때문에 쉽고 명확하게 확인할 수 있다. 하지만 별도로 표시되지 않기 때문에 쉽게 놓칠 수 있는 또 다른 모드가 존재한다. 바로 오퍼레이터-대기(Operator-Pending) 모드다. 이 모드는 우리도 모르는 사이에 매일 수차례 사용하지만 실행 시간이 아주 짧아 쉽게 인식하기 어렵다. 예를 들어 dw 명령을 실행한다고 하자. d와 w를 누르는 그 사이에 이 모드가 존재한다. 눈 깜빡하는 사이에 지나갈 만큼 짧은 순간이다.

Vim을 유한상태 기계(finite-state machine)라고 생각한다면 오퍼레이터-대기 모드는 모션 명령만 받아들일 수 있는 상태라고 볼 수 있다. 오퍼레이터 명령을 사용하면 오퍼레이터-대기 모드가 활성화되고 모션을 입력해서 동작을 완료하기 전까지는 아무런 동작도 일어나지 않는다. 오퍼레이터-대기 모드에서 일반 모드로 돌아가기 위해서는 평소와 같이 <Esc>를 누르면 되는데 오퍼레이터-대기 모드가 되기 전, 기존에 실행했던 동작도 취소된다.

대부분의 명령은 둘 또는 그 이상의 키 입력으로 실행할 수 있다(예를 들어 :h g, :h z, :h ctrl-w, :h [). 하지만 대부분의 경우에 처음으로 입력한 키는 두 번째 입력하는 키의 접두어 같은 역할을 한다. 즉, 이 명령만으로는 오퍼레이터-대기 모드를 시작하지 않는다. 용도를 따져보면 명령의 첫 글자는 여러 명령을 모아둔 네임스페이스(namespace)라고 생각할 수 있다. 오퍼레이터-대기 모드를 시작할 수 있는 명령은 오직 오퍼레이터 명령뿐이다.

대다수의 일반 명령처럼 앞에 네임스페이스 접두어를 추가하면 될 텐데 굳이 오퍼레이터 명령과 모션 사이에 이렇게 짧은 모드를 추가한 이유가 궁금할 것이다. 그 이유는 오퍼레이터-대기 모드를 활성화하거나 그 모드로 전환하기 위한 매핑(mapping)을 직접 만들 수 있도록 하기 위해서다. 다시 말하면 사용자가 직접 오퍼레이터와 모션을 제작해서 Vim의 어휘를 늘릴 수 있도록 확장을 고려해서 이 모드를 제공하는 것이다.

끼워넣기 모드

Vim에서 사용할 수 있는 명령은 대부분 끼워넣기 모드가 아닌 다른 모드에서 사용 가능하다. 하지만 끼워넣기 모드에서도 간단하게 사용할 수 있는 명령이 있긴 하다. 이번 장에서는 끼워넣기 모드에서 사용 가능한 Vim 명령을 배운다. 제거하기, 복사하기, 붙여넣기 명령은 일반 모드에서 동작한다. 그렇지만 끼워넣기 모드를 벗어나지 않고도 레지스터에 저장해둔 내용을 붙여넣을 수 있는 편리한 단축키도 존재한다. 이러한 단축키가 어떤 게 있는지 살펴볼 것이다. 또한 키보드에 표시되어 있지 않은 특수 기호를 입력하는 두 가지 방법도 배운다.

바꾸기 모드는 끼워넣기 모드에서 사용할 수 있는 특별한 모드다. 이 모드를 활성화하고 내용을 수정하면 기존에 있던 문자를 덮어쓰는 방식으로 편집할 수 있다. 이 모드를 실행하는 방법과 유용하게 사용할 수 있는 경우를 살펴본다. 그리고 끼워넣기-일반 모드라는 서브 모드를 사용해서 일반 모드의 명령을 딱 한 번 사용하고 다시 끼워넣기 모드(insert normal mode)로 돌아오는 방법을 확인한다.

자동완성은 끼워넣기 모드에서 사용할 수 있는 가장 고급스러운 기능이다. 상세한 내용은 '19장 자동완성, 다이얼 X를 돌려라!'에서 다룬다.

Tip.13 끼워넣기 모드에서 바로 교정하기

끼워넣기 모드에서 문서를 편집하다가 실수를 했다면 즉시 고칠 수 있다. 이 상황에서는 모드를 변경할 필요도 없다. 끼워넣기 모드 명령을 몇 가지 사용하면 백스페이스 키를 눌러서 본문을 직접 지우는 수고를 하지 않고도 빠르게 교정할 수 있다.

타자 방식은 단순히 키보드를 보지 않고 타자를 치는 것에 국한되어 있는 것이 아니다. 오히려 생각과 동시에 내용을 입력한다는 의미에 더 가깝다. 타자를 잘못 입력했을 때, 눈으로 잘못된 내용을 확인하기도 전에 이미 틀렸다는 것을 알 수 있을 것이다. 잘못 입력했다는 감각을 이미 손가락 끝으로 알고 있기 때문이다. 마치 발을 잘못 디뎠을 때, 잘못 디딘 것을 확인하지 않고도 그 사실을 바로 알아챌 수 있는 것처럼 말이다.

입력을 잘못하면 보통 백스페이스 키를 사용해서 잘못된 내용을 직접 지운다. 이 방법은 잘못 입력한 내용이 단어의 끝부분인 상황에서는 가장 빠르다. 하지만 단어의 시작 부분에서 실수한 것이라면 어떨까?

타자 입력을 엄청 빠르게 할 수 있는 사람에게는 다소 극단적인 방법을 추천할 수 있다. 단어 전체를 지운 다음에 다시 입력하는 것이다. 만약 타수가 분당 60단어 이상이라면 단어 하나 다시 치는 데에는 1초밖에 걸리지 않는다. 그렇게 빠르게 입력하지 못한다면 연습량을 늘려서 오타를 줄이는 방식으로 해결할 수 있다. 문서를 작성하다 보면 반복적으로 잘못 입력하는 단어가 있기 마련이다. 어떤 단어를 빈번하게 틀리는지 유심히 관찰하고 그 단어를 중점적으로 연습한다. 결과적으로 실수가 줄어들 것이다.

다른 방법을 써보자. 일반 모드로 전환해서 단어의 시작 위치로 이동한 다음에 단어를 수정한다. 그리고 A를 눌러 끼워넣기 모드에서 작업하던 위치로 다시 돌아온다. 사실 따지고 보면 이 작업은 1초보다 더 오래 걸리는 데다 빠르게 입력하는 기술을 향상하는 데 아무런 도움이 되지 않는다. 모드를 변경할 수 있다는 이유만으로 꼭 그렇게 해야 할 필요는 없다는 뜻이다.

끼워넣기 모드에서 백스페이스 키는 예상대로 커서 앞에 있는 문자를 하나 제거한다. 아래 명령을 사용해서도 문자를 지울 수 있다.

키 입력	효과
<C-h>	앞에 있는 글자 하나 제거하기(백스페이스와 동일)
<C-w>	앞에 있는 단어 하나 제거하기
<C-u>	행의 시작 부분까지 제거하기

이 명령은 끼워넣기 모드에서만 사용할 수 있는 것도, Vim에서만 사용할 수 있는 것도 아니다. Vim의 명령행은 물론 배시(bash) 셸에서도 사용할 수 있다.

Tip.14 일반 모드로 돌아가기

Vim을 사용하다 보면 대부분의 시간을 일반 모드에서 작업하게 된다(그래서 이름이 일반 모드다). 끼워넣기 모드는 단 한 가지 작업, 문서를 입력하는 작업에 특화되어 있다. 그래서 이 두 모드를 빠르게 전환하는 것이 무엇보다 중요하다. 이 팁에서는 이 모드 전환을 쉽게 할 수 있는 몇 가지 방법을 확인한다.

일반 모드로 전환하기 위한 가장 전형적인 방식은 ⟨Esc⟩를 눌러서 돌아가는 것이다. 하지만 대부분의 키보드에서 ⟨Esc⟩는 꽤 동떨어진 곳에 있다. ⟨Esc⟩ 대신 <C-[>를 사용해도 동일한 기능을 실행할 수 있다(:h i_CTRL-[참고).

키입력	효과
<Esc>	일반 모드로 전환하기
<C-[>	일반 모드로 전환하기
<C-o>	끼워넣기-일반 모드로 전환하기

Vim 초심자라면 모드를 계속 변경해야 한다는 것이 피곤하게 느껴질 수 있다. 하지만 연습을 거듭하다 보면 모드를 오가는 작업이 더 자연스럽게 느껴질 것이다. 끼워넣기 모드에서 작업하다가 일반 모드 명령 하나를 실행하고 다시 끼워넣기 모드로 돌아오고 싶을 때도 있다. 다른 편집기에서는 간단하게 해결할 수 있는 작업인데 Vim에서 하려면 모드까지 전환해야 하니 Vim의 모드를 전환하는 일이 어색하게 느껴질 수도 있다. 하지만 Vim은 모드 변경의 피로감을 해소할 수 있는 해결책도 함께 제공하고 있다. 그 해결책이 바로 끼워넣기-일반 모드다.

끼워넣기-일반 모드 만나기

끼워넣기-일반 모드(insert normal mode)는 일반 모드의 특별판이다. 쉽게 말하면 일반 모드로 들어가는 일회용 쿠폰을 하나 제공하는 것과 비슷하다. 즉, 일반 모드의 명령 하나를 실행할 수 있도록 일반 모드로 잠시 전환했다가 명령을 실행한 직후에 끼워넣기 모드로 돌아오는 것이다. 끼워넣기 모드에서 ⟨C-o⟩를 입력하면 끼워넣기-일반 모드로 전환할 수 있다(:h i_CTRL-O 참고).

현재 행이 우측 상단 또는 창의 하단에 있는 상황에서 화면을 스크롤해 문장의 전체 맥락을 살펴보고 싶은 경우가 있을 것이다. 이런 상황에서 zz 명령을 사용하면 현재 행을 화면 중간으로 옮겨서 현재 작업하는 행을 기준으로 위아래를 절반씩 볼 수 있도록 조정한다. 이 명령을 종종 ⟨C-o⟩zz 식으로 끼워넣기-일반 모드에서 사용한다. 끼워넣기-일반 모드와 함께 이 명령을 사용하면 명령을 실행한 직후에 끼워넣기 모드로 돌아올 수 있어서 모드를 다시 전환해야 하는 번거로움 없이 계속 문서를 작성하는 데 집중할 수 있다.

Tip.15 끼워넣기 모드를 벗어나지 않고 레지스터 붙여넣기

Vim의 복사하기와 붙여넣기 동작은 대개 일반 모드에서 수행한다. 하지만 가끔은 끼워넣기 모드를 벗어나지 않고 내용을 문서에 붙여넣고 싶은 경우도 있을 것이다.

다음은 다 작성하지 않은 본문의 일부다.

insert_mode/practical-vim.txt

```
Practical Vim, by Drew Neil
Read Drew Neil's
```

이 책의 제목을 내용의 마지막 행에 추가해서 문서 작성을 마무리하려고 한다. 책 제목이 첫 줄에 이미 작성되어 있기 때문에 끼워넣기 모드에서 이 내용을 복사한 후, 다음 행의 끝에 붙여넣을 것이다.

Caps Lock 키 재설정하기

Vim 사용자에게 Caps Lock은 골칫거리다. Caps Lock이 켜져 있을 때 k, j로 커서를 이동하면 K, J를 입력한 것처럼 동작한다. K는 커서 밑에 있는 단어를 메뉴얼에서 찾아 보여주고(:h K 참고), J는 현재 행과 다음 행을 하나로 합치는 역할을 한다(:h J 참고). 실수로 Caps Lock 키를 켰다가는 버퍼에 있는 문서가 순식간에 엉망이 될 것이다.

이런 이유로 대부분의 Vim 사용자는 Caps Lock 키를 <Esc>나 <Ctrl>과 같은 키로 재설정해서 사용한다. 키보드에서 Caps Lock 키는 손에 닿기 쉬운 곳에 있는 반면에 <Esc>는 외딴 곳에 있다. Caps Lock 키를 <Esc>로 설정해서 사용하면 훨씬 편리하게 사용할 수 있다. 더군다나 Vim에서 <Esc>만큼 많이 사용되는 키도 없다. Caps Lock에 <Ctrl>의 역할을 하도록 설정하는 방법도 널리 쓰인다. <C-[> 명령은 <Esc>와 동일한 역할을 하기 때문에 <Ctrl>을 더 닿기 쉬운 위치로 옮기면 이 명령을 입력하기 한결 수월해진다. <Ctrl>은 Vim 외에 다른 프로그램에서도 키 설정에 많이 사용된다. 따라서 Caps Lock에 <Ctrl>을 지정하면 여러모로 편리하게 사용할 수 있다.

Caps Lock 키를 재설정하는 가장 간단한 방법은 시스템 계층에서 수정하는 방법이다. 이런 설정은 맥, 리눅스, 윈도우 모두 다르기 때문에 각각 시스템에서 어떻게 하는지 설명하기는 어렵다. 따라서 이 방법은 google에서 찾아보기 바란다. 이 설정은 단순히 Vim에만 한정하지 않고 시스템 전역에 적용하는 것이다. 이 조언을 따른다면 Caps Lock 키를 영원히 사용하지 않게 된다. 이 키를 그리워하는 일은 절대 없을 것이라고 장담한다.

키 입력	버퍼 내용
yt,	Practical Vim, by Drew Neil Read Drew Neil's
jA␣	Practical Vim, by Drew Neil Read Drew Neil's ■
\<C-r\>0	Practical Vim, by Drew Neil Read Drew Neil's Practical Vim■
.\<Esc\>	Practical Vim, by Drew Neil Read Drew Neil's Practical Vim■

yt, 명령으로 "Practical Vim" 단어를 복사해서 레지스터에 저장했다(여기서 사용한 t{문자} 모션은 'Tip.50 문자로 찾기'에서 살펴본다). 끼워넣기 모드에서 〈C-r〉0 명령으로 복사한 내용을 현재 커서 위치에 붙여넣을 수 있다. 레지스터와 복사하기 명령은 '10장 복사하기와 붙여넣기'에서 자세하게 다룬다.

이 명령의 일반적인 양식은 〈C-r〉{레지스터}로 {레지스터}에는 붙여넣기하려는 내용의 레지스터 주소를 넣으면 된다(:h i_CTRL-R 참고).

<C-r>{레지스터}를 문자 단위 레지스터에 사용하기

〈C-r〉{레지스터} 명령은 끼워넣기 모드에서 적은 분량의 문장을 붙여넣을 때 편리하게 사용할 수 있다. 만약 레지스터가 많은 분량의 내용을 포함하고 있다면 화면을 갱신하기까지 지연이 약간 발생한다. 그 이유는 Vim이 레지스터의 내용을 문서에 삽입할 때 한 글자씩 가져와서 추가하기 때문이다. textwidth나 autoindent 설정이 켜 있다면 원하지 않는 개행이나 불필요한 들여쓰기가 이 문장을 붙여넣는 과정에서 붙여넣은 본문에 적용되는 것을 볼 수 있다.

이런 상황을 원치 않는다면 더 똑똑한 명령인 〈C-r〉〈C-p〉{레지스터} 명령을 사용해보자. Vim은 레지스터의 내용을 변경하지 않고 저장된 내용 그대로 본문에 붙여넣는다(:h i_CTRL-R_CTRL-P 참고). 키를 여러 차례 누르는 과정이 조금 복잡하게 느껴질 수도 있다. 여러 행의 내용이 들어있는 레지스터를 문서에 붙여넣을 때는 보통 일반 모드로 전환해서 붙여넣기 명령을 사용하는 것이 더 낫다('Tip.63 레지스터에서 붙여넣기' 참고).

Tip.16 즉석에서 계산하기

표현식 레지스터는 지금 위치에서 계산을 수행하고 그 결과를 바로 문서에 입력할 수 있는 기능을 제공한다. 이번에는 이 강력한 기능을 활용하는 방법을 살펴보려고 한다.

Vim 레지스터에 저장된 내용은 문자로 이뤄진 문자열인 경우도 있고 여러 행으로 이뤄진 본문인 경우도 있다. 삭제하기 명령이나 복사하기 명령을 사용하면 그 내용이 레지스터에 저장된다. 붙여넣기 명령을 사용하면 레지스터에 있는 내용을 불러와서 본문에 입력한다.

표현식 레지스터는 다른 레지스터와 다르다. Vim 스크립트 코드 조각을 실행한 후에 그 결과를 반환한다. 이 기능을 이용하면 레지스터를 마치 계산기처럼 사용할 수 있다. 1+1 같은 간단한 산술 표현식을 전달하면 연산 결과인 2를 반환한다. 표현식 레지스터에서 반환한 값을 평범한 레지스터에 저장되어 있는 일반적인 내용처럼 사용할 수 있다.

표현식 레지스터는 = 기호로 참조할 수 있다. 끼워넣기 모드에서는 〈C-r〉=을 입력해서 접근하게 되는데 이 명령을 입력하면 화면의 하단에 프롬프트가 열린다. 이 프롬프트에 계산하고 싶은 표현식을 입력하면 된다. 입력을 끝내고 〈CR〉을 누르면 현재 커서 위치에 계산 결과를 입력한다.

다음 예제처럼 입력한 내용이 있다고 가정하자.

insert_mode/back-of-envelope.txt

의자 6개, 개 당 $35, 총계 $

총계가 얼마인지 적기 위해서 쪽지를 꺼내 손수 계산할 필요가 없다. Vim에서 계산할 수 있는데다 심지어 끼워넣기 모드를 떠나지 않고도 사용할 수 있다. 어떻게 하는지 다음을 확인하자.

키 입력	버퍼 내용
A	의자 6개, 개 당 $35, 총계 $█
<C-r>=6*35<CR>	의자 6개, 개 당 $35, 총계 $210█

표현식 레지스터를 사용하면 단순한 산술 계산 외에도 다양한 종류의 작업을 처리할 수 있다. 표현식 레지스터의 고급 예제는 'Tip.71 목록에 있는 숫자 항목을 반복자로 계산하기'에서 확인한다.

Tip.17 문자 코드를 이용해 일반적이지 않은 문자 입력하기

Vim에서 숫자 코드를 이용하면 어떤 문자든지 입력할 수 있다. 이 기능은 키보드에서 입력할 수 없는 기호를 입력하는 경우에도 유용하다.

Vim에서는 문자의 숫자 코드만 알고 있다면 어떤 문자든지 입력할 수 있다. 끼워넣기 모드에서 ⟨C-v⟩{코드} 명령으로 어떤 문자든지 추가할 수 있는데 {코드}에 추가하려는 문자의 주소를 넣으면 그 주소에 해당하는 문자가 버퍼에 입력된다.

Vim에서는 이 문자 코드를 3개의 연속된 숫자로 입력해야 한다. "A"라는 문자를 입력한다고 가정해보자. 이 문자의 코드는 65이므로 ⟨C-v⟩065로 세 글자에 맞춰 입력한다.

하지만 만약 우리가 입력하려고 하는 문자의 코드가 숫자 세 자리보다 길다면 어떻게 입력해야 할까? 유니코드의 기본 다국어 목록을 사용하면 65,535개의 문자를 사용할 수 있다. 이 경우에는 ⟨C-v⟩u{1234} 형식을 사용해서 4자리의 16진수로 입력할 수 있다(16진수 앞에는 u를 붙여야 한다). 예를 들어 뒤집어진 물음표 ("¿")를 입력해보자. 이 문자에 해당하는 코드는 00bf다. 따라서 끼워넣기 모드에서 ⟨C-v⟩u00bf를 입력한다. 더 자세한 내용은 :h i_CTRL-V_digit을 확인하자.

문서 내에서 어떤 문자의 숫자 코드를 찾고 싶다면 커서를 문자 위에 올려놓고 ga 명령을 실행한다. 이 명령을 입력하면 화면 하단에 해당 문자의 8진수, 10진수, 16진수 코드를 출력한다(:h ga 참고). 물론 이 방법은 문서에 존재하지 않는 문자를 입력하고 싶은 경우라면 그다지 도움이 되지 않는다. 이런 상황에서는 유니코드표 전체를 확인하고 싶을 것이다.

또 다른 경우에는, ⟨C-v⟩ 명령을 사용해서 숫자로 된 코드가 아니라 키 자체를 설명하는 문자를 입력하는 방법이 있다. expandtab 설정이 활성화된 상태에서 ⟨Tab⟩을 누르면 탭 문자를 입력하는 대신 공백 문자를 추가한다. 하지만 ⟨C-v⟩⟨Tab⟩은 expandtab 설정과 상관없이 항상 탭 문자를 문자 그대로 추가한다.

표 3은 일반적이지 않은 문자를 추가하는 명령을 요약한 것이다.

키 입력	효과
<C-v>{123}	8진수 코드로 문자 삽입하기
<C-v>u{1234}	16진수 코드로 문자 삽입하기
<C-v>{숫자 아닌 문자}	키 문자로 삽입하기
<C-k>{문자1}{문자2}	{문자1}{문자2} 이중자가 나타내는 문자 삽입하기

표 3 일반적이지 않은 문자 삽입하기

Tip.18 이중자로 일반적이지 않은 문자 삽입하기

숫자 코드를 이용하면 어떤 문자든 입력할 수 있지만 매번 이 숫자를 기억하기도 어렵고 입력하기도 어색하다. Vim은 일반적이지 않은 문자를 추가하기 위한 이중자(digraph)를 지원한다. 이중자는 짝을 이루는 두 문자를 입력하는 방식으로 사용하기 때문에 숫자 코드를 입력하는 방식보다 기억하기 쉽다. 이중자를 사용하는 방법은 간단하다. 끼워넣기 모드에서 〈C-k〉{문자1}{문자2} 형식으로 입력하면 된다. 앞에서 입력했던 "¿" 문자를 이중자로 입력한다면 ?I를 사용해서 〈C-k〉?I로 간단하게 입력할 수 있다.[1]

이중자에서 사용하는 문자 쌍은 그 문자의 생김새를 묘사하는 식으로 만들어졌기 때문에 기억하거나 추측하기 편하다. 예를 들어 겹화살 괄호 표시 «, »는 이중자 입력에서 <<, >>으로 입력할 수 있다.

½, ¼, ¾ 같은 기호는 각각 이중자 12, 14, 34로 입력할 수 있다. Vim에서 기본으로 제공하는 이중자는 일종의 관습을 따르고 있는데 그 전체적인 내용은 :h digraphs-default에서 확인할 수 있다.

:digraphs를 실행해도 이중자로 입력 가능한 모든 목록을 확인할 수 있지만 이 명령으로 출력한 목록은 확인하기 좀 불편하다. 더 유용하게 활용할 수 있는 목록은 :h digraph-table에서 찾을 수 있다.

Tip.19 바꾸기 모드로 존재하는 문서를 덮어쓰기

바꾸기 모드는 끼워넣기 모드와 완전히 동일하지만 문서에 존재하는 내용을 덮어쓴다는 점이 다르다. 다음 내용을 확인하자.

---

1 (옮긴이) I는 뒤집었다는 의미의 Invert를 나타낸다.

insert_mode/replace.txt

```
Typing in Insert mode extends the line. But in Replace mode
the line length doesn't change.
```

마침표를 쉼표로 바꿔서 분리된 두 문장을 하나의 문장으로 만들려고 한다. 그렇게 되면 "But"에 있는 대문자 "B"를 소문자로 변환해야 한다. 이 과정을 바꾸기 모드에서는 어떻게 할 수 있는지 아래 예에서 확인해보자.

키 입력	버퍼 내용
{시작}	`Typing in Insert mode extends the line. But in Replace mode` `the line length doesn't change.`
f.	`Typing in Insert mode extends the line. But in Replace mode` `the line length doesn't change.`
R,␣b\<Esc>	`Typing in Insert mode extends the line, but in Replace mode` `the line length doesn't change.`

R 명령으로 일반 모드에서 바꾸기 모드로 변경한다. 위에서 본 예와 같이 ", b"를 입력하면 기존에 있던 ". B"를 덮어쓰게 된다. 바꾸기 모드에서 작업을 다 끝냈다면 〈Esc〉를 입력해 일반 모드로 돌아온다. 모든 키보드에 〈Insert〉가 있는 것은 아니지만 만약 이 키가 있다면 끼워넣기 모드와 바꾸기 모드를 전환하는 키로 사용할 수 있다.

선택치환 모드로 탭 문자 덮어쓰기

몇 가지 문자는 바꾸기 모드에서 복잡한 문제를 일으키기도 한다. 탭 문자를 생각해보자. 파일에는 하나의 문자로 저장되지만 화면에는 tabstop 설정에 정의된 만큼 열을 차지하게 된다. 즉, 이 문자는 다른 문자보다 길게 확장해서 화면에 표현된다(:h tabstop 참고). 커서가 탭 영역에 위치한 상태에서 바꾸기 모드로 진입한 후에 문자를 입력하면 입력한 문자가 탭 문자를 덮어쓴다. 만약 tabstop 의 설정이 8이라면(기본 값), 입력한 문자가 8개의 문자 크기의 탭 문자를 대체하므로 현재 행의 길이가 급격하게 줄어든다.

Vim에는 또 다른 바꾸기 모드가 존재한다. 바로 선택치환 모드(virtual replace mode)로 gR 명령을 이용해 실행할 수 있다. 이 모드에서는 탭 문자를 일반 공백 문자처럼 처리한다. 즉 커서가 탭 공간에 있더라도 8개의 공백이 각각의 영역으로 존재하는 것처럼 동작한다. 선택치환 모드로 전환하면 7개의 문자를 입력해도 각각의 입력은 탭 문자 앞에 입력하는 것처럼 처리한다. 마지막으로 8번째 문자를 입력하는 순간에 비로소 탭 문자를 대체한다.

선택치환 모드에서는 실제 파일에 존재하는 문자를 바로 대체하지 않고 화면에 표시되는 기준에 따라서 문자를 덮어쓴다. 바꾸기 모드에서 동작시키면 의도와 다르게 변경되는 일이 이 모드에서는 일어나지 않는 경우가 많기 때문에, 바꾸기 모드를 사용해야 하는 경우에는 가능한 한 선택치환 모드를 사용하기를 권한다.

Vim은 일회성으로 사용할 수 있는 바꾸기 모드와 선택치환 모드도 제공한다. r{문자}와 gr{문자} 명령을 입력하면 한 문자에 대해서만 치환 동작을 한 후에 일반 모드로 바로 돌아온다(:h r 참고).

비주얼 모드

비주얼 모드(visual mode)는 본문에서 영역을 지정해서 조작할 수 있는 기능을 제공한다. 이 모드는 상당히 직관적이라서 이후에 나온 많은 편집 소프트웨어가 이 기능을 따라했다. 하지만 Vim의 비주얼 모드는 다른 에디터가 구현한 기능과는 좀 독특하게 다른 부분이 있다. 다른 에디터와 Vim의 차이점을 알아보기 전에 먼저 Vim의 비주얼 모드 내부를 이해하는 것에서 시작하자('Tip.20 비주얼 모드의 내부 들여다보기' 참고).

Vim은 문자, 행, 사각형 비주얼 블록 중 어느 방식으로 영역을 지정하는가에 따라서 세 가지 다른 비주얼 모드가 존재한다. 각각의 모드를 전환하는 방법을 살펴보고 선택한 영역을 수정하는 유용한 기법도 몇 가지 살펴본다('Tip.21 비주얼 영역 선택 정의하기' 참고).

비주얼 모드에서 같은 명령을 반복하는 경우에도 앞에서 배운 점 명령을 사용할 수 있다. 특히 행 단위 영역을 다루는 비주얼 모드에서 강력하게 활용할 수 있다. 문자 단위 영역을 다루는 비주얼 모드에서 점 명령을 사용하다 보면, 선택한 범위가 예상했던 것보다 짧아서 원래 편집하려 했던 만큼의 목적을 달성하지 못하는 경우가 종종 생긴다. 이와 관련한 몇 가지 사례를 살펴보려고 한다. 이런 경우에는 점 명령보다 오퍼레이터 명령이 더 적합할 수 있다.

비주얼-블록 모드는 사각형으로 문서 열을 선택하는 방식으로 동작한다. 이 기능은 다양한 방식으로 활용할 수 있다. 여기에서는 우선 세 가지 예제를 집중적으로 살펴보자.

Tip.20 비주얼 모드의 내부 들여다보기

비주얼 모드는 본문의 범위를 선택하고 조작할 수 있는 기능을 제공한다. 하지만 Vim에서 본문을 선택하는 기능은 직관적으로 보이는 것과 다르며 다른 문서 편집기의 관점과 다르다.

Vim이 아니라 웹페이지에서 텍스트 영역(text area)에 문자를 입력한다고 생각해보자. 입력을 하다보니 "March,"이라고 작성했는데 사실 "April,"로 작성했어야 했다. 그래서 마우스로 단어를 더블 클릭해 그 단어를 선택했다. 선택한 단어를 백스페이스 키를 눌러 지운 후에 원래 입력하려고 했던 단어로 다시 입력했다.

이 예제에서 백스페이스 키로 단어를 지울 필요가 없다는 것을 이미 알고 있을 것이다. 단어 "March"가 선택된 상태에서 "A"만 입력해도 선택된 영역이 새로 입력한 내용으로 대체된다. 그리고 이후의 입력도 계속 진행되기 때문에 아무런 불편 없이 "April"을 마저 입력할 수 있다. 그렇게 많은 내용을 단축한 것은 아니지만 적어도 입력 횟수를 조금 줄일 수 있다.

이 동작을 Vim 비주얼 모드에서 동일하게 사용했다가는 결과에 놀라게 될 수도 있다. 그 이유의 실마리는 바로 비주얼 모드라는 이름에 있는데 이 모드는 앞서 살펴본 모드와 같이 또 하나의 다른 모드에 해당한다. 즉, 키보드로 내용을 입력해도 본문에 바로 입력되지 않고 각각의 명령 키로 인식해 기능을 수행하게 된다는 뜻이다.

물론 일반 모드에서 이미 친숙하게 사용했던 대다수의 명령은 비주얼 모드에서도 동일하게 동작한다. h, j, k, l도 커서 방향키로 여전히 사용할 수 있다. 현재 행에 있는 문자로 이동하기 위해 사용하는 f{문자} 명령도 가능하고, 이전에 수행한 검색을 반복하거나 역방향으로 검색을 반복하기 위한 ;와 , 명령도 쓸 수 있다. 물론 패턴에 일치하는 곳으로 이동하기 위한 검색 명령(n/N을 포함)도 사용 가능하다. 비주얼 모드에서 커서가 이동할 때마다 본문에서의 선택 영역은 계속 변경된다.

비주얼 모드에서 사용할 수 있는 몇 가지 명령은 약간 다른 구석이 있지만 일반 모드와 거의 동일하게 동작한다. 예를 들어 c 명령은 양쪽 모드에서 특정 본문을 지우고 끼워넣기 모드로 전환하는 기능으로 사용할 수 있다. 각각의 모드에서 이 명령은 실행될 범위를 어떻게 지정했느냐에 따라 다르게 동작한다. 일반 모드라면 바꾸기 명령 c를 먼저 입력하고 모선을 사용해서 그 범위를 지정해야 한다. 'Tip.12 분할 정복'에서 다룬 내용처럼 이 명령은 오퍼레이터 명령에 해당한다. 반면 비주얼 모드에서는 영역을 우선 선택한 다음에 바꾸기 명령을 실행한다. 이처럼 비주얼 모드에서 오퍼레이터 명령은 일반적으로 제어가 역전된 (inversion of control) 방식으로 사용할 수 있다('표 2 Vim의 오퍼레이터 명령' 참고). 사람들은 대부분 비주얼 모드의 접근 방식을 더 직관적으로 느낀다.

"March"를 "April"로 변경하는 간단한 예제를 다시 살펴보자. 이번에는 텍스트 영역의 제한이 있는 웹페이지를 벗어나서 Vim의 품으로 다시 돌아온다. 커서를 "March" 위에 놓은 상태로 viw를 입력해서 단어를 영역으로 선택한다. 여기에서 바로 "April"을 입력한다면, 선택한 영역 뒤에 입력한 내용을 추가하는 A 명령이 실행된 후에 뒤에 "pril"이라고 입력된다. 대신에 c 명령을 사용해서 선택한 영역을 바꾸면 선택한 범위가 삭제된 후에 끼워넣기 모드로 전환되며 "April"를 온전하게 입력할 수 있게 된다. 이 사용 방식은 백스페이스 키 대신 c를 사용했다는 차이 빼고는 앞에서 예로 들었던 웹페이지 동작과 상당히 유사하다.

고르기 모드 살펴보기

전형적인 문서 편집 환경에서는 본문을 선택한 상태에서 문자를 출력하는 키를 입력하면 그 순간에 선택했던 영역이 제거된다. Vim의 비주얼 모드에서는 이런 방식으로 동작하지 않는다. 하지만 고르기 모드(select mode)에서는 다르다. Vim의 내장 문서에서는 이 모드에 대해 '마이크로소프트 윈도우에서의 고르기 모드'에 비유하고 있다(:h Select-mode 참고). 키를 눌러서 문자가 출력되면 그 동작이 선택된 영역을 제거한 다음에 끼워넣기 모드로 전환되어 이후 문서에 바로 문자를 입력할 수 있다.

비주얼 모드와 고르기 모드는 <C-g>를 눌러서 전환할 수 있다. 화면 하단에 --- 비주얼 --- 또는 --- 고르기 --- 표시로 확인 가능하다. 고르기 모드에서 문자를 입력하면 선택한 영역의 내용이 제거되고 입력을 위한 끼워넣기 모드로 전환된다. 이 동작은 비주얼 모드에서 c를 눌러 선택 영역을 바꾸는 것과 동일하다.

고르기 모드는 다른 문서 편집기와 비슷하게 동작해서 사용하기에 쉬울 것이다. 하지만 이 모드를 자주 사용하면 Vim의 고유한 기능과 멀어지게 되고 결과적으로 사용자의 손을 묶는 결과를 낳게 된다. Vim의 다중 모드 환경에 익숙해지려면 고르기 모드는 최대한 사용하지 않는 것이 바람직하다. 하지만 고르기 모드를 주로 사용하게 되는 상황도 한 가지 있기는 하다. Textmate 플러그인의 스니핏 기능을 사용할 때인데, 고르기 모드가 현재 이 플러그인이 동작하는 상태인 것을 나타내기 위해서 활성화된다.

Tip.21 비주얼 영역 선택 정의하기

비주얼 모드는 다른 종류의 본문을 다루기 위한 세 가지 서브 모드가 있다. 이 팁에서는 각각의 비주얼 서브 모드를 사용하는 방법과 각 모드로 전환하는 방법을 살펴본다.

Vim은 세 가지 비주얼 모드가 있다. 문자 단위(character-wise) 비주얼 모드에서는 단일 문자를 기준으로 한 행 이상에 걸쳐 영역을 지정할 수 있다. 이 모드는 개별적인 단어나 구문 단위로 작업할 때 적합하다. 만약 각 행 전체를 기준으로 영역을 선택하고 싶다면 행 단위(line-wise) 비주얼 모드를 사용할 수 있다. 마지막으로 블록 단위(block-wise) 비주얼 모드는 문서에서 열을 기준으로 선택해서 작업하는 데 유용하다. 블록 단위 비주얼 모드는 다른 모드에 비해 특별해서 'Tip.24 탭으로 된 데이터를 비주얼 블록 모드로 편집하기'와 'Tip.25 문서의 열 변경하기', 'Tip.26 비주얼 블록을 쪼개서 본문에 붙여넣기'까지 방대하게 다루고 있다.

비주얼 모드 활성화하기

v는 비주얼 모드로 진입하기 위한 입구 역할을 한다. 일반 모드에서 v를 누르면 문자 단위 비주얼 모드를 활성화할 수 있다. 행 단위 비주얼 모드는 V로 열 수 있다. 블록 단위 비주얼 모드는 〈C-v〉로 사용한다. 다음 표에 비주얼 모드를 활성화하는 명령을 정리했다.

명령	효과
v	문자 단위 비주얼 모드 활성화하기
V	행 단위 비주얼 모드 활성화하기
<C-v>	블록 단위 비주얼 모드 활성화하기
gv	비주얼 모드에서 마지막으로 선택했던 영역 다시 선택하기

gv 명령은 이전에 비주얼 모드에서 마지막으로 지정했던 범위를 다시 선택해주는 바로가기 단축키다. 이전 선택이 문자 단위, 행 단위, 블록 단위 중 어떤 비주얼 모드를 사용했는지 상관없이 마지막으로 선택했던 영역을 선택해준다. 하지만 선택했던 영역이 이미 지워진 상황에서 이 기능을 사용하면 동작이 다소 혼란스러워질 수 있다.

비주얼 모드 간 전환하기

일반 모드에서 비주얼 모드로 전환한 것과 같이 비주얼 모드 내에서도 다른 비주얼 모드로 전환할 수 있다. 문자 단위 비주얼 모드가 활성화된 상태에서는 V를 입력해서 행 단위 모드로 전환할 수 있다. 블록 단위 비주얼 모드로 전환하려면 〈C-v〉를 입력하면 된다. 일반 모드에서 v를 누르면 문자 단위 비주얼 모드로 전환된다. 그렇다면 문자 단위 비주얼 모드에서 v를 입력하면 어떻게 될까? 다시 일반 모드로 전환된다. 즉, v 명령은 비주얼 모드와 일반 모드를 서로 오갈 수 있는 명령으로 볼 수 있다. 같은 방식으로 V와 〈C-v〉도 동일하게 일반 모드와 각각의 비주얼 모드로 전환하는 데 사용 가능하다. 물론 평소처럼 〈Esc〉 또는 〈C-[〉를 사용해서 일반 모드로 돌아갈 수 있다. 이 명령은 끼워넣기 모드와 동일하다. 다음은 비주얼 모드 간 전환하는 명령을 요약했다.

명령	효과
\<Esc\> / \<C-[\>	일반 모드로 전환하기
v / V / \<C-v\>	일반 모드로 전환하기(각각 문자, 행, 블록 단위 비주얼 모드일 때)
v	문자 단위 비주얼 모드로 전환하기
V	행 단위 비주얼 모드로 전환하기
\<C-v\>	블록 단위 비주얼 모드로 전환하기
o	선택 영역 중 반대쪽 끝으로 이동하기

선택 영역의 끝 전환하기

비주얼 모드에서 범위를 선택하면 선택한 영역의 양 끝이 생긴다. 선택 영역 한쪽은 고정되어 있고, 다른 한쪽은 커서를 이용해 자유롭게 이동할 수 있다. o를 누르면 반대 방향의 끝을 조종할 수 있도록 전환된다. 선택 영역을 지정하기 시작했는데 하다보니 시작 위치가 잘못되었다는 것을 알게 되었을 경우에 유용하다. 비주얼 모드를 벗어나서 다시 영역을 선택할 필요 없이 o를 눌러 영역을 다시 선택하면 되므로 훨씬 간편하다. 다음은 이 기법을 이용한 예제다.

키 입력	버퍼 내용
{시작}	Select from here to here.
vbb	Select from here to here.
o	Select from here to here.
e	Select from here to here.

Tip.22 행 범위 비주얼 모드 반복하기

비주얼 모드에서도 점 명령을 이용해서 선택 영역에 대한 변경을 반복할 수 있다. 비주얼 모드에서 점 명령을 쓰면 동일한 범위의 본문을 대상으로 변경점을 반복해서 적용한다. 이 팁에서는 행 단위로 영역을 선택에서 변경점을 만든 다음에 점 명령으로 반복하는 방법을 다룬다.

비주얼 모드에서 명령을 실행하면 일반 모드로 돌아가게 되고 비주얼 모드에서 선택한 영역은 선택 해제된다. 만약 비주얼 모드에서 선택한 영역을 다른 비주얼 모드에서 동일하게 선택해서 편집하고 싶다면 어떻게 해야 할까?

다음과 같이 문법에 맞지 않는 파이썬 코드가 있다고 생각해보자.

visual_mode/fibonacci-malformed.py

```
def fib(n):
    a, b = 0, 1
    while a < n:
print a,
a, b = b, a+b
fib(42)
```

이 코드 예제는 4칸 들여쓰기를 사용한다. 먼저 Vim에서 이 들여쓰기 양식을 맞추려고 한다.

준비

<, > 명령이 제대로 동작하기 위해서는 shiftwidth 설정과 softtabstop 설정을 각각 4로 지정하고 expandtab을 활성화해야 한다. 각각 설정이 어떻게 동작하는지 알고 싶다면 Vimcasts.org의 '탭과 스페이스'[1] 편을 확인하자. 다음 내용을 입력하면 모든 설정이 끝난다.

```
⇒ :set shiftwidth=4 softtabstop=4 expandtab
```

들여쓰기 한 번, 그리고 반복

앞에서 확인한 파이썬 코드를 보면 코드의 4, 5행은 들여쓰기가 두 단계 더 필요한 상황이다. 해당 범위를 비주얼 모드에서 선택한 다음에 > 명령을 쓰면 들여쓰기를 할 수 있다. 하지만 비주얼 모드로 두 행을 선택하고 들여쓰기 명령을 내리

---

1 *http://vimcasts.org/e/2*

면, 한 단계 들여쓰기를 한 후 다시 일반 모드로 돌아오게 될 것이다.

이런 문제는 gv 명령으로 같은 본문 영역을 다시 선택한 다음에 들여쓰기 명령을 다시 실행하는 방법으로 해결하는 것도 나쁘지 않다. 하지만 더 Vim스러운 방식으로 해결하고 싶다면 다음을 확인해보자.

반복 작업이 필요할 때라면 점 명령은 언제든지 당신의 친구가 되어 줄 것이다. 비주얼 모드로 전환해서 직접 영역을 선택하거나 gv 명령을 사용해서 같은 범위를 선택한 다음에 동일한 명령을 직접 한 번 더 실행할 수도 있다. 하지만 일반 모드에서 . 키를 눌러 동일한 작업을 처리하는 것도 가능하다. 점 명령을 사용해서 반복하는 방법은 다음 예제에서 확인한다.

키 입력	버퍼 내용
| {시작} | ```
def fib(n):
    a, b = 0, 1
    while a < n:
    print a,
    a, b = b, a+b
    fib(42)
``` |
| Vj | ```
def fib(n):
    a, b = 0, 1
    while a < n:
    print a,
    a, b = b, a+b
    fib(42)
``` |
| >. | ```
def fib(n):
    a, b = 0, 1
    while a < n:
        print a,
        a, b = b, a+b
    fib(42)
``` |

들여쓰기를 두 번 해야 한다는 걸 한눈에 알 수 있다면 비주얼 모드에서 2>를 입력도 된다. 하지만 그럼에도 점 명령을 선호하는 이유는 반복해서 실행한 명령 결과가 즉각적으로 나타나 화면으로 확인할 수 있기 때문이다. 들여쓰기 명령을 한 차례 더 사용해야 한다면 .을 다시 입력하면 된다. 신나서 마구 누르다가 생각보다 많이 누르게 되더라도 u를 눌러서 되돌릴 수 있다. 'Tip.11 직접 반복할 수 있다면 실행 횟수 사용하지 않기'에서 이 두 가지 접근법의 차이에 대해 안내했다.
```

비주얼 모드 명령을 반복하기 위해서 점 명령을 사용하면 가장 마지막으로 선택했던 범위만큼 본문을 선택한 후에 동작한다. 이 동작은 행 단위 선택을 가정하고 동작하는 경우가 많아서 문자 단위 모드에서 점 명령을 사용했을 경우에는 예상과 다르게 동작할 수도 있다. 이 문제는 다음 예제에서 살펴보기로 한다.

Tip.23 가능하면 비주얼 명령 대신 오퍼레이터 명령 사용하기

비주얼 모드는 Vim 일반 모드 동작보다 훨씬 직관적이지만 약점도 존재한다. 점 명령을 사용했을 때 예상과는 다른 방식으로 동작하는 경우가 있다는 점이다. 따라서 비주얼 모드보다 일반 모드의 오퍼레이터 명령이 적합한 상황에서는 그 명령을 사용하는 것이 낫다.

다음 링크 목록을 대문자로 변경하려면 어떻게 해야 할지 확인해보자.

visual_mode/list-of-links.html

```
<a href="#">one</a>
<a href="#">two</a>
<a href="#">three</a>
```

vit 명령을 사용하면 태그 안에 있는 내용을 선택할 수 있다. 이 명령을 '태그 내에 있는 내용을 선택하라(visually select inside the tag)'의 약어라고 생각하면 쉽게 외울 수 있다. it 명령은 텍스트 객체(text object)라고 하는 특별한 종류의 모션을 의미하는데 'Tip.52 정밀 텍스트 객체로 선택 영역 추적하기'에서 자세히 알아볼 것이다.

비주얼 오퍼레이터 사용하기

비주얼 모드에서는 영역을 선택하고 명령을 내리게 된다. 이 예제에서는 선택한 문자를 대문자로 전환하기 위해 U 명령을 사용한다(:h v_U참고). '표 4 비주얼 모드에서 대문자 전환'을 참고하자.

키 입력	버퍼 내용

{시작}	`<a href="#">one</a>`
	`<a href="#">two</a>`
	`<a href="#">three</a>`

vit	`<a href="#">one</a>`
	`<a href="#">two</a>`
	`<a href="#">three</a>`

```
        <a href="#">ONE</a>
U       <a href="#">two</a>
        <a href="#">three</a>
```

표 4 비주얼 모드에서 대문자 전환

첫 행에서 필요한 내용을 수정한 후에 동일한 변환 작업을 다음 행에서도 수행하려고 한다. 점 공식을 어떻게 사용할 수 있을까?

j. 명령을 사용하면 커서를 다음 행으로 이동한 후에 동일한 명령을 반복해서 실행할 수 있다. 실제로 이 명령을 사용하면 두 번째 행에서는 정상적으로 동작한다. 하지만 한 번 더 j. 명령을 내리면 다음처럼 이상한 결과를 반환한다.

```
<a href="#">ONE</a>
<a href="#">TWO</a>
<a href="#">THREe</a>
```

무슨 일이 일어났는지 보이는가? 본문에서 이전 행에서 변경했던 내용과 동일한 길이만큼만 효과가 나타났다(:h visual-repeat 참고). 여기에서는 기존에 사용한 명령이 단지 세 글자를 대상으로 동작했기 때문에 이런 결과가 나왔다. 두 번째 행의 결과는 제대로 동작했지만 이 또한 세 글자만 포함하고 있었기 때문에 문제를 발견할 수 없었을 뿐이다. 마지막 행은 다섯 글자를 포함하고 있었기 때문에 명령을 반복해서 실행했을 때, 문제를 바로 확인할 수 있었다.

일반 오퍼레이터 명령 사용하기

비주얼 모드에서 U 명령을 일반 모드와 동일하게 사용하기 위해 gU{모션} 형식으로 사용할 수 있다(:h gU 참고). 맨 처음에 내용을 대문자로 수정할 때 이 명령을 사용했다면 나머지 행은 점 공식을 사용해서 편집을 마무리할 수 있다.

키 입력	버퍼 내용

{시작}	`<a href="#">one</a>`
	`<a href="#">two</a>`
	`<a href="#">three</a>`

gUit	`<a href="#">ONE</a>`
	`<a href="#">two</a>`
	`<a href="#">three</a>`

j.	`<a href="#">ONE</a>`
	`<a href="#">`T`WO</a>`
	`<a href="#">three</a>`

j.	`<a href="#">ONE</a>`
	`<a href="#">TWO</a>`
	`<a href="#">`T`HREE</a>`

토론

여기에서 사용한 vitU와 gUit 명령은 키를 네 번 입력하는 것으로 구성되었다. 명령의 결과는 동일했지만 각각의 의미는 사뭇 다르다. 비주얼 모드의 접근 방식으로 보면 vitU와 gUit 명령은 각각 네 번의 키 입력을 두 개의 명령으로 구분할 수 있다. 먼저 vitU를 확인해보면 vit는 선택을 위해서, U는 선택 영역을 조작하기 위해서 사용했다. 그에 반해 gUit 명령은 오퍼레이터를 포함한 명령(gU)과 모션(it)으로 나눌 수 있다.

비주얼 모드에서 점 명령을 이용해서 반복 작업을 한다고 가정하고 작업하려면 고려해야 할 사항이 너무 많아진다. 따라서 이런 반복 작업이 필요한 경우에는 차라리 비주얼 모드를 떠나서 작업하는 방법이 바람직하다. 비주얼 모드에서 반복 작업을 위한 변경점을 만드는 과정보다 동일한 기능의 오퍼레이터 명령을 사용해서 반복 작업을 처리하는 것이 더 편리하며 훨씬 일반적인 접근 방식이다.

그렇다고 해서 비주얼 모드 사용을 금한다는 이야기가 아니다. 이 기능을 사용해도 여전히 문제는 없다. 편집할 때 모든 작업이 반복해야 하는 것이 아니기 때문이다. 변경이 일회성이라면 비주얼 모드에서 편집하는 것이 더 적절하다. Vim의 모션이 오차 없이 정밀하게 동작하긴 하지만 간혹 한눈에 봐서는 구조적으로 판단하기 어려운 문서 영역을 수정해야 하는 경우가 생긴다. 이런 상황에서 작업하기에는 비주얼 모드가 더 적절하다.

Tip.24 탭으로 된 데이터를 비주얼 블록 모드로 편집하기

행 단위로 작업하는 일은 어느 편집기에서나 지원되는 기능이다. 하지만 문서를 열 기준으로 조작하려면 특별한 도구가 필요하다. Vim은 이런 작업을 지원하기 위해서 비주얼 블록 모드를 제공하고 있다. 이 모드를 사용하면 텍스트 문서로 된 표를 조작할 수 있다. 다음처럼 표 형태로 작성한 일반 문서를 확인해보자.

```
visual_mode/chapter-table.txt
Chapter              Page
Normal mode           15
Insert mode           31
Visual mode           44
```

이 문서를 표처럼 보이도록 두 열 사이에 파이프(|) 문자로 세로선을 그리려고 한다. 두 열의 간격이 필요보다 훨씬 멀리 떨어져 있으므로 우선 이 간격을 먼저 좁히고 시작하자. 이 두 가지 작업을 모두 비주얼 블록 모드를 사용해서 해결할 것이다. 그 과정은 다음 '표 5 열 사이에 수직 파이프 넣기'에서 확인하자.

키 입력	버퍼 내용		
{시작}	Chapter	▮	Page
	Normal mode		15
	Insert mode		31
	Visual mode		44
<C-v>3j	Chapter	▯	Page
	Normal mode	▯	15
	Insert mode	▯	31
	Visual mode	▮	44
x...	Chapter	▮	Page
	Normal mode		15
	Insert mode		31
	Visual mode		44
gv	Chapter	▯	Page
	Normal mode	▯	15
	Insert mode	▯	31
	Visual mode	▮	44
r|	Chapter	▮|	Page
	Normal mode	|	15
	Insert mode	|	31
	Visual mode	|	44
yyp	Chapter	|	Page
	▮hapter	|	Page
	Normal mode	|	15
	Insert mode	|	31
	Visual mode	|	44
Vr-	Chapter	|	Page
	▮————————————		
	Normal mode	|	15
	Insert mode	|	31
	Visual mode	|	44

표 5 열 사이에 수직 파이프 넣기

먼저 〈C-v〉를 입력해서 비주얼 블록 모드로 진입한다. 커서를 아래로 이동해서 열을 기준으로 여러 행을 선택한다. x를 눌러서 선택한 열을 제거하고 점 명령을 반복적으로 눌러서 같은 범위의 문서를 여러 번 제거한다. 두 열의 간격이 적당해질 때까지 반복한다.

점 명령을 사용하는 대신에 열을 선택한 커서를 우측으로 두세 칸 이동하는 방법으로 넓은 범위를 한번에 선택할 수 있다. 넓은 범위를 선택해서 한번에 제거해도 괜찮지만 한 열씩 제거하면 제거할 때마다 시각적으로 바로 확인할 수 있으므로 한 열씩 제거하는 방법이 낫다.

이제 본문을 두 열로 깔끔하게 정리했고 각각의 열 사이에 선을 그을 준비가 완료되었다. 마지막으로 선택했던 범위를 gv 명령으로 다시 선택한 후에 r|을 입력해서 각각 선택 영역으로 지정한 범위를 모두 파이프 문자로 대체한다.

여기까지 작업을 했으면 표의 색인과 본문 사이에 가로선을 그리고 싶을 것이다. 재빠르게 행 단위 복사, 붙여넣기로 최상단의 행을 복제한 후에(yyp) 복제한 행에서 모든 문자를 대시(-) 문자로 치환한다(Vr-).

Tip.25 문서의 열 변경하기

비주얼 블록 모드를 사용하면 동시에 여러 행에 내용을 추가하는 것도 가능하다.

비주얼 블록 모드는 표 형식의 자료를 작업할 때만 유용한 것이 아니다. 코드 작업을 할 때도 종종 요긴하게 활용할 수 있다. 최적화가 필요한 다음 CSS 파일을 확인하자.

```
visual_mode/sprite.css
 li.one    a{ background-image: url('/images/sprite.png'); }
 li.two    a{ background-image: url('/images/sprite.png'); }
 li.three  a{ background-image: url('/images/sprite.png'); }
```

sprite.png 파일을 images/에서 components/ 디렉터리로 옮겼다고 생각해보자. 각각의 행에서 참조하고 있는 경로를 새로운 경로로 변경해야 한다. 이런 경우에는 '표 6 다중 행 입력하기'의 내용과 같이 비주얼 블록 모드를 사용할 수 있다.

키 입력	버퍼 내용	
{시작}	li.one	a{ background-image: url('/**i**mages/sprite.png'); }
	li.two	a{ background-image: url('/images/sprite.png'); }
일반 모드	li.three	a{ background-image: url('/images/sprite.png'); }
<C-v>jje	li.one	a{ background-image: url('/images/sprite.png'); }
	li.two	a{ background-image: url('/images/sprite.png'); }
비주얼 모드	li.three	a{ background-image: url('/image**s**/sprite.png'); }
c	li.one	a{ background-image: url('/**/**sprite.png'); }
	li.two	a{ background-image: url('//sprite.png'); }
끼워넣기 모드	li.three	a{ background-image: url('//sprite.png'); }
components	li.one	a{ background-image: url('/components**/**sprite.png'); }
	li.two	a{ background-image: url('//sprite.png'); }
끼워넣기 모드	li.three	a{ background-image: url('//sprite.png'); }
<Esc>	li.one	a{ background-image: url('/component**s**/sprite.png'); }
	li.two	a{ background-image: url('/components/sprite.png'); }
일반 모드	li.three	a{ background-image: url('/components/sprite.png'); }

표 6 다중 행 입력하기

지금부터 설명하는 이 과정이 익숙하게 느껴질 것이다. 내용을 조작하려는 범위를 대상으로 사각형의 비주얼 블록을 사용해서 영역을 지정한다. 범위를 선택한 후에 c를 누르면 선택한 모든 영역의 본문이 제거되고 끼워넣기 모드로 전환된다.

끼워넣기 모드에서 "components"를 입력하면 가장 상단의 행에서만 입력한 내용이 나타날 것이다. 나머지 두 행에서는 아무런 반응이 없지만 〈Esc〉를 눌러 일반 모드로 돌아가는 순간 입력했던 내용이 나머지 두 행에 추가되는 것을 확인할 수 있다.

Vim에서 제공하는 비주얼 블록 변경하기 명령의 동작 방식이 조금 의아할 수도 있다. 표시한 행은 동시에 제거되는 반면에 입력하는 내용은 최상단 행에서만 나타나는 점이 (적어도 끼워넣기 모드에서는) 모순으로 보일지도 모른다. 비슷한 기능을 하는 문서 편집기에서도 선택한 모든 행의 내용을 동시에 갱신한다. 다른 문서 편집기에서 이런 동작 방식을 경험해 봤다면 Vim의 구현 방식에서 조금 부족한 부분을 찾았다고 생각할 수도 있다.

하지만 위 예시에서 볼 수 있는 것처럼, 최종적인 결과에서는 차이가 없다. 끼워넣기 모드를 좀 더 깊이 보면 더 이상 놀랄 일도 없을 것이다.

Tip.26 비주얼 블록을 쪼개서 본문에 붙여넣기

비주얼 블록 모드는 행과 열이 뒤범벅된, 사각의 코드 영역을 조작해야 하는 상황에서 강력한 힘을 발휘한다. 물론 그 외의 경우에서도 충분히 활용할 수 있다.

앞에서 확인했던 자바스크립트의 코드를 다시 살펴보자.

```
the_vim_way/2_foo_bar.js
var foo = 1
var bar = 'a'
var foobar = foo + bar
```

이 파일은 코드가 세 줄이고 각 행의 길이가 다르다. 이 세 행의 끝에 세미콜론을 붙이려고 한다. 'Tip.2 반복하지 않기'에서는 점 명령을 이용했지만 비주얼 블록 모드로도 이 문제를 해결할 수 있다.

키 입력	버퍼 내용
{시작} 일반 모드	var foo = ■ var bar = 'a' var foobar = foo + bar
<C-v>jj$ 비주얼 블록	var foo = 1 var bar = 'a' var foobar = foo + bar■
A; 끼워넣기 모드	var foo = 1;■ var bar = 'a' var foobar = foo + bar
<Esc> 일반 모드	var foo = ■; var bar = 'a'; var foobar = foo + bar;

비주얼 블록 모드로 진입한 다음에 선택 영역을 행의 마지막까지 늘리기 위해 $ 명령을 사용했다. 이 코드를 처음 봤을 때는, 각 행의 길이가 다르기 때문에 문제를 해결하기 어려울 것이라 생각했을지도 모른다. 하지만 $ 명령으로 행의 마지막까지 선택하려는 사용자의 의도에 맞게 잘 동작한다. 즉 사각형으로만 선택하는 제한에서 벗어나서 각 행의 선택 영역을 본문 오른쪽 끝까지, 행의 길이에 맞춰 확장한다.

영역을 선택한 상황에서 행의 마지막에 글자를 더하려면 A 명령을 사용할 수 있다(다음 페이지의 'i와 a 명령 사용 방법' 참고). 이 명령을 누르면 끼워넣기 모드로 전환되며 가장 상단 행의 끝에 커서가 놓이게 된다. 끼워넣기 모드에 있는 동안에 입력한 모든 내용은 가장 상단의 행에서만 나타나지만 끼워넣기 모드를 벗어나면 앞에서 영역으로 선택했던 모든 행에 반영된다.

i와 a 명령 사용 방법

Vim에서 일반 모드와 끼워넣기 모드를 전환하는 방법에는 여러 가지가 있다. i와 a 명령은 둘 다 모드를 전환하기 위한 명령이다. i는 커서의 앞에서부터, a는 커서의 뒤에서부터 내용을 추가할 수 있는 기능으로 각 명령 후에 입력을 시작하는 위치가 다르다. I와 A 명령은 i, a와 비슷하게 시작하지만 커서의 시작 위치는 행의 처음 또는 행의 마지막으로 이동한다.

비주얼 블록 모드에서 끼워넣기 모드로 전환하는 경우에도 I와 A, 이 두 명령은 비슷한 방식으로 동작한다. I와 A 명령을 비주얼 블록 모드에서 사용하면 선택한 영역의 시작 또는 끝으로 커서를 이동한 다음 끼워넣기 모드로 전환한다. 그렇다면 비주얼 모드에서는 i와 a 명령이 어떻게 동작할까?

비주얼 모드와 동작 대기 모드에서는 i와 a 명령이 텍스트 객체를 시작할 때 사용하는 명령이기 때문에 앞에서 살펴본 명령과는 전혀 다른 기능으로 동작한다. 이 내용은 'Tip.52 정밀 텍스트 객체로 선택 영역 추적하기'에서 심도 있게 다룬다. 비주얼 모드에서 선택 영역을 지정한 상태로 i를 눌렀는데도 끼워넣기 모드로 전환이 되지 않는다면 I를 입력해보자.

명령행 모드

태초에 ed가 계시니라. ed는 ex를 낳고, ex는 vi를 낳고, vi는 Vim을 낳았더라.
- Unix 경전의 구약 편

Vim의 조상을 추적하면 다중 모드 편집 패러다임(modal editing paradigm)
을 구상한 vi를 만날 수 있다. vi의 조상을 찾아보면 ex라는 행 편집기가 있는데
Vim이 Ex 명령을 갖고 있는 이유가 여기에 있다. 즉, 현대의 Vim은 초기 Unix
문서 편집기의 DNA를 갖고 있다. 행 지향 작업을 처리할 때는 여전히 Ex 명령
을 강력한 도구로 활용할 수 있다. 이 장에서는 ex의 흔적을 찾아 살펴보는 과정
에서 명령행 모드(command-line mode)를 어떻게 사용하는지 학습한다.

Tip.27 Vim의 명령행과 만나기

명령행 모드는 Ex 명령, 검색 패턴, 표현식을 입력했을 때 활성화된다. 이 팁에
서는 버퍼(buffer)에 있는 문서를 조작하기 위한 Ex 명령을 살펴보고, 이 모드에
서 사용할 수 있는 특수 키 매핑(mapping)을 배운다.

　Vim에서 :을 누르면 명령행 모드로 전환된다. 이 모드는 셸 명령행과 사용하
는 방법이 비슷하다. 명령 이름을 입력한 후 〈CR〉을 눌러 실행한다. 이 명령행
모드에서 다시 일반 모드로 돌아가려면 〈Esc〉를 누른다.

　역사적인 이유로 명령행 모드에서 실행할 수 있는 명령을 Ex 명령이라고 부른
다(다음 페이지의 'Vim의 어원과 가계도'에서 다룬다). 명령행 모드는 /를 눌러
검색 프롬프트(search prompt)를 불러오거나 〈C-r〉=로 표현식 레지스터에 접
근했을 때 활성화된다. 표현식 레지스터는 'Tip.16 즉석에서 계산하기'에서 다뤘
다. 이 장에서 소개하는 방법 중 몇 가지는 각각 다른 프롬프트에서도 사용할 수
있지만, Ex 명령을 중점으로 두고 설명할 것이다.

명령	효과
`:[범위]delete [x]`	지정한 행을 삭제 [레지스터 x에 저장]
`:[범위]yank [x]`	지정한 행을 복사 [레지스터 x에 저장]
`:[행]put [x]`	지정한 행 뒤에 레지스터 x에 저장된 문서를 붙여넣기
`:[범위]copy {주소}`	지정한 행을 복사해서 {주소} 행 아래에 붙여넣기
`:[범위]move {주소}`	지정한 행을 {주소} 행 아래로 이동하기
`:[범위]join`	지정한 행을 한 줄로 연결하기
`:[범위]normal {명령}`	일반 모드에서 쓰는 {명령}을 지정한 범위의 각각 행에서 실행하기
`:[범위]substitute/{패턴}/` `{문자열}/[플래그]`	지정한 행에서 {패턴}이 나타나면 {문자열}로 치환
`:[범위]global/{패턴}/[명령]`	Ex 명령인 [명령]을 지정한 모든 행 중 {패턴}이 나타나는 곳에서 실행하기

표 7 버퍼 문서 작업에 사용할 수 있는 Ex 명령

파일을 읽거나 쓸 때도 Ex 명령을 사용할 수 있으며(`:edit`와 `:write`), 새로운 탭 페이지를 생성하거나(`:tabnew`), 창을 분할하거나(`:split`), 또는 인자 목록을 이동하거나(`:prev`/`:next`) 버퍼 목록을 이동하는 경우(`:bprev`/`:bnext`)에도 사용할 수 있다. Vim에서 사용할 수 있는 모든 명령이 Ex 명령으로도 제공된다(전체 목록은 `:h ex-cmd-index` 참고).

이 장에서는 문서를 수정할 때 사용할 수 있는 유용한 Ex 명령을 중점적으로 살펴본다. '표 7 버퍼 문서 작업에 사용할 수 있는 Ex 명령'에서 가장 유용한 명령을 확인할 수 있다.

Ex 명령은 대부분 범위 입력을 허용한다. 범위 입력의 의미는 'Tip.28 연속된 행에 명령 실행하기'에서 자세히 살펴본다. `:copy`는 행을 빠르게 복제할 때 사용할 수 있는 강력한 명령으로 'Tip.29 `:t`와 `:m` 명령으로 행을 복제 또는 이동하기'에서 확인한다. `:nomal`은 지정한 범위에서 동일한 변경이 필요할 때 사용할 수 있는 편리한 명령으로 'Tip.30 일반 모드 명령을 범위 대상으로 실행하기'에서 확인한다.

'10장 복사하기와 붙여넣기'에서는 `:delete`, `:yank`, `:put` 명령에 대해 배운다. `:substitute`와 `:global`은 아주 강력한 명령이기 때문에 장 전체를 할애해서 살펴본다. '14장 치환'과 '15장 전역 명령'을 확인하자.

Vim의 어원과 가계도

ed는 원시 유닉스(Unix) 문서 편집기다. 이 편집기는 비디오 디스플레이가 흔치 않던 시절에 작성되었다. 소스코드는 일반적으로 롤 용지에 출력하고 텔레타이프(teletype) 터미널로 수정했다.[1] 터미널에 입력한 명령은 메인프레임 컴퓨터로 전송되어 처리되었고 각 명령에 대한 결과는 용지에 출력되었다. 당시에는 터미널과 메인프레임 간의 연결이 매우 느렸다. 그래서 데이터 전송보다 타자 입력 속도가 네트워크 속도를 앞지르는 경우도 발생했다. 이런 제약 때문에 ed는 간결한 문법을 제공하는 것이 아주 중요했다. 그래서 p 명령은 현재 행을 출력하고 %p 명령은 전체 문서를 출력하는 식으로 명령이 짧고 단순했다.

ed는 em(사람을 위한 편집기(editor for mortals의 약어)), en, ex를 포함해 여러 세대를 거쳐 진보했다.[2] 이 시절에 비디오 디스플레이는 더 일반화되었다. ex는 대화창에서 터미널 스크린을 열어 파일의 내용을 보여주는 기능을 추가했다. 이때부터 편집하는 내용을 실시간으로 확인하는 것이 가능했다. 스크린 편집 모드는 :visual 또는 짧게 :vi 명령으로 활성화할 수 있다. vi라는 이름은 이 명령에서 온 것이다.

Vim은 향상된 vi라는 뜻이다. Vim에 비해 평범한 vi는 기능이 많이 없어서 쓰기에 고통스러울 정도다. vi를 접해보면 Vim이 단순히 향상된 vi라 말하는 것은 충분하지 않은 표현이라고 느낄 수도 있다. Vim의 기능 목록 중 vi에서 사용할 수 없는 부분을 :h vi-differences에서 확인할 수 있다.

Vim은 향상되었지만 여전히 과거의 유산에 대해 진 빚이 많다. Vim이 역사로부터 대물림받은 제한성은 각각 명령과 기능의 효율을 높이는 결과를 낳게 되었고 오늘날까지 여전히 그 가치를 빛내고 있다.

[1] *http://en.wikipedia.org/wiki/Teleprinter*
[2] *http://www.theregister.co.uk/2003/09/11/bill_joys_greatest_gift/*

Vim 명령행 모드에서의 특수키

명령행 모드는 마치 끼워넣기 모드처럼 키보드에 있는 문자 대부분을 그대로 입력할 수 있다. 끼워넣기 모드에서는 입력한 내용이 버퍼에 작성되지만 명령행 모드에서는 프롬프트에 나타난다. 두 모드에서 전부 〈Ctrl〉과 조합해서 호출 명령으로 사용할 수 있다.

끼워넣기 모드와 명령행 모드는 몇 가지 명령을 공유하고 있다. 예를 들어 〈C-w〉와 〈C-u〉는 끼워넣기 모드와 명령행 모드에서 모두 지원한다. 〈C-w〉는 이전 단어까지 〈C-u〉는 행의 시작까지 역방향으로 지우는 기능이다. 〈C-v〉와 〈C-k〉 명령은 키보드에 없는 문자를 삽입할 때 사용한다. 또한 'Tip.15 끼워넣기 모드를 벗어나지 않고 레지스터 붙여넣기'에서 살펴본 내용처럼 〈C-r〉{레지스터} 명령으로 내용이 어떤 레지스터에 저장되었든 상관없이 명령행에서 입력할 수 있다.

명령행 모드에서 가능한 명령 중에는 끼워넣기 모드에서 사용할 수 없는 명령도 몇 가지 있다. 이에 대한 내용을 'Tip.33 명령 프롬프트에서 현재 단어 추가하기'에서 살펴본다.

명령행 프롬프트에서는 이동할 수 있는 영역이 다소 제한적이다. 〈left〉와 〈right〉 방향키를 사용하면 각각 방향에 따라 한 글자씩 이동할 수 있다. 일반 모드에서는 커서를 움직이는 키를 다양하게 제공하기 때문에 명령행 프롬프트가 일반 모드에 비해서 더 제한적으로 느껴질 수 있다. 그래서 명령행 프롬프트 대신에 명령행 창도 제공한다. Vim의 명령행 창은 프롬프트에서 쓸 수 있는 명령을 조합해서 활용할 수 있는 창으로, 강력한 편집 기능을 제공한다. 이 기능은 'Tip.34 히스토리에서 명령 다시 호출하기'에서 더 자세히 살펴본다.

어디에서나 광범위하게 활용할 수 있는 Ex 명령

같은 작업도 Vim의 일반 명령보다 Ex 명령을 사용하면 더 빨리 처리할 수 있는 경우가 있다. 일반 명령은 현재 문자나 현재 행을 기준으로 사용할 수 있지만, Ex 명령은 어디서든 실행할 수 있다는 점이 다르다. 즉, 커서를 움직이지 않고도 Ex 명령으로 내용을 변경할 수 있다는 뜻이다. 특히 여러 행에서 같은 명령을 동시에 실행할 수 있다는 점이 Ex 명령을 더욱 특별하고 강력하게 한다.

Ex 명령은 대부분의 상황에서 범위를 지정해서 실행할 수 있고, 동작 한 번으로 여러 행을 동시에 수정할 수 있다. 그래서 Ex 명령은 일반 명령과는 다르게 어디에서나 광범위한 영역에서 활용할 수 있는 것이다.

Tip.28 연속된 행에 명령 실행하기

대부분의 Ex 명령은 [범위]를 지정해서 명령이 실행될 영역을 지정할 수 있다. 범위의 시작과 끝을 지정할 때는 행 번호, 마크(mark), 패턴을 이용할 수 있다.

Ex 명령의 강점 중 하나는 여러 범위의 행에서 동시에 실행할 수 있다는 점이다. 다음 HTML 코드 일부를 예로 살펴보자.

```
cmdline_mode/practical-vim.html
1 <!DOCTYPE html>
2 <html>
3   <head><title>Practical Vim</title></head>
4   <body><h1>Practical Vim</h1></body>
5 </html>
```

설명을 위해 행에서 지정한 범위를 간단하게 출력하는 :print 명령을 활용한다. 이 명령은 지정한 범위의 내용을 출력하는 기능을 한다. 이 예제에서는 지정한 범위를 확인할 때 이 명령을 사용한다. 여기에서는 :print를 예로 들었지만 앞으로 예제로 배우게 될 :delete, :join, :substitute, :normal과 같은 명령도 이 명령과 동일하게 사용할 수 있다. Ex 명령을 사용할 때 범위를 지정하는 것이 얼마나 유용한 기능인지 알게 될 것이다.

행 번호를 주소로 사용하기

입력한 Ex 명령이 숫자뿐이라면 Vim은 그 주소를 행 번호로 해석한 후, 커서를 그 특정 행으로 옮긴다. 다음 내용을 실행하면 파일의 최상단으로 이동할 수 있다.

```
⇒ :1
⇒ :print
❰ 1 <!DOCTYPE html>
```

이 파일의 내용은 모두 5행으로 이뤄졌다. 파일의 최하단으로 이동하고 싶다면 :5를 입력하거나 특수 기호인 $를 사용한다.

```
⇒ :$
⇒ :p
❰ 5 </html>
```

방금 :p를 사용했는데 이 명령은 :print의 약식 표기다. 위 예에서는 명령을 분리해서 실행했는데 다음처럼 붙여서 입력해도 된다. 마치 하나의 명령처럼 사용할 수 있다.

```
⇒ :3p
❰ 3 <head><title>Practical Vim</title></head>
```

이 명령은 커서를 3번 행으로 이동한 후, 해당 행의 내용을 출력한다. :p 명령은 단지 보여주기 위한 목적에서 사용하고 있다는 사실을 기억하자. :3d를 입력하면, 3번 행으로 이동한 다음에 그 행을 삭제하는 작업까지 한번에 가능하다. 일반 모드에서 동일한 작업을 하려면 3G를 입력한 다음에 dd를 입력하면 된다.

주소로 행 범위 지정하기

지금까지는 행 번호 하나를 지정해서 명령에 사용했다. 물론 더 넓은 범위를 지정하는 것도 가능하다. 다음의 예제를 보자.

```
⇒ :2,5p
‹ 2 <html>
  3   <head><title>Practical Vim</title></head>
  4   <body><h1>Practical Vim</h1></body>
  5 </html>
```

이 명령은 2번 행부터 5번 행까지의 내용을 전부 출력한다. 이 명령을 실행한 후에 커서는 5번 행으로 이동한다는 점을 알아두자. 범위는 일반적으로 다음 형태로 지정한다.

```
:{시작},{끝}
```

참고로 {시작}과 {끝} 모두 주소에 해당한다. 지금까지는 행 번호를 주소로 사용했지만 패턴이나 표시를 사용하는 것도 가능하다.

. 기호도 주소로 사용할 수 있다. 이 기호를 {범위}에서 사용하면 현재 커서가 놓인 행을 의미한다. 현재 커서가 있는 행부터 파일 마지막까지 범위를 다음과 같이 표시할 수 있다.

```
⇒ :2
⇒ :.,$p
‹ 2 <html>
  3   <head><title>Practical Vim</title></head>
  4   <body><h1>Practical Vim</h1></body>
  5 </html>
```

% 기호도 특별한 의미를 갖고 있다. 이 기호는 현재 파일의 모든 행을 뜻한다.

```
⇒ :%p
‹ 1 <!DOCTYPE html>
  2 <html>
  3   <head><title>Practical Vim</title></head>
  4   <body><h1>Practical Vim</h1></body>
  5 </html>
```

이 명령은 :1,$p와 결과가 동일하다. 이 짧은 기호는 :substitute 명령과 조합해 매우 빈번하게 사용한다.

```
⇒ :%s/Practical/Pragmatic/
```

위 명령을 Vim에 입력하면 각 행에서 첫 번째로 찾은 "Practical"을 "Pragmatic"으로 치환한다. 이 명령에 대해서는 '14장 치환하기'에서 다룬다.

특정 영역을 비주얼 선택하기

숫자로 행의 범위를 지정하는 대신에 영역을 지정하는 비주얼 선택(visual selection) 기능을 사용할 수 있다. 2G와 VG 명령을 실행하면 다음과 같이 선택된다.

```
<!DOCTYPE html>
<html>
    <head><title>Practical Vim</title></head>
    <body><h1>Practical Vim</h1></body>
</html>
```

이렇게 영역을 선택한 상태에서 :을 누르면 명령행 프롬프트에 :'<,'>라는 범위가 미리 입력된 채로 나타난다. 이 기호가 암호처럼 보일지도 모르겠지만 방금 선택한 비주얼 선택의 범위를 의미한다. 이 선택 범위 기호 뒤에, 선택한 범위의 각 행에서 실행할 Ex 명령을 입력할 수 있다.

```
⇒ :'<,'>p
❰ 2  <html>
  3      <head><title>Practical Vim</title></head>
  4      <body><h1>Practical Vim</h1></body>
  5  </html>
```

이렇게 범위를 지정하는 방법 또한 :substitute 명령을 이용할 때 아주 유용하게 활용할 수 있다.

'<와 '> 표시는 각각 비주얼 선택 영역의 첫 행과 마지막 행을 의미한다 ('Tip.54 위치를 표시하고 그 위치로 이동하기' 참고). 이 표시는 비주얼 모드 (visual mode)를 벗어나도 사용할 수 있다. 일반 모드에서 :'<,'>p를 사용한다면, 마지막 비주얼 모드에서 선택했던 영역을 기준으로 동작한다.

영역을 패턴으로 지정하기

Vim은 Ex 명령의 범위로 다음처럼 패턴을 이용할 수도 있다.

```
⇒ :/<html>/,/<\/html>/p
❰ 2  <html>
  3      <head><title>Practical Vim</title></head>
  4      <body><h1>Practical Vim</h1></body>
  5  </html>
```

보기에 복잡하게 느껴질지도 모르지만, 꼼꼼하게 보면 다른 범위 형식과 마찬가지로 :{시작},{끝}을 사용하고 있다. {시작} 주소는 /<html/ 패턴과 일치하는 행이고 {끝} 주소는 /<\/html>/와 일치하는 행이다. 다시 말해, 앞서 지정한 범위는 <html> 태그가 열린 행부터 닫힌 행까지 해당한다.

위 경우에서는 :2,5를 사용하는 것과 같은 결과를 반환한다. 더 짧긴 하지만 다른 상황에서는 의도와 다르게 동작할 수 있다. 범위를 지정할 때 패턴을 사용하면 항상 <html></html> 전체를 대상으로 동작하기 때문에 범위를 지정하려고 행을 일일이 셀 필요가 없다.

오프셋으로 주소 수정하기

<html></html> 영역 내 모든 행에 대해 Ex 명령을 실행할 때 <html>과 </html> 태그 자체는 영역에서 제외하고 싶다면 오프셋(offset)을 사용하면 된다.

```
⇒ :/<html>/+1,/<\/html>-1p
⟨ 3 <head><title>Practical Vim</title></head>
  4 <body><h1>Practical Vim</h1></body>
```

오프셋을 넣은 형태는 일반적으로 다음과 같다.

```
:{주소}+n
```

n이 입력되지 않으면 기본 값으로 1이 적용된다. {주소}는 행 번호, 표시, 패턴을 사용할 수 있다.

현재 행에서 특정 행까지 명령을 실행하려는 경우, 다음과 같이 현재 행을 기준으로 상대적인 오프셋을 넣어 실행할 수 있다.

```
⇒ :2
⇒ :.,.+3p
```

.은 현재 행을 의미한다. 즉 여기에서 :.,.+3은 :2,5와 같은 역할을 한다.

토론

범위를 정의하는 문법은 매우 유연하다. 행 번호, 표시, 패턴을 조합해 사용할 수 있고, 오프셋을 활용하는 것도 가능하다. 다음 개요는 Ex 명령에서 주소와 범위를 지정할 때 사용할 수 있는 기호 목록이다.

기호	주소
1	파일의 첫 행
$	파일의 마지막 행
0	파일의 첫 행 위의 가상 행
.	커서가 위치한 행
'm	위치 표시 m이 포함된 행
'<	비주얼 모드에서 선택된 영역의 첫 행
'>	비주얼 모드에서 선택된 영역의 마지막 행
%	파일 전체(:1,$의 축약형)

문서에서 0번 행이 실제로 존재하지 않지만 주소를 지정할 때 맥락에 따라 유용한 경우가 있다. 일반적으로 :copy {주소}나 :move {주소} 같은 명령을 사용할 때, 범위를 파일의 최상단으로 복사하거나 이동하기 위한 인자로 많이 사용한다. 이두 명령은 다음 팁에서 그 예를 살펴볼 수 있다.

[범위]는 항상 연속하는 행을 표시한다. 하지만 :global 명령을 이용해 연속하지 않는 행에서 Ex 명령을 실행하는 것도 가능하다. '15장 전역 명령'에서 자세히 다룬다.

Tip.29 :t와 :m 명령으로 행을 복제 또는 이동하기

:copy 명령은 문서 한 부분에서 하나 이상의 행을 다른 위치에 복제할 때 사용한다(짧은 표기로 :t). :move는 하나 이상의 행을 다른 위치로 이동할 때 사용할 수있다(짧은 표기로 :m).

시연을 위해 다음 쇼핑 목록을 사용한다.

cmdline_mode/shopping-list.todo

```
1 Shopping list
2     Hardware Store
3         Buy new hammer
4     Beauty Parlor
5         Buy nail polish remover
6         Buy nails
```

:t 명령으로 행 복제하기

아직 쇼핑 목록을 다 작성하지 않았다. 철물점에서 못도 사와야 한다. "Hardware Store" 밑에 못을 사야한다고 직접 입력하는 대신에 마지막에 있는 행인 "Buy nails"를 복사해서 "Hardware Store" 밑에 붙여넣을 수 있다. 이 작업은 :copy Ex 명령을 사용해서 쉽게 처리할 수 있다.

키 입력	버퍼 내용
{시작}	Shopping list 　　Hardware Store 　　　　Buy new hammer 　　Beauty Parlor 　　　　Buy nail polish remover 　　　　Buy nails
:6copy.	Shopping list 　　Hardware Store 　　　　Buy nails 　　　　Buy new hammer 　　Beauty Parlor 　　　　Buy nail polish remover 　　　　Buy nails

복사하기 명령의 양식은 다음과 같다(:h :copy 참고).

　　:[범위]copy {주소}

앞서 본 예제에서의 [범위]는 6번 행이었다. {주소}의 경우는 . 기호를 사용했는데 현재 행을 의미한다. 즉 :6copy. 명령은 '6번 행을 복사해서 현재 행 밑으로 붙여넣는다'는 의미다.

　　:copy 명령은 :co로 줄여 쓸 수 있다. 더 간결한 형태의 :t 명령도 제공한다. 이 명령은 어디론가 복사하기 위한 동작(copy TO)이라 생각하면 기억하기 쉽다. :t 명령을 사용하는 몇 가지 예제를 다음 표에서 확인할 수 있다.

명령	효과
:6t.	6번 행을 복사해서 현재 행 밑에 붙여넣기
:t6	현재 행을 복사해서 6번 행 밑에 붙여넣기
:t.	현재 행을 복사해서 붙여넣기 (일반 모드의 yyp와 유사)
:t$	현재 행을 파일의 마지막에 붙여넣기
:'<,'>t0	비주얼 모드에서 선택한 행을 파일의 시작에 붙여넣기

:t. 명령을 입력하면 현재 행을 복제한다. 물론 일반 모드에서 복사하고 붙여넣기 명령(yyp)을 수행하는 것과 결과적으로는 동일하다. 이 두 가지 방법에서 주의깊게 볼 만한 점은 yyp는 레지스터를 사용하고 :t.은 사용하지 않는다는 것이다. 그래서 기본 레지스터에 저장된 내용을 지우지 않고 현재 행을 복사하고 싶을 때에는 :t. 명령을 사용한다. 그러면 레지스터를 덮어 씌우지 않고 복사할 수 있을 것이다.

이 예제에서 행을 복사할 때 yyp를 사용할 수 있지만 추가적으로 동작이 몇 가지 더 필요하다. 먼저 해당하는 행으로 이동을 해야 하고(6G), 복사를 한 후에(yy), 시작했던 위치로 다시 이동하고(⟨C-o⟩), 붙여넣기 명령으로(p) 복사한 행을 붙여넣는다. 행을 복사해서 붙여넣으려는 위치가 서로 멀리 떨어져 있다면 일반적으로 yyp 명령보다 :t 명령이 더 유용하다.

Tip.27의 '어디에서나 광범위하게 활용할 수 있는 Ex 명령'에서 일반 명령 동작은 지역적으로 사용하는 반면에 Ex 명령은 훨씬 넓은 범위를 대상으로 사용할 수 있다는 점을 확인했다. 이 예제는 실질적인 동작 원칙을 보여주고 있다.

:m 명령으로 행 이동하기

:move 명령은 :copy 명령과 사용법이 유사하다(:h :move 참고).

: [범위]move {주소}

이 명령도 복사 명령을 줄여서 썼던 것처럼 한 글자로 줄여서 :m으로 사용할 수 있다. "Hardware Store" 부분을 "Beauty Parlor" 영역 뒤로 옮기려고 한다. '표 8 :m 명령으로 행 묶음 이동하기'에서 다룬 내용처럼 :move 명령을 이용해서 옮길 수 있다.

키 입력	버퍼 내용
{시작}	Shopping list
	Hardware Store
	Buy nails
	Buy new hammer
	Beauty Parlor
	Buy nail polish remover
	Buy nails

```
Vjj                 Shopping list
                        Hardware Store
                            Buy nails
                        █   Buy new hammer
                        Beauty Parlor
                            Buy nail polish remover
                            Buy nails

:'<,'>m$            Shopping list
                        Beauty Parlor
                            Buy nail polish remover
                            Buy nails
                        Hardware Store
                            Buy nails
                        █uy new hammer
```

표 8 :m 명령으로 행 묶음 이동하기

비주얼 모드에서 영역을 선택한 후에 :'<,'>m$ 명령을 사용하면 원하는 대로 행을 이동할 수 있을 것이다. 물론 이 명령 대신 dGp 명령도 사용할 수 있다. 이 명령의 뜻을 풀어보면 d로 선택된 영역의 범위를 제거한 후에 G로 파일 끝으로 이동한 다음, p로 제거한 본문을 붙여넣는다는 의미다.

'<,'>가 비주얼 모드에서 선택한 영역을 의미한다는 점을 기억하자. 또 다른 영역을 비주얼 모드에서 선택해서 :'<,'>m$ 명령을 다시 사용하면 파일 끝으로 이동하는 것을 쉽게 반복할 수 있다. 가장 마지막에 사용한 Ex 명령을 반복하려면 간단하게 @:를 사용하면 된다('Tip.31 마지막 Ex 명령 반복하기'에서 다른 예제도 확인할 수 있다). 이 방식을 사용하면 일반 모드 명령을 사용할 때보다 더 손쉽게 반복 작업을 처리할 수 있다.

Tip.30 일반 모드 명령을 범위 대상으로 실행하기

연속한 행을 대상으로 일반 모드 명령을 사용하려면 :normal 명령을 활용하면 된다. 앞에서는 점 명령을 사용하거나 매크로와 조합해서 사용했지만 이 :normal 명령을 사용하면 반복적인 작업을 간단히 수행할 수 있다.

'Tip.2 반복하지 않기'의 예제를 다시 생각해보자. 그 예제에서는 연속된 각 행의 끝에 세미콜론을 붙였다. 점 공식을 사용해서 이 작업을 빠르게 처리할 수 있었다. 이 방법이 효율적이었던 이유는 작업해야 할 범위가 3줄에 불과했기 때문이다. 만약 그 작업을 50회 반복해야 한다면 어떻게 해야 할까? 점 명령을 사용한다면 j.을 50회 눌러야 한다. 키를 100번이나 입력해야 하는 것이다.

더 나은 방법이 있다. 설명을 위해 다음 파일에서 각 행의 끝에 세미콜론을 붙이려고 한다. 지면을 아끼기 위해서 다섯 행만 보여주지만 열 배 더 많은 행이 있다고 생각하자. 얼마나 쉽게 작업을 처리할 수 있는지 와닿을 것이다.

cmdline_mode/foobar.js

```
var foo = 1
var bar = 'a'
var baz = 'z'
var foobar = foo + bar
var foobarbaz = foo + bar + baz
```

이전 방식과 같이 먼저 첫 행을 수정한다.

키 입력	버퍼 내용

{시작}	`var foo = 1`
	`var bar = 'a'`
	`var baz = 'z'`
	`var foobar = foo + bar`
	`var foobarbaz = foo + bar + baz`

A;\<Esc\>	`var foo = 1;`
	`var bar = 'a'`
	`var baz = 'z'`
	`var foobar = foo + bar`
	`var foobarbaz = foo + bar + baz`

점 명령으로 각각의 행에서 직접 반복해서 명령을 실행하고 싶지는 않을 것이다. 대신에 :normal Ex 명령으로 점 명령을 실행할 범위를 지정해서 작업을 처리할 수 있다.

키 입력	버퍼 내용

jVG	`var foo = 1;`
	`var bar = 'a'`
	`var baz = 'z'`
	`var foobar = foo + bar`
	`var foobarbaz = foo + bar + baz`

:'\<,'\>normal .	`var foo = 1;`
	`var bar = 'a';`
	`var baz = 'z';`
	`var foobar = foo + bar;`
	`var foobarbaz = foo + bar + baz;`

:'<,'>normal . 명령은 '비주얼 선택 영역의 각 행에 대해서 일반 모드 점 명령을 실행한다'로 읽을 수 있다. 이 기법은 행의 개수에 상관없이 사용할 수 있다. 이 방식의 진정한 아름다움은 각 행을 직접 셀 필요 없이 비주얼 모드에서 일괄적으로 처리할 수 있다는 점이다.

앞에서 점 명령을 실행하기 위해 :normal 명령을 사용했다. 그런데 일반 모드 명령을 동일한 방식으로 사용하는 것도 가능하다. 앞에서의 작업을 다음과 같이 한 번의 명령으로 처리할 수 있다.

⇒ :%normal A;

% 기호는 파일 전체 영역을 의미한다. 따라서 :%normal A;을 사용하면 파일 전체 모든 행의 끝에 세미콜론을 붙이라는 명령을 내릴 수 있다. 이 방식을 사용하면 자동으로 끼워넣기 모드로 전환해서 작업을 처리한 다음에 다시 일반 모드로 돌아오게 된다.

:normal은 지정한 일반 모드 명령을 각각 행에서 실행하기 전에, 커서를 행의 시작점으로 옮긴다. 따라서 명령을 실행할 때, 커서의 위치를 신경 쓸 필요가 없다. 아래 명령은 자바스크립트 파일 전체에 주석을 처리할 때 사용할 수 있다.

⇒ :%normal i//

앞에서 살펴본 것처럼 :normal은 어떤 일반 명령과도 함께 사용할 수 있다. 특히 이 명령은 반복 명령과 조합해서 사용할 때 강력하다. 단순 반복을 위한 :normal ., 더 복잡한 작업을 위한 :normal @q를 그 예로 들 수 있다. 'Tip.68 연속된 행에 변경 반복하기'와 'Tip.70 파일 묶음을 대상으로 작업 처리하기'에 몇 가지 예시가 더 있다.

Tip 27의 '어디에서나 광범위하게 활용할 수 있는 Ex 명령'에서 Ex 명령으로 여러 행을 한번에 수정하는 방법을 배웠다. :normal 명령으로 일반 모드의 명령을 Ex 명령의 범위 지정과 함께 사용할 수 있어서 더 폭 넓은 표현력을 갖추게 된 것이다. 이 두 가지 기능을 조합해서 사용하는 방식은 정말 강력하다.

여기에서 다룬 내용은 'Tip.26 비주얼 블록을 쪼개서 본문에 붙여넣기'의 예시에 대한 또 다른 해결책으로 사용할 수 있다.

Tip.31 마지막 Ex 명령 반복하기

점 명령은 가장 마지막에 실행한 일반 모드 명령을 반복하는 데 사용한다. 마지막 Ex 명령을 반복하려면 @:을 사용한다. 알다시피 마지막 명령을 되돌리는 방법은 어디에서든 유용하다. 따라서 여기에서도 반복을 어떻게 취소할 수 있는지 알아보려 한다.

'1장 Vim의 방식'에서 마지막 변경을 반복하기 위해서 점 명령을 어떻게 사용하는지 살펴봤다. 하지만 Vim의 명령행 즉, :으로 시작하는 명령을 사용해서 내용을 변경한 경우에는 점 명령으로 그 동작을 반복할 수 없다. 마지막 Ex 명령을 반복하기 위해서는 점 명령 대신에 @:을 사용해야 한다(:h @: 참고).

이 명령을 유용하게 사용할 수 있는 경우로 버퍼 목록에 있는 항목에서 반복 작업을 수행하는 상황을 예로 들 수 있다. 버퍼 목록에서 하나 앞 버퍼로 이동하기 위해서는 :bn[ext] 명령을 사용한다. 반대 방향으로는 :bp[revious] 명령을 사용한다('Tip.37 버퍼 목록으로 열린 파일 추적하기'에서 버퍼 목록에 대해 자세히 살펴본다). 버퍼 목록에 항목이 많다면 각각 항목을 살펴보고 싶을 것이다. 그럴 때 다음 명령을 이용할 수 있다.

⇒ `:bnext`

다음 버퍼로 이동하는 이 명령을 사용한 다음에 @:을 사용하면 마지막에 사용한 버퍼 이동 명령을 반복해서 수행할 수 있다. 참고로 이 방법과 매크로를 실행하는 방식은 둘 다 @ 기호를 사용한다는 점에서 유사한 면이 있다(Tip.65의 '매크로를 실행해서 일련의 명령 다시 실행하기' 참고). : 레지스터의 위치는 항상 가장 마지막에 실행했던 명령행이다(:h quote_: 참고). @:을 사용해서 저장된 매크로를 실행한 다음에 그 매크로를 반복하려면 @@ 명령을 사용할 수 있다.

키를 계속 두드리는 재미에 @:을 필요 이상으로 많이 입력하게 되었다고 생각해보자. 이럴 때는 어떤 방법으로 되돌릴까? 이 경우에는 :bprevious 명령을 사용해서 이전 버퍼로 돌아가면 된다. 이 명령을 사용한 다음에 @: 명령으로 다시 반복하면 어떤 명령이 실행될까? 마지막에 사용한 명령인 :bprevious을 반복해서 실행된다. 앞에서 사용한 @: 명령이나 방금 사용한 @: 명령이나 동일하게 입력했지만 실행된 결과는 전혀 다르기 때문에 혼란스러울 수 있다.

이런 경우에서는 〈C-o〉 명령을 사용하는 것이 바람직하다('Tip.56 점프 목록 가로지르기' 참고). :bnext 명령은 매번 실행할 때마다(또는 @: 명령을 반복할 때마다) 점프 목록에 이동한 기록이 남는다. ⟨C-o⟩ 명령은 점프 목록에 기록된 이전 위치로 이동하는 기능을 한다.

:bnext를 한 번 실행한 후에 @: 명령을 사용해서 반복할 수 있다. 만약 이 반복을 되돌릴 필요가 있다면 ⟨C-o⟩ 명령을 사용한다. 그리고 다시 버퍼 목록을 앞으로 진행하고 싶다면 @: 명령을 사용하면 된다. 'Tip.4 실행하기, 반복하기, 되돌리기'에서 배운 대로 실행하고, 반복하고, 되돌리자.

Vim에서 Ex 명령은 말 그대로 모든 것을 제공한다. 마지막 Ex 명령을 @:으로 반복해서 문서를 쉽게 편집할 수 있지만 그 결과를 되돌리는 방법이 항상 직관적인 것은 아니다. 이 팁에서 ⟨C-o⟩를 사용한 것과 같이 :next, :cnext, :tnext 명령 등에서도 동일한 방식으로 ⟨C-o⟩를 사용할 수 있다. 물론 작업을 되돌리는 u 명령을 사용해서도 '표 7 버퍼 문서 작업에 사용할 수 있는 Ex 명령'에 나오는 모든 명령을 되돌릴 수 있다.

Tip.32 탭 키로 Ex 명령 완성하기

셸에서와 같이 프롬프트에서 명령을 자동완성할 때는 ⟨Tab⟩을 사용한다.

Vim은 탭 자동완성을 지원할 만큼 똑똑하다. 자동완성 기능은 먼저 명령행에 입력한 내용의 맥락에 따라서 적합한 추천 목록을 생성한다. 다음과 같이 입력해서 내용을 확인해볼 수 있다.

```
⇒ :col<C-d>
〈 colder        colorscheme
```

⟨C-d⟩ 명령을 누르면 Vim에서 사용할 수 있는 자동완성 목록을 확인할 수 있다(:h c_CTRL-D 참고). 만약 ⟨Tab⟩을 눌렀다면 프롬프트는 키를 누를 때마다 colder, colorscheme으로 옮기다가 원래의 col로 돌아온다. ⟨S-Tab⟩을 사용하면 추천 목록을 역순으로 보여준다.

색상 조합(color scheme)을 변경하려고 할 때 모든 조합의 이름을 기억할 수는 없을 것이다. 이럴 때 ⟨C-d⟩ 명령을 사용하면 명령에서 사용할 수 있는 모든 항목을 확인할 수 있다.

```
⇒ :colorscheme <C-d>
〈 blackboard   desert       morning     shine
  blue         elflord      murphy      slate
  darkblue     evening      pablo       solarized
  default      koehler      peachpuff   torte
  delek        mac_classic  ron         zellner
```

⟨C-d⟩ 명령을 누르면 사용 가능한 색상 조합이 추천 목록으로 전부 출력된다. solarized 테마를 사용하고 싶다면 긴 테마 이름을 전부 입력할 것 없이 "so" 두 글자를 입력한 후에 탭 키를 눌러 나머지 내용을 자동완성으로 채운다.

대부분의 상황에서는 탭 자동완성이 올바르게 동작한다. 입력한 명령에서 파일 경로를 인자로 인식한다면(:edit, :write와 같은 명령), 탭 키를 눌렀을 때는 현재 작업 디렉터리에 연관된 디렉터리나 파일명으로 자동완성을 한다. :tag 명령을 사용했을 때는 태그명을 자동완성으로 사용할 수 있다. :set이나 :help 명령과 함께 탭 키를 사용하면 Vim에서 사용 가능한 모든 설정과 확인할 수 있는 도움말을 자동완성으로 제공한다.

심지어 직접 Ex 명령을 만들더라도 탭 자동완성 동작을 정의하는 것이 가능하다(:h :command-complete 참고).

일치 목록에서 선택하기

탭 자동완성을 했을 때, 단 하나의 추천을 찾았다면 그 항목을 일치하는 것으로 가정하고 사용한다. 하지만 여러 개의 추천을 찾았다면 그 중 하나의 항목을 선택해야 한다. 탭 키를 맨 처음 눌렀을 때 기본 동작은 첫 번째 추천 항목으로 확장해서 보여준다. 그리고 탭 키를 누를 때마다 다른 추천이 표시된다.

'wildmode' 설정을 변경해서 이 동작 방식을 수정하는 것도 가능하다(:h 'wildmode' 참고). 만약 배시(bash) 셸에서 자주 작업을 한 경험이 있다면 다음처럼 설정해보자. 다음처럼 설정을 변경하면 자동완성 기능의 동작 방식이 배시 셸에서 제공하는 자동완성과 동일하게 동작해서 더 편리할 것이다.

```
set wildmode=longest,list
```

만약 배시 셸의 방식보다 zsh에서 제공하는 자동완성 메뉴가 더 익숙하다면 아래 설정을 적용해서 사용할 수도 있다.

```
set wildmenu
set wildmode=full
```

위 방식대로 'wildmenu' 설정을 켜면 커서를 이동해서 선택할 수 있는 형태의 추천 목록을 사용할 수 있다. 이 목록에서는 ⟨Tab⟩, ⟨C-n⟩, ⟨Right⟩를 사용해서 각각의 항목을 확인할 수 있다. 역방향으로 목록을 이동하려면 ⟨S-Tab⟩, ⟨C-p⟩, ⟨Left⟩를 사용한다.

Tip.33 명령 프롬프트에서 현재 단어 추가하기

명령행 모드를 활성화해도 Vim은 여전히 활성화된 창과 그 창에 있는 커서의 위
치를 기억하고 있다. 현재 단어(또는 WORD)를 활성화 문서에서 명령 프롬프트
로 바로 입력해서 시간을 절약할 수도 있다.

  Vim의 명령행 모드는 〈C-r〉〈C-w〉 명령으로 커서 밑에 있는 단어를 복사해서
명령행 프롬프트에 삽입하는 것이 가능하다. 이 기능을 사용하면 직접 내용을
입력하는 시간을 아낄 수 있다.

  다음 코드에서 tally 변수의 이름을 변경하려고 한다.

cmdline_mode/loop.js

```js
var tally;
for (tally=1; tally <= 10; tally++) {
    // do something with tally
};
```

커서를 tally에 올려놓고 * 명령을 입력하면 다음에 있는 tally의 위치로 커서
가 이동한다. * 명령은 /\<〈C-r〉〈C-w〉\>〈CR〉을 직접 입력하는 것과 결과가 동
일하다. 'Tip.77 단어 경계선 긋기'에서 \<와 \> 항목이 어떻게 동작하는지 확인
할 수 있다.

키 입력	버퍼 내용

{시작}	```var tally;```
	```for (tally=1; tally <= 10; tally++) {```
	``` // do something with tally```
	```};```

*	```var tally;```
	```for (tally=1; tally <= 10; tally++) {```
	``` // do something with tally```
	```};```

cwcounter<Esc>	```var tally;```
	```for (counter=1; tally <= 10; tally++) {```
	``` // do something with tally```
	```};```

*를 누르면 커서는 다음 검색 결과로 이동하게 되는데, 결과적으로 커서가 이동
하더라도 동일한 단어 위에 커서가 놓인다. cwcounter〈Esc〉를 입력해서 내용을
변경한다.

이제 나머지 본문을 변경하는 작업은 :substitute 명령을 사용하자. 커서의 위치가 "counter"에 있기 때문에 이 내용을 다시 입력할 필요는 없다. 앞서 배웠던 〈C-r〉〈C-w〉를 이용해서 커서가 위치한 곳의 단어를 명령행 프롬프트로 바로 입력할 수 있다.

⇨ :%s//<C-r><C-w>/g

위 명령이 그다지 간결해 보이지 않는다. 그러나 키를 두 번만 누르면 단어를 입력할 수 있다. 고맙게도 * 명령을 사용하면 검색 패턴을 직접 입력할 필요도 없다. 'Tip.91 마지막 검색 패턴 재사용하기'를 참고하면 검색 칸을 빈칸으로 직접 입력하지 않고 얼마나 유용하게 사용할 수 있는지 알 수 있다.

〈C-r〉〈C-w〉가 커서 밑에 있는 단어를 사용할 수 있게 하는데, 대신 〈C-r〉〈C-a〉로 WORD를 사용하는 것도 가능하다(:h c_CTRL-R_CTRL-W 참고). 단어와 WORD의 차이는 'Tip.49 단어 단위로 이동하기'에서 설명한다. 여기에서는 :substitute 명령과 매핑을 사용하는 예제를 다뤘지만, 매핑은 다른 Ex 명령과도 사용할 수 있다.

〈C-r〉〈C-w〉 명령은 vimrc 설정을 작성하는 경우에도 사용할 수 있다. vimrc에서 알고 싶은 설정 위로 커서를 이동한 후에 :help〈C-r〉〈C-w〉를 입력하면 그 설정을 위한 문서를 바로 확인할 수 있다.

Tip.34 히스토리에서 명령 다시 호출하기

Vim은 명령행 모드에서 사용한 모든 명령을 기록한다. 이 명령을 다시 호출하는 방법은 두 가지가 있다. 명령행에서 방향키를 이용해 이전 명령을 다시 살펴보고 호출하는 방법과 명령행 창을 이용해서 이전 명령을 다시 사용하는 방법이다.

Vim은 명령행 모드에서의 모든 활동을 히스토리로 기록한다. 이전에 내린 명령을 간단하게 다시 호출할 수 있기 때문에 긴 Ex 명령을 프롬프트에 다시 작성하지 않고 사용할 수 있다.

먼저 명령행 모드로 전환하기 위해서 :을 누른다. 프롬프트를 빈 상태로 둔 후에 〈Up〉 방향키를 누른다. 키를 누르면 명령행에는 가장 최근에 실행했던 Ex 명령이 나타날 것이다. 〈Up〉을 누를 때마다 히스토리에서 이전에 사용한 Ex 명령을 하나씩 가져와서 보여준다. 〈Down〉을 누르면 반대로 최근 히스토리를 가져온다.

이제 :help를 입력하고 〈Up〉을 누른다. 방향키를 누르면 앞에서 확인했던 기능처럼 이전에 입력한 Ex 명령을 보여주긴 하지만 이 경우에는 입력했던 모든 히스토리를 보여주는 것은 아니다. 히스토리 중에서 "help"로 시작하는 Ex 명령만 걸러낸 다음에 해당하는 명령만 보여준다.

Vim의 기본 설정은 마지막 20개 명령만 히스토리로 저장하도록 기록되어 있다. 지금은 과거에 비해 컴퓨터 메모리가 훨씬 저렴해졌으므로 '히스토리' 기능의 제한을 늘릴 것을 권한다. vimrc에 다음 행을 추가해서 명령 200개를 히스토리로 저장하자.

```
set history=200
```

참고로 이 히스토리는 현재 편집 세션에만 남는 것이 아니다. 이 히스토리는 Vim을 종료 후 다시 실행해도 유지된다(:h viminfo 참고). 히스토리에 저장할 수 있는 항목 수가 늘어난다면 정말 유용할 것이다.

Vim은 저장한 Ex 명령의 히스토리를 검색 히스토리와는 별도로 구분해서 저장한다. /를 누르면 검색 프롬프트가 나타나는데 이 프롬프트에서도 이전에 검색했던 항목을 〈Up〉, 〈Down〉으로 탐색할 수 있다. 이 검색 프롬프트까지도 모두 다른 형태의 명령행 모드에 해당한다.

명령행 창 만나기

명령행 모드도 끼워넣기 모드처럼 기능을 조합해서 사용하는 데 유용하지만 문서를 직접 편집하기에는 편하지 않다.

간단한 루비 코드를 작성하고 있다고 생각해보자. 내용을 수정할 때마다 다음 두 가지 명령을 계속 사용하고 있다.

```
⇒ :write
⇒ :!ruby %
```

루비 코드를 수정하면서 이 두 명령을 반복적으로 실행한다. 두 명령을 하나로 합치면 작업 흐름을 더 능률적으로 만들 수 있을 것이다. 두 명령을 하나의 완전한 명령으로 히스토리에 기록하면 반복해서 실행하기에도 편할 것이다. 하나의 명령으로 실행하는 방법은 다음과 같다.

```
⇒ :write | !ruby %
```

따지고 보면 각각 명령은 이미 히스토리에 남아 있기 때문에 모든 명령을 직접 하나하나 입력할 필요가 없다. 그렇다면 히스토리에 기록된 명령 레코드 두 항목을 어떻게 하나로 합쳐서 실행할까? 먼저 q:을 입력해서 명령행 창을 연다(:h cmdwin 참고).

열린 명령행 창에서 지금까지 저장된 명령 히스토리를 전부 확인할 수 있다. 이 명령행 창은 일반 Vim 버퍼와 같이 동작한다. 다시 말해 일반적인 버퍼와 동일하게 k, j를 사용해서 히스토리를 전후로 살펴볼 수 있다는 뜻이다. 일반 버퍼처럼 Vim의 검색 기능을 사용해서 명령을 검색하는 것도 가능하다. 이 히스토리 목록에서 실행할 명령행에 커서를 둔 다음에 〈CR〉을 누르면 현재 행에 있는 Ex 명령을 실행한다.

명령행 창의 아름다움은 Vim의 모든 문서 편집 기능을 사용해서 이 명령 히스토리를 수정할 수 있다는 데 있다. 일반 모드에서 사용했던 모든 모션을 이 명령행 창에서 탐색할 때 활용할 수 있다. 이 창 내에서 비주얼 모드를 사용하거나 끼워넣기 모드로 전환할 수 있다. 심지어 명령행의 히스토리를 제공하는 명령행 창에서 Ex 명령을 사용하는 것도 가능하다.

q:을 눌러서 명령행 창을 불러온 후에 다음 명령을 입력하면 앞에서 루비 코드를 위해 입력한 두 명령을 하나로 만들 수 있을 것이다.

키 입력	버퍼 내용
{시작}	`write` `!ruby %`
A␣|<Esc>	`write |` `!ruby %`
J	`write |!ruby %`
:s/write/update	`update |!ruby %`

히스토리 항목을 수정한 후에 〈CR〉을 누르면 명령행에 직접 입력해서 실행한 것과 동일하게 :update | !ruby % 명령이 실행된다.

명령행 창이 열렸을 때에는 커서가 그 창에 놓인다. 다시 말해서 명령행 창을 닫기 전까지는 다른 창으로 전환할 수 없다. 명령행 창을 닫으려면 보통 Vim 창을 닫는 것처럼 :q 명령을 실행하거나 〈CR〉을 누른다.

참고로 〈CR〉을 명령행 창에서 누르면 명령행 창을 열기 전으로 돌아와서 기존의 맥락대로 실행된다. 다시 말해서 명령행 창이 열리기 전에 활성화되어 있던 창을 기준으로 명령을 실행한다. 명령행 창이 열려있을 때는 어느 창이 활성화된 창인지 표시하지 않는다. 따라서 창을 분리해서 사용할 때 어느 창이 활성화 창이었는지, 실행하는 명령이 어디에서 수행되는지 주의깊게 살펴봐야 한다.

만약 프롬프트에서 Ex 명령을 작성하던 중에 더 심도 있게 편집할 필요가 있다고 느꼈다면 어떻게 해야 할까? 명령행 모드에서는 〈C-f〉를 입력하는 것으로 명령행을 명령행 창으로 전환할 수 있다. 전환할 때는 프롬프트에서 미리 입력했던 내용도 복사되어 창에 함께 나타난다. 아래 표에서는 명령행 창을 불러올 수 있는 방법을 요약했다.

명령	기능
q/	검색 히스토리 명령행 창 열기
q:	Ex 명령 히스토리 명령행 창 열기
<C-f>	명령행 모드에서 명령행 창으로 전환하기

q:과 :q는 전혀 다른 역할을 하지만 키가 비슷하여 반대로 사용하는 경우가 종종 생긴다. Vim을 종료하려고 :q를 누르려다가 q:으로 잘못 입력해서 명령행 창이 열린 경험은 Vim 사용자라면 누구나 있을 것이다. 명령행 창은 많은 사람들이 Vim을 닫으려고 하는 상황에서 의도치 않게 마주친다. 따라서 이 기능을 제대로 배우기도 전에 그저 불편한 기능이라고 치부하기도 하는데 이는 매우 안타까운 일이다. 'Tip.85 검색 히스토리를 반복해서 복잡한 패턴 생성하기'를 살펴보면 다른 예제에서 이 명령행 창을 어떻게 사용하는지 확인할 수 있다.

Tip.35 셸에서 명령 실행하기

Vim을 벗어나지 않고도 간단하게 외부 프로그램을 실행할 수 있다. 이 기능을 이용하면 버퍼에 있는 본문을 표준 입력으로 전송하거나 외부 명령을 실행해서 나오는 표준 출력을 버퍼에 출력할 수 있다.

터미널에서 Vim을 사용할 때 강력하게 활용할 수 있는 기능을 이 팁에서 살펴보려고 한다. 만약 GVim(또는 MacVim)을 사용한다면 이 기능이 부드럽게 동작하지 않을 가능성이 높다. 터미널 환경이 아니더라도 이 기능은 확실히 놀랄 만하다. Vim을 셸 내에서 이미 사용하고 있다면 일부 작업을 셸에서 처리하는 것으로 문제를 더 쉽게 해결할 수 있을 것이다. 터미널에서 사용하는 Vim과 비교했을 때 GVim이 더 나은 경우도 있지만 이 기능만큼은 터미널에서 구동하는 Vim에서 더 강력하다.

셸에서 프로그램 실행하기

명령행 모드에서 외부 프로그램을 실행하려면 셸에서 사용하는 명령 앞에 느낌표를 붙여서 입력한다(:h :! 참고). 예를 들어 현재 디렉터리에 들어있는 내용을 확인하려면 다음과 같은 명령을 사용한다.

```
⇒ :!ls
‹ duplicate.todo        loop.js
  emails.csv            practical-vim.html
  foobar.js             shopping-list.todo
  history-scrollers.vim
```

계속하려면 엔터 혹은 명령을 입력하십시오

참고로 셸에서 명령을 입력하는 것처럼 :!ls 대신 :ls를 입력하면 셸에서 실행하는 명령과 다르게 Vim에 내장된 명령이 실행된다. :ls는 버퍼에 열려 있는 항목 목록을 보여준다.

Vim의 명령행에서 % 기호는 현재 파일명을 의미한다(:h cmdline-special 참고). 외부 명령을 실행할 때나 현재 파일명을 전달해야 할 필요가 있을 때 이 기호를 사용할 수 있다. 예를 들어 루비 파일을 작업하고 있을 때, 이 파일을 실행하기 위해 다음과 같이 기호를 함께 쓸 수 있다.

```
⇒ :!ruby %
```

Vim은 명령에서 현재 파일의 경로나 확장자, 파일명을 직접 입력하지 않고 쉽게 사용할 수 있도록 파일명 변경자(modifier)를 제공한다(:h filename-modifiers 참고). 'Tip.45 존재하지 않는 디렉터리에 파일 저장하기'에서 이 변경자를 어떻게 사용하는지 확인할 수 있다.

:!{명령} 문법은 명령 하나만 실행하기에는 적합하다. 하지만 셸에서 여러 명령을 사용하고 싶은 경우에도 과연 그럴까? 명령이 여러 개일 경우에는 :shell 명령으로 인터렉티브 셸을 시작할 수 있다(:h :shell 참고).

```
⇒ :shell
⇒ $ pwd
‹ /Users/drew/books/PracticalVim/code/cmdline_mode
⇒ $ ls
‹ duplicate.todo        loop.js
  emails.csv            practical-vim.html
  foobar.js             shopping-list.todo
  history-scrollers.vim
⇒ $ exit
```

exit를 입력하면 셸을 종료하고 다시 Vim으로 돌아온다.

> **백그라운드에서 Vim을 실행하기**
>
> :shell 명령을 입력하면 Vim에서 제공하는 인터렉티브 셸이 실행된다. 하지만 Vim을 이미 터미널에서 사용하고 있다면 셸에 내장된 명령을 활용하는 것도 가능하다. 작업 제어(job control)를 지원하는 배시 셸을 예로 들 수 있다. 사용하지 않을 프로그램은 중단해서 백그라운드(background) 상태로 전환한다. 나중에 다시 필요하게 되면 포그라운드(foreground)로 불러내서 사용할 수 있다.
>
> 배시 셸에서 Vim을 사용하고 있는 상황에서 셸 명령을 실행하고 싶다고 가정해보자. 이런 경우에는 <Ctrl-z>를 눌러서 현재 구동 중인 Vim 프로세스를 중단하고 배시 셸로 돌아갈 수 있다. 이 명령을 입력하면 Vim 프로세스는 대기 상태로 백그라운드에 남는다. 그리고 평소와 같이 배시 세션을 사용할 수 있게 된다. 현재 구동하고 있는 작업은 다음 명령으로 확인할 수 있다.
>
> ```
> $ jobs
> [1]+ Stopped                    vim
> ```
>
> 배시에서 fg 명령을 입력하면 앞서 일시 중지한 프로그램을 실행 상태로 전환하면서 작업에 사용할 수 있도록 포그라운드로 가져온다. 이 명령을 사용하면 Vim을 중지하기 바로 전 모습 그대로 다시 사용할 수 있도록 되살려낸다. 셸에서 제공하는 <Ctrl-z>와 fg 명령을 사용하면 Vim의 :shell과 exit 명령보다 훨씬 빠르고 쉽게 사용할 수 있다. 더 자세한 내용은 man bash를 실행 후 'job control'에서 확인할 수 있다.

표준 입출력을 버퍼에서 활용하기

:!{명령} 문법을 사용하면 {명령}의 결과를 Vim에서 출력한다. 이 문법은 명령을 실행했을 때 출력하는 내용이 짧거나 결과가 없을 때는 큰 불편 없이 유용하게 사용할 수 있다. 하지만 명령으로 출력되는 내용이 많다면 사용하기에 번거로울 것이다. 이 명령 대신에 쓸 수 있는 :read !{명령}이 있다. 이 명령을 사용하면 {명령}의 결과를 현재 버퍼에 입력한다(:h :read! 참고).

:read !{명령}을 사용하면 표준 출력이 버퍼에 바로 입력된다. 예상했겠지만 :write !{명령}은 반대로 동작한다. 이 명령을 사용하면 버퍼에 있는 내용을 표준 입력으로 사용해서 {명령}에 전달할 수 있다(:h :write_c를 참고). 'Tip.46 관리자 권한으로 파일 저장하기'에 이 기능을 사용한 예시가 있다.

느낌표는 명령행에서 어디에 위치하느냐에 따라 그 의미가 달라진다. 다음 세 명령을 비교해보자.

```
⇨ :write !sh
⇨ :write ! sh
⇨ :write! sh
```

앞의 두 명령은 버퍼에 있는 내용을 표준 입력으로 외부 sh 명령을 실행한다. 마지막 :write!는 버퍼의 내용을 sh라는 파일에 작성하는 명령이다. 이 명령에서 느낌표는 이미 존재하는 파일이 있다면 그 내용을 덮어쓰라는 의미에서 사용했다. 이 예제에서 보다시피 느낌표의 위치에 따라 극단적으로 다른 결과가 발생한다. 그러므로 이런 종류의 명령과 느낌표 기호를 조합해서 사용할 때는 유의해야 한다.

:write !sh 명령을 사용하면 현재 버퍼에 있는 각각의 행을 셸에서 실행한다. :h rename-files를 확인하면 이 명령을 사용한 예시를 확인할 수 있다.

외부 명령을 사용해서 버퍼 내용 거르기

:!{명령} 명령에 범위를 지정해서 사용하면 뜻이 달라진다. [범위]로 행을 지정하면 해당하는 행을 {명령}의 표준 입력으로 사용한다. 또한 그 명령의 표준 출력을 버퍼의 [범위]에 덮어쓴다. 이 기능을 다른 방식으로도 사용할 수 있다. [범위]를 {명령}을 사용하면 필요한 자료만 걸러낼 수 있다(:h :range! 참고). Vim은 걸러내는 작업, 즉 필터(filter)를 '표준 입력으로 문서를 받아 특정 방식으로 변경한 후에 표준 출력으로 되돌려 보내는 프로그램'으로 정의한다.

필터를 사용하는 방법을 확인하기 위해서 다음 CSV 파일의 항목을 외부 sort 명령으로 어떻게 정렬하는지 살펴본다.

cmdline_mode/emails.csv

```
first name,last name,email
john,smith,john@example.com
drew,neil,drew@vimcasts.org
jane,doe,jane@example.com
```

위 CSV 파일을 두 번째 필드인 last name을 기준으로 다시 정렬하려고 한다. 쉼표로 분리된 필드를 사용하고 있다는 점을 알려주기 위해 sort 명령에 -t',' 옵션을 넣어야 한다. 정렬하려는 필드가 두 번째 열이기 때문에 -k2 옵션을 더한다.

파일의 첫 행에는 필드명 정보가 포함되어 있다. 파일의 첫 행은 재정렬할 대상이 아니기 때문에 sort를 호출할 때는 범위를 :2,$로 지정해 첫 행을 제외한다. 지금까지 살펴본 내용을 명령으로 작성하면 다음과 같다.

```
⇒ :2,$!sort -t',' -k2
```

명령을 실행한 결과로 CSV 파일의 항목은 last name 필드를 기준으로 다시 정
렬되었다.

```
first name,last name,email
jane,doe,jane@example.com
drew,neil,drew@vimcasts.org
john,smith,john@example.com
```

Vim에서는 :[범위]!{필터}처럼 범위 명령에서 유용하게 사용할 수 있는 짧은 표
기법을 제공한다. !{모션} 오퍼레이터 명령을 사용하면 명령행 모드로 진입하게
되는데 {모션}에 해당하는 범위를 바로 사용할 수 있도록 미리 범위를 입력해준
다(:h ! 참고). 예를 들어 2행에 커서를 놓고 !G를 실행하면 :.,$! 내용이 입력된
프롬프트를 띄운다. 물론 {필터} 부분을 직접 입력해야 하지만 이 방법으로 입력
을 조금이나마 줄일 수 있다.

토론

Vim을 사용하고 있다면 여전히 한두 차례 입력으로 언제든 셸로 돌아갈 수 있
다. 다음 표는 셸의 외부 명령을 호출할 때 유용하게 사용할 수 있는 명령을 요
약한 내용이다.

명령	효과
:shell	셸을 시작함 (exit를 입력하면 다시 Vim으로 돌아감)
:!{명령}	셸에서 {명령}을 실행함
:read !{명령}	셸에서 {명령}을 실행한 후, 표준 출력을 커서 아래로 추가함
:[범위]write !{명령}	셸에서 [범위]의 내용을 표준 입력으로 사용해 {명령}을 실행함
:[범위]!{필터}	지정한 [범위]를 외부 프로그램 {필터}를 통해 걸러냄

Vim에는 특별하게 다뤄지는 몇 가지 명령이 있다. 셸에서 사용할 수 있는 make,
grep과 같은 명령은 Vim 내부에서도 쉽게 사용할 수 있도록 래퍼(wrapper) 명
령을 제공한다. Vim 내부에서 외부 셸 명령을 쉽게 사용할 수 있을 뿐만 아니라
그 명령으로 출력된 결과를 퀵픽스 목록으로 저장할 수 있다. 덕분에 셸 명령의
결과를 편하게 확인할 수 있다. 이 명령에 대해서는 '17장 코드 컴파일과 퀵픽스
목록에서 오류 확인하기'와 '18장 프로젝트에서 grep, vimgrep, 그 외 기능으로

검색하기'에서 심도 있게 다룬다.

Tip.36 배치를 사용해서 여러 Ex 명령 구동하기

일련의 Ex 명령을 실행할 때 이 작업을 스크립트로 작성하면 작업량을 줄일 수 있다. 동일한 명령을 또다시 사용하려고 할 때 스크립트를 이용하면 명령을 하나하나 다시 입력하지 않고도 간단하게 반복할 수 있다.

다음 파일은 빔캐스트(Vimcast)의 저장소 페이지 일부로 첫 에피소드 링크를 포함하는 html 파일이다.

cmdline_mode/vimcasts/episodes-1.html

```html
<ol>
  <li>
    <a href="/episodes/show-invisibles/">
      Show invisibles
    </a>
  </li>
  <li>
    <a href="/episodes/tabs-and-spaces/">
      Tabs and Spaces
    </a>
  </li>
</ol>
```

위 파일에서 제목과 주소를 사용해서 다음과 같은 일반 문서 양식으로 변환하려 한다.

cmdline_mode/vimcasts-episodes-1.txt

```
Show invisibles: http://vimcasts.org/episodes/show-invisibles/
Tabs and Spaces: http://vimcasts.org/episodes/tabs-and-spaces/
```

단순히 이 파일을 변경하는 것이 아니라 이런 비슷한 양식으로 작성된 수많은 파일을 수정해야 한다고 생각해보자. 이런 작업을 처리하기 위한 방법에도 여러 가지가 있다.

Ex 명령 하나씩 실행하기

:substitute 명령을 한 번 이용해서 변환하는 것도 가능하다. 하지만 이 작업도 여러 단계로 나눠서 처리하는 것이 바람직하다. 이 문제의 해결책 중 하나로 다음 예제와 같이 일련의 Ex 명령을 사용할 수 있다.

```
⇒ :g/href/j
⇒ :v/href/d
❮ 8 보다 적은 줄
⇒ :%norm A: http://vimcasts.org
⇒ :%norm yi"$p
⇒ :%s/\v^[^\>]+\>\s//g
```

이 이후의 팁을 마저 읽을 것이라면 위 명령을 지금 당장 하나하나 다 이해할 필요는 없다. 하지만 궁금해할 사람을 위해서 간략하게 설명한다. :global과 :vglobal 명령은 파일에서 필요한 부분인 두 행만 남기고 나머지를 다 제거한다. 물론 이 두 명령으로 변환한 결과는 최종적으로 변환하려는 양식인 제목, 주소 형태가 아니라 주소, 제목 형태로 그 순서가 반대로 되어 있다('Tip.99 패턴에 해당하는 행 제거하기' 참고). :normal 명령은 주소를 행의 마지막으로 이동하는 데 사용했다('Tip.30 일반 모드 명령을 범위 대상으로 실행하기' 참고). 그리고 :substitute 명령으로 <a href=""> 태그를 제거하는 것으로 마무리했다. 언제나 그렇듯이 이 일련의 명령을 이해하려면 직접 사용해보는 것이 가장 좋다.

Ex 명령을 스크립트로 작성하고 활용하기

이 명령을 하나씩 실행하는 대신에 파일로 작성해서 저장할 수 있다. 이 파일을 batch.vim으로 저장한다. .vim 확장자를 사용하면 Vim을 위한 스크립트 파일로 인식되고 Vim 스크립트 문법에 따라서 문법 강조(syntax highlight)가 적용된다. 이 스크립트 문서에 작성된 각각의 작업 흐름은 앞에서 살펴봤던 예제의 각각 행에 대응되도록 작성했다. 이렇게 명령을 스크립트 파일로 작성할 때는 접두어로 : 문자를 사용하지 않아도 된다. 스크립트로 Ex 명령을 작성하는 경우에는 긴 이름을 그대로 사용하는 방식이 바람직하다. 축약한 명령보다 입력해야 하는 분량이 많아지기는 하지만 각 행에 대한 가독성을 높일 수 있기 때문이다.

cmdline_mode/batch.vim

```
global/href/join
vglobal/href/delete
%normal A: http://vimcasts.org
%normal yi"$p
%substitute/\v^[^\>]+\>\s//g
```

이제 작성한 batch.vim 스크립트 파일을 :source 명령으로 사용할 수 있다(:h source 참고). 스크립트의 각 행은 Ex 명령과 같이 실행된다. 입력은 앞서 보았던 Vim 명령행에 직접 입력하는 방법과 동일하다. 다른 맥락에서 :source를 사용하는 경우를 봤을 수도 있다. 일반적으로 이 명령은 vimrc 파일을 다시 불러와 서 실행 도중에 설정을 갱신하게 될 때 자주 사용하는 명령이다. 부록의 'vimrc 파일에 설정 저장하기'에서 더 자세한 내용을 다룬다.

이 기능은 직접 사용해보는 것을 추천한다. 이 소스코드는 인사이트 웹사이트 에서 내려받을 수 있다. Vim을 열기 전에 cmdline_mode 디렉터리로 먼저 이동하 자. 이 디렉터리에서 아래 시연에서 사용할 batch.vim과 episodes-1.html 파일 을 찾을 수 있다.

```
⇒ $ pwd
< ~/dnvim2/code/cmdline_mode
⇒ $ ls *.vim
< batch.vim history-scrollers.vim
⇒ $ vim vimcasts/episodes-1.html
```

이제 이 스크립트를 실행한다.

```
⇒ :source batch.vim
```

이 명령 한 줄로 batch.vim에 있는 Ex 명령 하나하나를 모두 실행한다. 이 작업 이 마음에 들지 않으면 u를 눌러 모든 작업을 취소할 수도 있다.

여러 파일에서 스크립트 실행하기

단순히 명령을 한 번 실행하는 작업이라면 Ex 명령을 파일로 만들어 저장하는 일은 좋은 결정이라고 말하기 어렵다. 이 방법은 일련의 Ex 명령을 반복적으로 사용해야 할 일이 있는 경우에 유용하다.

앞서 제공한 코드 예제는 episodes-1.html 파일과 동일한 형식으로 작성된 파 일과 함께 제공된다. cmdline_mode 디렉터리 내에서 Vim을 구동했는지 다시 확 인한다.

```
⇒ $ pwd
< ~/dnvim2/code/cmdline_mode
⇒ $ ls vimcasts
< episodes-1.html episodes-2.html episodes-3.html
⇒ $ vim vimcasts/*.html
```

와일드카드(*)를 사용해서 Vim을 구동하면 인자로 사용한 패턴과 일치하는 모 든 파일이 열린다. 이제 각각의 파일 하나 하나에 접근해서 batch.vim을 실행할 수 있다.

```
⇒ :args
⟨ [vimcasts/episodes-1.html] vimcasts/episodes-2.html vimcasts/episodes-3.html
⇒ :first
⇒ :source batch.vim
⇒ :next
⇒ :source batch.vim
⟨ etc.
```

또는 :argdo 명령을 이용하면 더 쉽게 사용할 수 있다(:h :argdo 참고).

```
⇒ :argdo source batch.vim
```

짠! batch.vim 스크립트를 명령 하나로 인자 목록으로 불러온 모든 파일을 실행
했다.

이 기법을 설명하기 위해서 가능한 한 여러 종류의 Ex 명령을 사용할 수 있는
예제를 사용했다. 실무에서는 일반적으로 하나 이상의 :subsitute 명령으로 만
든 후 반복적으로 사용하는 편이다. 때로는 이런 반복 작업을 끝내고 batch.vim
을 제거하기도 한다. 하지만 나중에 또 쓸 일이 생길 수 있으니 이 파일을 버전
관리 도구에 함께 넣는 것을 추천한다.

2부

파일

2부에서는 파일과 버퍼를 어떻게 사용하는지 배운다. Vim에서는 여러 파일을 하나의 편집 세션에서 동시에 작업할 수 있다. 그리고 파일을 하나씩 열어 작업하는 방법과 작업 공간을 창과 탭으로 구분해서 각각 별도의 버퍼로 두고 동시에 작업하는 방법을 확인한다. Vim 안에서 파일을 여는 방법도 여러 가지 살펴본다. 버퍼의 내용을 파일로 저장하지 않고 다른 버퍼로 이동하는 방법 등 작업 환경에서 겪을 수 있는 일반적인 문제에 대한 대책 또한 다룬다.

여러 파일 관리하기

Vim에서는 여러 파일을 동시에 작업하는 것도 가능하다. 편집 세션에서 연 파일은 모두 버퍼 목록에서 확인할 수 있다. 'Tip.37 버퍼 목록으로 열린 파일 추적하기'에서 버퍼 목록을 어떻게 사용하는지 배우고 파일과 버퍼의 차이점을 살펴본다.

 Vim은 버퍼 목록을 보조하기 위해서 인자 목록도 제공한다. 'Tip.38 인자 목록으로 버퍼 묶음 관리하기'에서 :args 명령으로 버퍼 목록에 있는 파일을 묶어 그룹으로 만드는 방법을 배운다. 그룹으로 만든 파일 목록을 살펴보는 방법과 각각 파일에서 Ex 명령을 실행하는 :argdo 명령을 사용하는 방법을 학습한다.

 Vim에서는 작업 공간을 창으로 분리할 수 있다. 'Tip.40 작업 환경 창 분리하기'에서 작업 공간을 어떻게 분리하는지 배울 것이다. 그리고 'Tip.41 탭으로 창 레이아웃 관리하기'에서 탭 인터페이스로 분리한 창을 묶어서 조직적으로 사용하는 방법을 알아본다.

Tip.37 버퍼 목록으로 열린 파일 추적하기

편집 세션에서 여러 파일을 동시에 열어 작업할 수 있다. Vim은 여러 파일을 관리할 수 있도록 버퍼 목록을 제공한다.

파일과 버퍼의 차이점 이해하기

다른 문서 편집기처럼 Vim에서도 파일을 읽고, 편집하고, 변경 사항을 저장할 수 있다. 작업 흐름을 설명하면서 파일을 편집한다고 표현하기는 했지만 실제로 파일을 편집하는 것이 아니다. 사실은 메모리 공간에 파일을 복사해서 편집을 하는 것이다. 이 메모리에 존재하는 파일의 사본을 Vim에서 사용하는 용어로 버 퍼(buffer)라고 한다.

파일은 디스크에 보관하고 버퍼는 메모리에 보관한다. Vim에서 파일을 열면 파일과 동일한 이름으로 내용을 버퍼에 불러온다. 처음에는 버퍼와 파일의 내용 이 일치하지만 버퍼의 내용을 수정하는 순간부터는 내용이 달라진다. 만약 버 퍼에서 변경한 사항을 유지하고 싶다면 버퍼의 내용을 다시 파일로 저장하면 된 다. Vim 명령은 대부분 버퍼에서 동작하지만 :write, :update, :saveas 명령처럼 파일을 조작하는 명령도 있다.

버퍼 목록 만나기

Vim에서는 동시에 버퍼를 여러 개 사용할 수 있다. 아래 예와 같이 셸 명령을 사 용하면 된다.

```
⇒ $ cd code/files
⇒ $ vim *.txt
❰ 2 파일을 고치기
```

*.txt 와일드카드는 현재 디렉터리에 있던 파일 a.txt와 b.txt에 해당한다. 이 와일드카드를 사용하면 Vim은 두 파일을 함께 연다. Vim이 실행되면서 파일이 열리는데 두 파일 중 첫 번째 파일을 하나의 창으로 버퍼에 출력한다. 두 번째 파일은 버퍼로 불러온 후 백그라운드에 놓이기 때문에 다른 파일의 내용은 보이 지 않는다. 열려 있는 버퍼를 모두 확인하려면 다음 명령을 사용한다.

```
⇒ :ls
❰ 1 %a "a.txt"  1 줄
   2 "b.txt"    0 줄
```

위처럼 :ls 명령으로 현재 메모리에 존재하는 모든 버퍼 목록을 확인할 수 있다 (:h :ls 참고). 목록에서 다음 버퍼를 현재 창으로 불러오고 싶다면 :bnext 명령 을 사용한다.

```
⇒ :bnext
⇒ :ls
❰ 1 # "a.txt"   1 줄
   2 %a "b.txt"  1 줄
```

버퍼 목록에서 % 기호는 현재 창에서 볼 수 있는 버퍼를 표시한다. # 기호는 현재 활성된 버퍼와 교대한 버퍼를 나타낸다. 〈C-^〉 단축키를 이용하면 현재 버퍼와 이전 버퍼를 빠르게 전환할 수 있다. 한 번 누르면 a.txt 파일이 열리고, 한 번 더 누르면 b.txt 파일로 돌아간다.

버퍼 목록 사용하기

Vim에서는 버퍼 목록을 이동하기 위한 네 가지 명령을 제공하고 있다. :bprev, :bnext로 전후 이동을 할 수 있으며 :bfirst, :blast 명령으로 목록의 처음과 끝으로 이동할 수 있다. 이 명령을 쉽게 사용할 수 있도록 단축키로 지정해 두는 것도 좋은 방법이다. 팀 포프의 unimpaired.vim[1] 플러그인에서는 다음과 같은 매핑을 사용하고 있다.

```
nnoremap <silent> [b :bprevious<CR>
nnoremap <silent> ]b :bnext<CR>
nnoremap <silent> [B :bfirst<CR>
nnoremap <silent> ]B :blast<CR>
```

Vim에서는 이미 비슷한 기능을 하는 명령에 접두어로 [와]를 사용하고 있다 (:h [참고). 일관성을 유지하기 위해 이 매핑에서도 [와]를 접두어로 사용한다. unimpaired.vim 플러그인은 비슷한 단축키를 제공하는데 인자 목록([a와]a), 퀵픽스 목록([q,]q), 위치 목록([l,]l), 태그 목록([t,]t)에서 사용할 수 있다. 자세한 내용은 플러그인에서 확인할 수 있다.

　:ls로 목록을 출력해보면 각 버퍼 항목이 숫자로 시작하는 것을 확인할 수 있다. 이 숫자는 버퍼를 생성하면서 자동으로 배정되는 버퍼 번호다. 이 숫자를 사용해서 :buffer {버퍼번호} 명령을 사용하면 그 숫자에 해당하는 버퍼로 바로 이동한다(:h :b 참고). :buffer {버퍼명}을 사용하면 더 직관적으로 사용할 수 있다. {버퍼명}은 파일 경로를 기준으로 각각의 버퍼를 구분할 수 있는 명칭을 사용해야 한다. 입력한 버퍼명이 둘 이상인 경우에는 탭 완성을 사용해서 하나를 선택할 수 있다. 'Tip.32 탭 키로 Ex 명령 완성하기'에서 확인할 수 있다.

　:bufdo 명령을 사용하면 :ls 버퍼 목록에 있는 모든 버퍼를 대상으로 Ex 명령을 구동할 수 있다(:h :bufdo 참고). 실제로는 :argdo 명령을 더 자주 사용하게 되는데, 이에 대한 내용은 'Tip.38 인자 목록으로 버퍼 묶음 관리하기'에서 확인한다.

---

[1] *https://github.com/tpope/vim-unimpaired*

버퍼 제거하기

Vim에서는 파일을 새로 열 때마다 버퍼를 생성한다. 버퍼에 파일을 여는 방법
은 '7장 파일 열기와 저장하기'에서 다룬다. 버퍼를 제거하고 싶다면 :bdelete 명
령을 사용한다. 이 명령은 다음 두 가지 형식으로 쓴다.

```
:bdelete N1 N2 N3
:N,M bdelete
```

버퍼를 제거해도 버퍼와 연관된 실제 파일에는 영향을 미치지 않는다는 점을 알
아두자. 이 명령은 단순히 메모리 내 사본을 제거하는 기능을 한다. 5번 버퍼부
터 10번 버퍼까지 연속된 버퍼를 제거하려면 :5,10bd 명령을 사용한다. 8번 버
퍼를 유지하고 싶다면 :bd 5 6 7 9 10으로 입력해서 8번을 제외하고 제거한다.

　버퍼 번호는 Vim이 자동으로 배정한다. 이 순서를 직접 바꾸는 일은 사실 큰
의미가 없다. 하나 이상의 버퍼를 제거하고 싶다면 먼저 버퍼 목록에서 번호를
확인해야 한다. 괜히 시간만 잡아먹는 일이다. 버퍼를 제거해야 하는 타당한 이
유가 없다면 직접 지우는 수고를 할 필요가 없다. 그냥 두면 :ls 목록은 편집 세
션에 열려 있는 모든 파일을 나열할 것이다.

　버퍼 목록을 관리하는 Vim의 내장 기능은 유연성이 부족한 편이다. 이 버퍼
목록을 작업 흐름에 맞게 정렬하고 싶어도 버퍼 목록을 다시 조정할 수 있는 기
능이 없다. 대신에 작업 환경을 창이나 탭, 인자 목록으로 나눠서 관리할 수 있
다. 버퍼 목록 외 다른 기능을 사용해서 버퍼를 관리하는 방법은 앞으로 배울 것
이다.

Tip.38 인자 목록으로 버퍼 묶음 관리하기

인자 목록은 일련의 파일을 쉽게 이동하고 관리하기 위해 그룹으로 묶는 기능을
제공한다. :argdo 명령을 사용하면 인자 목록에 있는 각각의 파일 항목에서 Ex
명령을 실행할 수 있다.

　먼저 Vim으로 여러 파일을 한번에 연다.

```
⇒ $ cd code/files/letters
⇒ $ vim *.txt
〈 5 파일을 고치기
```

'Tip.37 버퍼 목록으로 열린 파일 추적하기'에서 배운 내용을 다시 떠올려보자.

:ls 명령을 사용하면 버퍼 목록을 확인할 수 있었다. 여기에서는 인자 목록을 확인할 차례다.

```
⇒ :args
⟨ [a.txt] b.txt c.txt. d.txt e.txt
```

인자 목록은 Vim을 실행할 때, 인자로 사용한 파일 목록을 확인할 수 있는 기능이다. Vim을 실행할 때는 *.txt라는 인자 하나만 입력해서 실행했다. 하지만 셸은 * 와일드카드를 확장해서 이 패턴과 일치하는 파일 다섯 개를 인자로 집어넣었다. 출력된 인자 목록에서 볼 수 있는 [] 문자는 인자 목록에서 현재 어느 파일이 열려 있는지 표시한다.

:ls 명령의 결과와 이 인자 목록을 비교해보면 인자 목록은 입력한 그대로의 모습을 출력하는 것이나 마찬가지라는 사실을 알 수 있다. 버퍼 목록은 Vim에서 개선된 기능 중 하나에 해당한다. 하지만 인자 목록은 vi에서도 제공했던 기능이다. 따라서 vi에 익숙한 사용자라면 이 동작이 그렇게 놀랍지만은 않을 것이다. 인자 목록을 어떻게 사용하는지 살펴보면 이 기능이 버퍼 목록의 부족함을 보완한다는 점을 알 수 있다.

Vim의 다른 많은 기능처럼 인자 목록의 기능은 vi에 있던 인자 목록과 이름은 같지만 기능은 더 향상되었다. 이 인자 목록의 내용은 언제든 수정할 수 있다. 다시 말해 :args의 목록은 Vim을 실행할 당시의 인자를 항상 반영하는 것은 아니란 뜻이다. 기능의 명칭을 그대로 받아들이지 말자. 다른 명령도 마찬가지다. :compiler와 :make는 컴파일 언어만을 위한 것이 아니다. Tip.108의 ':compiler와 :make는 컴파일 언어만을 위한 기능이 아니다'를 참고하자.

인자 목록 출력하기

:args Ex 명령을 인자 없이 실행하면 인자 목록에 있는 내용을 출력할 것이다. 또한 다음 형태로 입력해서 인자 목록을 갱신할 수 있다(:h :args_f 참고).

```
:args {인자목록}
```

{**인자목록**}은 파일명이나 와일드카드, 셸 명령의 출력을 포함할 수 있다. 시연을 위해서 이 책과 같이 제공한 예제 파일 중에 files/mvc 디렉터리에 있는 파일을 사용한다. 다음 내용을 보려면 해당 디렉터리로 이동한 다음에 Vim을 실행한다.

```
⇒ $ cd code/files/mvc
⇒ $ vim
```

여기에서 사용하는 예제의 파일 디렉터리 구조를 보려면 Tip.42에서 다루었던 파일 구조를 참고한다.

이름으로 파일 지정하기

인자 목록에 파일명을 입력하는 가장 간단한 방법은 다음처럼 하나씩 직접 입력하는 방식이다.

```
⇒ :args index.html app.js
⇒ :args
‹ [index.html] app.js
```

버퍼에서 활용하고 싶은 파일이 몇 개 되지 않는다면 이 방법을 사용해도 큰 문제가 없다. 이 방법은 순서를 마음대로 정할 수 있다는 장점이 있지만 직접 입력하는 과정이 수고스럽다는 단점도 있다. 많은 파일을 인자 목록에 빠르게 등록하려면 와일드카드를 이용해서 인자 목록에 등록한다.

글롭(Glob)으로 파일 지정하기

플레이스홀더(placeholder)는 파일이나 디렉터리명을 전부 입력하지 않고도 인자 목록에 파일을 입력할 수 있다. 와일드카드를 플레이스홀더로 사용해서 여러 파일을 동시에 불러올 수 있다. * 기호는 파일명에 문자가 없거나 하나 이상 존재하는 경우를 의미하며 정해진 디렉터리 영역 내에서만 동작한다(:h wildcard 참고). ** 와일드카드도 파일명에 문자가 없거나 하나 이상 존재하는 경우를 뜻한다. 차이가 있다면 특정 디렉터리 안에 존재하는 부 디렉터리까지 모두 재귀적으로 검색해서 파일을 찾는다는 점이다(:h starstar-wildcard 참고).

이 와일드카드를 조합해서 파일명 또는 디렉터리명의 형태를 기준으로 모든 파일을 불러올 수 있다. 요청한 경로와 일치하는 파일 목록을 불러오기 위해 와일드카드 조합을 사용할 수 있는데 이 방법을 글롭(glob)이라 한다. 글롭을 작성해서 files/mvc 디렉터리 내에 일치하는 파일을 인자 목록으로 가져오는 방법을 다음 표에서 확인한다.

글롭	글롭 요청에 해당하는 파일 목록
:args *.*	index.html app.js
:args **/*.js	app.js lib/framework.js app/controllers/Mailer.js ... 등등
:args **/*.*	app.js index.js lib/framework.js lib/theme.css app/controllers/Mailer.js ... 등등

{인자목록}에는 하나 이상의 파일명을 사용할 수 있기 때문에 여러 개의 글롭도 동시에 요청할 수 있다. .js와 .css 파일만 인자 목록으로 만들려면 다음과 같이 글롭 두 개를 사용할 수 있다.

⇨ **:args **/*.js **/*.css**

역따옴표 확장으로 파일 지정하기

이 책을 작성하던 중에 각 장의 인자 목록을 목차와 동일한 순서로 출력하고 싶었다. 이런 목적으로 파일 목록을 일반 문서 파일로 다음 예제처럼 작성해서 관리했다.

files/.chapters

```
the_vim_way.pml
normal_mode.pml
insert_mode.pml
visual_mode.pml
```

문서로 작성한 파일 목록을 인자 목록으로 불러오기 위해서는 다음 명령을 사용할 수 있다.

⇨ **:args `cat .chapters`**

Vim은 역따옴표 내에 있는 문자를 셸 명령으로 처리하고 그 결과를 :args 명령의 인자로 사용한다. 위에서 사용한 명령은 셸의 cat 명령과 조합해서 .chapters 파일의 내용을 인자 목록으로 반환한다. 여기서는 .chapters 파일의 내용을 가져오기 위해서 cat 명령을 사용했지만 셸에서 구동할 수 있는 명령은 어떤 것이든 인자 목록 명령과 함께 사용할 수 있다. 아쉽게도 이 기능은 모든 시스템에서 동작하지는 않는다(:h backtick-expansion 참고).

인자 목록 사용하기

인자 목록은 버퍼 목록보다 간단하다. 파일을 필요에 따라 마음대로 묶어서 관리할 수도 있다. :args {인자목록} 명령을 이용하면 인자 목록을 비우고 다시 입력할 수 있다. :next와 :prev 명령을 이용해서 인자 목록에 있는 다음 또는 이전 파일을 버퍼로 불러내는 것도 가능하다. 또한 :argdo로 인자 목록의 각각 버퍼에 동일한 명령을 실행할 수 있다.

버퍼 목록은 내 바탕화면처럼 언제나 난장판이 된다. 반면 인자 목록을 활용하면 마치 분리된 작업 공간처럼 각 환경을 단정하게 유지할 수 있다. 또한 필요에 따라 작업 공간을 확장하는 것도 가능하다. 인자 목록을 다른 예시에서 어떻게 사용하는지 'Tip.36 배치를 사용해서 여러 Ex 명령 구동하기', 'Tip.70 파일 묶음을 대상으로 작업 처리하기'에서 확인할 수 있다.

Tip.39 숨김 파일 관리하기

버퍼를 수정하였지만 실수로 저장하지 않고 종료하는 일을 방지하기 위해서 Vim에서는 수정된 버퍼가 특별하게 다뤄진다. 여기에서는 수정한 버퍼를 어떻게 숨기는지, 이 숨긴 버퍼를 Vim에서 종료할 때 어떻게 처리하는지 배운다.

셸에서 다음과 같이 구동한다.

```
⇒ $ cd code/files
⇒ $ ls
❰ a.txt b.txt
⇒ $ vim *.txt
❰ 2 파일을 고치기
```

이제 a.txt를 편집하려고 한다. Go를 입력해서 버퍼 마지막에 빈 행을 추가한다. 이 변경을 저장하지 않은 상태로 버퍼 목록을 확인한다.

```
⇒ :ls
❰ 1 %a + "a.txt"        1 줄
  2 "b.txt"             0 줄
```

버퍼 목록을 보면 a.txt에 +를 확인할 수 있다. 이 기호는 a.txt 버퍼에 변경한 내용이 있다는 의미로 표시된 것이다. 변경한 내용을 저장하면 버퍼 내용을 파일에 작성하게 되고 + 기호는 버퍼 목록에서 없어진다. 버퍼를 저장하는 건 잠시 미뤄두고 다음 버퍼로 이동하는 명령을 사용해보자.

```
⇒ :bnext
❮ E37: 마지막으로 고친 뒤 저장되지 않았습니다 (무시하려면 ! 더하기)
```

현재 버퍼에 저장하지 않은 변경이 있다고 오류 메시지가 출력된다. 괄호 내에 있는 설명대로 느낌표 기호를 붙여 다시 명령을 실행한다.

```
⇒ :bnext!
⇒ :ls
❮ 1 #h + "a.txt"          1줄
   2 %a "b.txt"           1줄
```

:bnext 명령에 느낌표 기호를 붙여서 현재 버퍼를 저장하지 않고도 강제로 전환할 수 있었다. :ls 명령을 실행하면 b.txt 앞에 a 문자가 추가되어 있고 a.txt 앞에는 h 문자가 붙어 있다. b.txt 앞의 a는 현재 버퍼에 활성화된 파일이라는 것을 표시하는 문자다. a.txt 앞에 있는 h는 숨김 상태로 전환된 버퍼를 뜻한다.

종료할 때 숨김 버퍼 처리하기

Vim에서 버퍼를 숨긴 다음에는 마치 평소와 같이 동작할 것이다. 새로운 버퍼를 열거나, 변경하거나, 저장하는 등 아무 문제없이 모든 작업을 처리할 수 있지만 현재 편집하는 세션을 닫기 전까지 그 차이를 알 수 없다. 저장하지 않은 버퍼가 있는 상태로 Vim을 닫으려고 한다면 다음처럼 오류가 출력된다.

```
⇒ :quit
❮ E37: 마지막으로 고친 뒤 저장되지 않았습니다 (무시하려면 ! 더하기)
   E162: 버퍼 "a.txt"에 나중에 바뀐 내용이 써지지 않았습니다
```

Vim은 수정하고 뒤로 숨겼던 첫 번째 버퍼를 어떻게 처리할지 결정할 수 있도록 현재 창에 불러온다. 변경한 내용을 그대로 유지하려면 :write 명령을 사용해 버퍼를 저장할 수 있다. 대신 변경을 취소하고 싶다면 :edit! 명령을 입력한다. 이 명령을 사용하면 디스크에 저장되어 있는 파일 내용을 다시 불러와서 현재 버퍼를 덮어쓰우고 변경 사항을 모두 되돌린다. 이 두 가지 방법 중 하나를 사용하면 버퍼의 내용과 디스크의 파일 내용이 일치하게 된다. 버퍼와 파일 내용이 일치하면 :quit 명령을 다시 사용할 수 있다.

:quit 명령을 입력했을 때 수정하고 숨겨둔 버퍼가 더 존재한다면, Vim은 앞에서 했던 동작을 다시 반복해서 저장하지 않은 다음 버퍼를 불러온다. 앞에서 했던 것과 동일한 방법으로 :write를 이용해 변경한 내용을 저장하여 유지하거나 :edit! 명령을 이용해 변경 사항을 취소한다. 이 과정은 수정하고 숨겨둔 버퍼 수만큼 반복된다. 수정하고 숨겨둔 버퍼와 열린 창이 없어야 :q 명령으로 Vim을 종료할 수 있다.

저장하지 않은 변경 사항을 다시 확인하지 않고 Vim을 종료하려면 :qall! 명령을 사용한다. 또는 변경한 모든 버퍼를 하나씩 확인하지 않고 일괄로 저장하는 명령으로 :wall을 사용할 수 있다. 아래 표에서 이런 상황에 사용 가능한 명령을 요약했다.

명령	효과
:w[rite]	버퍼의 내용을 디스크에 작성
:e[dit]!	디스크에서 파일을 다시 읽어 버퍼에 반영 (즉, 변경을 취소)
:qa[ll]!	모든 창을 닫음, 경고 없이 변경을 모두 취소함
:wa[ll]	변경한 모든 버퍼를 디스크에 저장

표 9 숨김 버퍼를 종료하는 방법

:*do 명령을 사용하기 전에 'hidden' 설정 활성화하기

Vim에서는 기본적으로 수정한 버퍼를 그냥 닫을 수 없도록 설정되어 있다. :next!, :bnext!, :cnext!를 사용하든 비슷한 다른 명령을 사용하든 간에 명령 뒤에 느낌표를 붙이지 않으면 '마지막 변경 후에 저장하지 않았습니다'라는 오류 메시지를 만나게 된다. 변경 사항을 상기해주는 게 대부분의 경우에는 유용하지만 다음과 같은 상황에서는 상당히 불편하다.

:argdo, :bufdo, :cfdo 명령을 사용한다고 생각해보자. :argdo {명령}은 실제로 다음처럼 동작한다.

⇒ :first
⇒ :{명령}
⇒ :next
⇒ :{명령}
〈 목록 마지막까지 반복

여기에서 사용하는 {명령}이 버퍼를 수정한다면 :next 명령은 오류를 반환할 것이다. Vim에서는 파일의 내용을 수정한 상태에서 변경한 내용을 저장하지 않은 채 인자 목록의 다음 항목으로 이동하려고 하면 오류가 발생한다. 이래서는 제대로 작업을 마무리할 방법이 없다.

'hidden' 설정을 활성화하면 :next, :bnext, :cnext뿐 아니라 그 외 비슷한 명령 모두 느낌표를 뒤에 붙이지 않고 사용할 수 있다(:h 'hidden' 참고). 활성화된 버퍼의 본문을 수정한 다음에 이동 명령을 사용하면 오류 없이 이동할 수 있다. 버퍼는 저장하지 않은 상태 그대로 숨겨진다. 'hidden' 설정을 활성화하면 :argdo, :bufdo, :cfdo를 사용해도 오류로 중단되는 일은 없다. 그 덕분에 버퍼 목록의 각 항목을 명령 하나로 일괄 처리할 수 있다.

:argdo {명령}을 사용해서 인자 목록의 모든 파일을 일괄로 변경했다면 이제 변경한 내용을 모두 저장해보자. 먼저 :first 명령으로 인자 목록 중 가장 첫 번째 항목으로 이동한다. 그 다음 :wn 명령을 사용한다. 이 명령은 현재 버퍼를 저장하고, 바로 다음 버퍼로 이동하는 기능을 제공한다. 인자 목록의 모든 파일을 제대로 변경했고 일괄적으로 저장하고 싶다면 :argdo write(또는 :wall) 명령을 이용해 한번에 저장할 수 있다.

Tip.40 작업 환경 창 분리하기

Vim에서는 하나의 작업 공간을 창으로 분리해 여러 버퍼를 동시에 볼 수 있다.

Vim 용어로 창(Window)은 버퍼를 보는 화면을 의미한다(:h window 참고). 창을 다중으로 열 수도 있고 각각 창에 동일한 버퍼를 띄우거나 다른 버퍼를 띄울 수도 있다. Vim에서는 창 관리를 위한 기능을 유연하게 제공한다. 이 기능을 사용해서 자신의 작업 흐름에 맞는 환경을 편리하게 구축할 수 있을 것이다.

분할 창 생성하기

Vim이 처음 실행되면 단일 창으로 열린다. 〈C-w〉s 명령으로 이 화면을 상하로 나눌 수 있다. 이 명령을 누르면 동일한 높이의 창으로 분할되는 것을 볼 수 있다. 좌우로 나누고 싶다면 〈C-w〉v 명령을 사용할 수 있다. 동일한 폭으로 좌우 분할된다. 이 명령을 필요한 만큼 반복해서 입력하면 마치 세포가 분열하는 것처럼 작업 공간을 계속 나눌 수 있다.

다음 그림에서 창 분할의 결과를 확인한다. 각각의 결과에서 회색이 현재 활성화된 창을 의미한다.

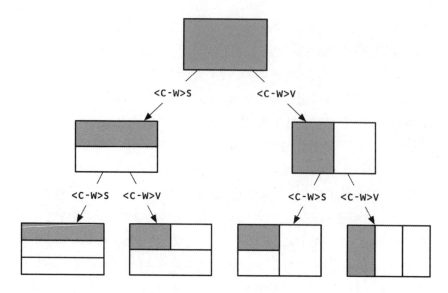

〈C-w〉s와 〈C-w〉v 명령을 사용할 때마다 창이 분할되는데, 분할 명령을 사용하기 전에 활성화되어 있던 창의 버퍼를 그대로 사용한다. 즉, 분할된 창은 동일한 버퍼 화면을 보여준다. 동일한 버퍼를 다른 창에서 접근할 수 있는 기능은 대형 파일을 편집할 때, 파일 내에 있는 다른 부분을 참조하며 수정하는 상황에서 특히 유용하다.

　:edit 명령을 사용하면 활성화된 창에 다른 버퍼를 불러올 수 있다. 〈C-w〉s를 눌러 작업 공간을 둘로 분리한 다음에 :edit {파일명}을 입력하면 해당 파일을 불러오게 된다. 한쪽에는 기존에 보고 있던 버퍼가 여전히 남아 있다. 창을 분리하고 파일을 불러온 두 단계 작업은 :split {파일명} 명령을 사용해서 한번에 해결할 수 있다. 작업 공간에서 창을 분리하는 방법은 아래 표에서 다시 정리한다.

명령	효과
<C-w>s	현재 창을 수평으로 분리, 현재 버퍼를 분리한 창에서 사용함
<C-w>v	현재 창을 수직으로 분리, 현재 버퍼를 분리한 창에서 사용함
:sp[lit] {파일명}	현재 창을 수평으로 분리, {파일}을 새 창에 불러옴
:vsp[lit] {파일명}	현재 창을 수직으로 분리, {파일}을 새 창에 불러옴

활성화 창 변경하기

Vim에서는 각각 분할된 창에서 활성화된 창을 이동하는 명령을 사용할 수 있다. 다음 표는 중요한 부분만 요약했다. 전체 목록은 :h window-move-cursor에서 확인할 수 있다.

명령	효과
<C-w>w	열린 창을 순회하며 이동
<C-w>h	좌측 창으로 이동
<C-w>l	우측 창으로 이동
<C-w>k	상단 창으로 이동
<C-w>j	하단 창으로 이동

사실 〈C-w〉〈C-w〉도 〈C-w〉w와 같은 기능을 한다. 즉, 〈Ctrl〉을 누른 상태에서 ww를 입력해도 다른 창으로 이동한다는 뜻이다. wj 등 위 표에 나온 모든 명령은 이 방식으로 입력이 가능하다. 〈C-w〉〈C-w〉가 보기에는 복잡하게 느껴질지 몰라도 손으로 입력하기에는 〈C-w〉w보다 더 편리하다. 창 분할을 많이 사용한다면 기본으로 제공하는 기능보다 자신에게 더 편리한 키 조합을 만드는 것이 바람직하다.

지금 사용하고 있는 터미널이 마우스를 사용할 수 있거나 GVim을 사용하고 있다면 마우스 클릭으로도 활성 창을 변경할 수 있다. 이 기능이 동작하지 않는다면 'mouse' 설정이 정상적으로 활성화되었는지 확인한다(:h 'mouse' 참고).

창 닫기

작업 공간에 분리한 창이 너무 많아서 닫고 싶다면 다음 두 가지 방법을 쓰면 된다. 첫 번째는 :close 명령을 사용해서 현재 활성화된 창을 닫는 방법이다. 두 번째 방법은 :only 명령으로 현재 활성화된 창을 제외한 모든 창을 닫는 것이다. 다음 표에서는 창을 닫는 두 명령을 일반 모드에서 사용할 수 있는 명령과 함께 내용을 정리했다.

Ex 명령	일반 명령	효과
:clo[se]	<C-w>c	활성화 창 닫기
:on[ly]	<C-w>o	활성화 창 유지, 나머지 창 닫기

창 크기 조절 및 재정렬

Vim은 창 크기를 조절하기 위한 단축키를 제공한다. 전체 목록은 :h windowresize에서 확인할 수 있다. 다음은 가장 유용하게 사용할 수 있는 명령을 요약한 것이다.

키 입력	버퍼 내용
<C-w>=	모든 창의 폭과 높이를 동일하게 조정
<C-w>_	활성 창 높이 최대화
<C-w>|	활성 창 폭 최대화
[숫자]<C-w>_	활성 창 높이를 [숫자] 행으로 조정
[숫자]<C-w>|	활성 창 폭을 [숫자] 열로 조정

창 크기를 조절하는 작업은 단축키를 사용하는 것보다 마우스를 사용하는 게 더 편리하다. 창 사이 경계선을 드래그해서 원하는 크기로 조절하면 된다. 이 동작은 터미널이 마우스를 지원하거나 GVim을 사용하는 경우에만 사용할 수 있다.

현재 열려있는 창을 다시 정렬하는 명령도 제공한다. 이 방법은 글로 설명하는 것보다 화면으로 설명하는 것이 더 쉽게 이해할 수 있을 것이다. 이 기능에 대한 설명은 Vimcasts.org의 강의를 참고하자.[2] 창을 재정렬하는 방법에 대한 설명은 :h window-moving에서 확인할 수 있다.

Tip.41 탭으로 창 레이아웃 관리하기

Vim의 탭 인터페이스는 다른 문서 편집기에서 제공하는 탭 인터페이스와 다르다. 탭을 사용해서 분리 창을 작업 공간 묶음으로 관리하는 방법을 배운다.

탭 페이지(tab page)는 창 묶음을 보관할 수 있는 공간을 의미한다(:h tabapge 참고). 다른 문서 편집기에 익숙한 사람이라면 Vim의 탭 인터페이스가 이상하게 느껴질지도 모른다. Vim에서 탭의 동작 방식을 살펴보기 전에 우선 탭 인터페이스가 다른 문서 편집기 또는 IDE에서는 어떤 방식으로 동작하는지 살펴보자.

전형적인 그래픽 사용자 인터페이스(GUI)를 사용하는 문서 편집기에서는 파일을 편집하기 위한 주 작업 공간(main workspace)과 현재 프로젝트의 디렉터리 구조를 표시하는 측면 영역(sidebar)으로 구성된다. 측면 영역에서 파일을 클릭하면 주 작업 공간에 새로운 탭으로 해당 파일이 열릴 것이다. 새로운 탭은 각각 파일을 열었을 때 생성된다. 즉, 이 인터페이스에서 탭은 현재 열린 파일을

2 *http://vimcasts.org/e/7*

나타낸다고 볼 수 있다.

Vim으로 다시 돌아오자. Vim에서는 :edit 명령으로 파일을 열었을 때 새로운 탭을 열지 않는다. 새로운 탭을 생성하지 않는 대신에 새로운 버퍼를 생성해서 현재 창에 불러온다. 열린 파일은 'Tip.37 버퍼 목록으로 열린 파일 추적하기'에서 본 것처럼 버퍼 목록을 사용해서 관리한다. 창은 버퍼와 일대일 관계에 해당하지만 탭은 그렇지 않다. 탭은 오히려 여러 창을 보관하는 상자에 가깝다. 다음 그림은 세 개의 탭 페이지를 표현하고 있다. 각각의 탭은 하나 또는 그 이상의 창을 담고 있다. 각각 그림에서 회색으로 표시된 부분은 활성화된 창과 탭을 나타낸다.

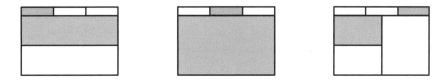

탭 페이지는 GVim이든 터미널에서 구동하는 Vim이든 상관없이 사용할 수 있다. GVim에서 탭 페이지 기능을 사용하면 탭 막대를 GUI로 표시해서 웹브라우저나 다른 탭 인터페이스를 사용하는 프로그램처럼 표시한다. 터미널에서 구동하는 Vim에서는 탭 막대를 텍스트 사용자 인터페이스(TUI)로 표시한다. 시각적으로 둘은 다르게 생겼지만 탭 페이지의 기능은 GUI든 TUI든 구분 없이 동일하게 동작한다.

탭을 사용하는 방법

Vim의 탭 페이지는 각각의 작업 공간을 분리하기 위해 사용할 수 있다. 이 기능은 문서 편집기의 탭 인터페이스보다는 운영체제에서 제공하는 가상 데스크탑 환경에 더 가깝다.

작업 공간을 여러 창으로 분리해서 프로젝트 작업을 하고 있다고 생각해보자. 갑작스러운 문제가 발생해서 급하게 처리해야 할 일이 생겼다. 그렇다고 현재 탭 페이지에 새로운 창을 열어 파일을 불러오면 기존 작업을 위해서 잘 갖춰뒀던 작업 공간이 엉망이 될 수 있다. 이런 경우에 새로운 탭 페이지를 열어서 새 작업을 시작하면 된다. 급한 일이 끝나고 다시 이전 작업으로 돌아가야 한다면 원래 탭 페이지로 이동하면 된다. 기존 탭 페이지를 열면 작업하던 중에 두고 나왔던 모습 그대로 작업 공간이 남아 있을 것이다.

:lcd {경로} 명령을 사용하면 현재 창에서 사용하는 작업 경로를 지정할 수 있다. 새로운 탭을 연 다음에 :lcd 명령을 사용하면 작업 경로를 다른 디렉터리로 변경할 수 있다. 이 명령으로 각각의 탭 페이지는 해당 탭에서 작업하는 프로젝트 범위(scope) 내에서 작업을 할 수 있다. 참고로 :lcd 명령은 경로를 현재 창만 대상으로 하기 때문에 탭 페이지 내에 있는 다른 창 경로는 작업 경로가 변경되지 않는다. 탭 페이지가 두 개 이상의 창으로 분리되어 있는 경우라면 각각의 창에서 이 명령을 실행해야 하는데 작업 경로를 일괄적으로 설정하고 싶다면 :window lcd {경로} 명령을 사용할 수 있다. 더 자세한 내용은 Vimcast의 에피소드 9에서 다룬다.[3]

탭 열고 닫기

새로운 탭을 열기 위해서는 :tabedit {파일명} 명령을 사용한다. {파일명}을 입력하지 않고 명령을 사용하면 새로운 탭 페이지가 열리며 그 탭 페이지에는 빈 버퍼가 포함된다.

이 방법 외에도 새 탭 페이지를 여는 방법이 있다. 현재 탭 페이지에 여러 창이 있을 때, <C-w>T 명령을 사용해서 현재 창을 새로운 탭 페이지로 이동할 수 있다(:h CTRL-W_T 참고).

활성 탭 페이지에 창이 하나만 있을 경우에 :close 명령을 입력하면 창과 탭 페이지를 한번에 닫는다. :tabclose 명령을 사용하면 현재 탭에 열려 있는 창의 숫자와 상관없이 탭을 닫을 수 있다. 현재 탭을 제외하고 다른 탭을 모두 닫고 싶다면 :tabonly 명령을 사용할 수 있다.

명령	효과
:tabe[dit] {filename}	{파일명}을 새 탭에서 열기
<C-w>T	현재 탭에서 활성화 창을 새 탭으로 열기
:tabc[lose]	현재 탭과 탭에 열린 모든 창 닫기
:tabo[nly]	현재 활성화된 탭 페이지를 제외한 모든 탭 닫기

---

3 *http://vimcasts.org/e/9*

탭 이동하기

탭은 1부터 차례로 숫자가 매겨진다. {숫자}gt 명령을 사용하면 {숫자}번째 탭으로 이동할 수 있다. 특정 탭으로 이동하고 싶다면 명령 앞에 숫자를 사용한다. 숫자를 입력하지 않으면 다음 탭으로 이동한다. gT는 동일한 기능을 하지만 반대 방향으로 동작한다.

Ex 명령	일반 명령	효과
:tabn[ext] {숫자}	{숫자}gt	{숫자}번째 탭 페이지로 이동
:tabn[ext]	gt	다음 탭 페이지로 이동
:tabp[revious]	gT	이전 탭 페이지로 이동

탭 다시 정렬하기

탭 페이지의 순서를 정렬하고 싶다면 :tabmove [숫자] Ex 명령을 사용할 수 있다. [숫자]는 이동하고 싶은 위치를 입력하는데 0을 입력하면 현재 탭을 탭 페이지 순서에서 가장 앞으로 옮긴다. [숫자]를 입력하지 않으면 현재 탭을 가장 끝으로 옮긴다. 터미널이 마우스를 지원하거나 GVim을 사용하고 있다면 드래그 앤 드롭으로 탭 순서를 변경할 수 있다.

7장

P r a c t i c a l   V i m

파일 열기와 저장하기

Vim에는 파일을 여는 여러 가지 방법이 있다. 'Tip.42 파일 경로와 :edit 명령으로 파일 열기'에서 :edit 명령을 사용하는 법을 배운다. 이 명령은 파일을 열 때 해당 파일의 경로를 사용한다.

프로젝트 디렉터리 내에서 두 단계 이상 깊숙한 디렉터리에 위치한 파일을 열어야 한다고 가정해보자. 파일 하나를 열 때마다 매번 경로를 전부 입력해야 한다면 엄청 불편할 것이다. 'Tip.43 파일명과 :find 명령으로 파일 열기'에서 'path'를 설정하는 방법과 :find 명령을 사용하는 방법을 배운다. 이 팁은 파일 경로를 전부 입력할 필요 없이 간단하게 파일명만 입력해서 열 수 있는 법을 알려준다. 이 기능을 잘 활용하면 시간을 많이 절약할 수 있다.

Vim에 포함되어 있는 netrw 플러그인은 디렉터리 구조를 탐색하는 기능을 제공한다. 'Tip.44 netrw로 파일 시스템 탐색하기'에서 자세히 다룬다.

:write 명령은 버퍼에 있는 내용을 디스크에 저장하는 기능을 한다. 이 저장 명령을 사용하는 것 자체는 별다르게 설명할 부분 없이 직관적이다. 하지만 존재하지 않은 경로에 저장하거나 파일을 작성하기 위한 권한이 없는 경우에는 문제가 발생한다. 이런 문제를 해결하는 방법은 'Tip.45 존재하지 않는 디렉터리에 파일 저장하기'와 'Tip.46 관리자 권한으로 파일 저장하기'에서 확인한다.

Tip.42 파일 경로와 :edit 명령으로 파일 열기

Vim에서 파일을 :edit 명령으로 열 수 있으며 이 명령으로 파일을 열 때는 파일의 절대 경로와 상대 경로 모두 사용할 수 있다. 여기에서는 활성화된 버퍼에서 상대 경로를 어떻게 사용하는지 학습한다.

웹사이트에서 제공하는 소스 파일 중 files/mvc 디렉터리를 사용해서 시연해 보려고 한다. 이 디렉터리에서 다음의 파일 구조를 확인할 수 있다.

```
app.js
index.html
app/
    controllers/
        Mailer.js
        Main.js
        Navigation.js
    models/
        User.js
    views/
        Home.js
        Main.js
        Settings.js
lib/
    framework.js
    theme.css
```

files/mvc 디렉터리에서 작업을 시작하기 위해 셸에서 다음처럼 Vim을 실행한다.

```
⇒ $ cd code/files/mvc
⇒ $ vim index.html
```

현재 작업 디렉터리에서 상대 경로로 파일 열기

Vim에는 배시 셸이나 다른 셸과 같이 작업 디렉터리가 존재한다. Vim의 작업 디렉터리는 셸에서 Vim을 구동하는 그 시점의 작업 경로를 그대로 사용한다. 현재 작업 경로를 확인하기 위해서 :pwd Ex 명령을 입력해보자. 이 :pwd 명령은 배시 셸에서 사용할 수 있는 pwd 명령과 동일하게 '작업 디렉터리 출력하기(print working directory)'를 의미한다.

```
⇒ :pwd
< /Users/drew/practical-vim/code/files/mvc
```

:edit {파일} 명령은 상대 경로로도 파일을 열 수 있다. 이 상대 경로는 위에서 확인한 작업 디렉터리를 기준으로 동작한다. lib/framework.js 파일을 열기 위해 다음처럼 입력할 수 있다.

```
⇒ :edit lib/framework.js
```

아니면 app/controllers/Navigation.js를 열기 위해 아래와 같이 입력한다.

> `:edit app/controllers/Navigation.js`

파일 경로를 입력할 때도 탭 키를 눌러 자동완성을 사용하면 경로를 손쉽게 입력할 수 있다. 'Tip.32 탭 키로 Ex 명령 완성하기'에서 자세한 내용을 다룬다. Navigation.js 파일을 열려고 한다면 간단히 :edit a<Tab>c<Tab>N<Tab>을 입력하면 된다.

활성 파일 디렉터리에서 상대 경로로 파일 열기

app/controller/Navigation.js 파일을 편집하다가 동일한 경로에 있는 Main.js 파일을 편집하려고 한다. 물론 작업 경로를 기준으로 상대 경로를 모두 입력할 수 있지만 일일이 경로를 다 입력하는 일은 불필요한 작업처럼 느껴진다. 현재 활성 버퍼와 동일한 경로에 있는 파일을 열 때, 현재 버퍼에 열린 파일의 경로를 기준으로 다른 파일을 열 수 있다면 더없이 편리할 것이다. 다음 명령을 사용해 보자.

> `:edit %<Tab>`

% 기호는 현재 활성 버퍼의 파일 경로를 의미한다(:h cmdline-special 참고). %를 입력하고 〈Tab〉을 누르면 기호가 현재 활성 버퍼의 파일 경로로 전환하는 모습을 볼 수 있다. 실제로 이 경로를 사용할 것은 아니지만 필요한 경로와 비슷하다. 다음 명령을 보자.

> `:edit %:h<Tab>`

:h 변경자는 파일 경로에서 파일명을 제거한다(:h ::h 참고). 현재 파일과 동일한 위치에 있는 다른 파일을 열 것이기 때문에 %:h〈Tab〉을 입력한다. 그러면 %:h 부분이 현재 파일이 위치한 파일 경로로 변환될 것이다.

> `:edit app/controllers/`

이제 Main.js만 입력하면 해당 파일을 열 수 있다. 탭 키를 눌러서 자동완성 기능을 사용할 수도 있다. 지금까지 살펴본 방법을 종합하면 다음처럼 입력해서 손쉽게 Main.js를 열 수 있다.

> `:edit %:h<Tab>M<Tab><Tab>`

%:h 확장은 매우 유용하다. 따라서 매핑을 생성하는 것도 좋은 방법이다. 매핑을 생성하는 방법은 아래 내용을 참고하자.

> **활성 파일 디렉터리를 위한 확장**
>
> 다음 내용을 vimrc 파일에 추가한다.
>
> ```
> cnoremap <expr> %% getcmdtype() == ':' ? expand('%:h').'/' : '%%'
> ```
>
> 위 설정을 추가한 다음 Vim의 : 명령행 프롬프트에서 %%를 입력하면 %:h<Tab>을 입력한 것과 같이 현재 활성 버퍼의 경로로 확장하는 것을 확인할 수 있다. 이 매핑은 :edit뿐만 아니라 :write, :saveas, :read 등 다른 Ex 명령에서도 편리하게 사용할 수 있다.
>
> 매핑을 활용하는 다른 방법이 궁금하다면 Vimcast의 :edit 명령 에피소드[1]를 참고하자.
>
> ---
> **1** *http://vimcasts.org/episodes/the-edit-command/*

Tip.43 파일명과 :find 명령으로 파일 열기

:find 명령을 사용하면 경로 전체를 입력하지 않고 파일명만 입력해도 손쉽게 파일을 열 수 있다. 이 기능을 사용하기 위해서는 먼저 'path'를 설정해야 한다.

지금까지 파일을 열기 위해 :edit 명령과 파일 경로를 사용했다. 작업하는 프로젝트에서 파일 위치가 디렉터리 깊숙한 곳에 위치해 있는 경우라면 어떨까? 매번 파일을 열기 위해서 파일 경로 전체를 입력해야 한다면 생각만으로도 피곤함이 몰려온다. 이런 피곤을 덜어주기 위해서 :find 명령이 존재한다.

준비

다음 내용은 책과 함께 제공하는 파일 중 files/mvc 디렉터리를 예로 든다. 셸에서 다음처럼 files/mvc 디렉터리로 이동한 다음에 Vim을 실행했다.

```
⇒ $ cd code/files/mvc
⇒ $ vim index.html
```

먼저 :find 명령을 사용하면 어떻게 되는지 확인해보자.

```
⇒ :find Main.js
< E345: path에서 "Main.js" 파일을 찾을 수 없습니다
```

오류 메시지가 출력되었다. 'path'에서 Main.js 파일을 찾을 수 없다고 출력한다. 이 명령을 사용하려면 'path'를 설정해야 한다.

'path' 설정하기

'path' 항목은 Vim에서 :find 명령을 사용할 때, 어느 경로에서 파일을 찾아야 하는지 알려주는 설정 값이다(:h 'path' 참고). 위 예시에서는 app/controllers 와 app/views 디렉터리를 찾아보도록 설정해야 한다. 이 두 경로를 추가하려면 'path' 항목에 다음처럼 값을 설정하면 된다.

> `:set path+=app/**`

** 와일드카드는 app 아래 있는 모든 디렉터리를 찾는다. 와일드카드는 Tip.38 의 '인자 목록 출력하기'에서 다뤘지만 'path' 설정에서 사용하는 *와 **와는 의미가 조금 다르다(:h file-searching 참고). 이 와일드카드는 셸이 아니라 Vim이 처리하는 방식으로 동작한다.

---

rails.vim으로 경로 관리하기

팀 포프의 rails.vim은 레일스 프로젝트를 더 쉽게 탐색할 수 있도록 제공하는 플러그인 이다.[1] 이 플러그인은 레일스 프로젝트에 알맞도록 'path'에 프로젝트의 모든 디렉터리를 자동으로 설정한다. 즉, 이 플러그인을 설치하면 'path' 설정을 따로 걱정하지 않아도 바로 :find 명령을 사용할 수 있다는 뜻이다.

rails.vim에는 다른 편리한 기능도 많이 포함되어 있다. 이 플러그인에는 레일스 프로젝트에서 파일을 쉽게 검색할 수 있도록 :Econtroller, :Emodel, :Eview 등의 명령도 함께 제공한다. 이 명령은 각 경로에 특화된 :find 명령이다. 이 명령은 각각 명령에 해당하는 디렉터리 범위에서 파일 검색을 수행한다.

[1] *https://github.com/tpope/vim-rails*

:find를 사용해서 파일명으로 파일 열기

이제 'path'를 설정했기 때문에 :find 명령과 파일명만 입력하면 디렉터리 내에서 해당 파일을 찾아 열 수 있다. app/controllers/Navigation.js 파일을 열려면 다음처럼 입력하면 된다.

> `:find Navigation.js`

물론 이 경우에도 〈Tab〉을 눌러 파일명을 자동완성할 수 있다. :find nav〈Tab〉을 입력하면 나머지 파일명을 자동으로 완성해서 엔터 키만 누르면 된다. 그런데 이 명령에서 사용하려는 파일명이 경로 내에 하나만 있는 게 아니라면 어떻게 될까? 중복된 파일명이 있는 경우에는 어떤 방식으로 동작하는지 확인해보자. 여기에서 사용하는 코드에는 Main.js 파일이 두 개 존재한다. 하나는 app/controllers에, 다른 하나는 app/views 디렉터리에 있다.

```
⇒ :find Main.js<Tab>
```

파일명으로 Main.js를 입력하고 탭 키를 누르면 첫 번째로 찾은 파일의 전체 경로인 ./app/controllers/Main.js가 나타난다. 다시 탭 키를 누르면 두 번째로 찾은 파일을 보여주는데 이 경우에는 ./app/views/Main.js를 띄운다. 이제 엔터 키를 누르면 현재 표시되는 경로의 파일이 열린다. 만약 탭 키를 눌러서 전체 파일명으로 전환하지 않은 상태에서 〈CR〉을 눌렀다면 가장 먼저 찾은 파일을 열게 된다.

'wildmode' 설정이 기본값인 full로 설정되어 있지 않다면 여기에서 사용하는 탭-완성 동작이 조금 다를 수 있다. 이 설정은 'Tip.32 탭 키로 Ex 명령 완성하기'에서 더 자세히 다룬다.

Tip.44 netrw로 파일 시스템 탐색하기

Vim에서는 파일의 내용을 살펴보거나 편집하는 작업뿐 아니라 디렉터리의 내용도 확인할 수 있다. Vim에 포함되어 있는 netrw 플러그인을 이용하면 파일 시스템을 탐색할 수 있다.

준비

이 팁에서 설명하는 내용은 Vim의 핵심 소스 코드에 포함되어 있지는 않지만 netrw라는 플러그인에서 제공하는 기능이다. 이 플러그인은 Vim과 함께 표준으로 제공하기 때문에 플러그인을 사용하도록 설정만 하면 별도로 설치할 필요 없이 바로 사용할 수 있다. 다음 내용은 이 플러그인을 사용하기 위한 최소 요구사항이다. 다음 설정을 vimrc 파일에 추가해보자.

essential.vim
```
set nocompatible
filetype plugin on
```

Vim 자체 파일 탐색기 netrw

Vim을 실행하면서 파일 경로 대신에 디렉터리 경로를 사용할 수 있다. 디렉터리 경로를 사용해서 Vim을 열면 경로를 인식해서 netrw 플러그인으로 파일 탐색기 창을 열게 된다.

```
⇒ $ cd code/file/mvc
⇒ $ ls
< app     app.js    index.html    lib
⇒ $ vim .
```

파일 탐색기의 모습은 아래에서 확인할 수 있다. 평범한 Vim 버퍼지만 파일 내용 대신 현재 디렉터리의 내용을 출력한다.

이 파일 탐색기 창에서도 일반 Vim 버퍼와 같이 k, j를 사용해서 커서를 위아래로 이동할 수 있다. 〈CR〉을 입력하면 커서 밑에 있는 항목이 열린다. 커서가 디렉터리에 위치했다면 Vim은 탐색기 창을 해당 디렉터리의 내용으로 전환한다. 커서가 파일명에 놓인 경우에는 해당 파일을 현재 창의 버퍼로 불러와서 파일 탐색기를 대체한다. 부모 디렉터리로 이동하려면 –를 누르면 된다. 또는 .. 항목으로 이동해서 〈CR〉을 누른다.

디렉터리 목록을 살펴보는 데 j와 k만 사용할 수 있는 것은 아니다. 이 탐색 창에서는 일반 Vim 버퍼에서 사용할 수 있는 모든 모션을 사용할 수 있다.

```
" ==============================================
" Netrw Directory Listing
"   /Users/drew/code/mvc
"   Sorted by          name
"   Sort sequence: [\/]$,\<core\%(\.\d\+\)\=\>,\.h$,\.c$,\.c
"   Quick Help: <F1>:help  -:go up dir  D:delete  R:rename
" ==============================================
./
app/
lib/
app.js
index.html



/Users/drew/code/mvc [RO]                    8,1            All
```

즉, index.html 파일을 열고 싶다면 /html<CR> 검색 명령을 사용해서 파일명 위에 커서를 바로 이동시킬 수 있다.

파일 탐색기 열기

파일명 대신 디렉터리명을 {경로} 인자로 사용해서 :edit {경로} 명령을 사용하면 해당 디렉터리를 파일 탐색기로 열게 된다. 점 기호는 현재 작업 디렉터리를 의미하므로 현재 프로젝트를 파일 탐색기로 열려면 :edit . 명령을 사용할 수 있다.

현재 버퍼에 열려 있는 파일의 경로를 파일 탐색기로 열려면 :edit %:h 명령을 사용한다. 이 변경자가 생소하다면 Tip.42의 '활성 파일 디렉터리에서 상대 경로로 파일 열기' 설명을 확인하자. netrw 플러그인은 이 기능을 더 편리하게 사용할 수 있도록 :Explore 명령을 제공한다(:h :Explore 참고).

이 두 명령은 간단하게 사용할 수 있는 축약 명령이 있다. :edit .을 모두 입력하는 대신에 :e.으로 사용할 수 있다. 원래는 :edit {파일 또는 경로명}처럼 명령과 경로 사이에 띄어쓰기가 있어야 한다. 하지만 이 :e. 명령은 명령과 경로 사이에 빈칸이 없어도 동작한다. :Explore는 :E로도 사용 가능하다. 다음 표에서 이 명령과 약식 기호를 정리했다.

Ex 명령	약식	효과
:edit .	:e.	파일 탐색기로 현재 작업 디렉터리 열기
:Explore	:E	파일 탐색기로 현재 활성 버퍼의 디렉터리 열기

netrw 플러그인은 :Explore 외에도 :Sexplore와 :Vexplore 명령으로 사용할 수 있다. 이 명령은 각각 창을 수평이나 수직으로 분리해서 파일 탐색기를 여는 기능을 제공한다.

분리 창에서 작업하기

대부분의 문서 편집기는 측면 영역에 프로젝트 서랍(project drawer)이라고도 부르는 파일 탐색기를 표시하는 형태로 구성되어 있다. 이런 구성은 GUI에서 흔히 볼 수 있는 전형적인 형식이다. 이 인터페이스에 익숙한 사람이라면 Vim의 :E와 :e의 동작이 상당히 이상하다고 느낄 것이다. 이 각각의 명령을 사용하면 현재 창에 있는 내용을 파일 탐색기로 대체하기 때문이다. 이런 특징 때문에 이 플러그인을 활용하려면 분리된 창에서 사용하는 방식이 더 좋은 선택이라고 할 수 있다.

다음 그림의 첫 번째 레이아웃을 확인해보자.

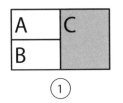

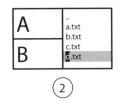

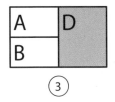

이 그림은 세 개로 분리된 창으로 각각 다른 버퍼를 표시하고 있다. 이 레이아웃에서 프로젝트 서랍처럼 파일 탐색기를 Vim 인터페이스의 한쪽에 두고 사용하는 것은 어떨지 생각해보자. 프로젝트 서랍에서 열고 싶은 파일을 클릭하면 그 파일을 열 수 있을까?

GUI에서 흔히 사용하는 맥락대로 Vim을 생각해보자. 위 그림에서 보면 C가 활성화된 창이기 때문에 새로 여는 파일은 C의 위치에 열려야 한다. 하지만 Vim에 열려 있는 각각의 창을 프로젝트 서랍과 활성 창 사이 관계로 생각하기에는 창의 구분이 명확하지 않다. 다시 말하면 어느 창이 현재 활성화된 창인지 알기 어렵고, 프로젝트 서랍에서 파일을 선택했을 때 원하는 창에 열리지 않을 수도 있다는 뜻이다.

상상의 프로젝트 서랍은 잠깐 잊어버리고 Vim에서는 실제로 어떻게 동작하는지 확인해보자. :Explore 명령을 실행하면 현재 활성되어 있던 창이 파일 탐색기로 변경돼서 위 그림의 두 번째 레이아웃과 같이 변한다. 이 파일 탐색기에서 파일을 선택하면 그 파일이 어디에 나타날지 명확하다.

각각의 창을 트럼프 카드라고 생각해보자. 각각의 카드는 파일의 내용을 보여주고 반대 쪽에는 파일 탐색기를 표시한다. :Explore 명령을 실행하면 활성 창의 카드를 뒤집어서 반대쪽에 있던 파일 탐색기를 보여준다(두 번째 그림). 편집하려는 파일을 골라 〈CR〉을 누르면 다시 카드를 뒤집는데 이번에는 선택한 파일의 내용을 카드의 앞면에서 보여준다(세 번째 그림). 파일 탐색기를 열었다가 다시 원래 버퍼로 돌아가고 싶다면 〈C-^〉 명령을 눌러 기존 버퍼를 편집하는 창으로 돌아갈 수 있다.

앞에서 다룬 내용을 보면 Vim의 창은 각각 파일 모드와 디렉터리 모드가 존재한다고 구분해서 생각할 수 있다. GUI에서 흔히 사용하는 프로젝트 서랍은 Vim의 작업 흐름과 잘 맞지 않지만 파일 모드와 디렉터리 모드를 전환하는 방식으로 작업 흐름을 생각해본다면 Vim의 분리 창 인터페이스와 완벽하게 어울린다.

netrw 더 활용하기

netrw 플러그인에서 제공하는 기능은 파일 시스템 탐색에 그치지 않는다. 이 플러그인은 새로운 파일을 생성하는 작업(`:h netrw-%` 참고), 디렉터리를 생성하는 작업(`:h netrw-d` 참고), 기존 파일명을 수정하는 작업(`:h netrw-rename` 참고), 파일을 제거하는 기능(`:h netrw-del` 참고)까지 제공한다. 이 기능은 Vimcast의 에피소드 15에서 확인할 수 있다.[4]

  netrw 플러그인에서 제공하는 아주 강력한 기능 중 하나는 아직 손도 대지 않았다. 이 플러그인은 네트워크를 통해 다른 곳에 있는 파일을 읽고 작성하는 기능도 제공한다. 이 플러그인은 scp, ftp, curl, wget 등 시스템에서 사용 가능한 수많은 프로토콜을 활용할 수 있다. 자세한 내용은 `:h netrw-ref`를 참고한다.

Tip.45 존재하지 않는 디렉터리에 파일 저장하기

Vim은 편집한 버퍼를 존재하지 않는 디렉터리에 저장하는 기능을 제공한다. 이 부분은 Vim에 있는 내용을 현재 존재하지 않는 경로에 저장하려 할 때만 고려하면 된다. 이런 상황을 해결할 수 있는 팁을 확인해보자.

  `:edit {파일}` 명령은 이미 존재하는 파일을 열 때 사용할 수 있는 가장 일반적인 방법이다. 하지만 이 명령을 사용했을 때 해당 파일 경로에 실제 파일이 존재하지 않더라도 새로운 빈 버퍼를 생성한다. 〈C-g〉를 누르면 버퍼가 '새 파일(new file)'로 표시되는 것을 확인할 수 있다. 〈C-g〉 명령은 현재 파일의 파일명과 상태를 출력한다(`:h ctrl-G` 참고). `:write` 명령을 실행하면 Vim은 현재 버퍼 내용을 사용해서 지정한 파일 경로에 새로운 파일을 작성한다.

  `:edit {파일}`을 실행할 때, 실제로 존재하지 않은 디렉터리를 파일 경로에 사용한 경우에는 앞에서 설명한 것과는 다른 결과가 나온다.

```
⇒ :edit madeup/dir/doesnotexist.yet
⇒ :write
❮ "madeup/dir/doesnotexist.yet" E212: 쓸 파일을 열 수 없습니다
```

이 문제는 madeup/dir 디렉터리가 존재하지 않을 때 발생한다. Vim은 디렉터리의 존재 여부와 상관없이 새로운 버퍼를 생성하지만 디렉터리가 존재하지 않을 경우에는 '새 디렉터리(new DIRECTORY)'로 표시한다. 존재하지 않는 디렉터

---

4 *http://vimcasts.org/e/15*

리 경로에 버퍼를 저장하려고 하면 위처럼 오류가 나타나는 것을 확인할 수 있다. 이 문제는 외부 mkdir 프로그램을 호출하는 방법으로 해결할 수 있다.

```
⇒ :!mkdir -p %:h
⇒ :write
```

-p 플래그는 mkdir 명령에서 사용한 경로에 없는 디렉터리가 있다면 생성하도록 하는 설정이다. %:h가 어떤 의미인지는 Tip.42의 '활성 파일 디렉터리에서 상대 경로로 파일 열기'에서 설명한다.

Tip.46 관리자 권한으로 파일 저장하기

일반적으로는 Vim을 관리자 권한으로 실행하지는 않는다. 하지만 파일의 변경 사항을 저장하기 위해 관리자 권한(sudo)이 필요한 경우가 있다. Vim을 다시 실행하지 않고도 작업을 셸 프로세스로 이전한 후에 관리자 권한으로 작업을 수행할 수 있는 sudo 셸 명령을 사용해서 해당 파일을 저장할 수 있다.

이 팁은 GVim과 Windows 환경에서는 동작하지 않을 수 있다. Unix 시스템의 터미널 내에서 Vim을 사용하는 사람에게는 매우 일반적인 상황이므로 확인해보자.

설명을 위해 /etc/hosts 파일을 사용한다. 이 파일은 root가 소유하고 있있다. 현재 drew 사용자로 로그인한 상태라서 해당 파일을 읽는 권한만 갖고 있다.

```
⇒ $ ls -al /etc/ | grep hosts
< -rw-r--r--   1 root wheel     634 6 Apr 15:59 hosts
⇒ $ whoami
< drew
```

이 파일을 drew 사용자 권한으로 연다.

```
⇒ $ vim /etc/hosts
```

파일을 열었다면 현재 파일의 상태를 확인해보도록 한다. 파일의 현재 상태를 확인하는 〈C-g〉 명령을 실행하면 [읽기 전용(readonly)]으로 표시되는 것을 볼 수 있다.

내용을 변경해보고 무슨 일이 일어나는지 확인해보자. Go 명령으로 파일 끝에 빈 행을 추가한다. "W10: 경고: 읽기 전용 파일을 고치고 있습니다"라는 경고가 뜰 것이다. 이 메시지는 절대적으로 지켜야 할 규칙을 설명하는 것이 아니다. 단순히 친절하게 안내하는 것뿐이다. 메시지가 출력된 이후에도 문제없이 버퍼를 변경할 수 있다.

Vim에서는 사용자가 읽기 전용 버퍼의 내용을 변경하는 일에 제약이 전혀 없다. 다만 이 변경 사항을 파일로 저장하려고 할 때는 다음과 같은 메시지를 출력하며 동작을 제한할 것이다.

```
⇒ :write
‹ E45: 'readonly' 옵션이 설정되어 있습니다 (덮어쓰려면 ! 더하기)
```

메시지가 안내하는 대로 저장 명령 끝에 느낌표를 붙여서 다시 실행한다. 느낌표는 '정말 이 명령을 실행한다!'는 의미로 사용한다.

```
⇒ :write!
‹ "/etc/hosts" E212: 쓸 파일을 열 수 없습니다
```

여기에서 문제는 /etc/hosts 파일을 사용할 권한이 없다는 점이다. 이 파일은 root가 소유하고 있고 Vim은 drew가 실행했다는 점을 다시 기억하자. 다소 이상하게 생긴 아래 명령을 사용하면 이 문제를 해결할 수 있다.

```
⇒ :w !sudo tee % > /dev/null
‹ Password:
  W12: 경고: 파일 "hosts"이(가) 바뀌었고 마찬가지로
  Vim의 버퍼도 바뀌었습니다
  더 많은 정보를 보려면 ":help W12"을 입력하세요
  확인(O), 불러오기(L), 전부 불러오기(A), 전부 무시하기(I):
```

이 명령을 입력하면 Vim은 두 가지 입력을 더 요구한다. 먼저 drew의 비밀번호를 입력해야 한다(비밀번호를 입력하는 동안 훔쳐보지 말 것!) 비밀번호를 다 입력하고 나면 Vim은 파일이 변경된다는 점을 경고하며 선택할 수 있는 항목을 제시한다. L을 눌러서 파일을 다시 버퍼로 불러오는 것을 권장한다.

이 명령은 어떤 원리로 동작할까? :write !{명령}은 버퍼에 있는 내용을 {명령}으로 호출한 외부 프로그램에서 이용할 수 있도록 표준 입력으로 전송한다(:h :write_c 참고). Vim은 여전히 drew 사용자 권한으로 사용하고 있지만 외부 프로세스는 관리자 권한으로 실행하도록 요청할 수 있다. 여기에서는 /etc/hosts 파일을 작성할 수 있도록 sudo 권한으로 유틸리티 tee를 실행했다.

Vim의 명령행에서 %는 특별한 의미로 사용한다. 이 기호는 현재 버퍼에 열려 있는 파일 경로를 의미한다(:h $_% 참고). 다시 말해, 여기에서 사용한 % 기호는 /etc/hosts에 해당한다. 앞에서 실행한 명령은 최종적으로 tee /etc/hosts > /

dev/null 명령을 실행한다. 이 명령은 버퍼의 내용을 표준 입력으로 받아서 그 결과를 /etc/hosts 파일의 내용으로 덮어쓴다.

외부 프로그램이 파일을 변경하면 Vim은 그 변경을 감지한다. 즉, 지금 상황에서는 버퍼를 생성할 때의 파일 내용과 실제 파일 내용이 일치하지 않는다는 것을 감지했기 때문에 Vim이 현재 버퍼의 변경 내역을 유지할지, 아니면 디스크에서 내용이 변경된 파일을 다시 불러올지 프롬프트를 사용해서 물어본다. 이 예제에서는 현재 버퍼를 외부 프로그램인 tee를 사용해서 저장했기 때문에 실제로 파일 내용은 동일하다.

3부

빠르게 이동하기

모션(motion)은 Vim을 조작하는 데 중요한 명령 중 하나다. 단순히 커서를 이동하는 데 그치지 않고 오퍼레이터-대기 모드를 사용할 때, 문서의 범위를 조작할 때도 사용한다. 3부에서는 어떤 모션이 유용한지 살펴본다. 그리고 파일 간 이동을 더 빠르게 하는 뛰어넘기 명령도 배울 것이다.

모션으로 파일 내부 탐색하기

Vim에는 버퍼 사이를 이동하는 명령뿐 아니라 문서 내를 이동할 수 있는 방법도 여럿 있다. 이 장에서는 문서 간 이동에 사용할 수 있는 모션(motion)을 집중적으로 다룬다.

문서를 이동하는 가장 간단한 방법은 방향키를 사용하는 것이다. 위, 아래, 왼쪽, 오른쪽으로 이동할 때 키보드 중심을 벗어나지 않고 이동할 수 있는 방법도 있는데, 이는 'Tip.47 키보드 중앙에서 벗어나지 않고 타자 입력하기'에서 자세히 다룬다. 문서를 이동할 때 방향키를 계속 사용해도 되지만 더 빠른 방법도 있다. 단어를 이용하는 방법이다. 'Tip.49 단어 단위로 이동하기'에서 단어 단위로 이동하는 방법을 살펴보고, 'Tip.50 문자로 찾기'에서 현재 행에서 어떤 단어를 찾아 그 위치로 빠르게 이동하는 방법을 살펴본다. 'Tip.51 이동을 위해 검색하기'에서는 검색 명령을 통해 내용을 살펴보는 방법을 배운다.

모션은 단순히 문서를 이동하는 데에만 쓰이지 않으며, 여러 기능과 함께 활용할 수 있다. 'Tip.12 분할 정복'에서는 새로 배우게 될 오퍼레이터-대기 모드에서 작업을 실제로 처리하기 전에 어떤 방식으로 모션을 사용하는지 확인한다. 이 장에서는 모션을 다른 동작 명령과 함께 조합해서 사용하는 예시를 살펴볼 것이다. 이 파트에서 다루는 내용 중에 텍스트 객체(text object)는 오퍼레이터-대기 모드의 꽃이라고 할 수 있다. 그 부분은 'Tip.52 정밀 텍스트 객체로 선택 영역 추적하기'와 'Tip.53 주변 삭제하기, 내부 변경하기'에서 살펴본다.

Vim은 어마어마한 종류의 모션을 제공한다. 이 파트에서 모션의 모든 내용을 다 다루기는 어렵다. Vim 문서인 `:h motion.txt`을 입력하면 모든 모션을 살펴볼 수 있다. 매주마다 작업에서 사용하는 기능 중에 새로운 모션을 하나씩 늘리는 것을 목표로 삼고 이 문서를 자주 읽도록 하자.

Tip.47 키보드 중앙에서 벗어나지 않고 타자 입력하기

Vim은 타자를 입력하는 데 최적화되어 있다. 손이 중앙에서 크게 벗어나지 않은 상태로 손가락만 움직여 키보드를 입력한다면 Vim을 더 빠르게 사용할 수 있을 것이다.

다시 말해, 타자 입력 방식을 먼저 배워서 손가락이 중앙에서 벗어나지 않은 채로 입력하는 것이 중요하다. 쿼티(qwerty) 키보드라면 기본적으로 왼쪽의 손가락은 a, s, d, f에 놓여야 하며 오른쪽 손가락은 j, k, l, ; 위에 놓여야 한다. 양손을 이 위치에 놓으면 키보드 위에 있는 키 대부분은 손을 움직이지 않고도 닿을 수 있다. 이 위치에 손을 놓는 게 가장 이상적인 키보드 입력 자세라고 할 수 있다.

Vim에서도 다른 문서편집기처럼 방향키로 커서를 이동할 수 있다. 하지만 방향키 대신에 h, j, k, l도 사용할 수 있다. 이 키는 다음과 같이 동작한다.

명령	커서 이동
h	한 열 좌측 이동
l	한 열 우측 이동
j	한 행 하단 이동
k	한 행 상단 이동

이 모션은 보다시피 방향키에 비해 직관적이지 않다. 특히 j와 k는 나란히 놓여 있어서 이동 방향이 위인지 아래인지 기억하기 어렵다. l은 왼쪽(left)로 움직일 것 같이 생겼지만 오른쪽으로 움직인다! 이런 키 배치는 전례에 따른 것이기 때문에 여기에서 논리적인 이유를 찾으려고 하지 말자.[1]

이 키를 외우기 어렵다면 도움이 될 만한 팁이 있다. j가 아래 방향을 가리키는 화살표처럼 생겼다고 기억해보자. 쿼티 자판에서 h와 l은 각각 왼쪽과 오른쪽에 있어서 커서의 이동 방향으로 생각하면 된다.

h, j, k, l을 이용하는 게 처음엔 어색할 순 있지만 사용하는 방법을 알아두고 있으면 좋다. 키보드의 방향키를 사용하면 손이 키보드의 가운데에서 벗어나야만

---

[1] *http://www.catonmat.net/blog/why–vim–uses–hjkl–as–arrow–keys/*

하는데 h, j, k, l은 키보드의 가운데 행에서 손을 움직이지 않고도 닿을 수 있기 때문이다. 따라서 손을 크게 움직이지 않고도 Vim의 커서를 쉽게 움직일 수 있다.

방향키 대신 이 모션을 사용하는 일이 사소한 변화로 느껴질지 모른다. 하지만 이 작은 변화가 작업에 많은 도움을 준다는 점을 금방 알 수 있을 것이다. h, j, k, l로 이동하는 습관이 생기면 오히려 다른 편집기에서 사용하는 방향키가 이상하게 느껴진다. 어떻게 오랜 기간 동안 이런 방향키를 사용했나 하고 놀랄지도 모른다.

묶여있는 오른손 풀기

쿼티 자판에서는 j, k, l의 위치가 오른손의 검지, 중지, 약지가 놓이는 위치와 일치한다. h를 누르기 위해서는 왼쪽으로 뻗어서 검지로 눌러야 한다. 어떤 사람들은 이 점이 불편하다며 오른손의 위치를 한 칸 좌측으로 이동하여 네 손가락을 h, j, k, l 위에 놓도록 권장하기도 한다. 제발 그러지 말자. 이 장에서 살펴보게 되겠지만 더 빠르게 이동할 수 있는 방법이 있기 때문이다. 커서를 왼쪽으로 이동하는 데 h를 두 번 이상 누르는 것보다 더 편한 이동 방법이 있다. 수평으로 움직일 때는 단어 단위 모션('Tip.49 문자 단위로 이동하기' 참고), 문자 검색 모션('Tip.50 문자로 찾기' 참고) 등을 활용하면 더 빠르게 이동할 수 있다.

필자의 경우에는 커서를 한두 칸 잘못 이동했을 때 h와 l을 사용한다. 그 외에는 이 모션을 건드는 일이 거의 없다. h를 사용하는 일이 드물기 때문에 쿼티 자판에서 h로 손가락을 뻗는 일을 불편하게 생각하지 않는다. 오히려 이 모션 대신에 문자 검색 명령을 더 자주 사용한다('Tip.50 문자로 찾기' 참고). 그래서 ;를 새끼 손가락으로 누를 수 있는 현재의 기본 손 위치가 더 편하다.

방향키 습관을 없애는 방법

방향키를 사용하는 습관을 끊는 것이 어렵다면, 다음 내용을 vimrc 파일에 추가해보자.

motions/disable-arrowkeys.vim

```
noremap <Up>    <Nop>
noremap <Down>  <Nop>
noremap <Left>  <Nop>
noremap <Right> <Nop>
```

이 설정은 방향키가 아무 동작을 하지 않도록 하는 것이다. 이렇게 강제적으로 설정해두면 방향키를 무의식적으로 누르는 습관에서 벗어나 h, j, k, l에 빨리 익숙해질 것이다. 방향키 습관을 없애기에는 좋은 방법이지만 이 설정을 vimrc에 계속 저장해두는 것을 권하지는 않는다. h, j, k, l과 충분히 친숙해졌다면 이 방향키에 다른 유용한 키를 연결해서 활용해보자.

Tip.48 실제 행과 표시 행 구분하기

Vim에서는 실제 행과 표시 행이라는 두 가지 방식이 존재한다. 다른 문서편집기에서는 보기 힘든 방식이기 때문에 이 두 가지 방식의 차이를 잘 이해하지 않으면 혼란스러울 수 있다. Vim에서는 이 두 가지 방식 모두 활용해서 문서를 편집할 수 있다.

다른 편집기와 달리 Vim은 실제 행과 표시 행에 대한 구분이 있다. Vim에서는 줄바꿈(wrap) 설정이 기본적으로 활성화되어 있다. 이 설정이 활성화되어 있으면 창의 너비보다 내용이 길어도 줄바꿈 처리해서 모든 내용을 한 화면에 보여준다. 행이 하나만 있더라도 여러 줄로 표시될 수 있는 것이다.

실제 행과 표시 행의 차이를 가장 간단히 알아볼 수 있는 방법은 행 번호(number) 설정을 활성화하는 것이다. 기본 설정에서는 행이 창 크기에 맞도록 줄바꿈이 되서 표시되긴 하지만 행 번호는 아직 확인할 수 없다. 아래 Vim의 버퍼 화면을 확인해보자. 실제로 존재하는 행은 3행이지만 화면의 폭보다 행의 내용이 길어서 9개의 행처럼 화면에 표시된다.

```
 1 Lorem ipsum dolor sit amet, consectetur adipiscing elit. Pra
   esent ut sapien nulla, ac bibendum diam. Suspendisse rutrum
   euismod tincidunt.
 2 Duis leo eros, cursus a vehicula accumsan, venenatis nec mas
   sa. Maecenas porttitor, nulla vel congue euismod, neque puru
   s lobortis nisi, id placerat enim sapien nec enim.
 3 Vestibulum ante ipsum primis in faucibus orci luctus et ultr
   ices posuere cubilia Curae. Nullam pulvinar tempor mollis. M
   auris ac blandit turpis.
:set number                               2,85          All
```

실제 행과 표시 행의 차이를 이해하는 것은 중요하다. Vim에서는 행을 표현하는 이 두 가지 방식에 맞춰 다른 모션을 제공하기 때문이다. j와 k는 실제 행을 기준으로 위아래로 이동한다. 반면에 gj와 gk 모션은 표시 행을 기준으로 위아래로 이동한다.

위 그림을 다시 확인하자. 커서를 위로 옮겨 "vehicula"로 이동하려고 한다. 이동하려는 목표는 현재 커서 위치를 기준으로 바로 위에 있으니 gk를 눌러 원하는 위치로 이동할 수 있다. 물론 k 모션을 사용해서 실제 행을 기준으로 이동하는 방법도 가능하다. 하지만 이 모션을 사용하면 커서가 "ac,"로 이동해서 의도와는 다른 결과가 나온다.

이 방법 외에도 각각 실제 행과 표시 행을 기준으로 행의 첫 번째나 마지막 문자로 이동할 수 있는 명령도 있다. 실제 행과 표시 행에서 사용할 수 있는 명령을 아래 표로 정리했다.

명령	이동	커서
j	하나 아래로	실제 행
gj	하나 아래로	표시 행
k	하나 위로	실제 행
gk	하나 위로	표시 행
0	첫 문자로 이동	실제 행
g0	첫 문자로 이동	표시 행
^	블럭이 아닌 첫 문자	실제 행
g^	블럭이 아닌 첫 문자	표시 행
$	행의 끝	실제 행
g$	행의 끝	표시 행

j, k, 0, $ 명령은 모두 실제 행을 대상으로 사용하는 명령이다. 이 명령 앞에 g를 붙이면 표시 행을 기준으로 사용하는 명령이 된다.

　다른 문서 편집기는 대부분 실제 행에 대한 개념이 없기 때문에 모든 이동 기능이 표시 행을 기준으로 처리된다. 반면에 Vim에서는 이 두 가지 개념을 별도로 다루기 때문에 Vim을 처음 배우는 사용자에게는 이 차이가 상당히 괴롭게 느껴질 수 있다. gj, gk 명령을 사용하는 방법을 배우면 j, k를 반복해서 누르는 횟수보다 키를 더 적게 입력하고도 원하는 위치로 이동할 수 있을 것이다.

행 이동 명령 다시 설정하기

실제 행을 기준으로 이동하는 j, k를 표시 행을 기준으로 이동하도록 기본 설정을 변경할 수 있다. 아래 내용을 vimrc 파일에 추가하자.

motions/cursor-maps.vim

```
nnoremap k gk
nnoremap gk k
nnoremap j gj
nnoremap gj j
```

이 설정은 j, k가 표시 행을 이동하도록 변경하고, gj, gk가 실제 행을 이동하도록 변경한다. Vim의 기본 동작과 반대로 설정한 것이다. 그러나 Vim을 여러 환경에서 자주 사용하고 있다면 설정을 바꾸는 것보다는 Vim의 기본 동작과 친숙해지는 편이 낫다.

Tip.49 단어 단위로 이동하기

Vim은 단어 단위로 전후 이동할 때 사용할 수 있도록 단어(word) 단위 이동과 WORD 단위 이동이라는 두 가지 단위를 제공한다. 두 이동 방식 모두 빠르게 열을 이동할 수 있는 기능을 제공한다.

Vim은 앞뒤로 이동할 때, 단어 단위로 빠르게 이동할 수 있는 모션을 제공한다(:h word-motions 참고). 다음 표를 보자.

명령	커서의 이동
w	다음 단어의 시작 위치로 이동
b	현재 단어의 시작 위치 또는 이전 단어의 시작 위치로 이동
e	현재 단어의 마지막 위치 또는 다음 단어의 마지막 위치로 이동
ge	이전 단어의 마지막 위치로 이동

모든 이동을 둘씩 짝지을 수 있다. w, b는 단어의 첫 번째로 이동하고, e와 ge는 단어의 마지막으로 이동한다. w와 e는 커서를 앞으로 이동하고 b, ge는 뒤로 이동한다. 단어 단위 이동을 도식화하면 다음과 같다.

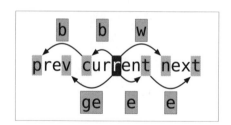

이 네 가지 이동 명령은 외우는 것도 쉽지 않고 외우라고 권하지도 않는다. 억지로 외우기보다는 w와 b 명령을 사용하면서 천천히 적응하도록 하자. 굳이 이 명령을 외우고 싶다면 전진을 뜻하는 (for-)word와 후진을 뜻하는 backword를 생각하면 도움이 된다. 앞뒤로 이동할 때 h, l 명령을 사용해서 열을 하나 이동할 때마다 키를 한 번씩 입력하는 방법보다는 여기서 배운 단어 단위로 이동하는 명령을 쓰면 훨씬 빠르게 이동할 수 있다.

e와 ge 명령은 앞에서 본 w, b 명령과 짝으로 제공되는 명령이다. 하지만 e와 ge 명령이 처음에는 유용성을 느끼지 못할 수도 있다. Vim을 사용하다 보면 때때로 현재 단어의 끝까지 바로 이동하는 것이 나은 경우가 있다. 다음처럼 "fast"를 "faster"로 변환하고 싶은 경우를 예시로 들 수 있다.

키 입력	버퍼 내용
{시작}	Go **f**ast.
eaer\<Esc>	Go faste**r**.

위에서 사용한 ea는 '현재 단어의 끝에 덧붙이라'는 의미다. ea는 하나의 명령처럼 사용되곤 한다. gea 명령도 유용한데 '이전 단어 끝에 덧붙이라'는 뜻에 해당한다.

단어인지 WORD인지 파악하기

단어 단위 이동을 이야기하면서 '단어'라는 표현을 반복적으로 사용했는데, 정작단어가 무엇인지에 대해서는 정확하게 집어서 이야기하지 않았다. Vim에는 단어에 대한 정의가 두 가지가 있다. 바로 '단어(word)'와 'WORD'이다. 앞서 살펴본 단어 단위 모션은 WORD 단위 모션에도 호환이 된다. W, B, E, gE가 그 모션에해당한다.

다만 단어(word)와 WORD에는 그 정의가 조금 다르다. 단어(word)는 문자,숫자, 밑줄(_) 또는 다른 블럭 아닌(nonblock) 문자의 연속으로 이뤄지고 공백으로 분리된 단위를 의미한다(:h word 참고). 반면에 WORD는 단순하다. 블럭 아닌 문자의 연속이며 공백으로 분리된 경우를 WORD로 정의한다(:h WORD참고).

이 차이를 구별하는 일이 왜 중요할까? 사실 단어와 WORD의 세밀한 차이는Vim을 구현하는 사람의 영역이다. 사용자의 입장에서는 단순하게 이렇게 생각해도 된다. WORD는 단어보다 크다. 아래 문서를 보고 단어의 수를 빠르게 세보자.

```
e.g. we're going too slow
```

이 본문에서 단어는 5개인가, 10개인가? (아니면 5와 10 사이?) 이 예제는WORD로는 5개로 이뤄져 있고 단어로는 10개로 구성되어 있다. 단어 기준에서는 마침표와 홑따옴표(아포스트로피, apostrophes)는 각각 별개의 단어로 셀 수있기 때문에 단어 단위 이동 w 명령으로 이 문장을 이동하면 WORD 단위 이동명령을 사용하는 경우보다 이동 횟수가 더 많아진다.

키 입력	버퍼 내용
{시작}	e.g. we're going too slow
wwww	e.g. we're going too slow
www	e.g. we're going too slow

단어 단위 이동 대신에 WORD 단위로 이동하면 키를 덜 입력해도 된다.

키입력 /	버퍼 내용
{시작}	e.g. we're going too slow
W	e.g. we're going too slow
W	e.g. we're going too slow

이 예제에서는 WORD 단위로 이동하는 것이 더 낫지만 이 방법이 항상 좋다고 할 수는 없다. 간혹 "we"를 단어로 고려할 필요도 있기 때문이다. "we"를 "you" 로 바꾸려고 하는 경우를 생각해보자. 다음과 같이 처리할 수 있다.

키입력	버퍼 내용
{시작}	e.g. we're going too slow
cwyou<Esc>	e.g. you're going too slow

어떤 경우에는 "we're"를 하나의 단어(WORD)로 처리하고 싶은 경우도 있을 것이다. "we're"를 "it's"로 대체하고 싶다면 다음처럼 입력한다.

키 입력	버퍼 내용
{시작}	e.g. we're going too slow
cWit's<Esc>	e.g. it's going too slow

빠르게 이동하고 싶다면 WORD 단위로, 섬세하게 이동하고 싶다면 단어 단위로 이동한다. 계속 사용하다 보면 필요에 따라서 두 가지 단위 모두 자연스럽게 사용할 수 있을 것이다. 이동 방식이 어떻게 구현된 것인지 세세하게 이해하지 못하더라도 괜찮다. 이 기능을 반복해서 사용하다 보면 원리를 직관적으로 습득할 수 있을 것이다.

Tip.50 문자로 찾기

Vim의 문자 검색 명령은 행 안에서 빠르게 이동해야 하는 상황에서 유용하다. 이 문자 검색 명령은 오퍼레이터-대기 모드에서 작동한다.

f{문자} 명령은 Vim 내부에서 빠르게 이동할 수 있는 방법 중 하나다. 이 명령은 특정 문자를 검색하는 명령으로 현재 커서 위치에서 현재 행의 끝까지를 범위로 검색한다. 만약 이 범위에서 일치하는 문자를 찾으면 커서는 그 특정 문자로 이동한다. 일치하는 문자를 찾지 못한 경우에는 커서가 움직이지 않는다(:h f 참고).

복잡해 보일지 몰라도 실제로 사용하면 상당히 단순하다. 아래의 표를 확인하자.

키 입력	버퍼 내용
{시작}	Find the first occurrence of {char} and move to it.
fx	Find the first occurrence of {char} and move to it.
fo	Find the first occurrence of {char} and move to it.

fx 명령을 사용했지만 움직임은 없다. Vim은 "x" 문자가 있는지 검색했지만 현재 행에서 일치하는 문자를 찾지 못했고 그 결과 커서는 움직이지 않았다. fo 명령은 검색 범위 내에서 처음으로 나타난 "o" 문자를 찾았고 문자를 찾은 첫 번째 위치로 커서를 옮겼다.

"occurrence" 단어의 가장 앞으로 커서를 이동하려면 적어도 키를 두 번 입력해야 한다. 그보다 더 적게 입력하는 방법은 없다. f{문자} 명령은 이 예제에서 가장 효율적인 검색 명령으로 마치 우리의 생각을 읽는 것처럼 동작하는 것을 볼 수 있다.

하지만 f{문자} 명령이 모든 경우에 다 잘 동작하는 것은 아니다. 커서를 "{char}"의 "c" 위치에 놓고 싶을 때 fc 명령을 사용하면 어떻게 되는지 다음 표에서 살펴보자.

키 입력	버퍼 내용
{시작}	**F**ind the first occurrence of {char} and move to it.
fc	Find the first o**c**currence of {char} and move to it.
;	Find the first oc**c**urrence of {char} and move to it.
;	Find the first occurren**c**e of {char} and move to it.
;	Find the first occurrence of {**c**har} and move to it.

"c" 문자가 행에 여러 개 있기 때문에 목표한 위치로 바로 이동하기 어렵다. 원하는 위치에 커서를 놓기 위해서는 여러 차례 키를 더 눌러야 한다. 그러나 다행히도 fc를 반복해서 입력할 필요가 없다. Vim은 가장 최근의 f{문자} 검색을 기억하고 있기 때문에 ; 명령을 사용해서 마지막에 수행했던 검색을 반복하면 된다(:h ; 참고). 이 예제에서는 ;를 세 번 눌러 커서를 원하는 위치에 옮겨놓을 수있었다.

f{문자}와 ; 명령을 조합하면 조금만 입력해도 멀리 떨어진 문자까지 단숨에 이동할 수 있다. 하지만 이 방식은 커서가 마지막으로 어느 곳에 위치할지 명확하지 않다. 이 때문에 ;를 연속으로 입력하다가 목표한 위치를 지나치기도 한다. 아래 표는 단어 "of"의 시작에 커서를 이동하는 과정을 보여준다.

키 입력	버퍼 내용
{시작}	**F**ind the first occurrence of {char} and move to it.
fo	Find the first **o**ccurrence of {char} and move to it.
;;	Find the first occurrence of {char} and m**o**ve to it.
,	Find the first occurrence **o**f {char} and move to it.

;를 입력하다가 원하는 위치를 지나쳤다. 위치를 다시 되돌리기 위해 , 명령을 사용할 수 있다. 이 명령은 마지막 f{문자} 검색을 똑같이 수행하지만 반대 방향으로 진행한다(:h , 참고). 'Tip.4 실행하기, 반복하기, 되돌리기'의 제목처럼 실행하고, 반복하고, 되돌리자. ;를 지나치게 사용하더라도 , 명령이 안전망 역할을 해줄 것이다.

역방향 문자 검색 명령을 없애지 말자

Vim에서는 키보드에 있는 키 대부분에 기능이 배정되어 있다. 만약 자신만의 특별한 기능을 추가하고 싶다면 어느 키를 사용해야 할까? Vim은 사용자 정의 명령의 네임스페이스(namespace)로 사용할 수 있는 리더 키(Leader)를 제공한다. 아래처럼 설정을 추가하면 <Leader>를 사용해서 자신만의 커스텀 설정을 만들 수 있다.

```
noremap <Leader>n nzz
noremap <Leader>N Nzz
```

기본 리더 키는 \다. 따라서 위에서 만든 커스텀 설정은 \n, \N로 사용할 수 있다. 여기에서 사용된 zz가 무슨 역할을 하는지 궁금하다면 :h zz를 확인하자.

하지만 키보드 종류에 따라서 \ 명령을 사용하기 불편할 수도 있다. 이런 경우에는 리더 키를 다른 키로 변경해서 사용한다(:h mapleader 참고). 일반적으로 쉼표 키를 사용한다. 리더 키를 쉼표 키로 바꾼다면, 이미 쉼표에는 역방향 문자 검색 명령이 배정되어 있기 때문에 이 기능을 다른 키에 배정하기를 권장한다. 다음을 보자.

```
let mapleader=","
noremap \ ,
```

단어 검색 명령인 ;와 , 명령은 서로 보완하는 관계다. 두 명령 중 하나만 사용한다면 단어 검색 명령의 유용성이 많이 떨어진다. 만약 리더 키를 ,로 변경했다면 기존 , 명령은 꼭 다른 키에 배정해서 계속 사용하자.

문자 검색에서 목표를 포함하거나 제외하기

f{문자}, ;, , 명령은 문자 검색 명령 중 일부이다. 다음 표에서 문자 검색 명령들을 모두 확인하자.

명령	효과
f{문자}	{문자}가 나타나는 다음 위치로 이동
F{문자}	{문자}가 나타나는 이전 위치로 이동
t{문자}	{문자}가 나타나는 다음 위치 앞으로 이동
T{문자}	{문자}가 나타나는 이전 위치 앞으로 이동
;	마지막 문자 검색 명령을 정방향으로 반복
,	마지막 문자 검색 명령을 역방향으로 반복

t{문자}와 T{문자}는 검색하는 문자가 나타날 때까지(till) 검색한다고 생각하자. f{문자}, F{문자}는 해당 문자가 나타나는 위치로 커서가 이동하지만 t{문자}, T{문자} 명령은 {문자}의 한 글자 앞으로 커서가 이동한다.

이런 종류의 문자 검색이 왜 필요한지 즉각적으로 이해하기는 어렵다. 실전에서 어떻게 쓰이는지 다음 예제로 확인하자.

키 입력	버퍼 내용
{시작}	I've been expection you, Mister Bond.
f,	I've been expection you, Mister Bond.
dt.	I've been expection you.

가장 먼저 커서 위치를 쉼표 문자 위로 옮겨야 한다. 이 경우에는 간단하게 `f,` 명령을 사용하면 된다. 이제 문장의 마지막까지 모든 내용을 삭제하려고 한다. 하지만 마지막 마침표는 남겨둔다. 이 경우는 `dt.` 명령이 답이다.

이 명령 대신 `dfd`를 이용하면 단어 "Bond."의 마지막 문자 전까지의 내용을 모두 제거한다. `dfd`는 `dt.` 명령과 결과는 동일하지만 `df.`을 사용할 때보다 집중력이 더 필요하다. `d` 문자를 이용해서 제거하는 것은 일반적이지 않은 패턴이다. 그러므로 문장의 마지막 문자 직전까지 삭제하려면 `f,dt.`을 명령을 외워 필요할 때마다 입력해서 사용하자.

일반 모드에서 `f{문자}`와 `F{문자}` 명령은 현재 행에서 빠르게 커서를 이동하고 싶은 경우에도 자주 사용한다. 그리고 `d{모션}`과 `c{모션}`을 사용하게 되는 경우에는 `t{문자}`, `T{문자}` 명령과 함께 사용하는 편이다. 이 설명을 다른 방향에서 보면, 일반 모드에서는 `f` 또는 `F`를 주로 사용하고, 오퍼레이터-대기 모드에서는 `t` 또는 `T`를 주로 사용한다고 말할 수 있다. 더 자세한 내용은 'Tip.12 분할 정복'과 Tip.12의 '오퍼레이터-대기 모드 만나기'에서 살펴보자.

스크래블 게임처럼 생각하기

문자 검색 명령을 적절히 잘 사용하면 키를 경제적으로 입력할 수 있다. 하지만 목표가 무엇이냐에 따라서 효율의 정도는 천차만별이다. 영문자가 적힌 타일을 모아서 단어를 만드는 스크래블[2] 게임을 하다 보면 특정 단어가 자주 나타나는데, 코드에서도 마찬가지다. `f{문자}` 명령을 사용할 때 흔하지 않은 문자를 선택하는 습관을 기른다면 원하는 곳으로 한번에 이동할 가능성을 높일 수 있다.

아래 문장에서 형용사 "excellent"를 지운다고 생각해보자.

---

2   (옮긴이) Scrabble, 영문자 타일로 단어를 만드는 보드 게임의 일종

```
Improve your writing by deleting excellent adjectives.
```

어떤 모션을 사용하면 단어 "excellent"로 커서를 옮길 수 있을까? 먼저 첫 번째 글자로 이동하기 위해서 fe를 입력해보자. 이 명령을 사용하면 원하는 위치까지 이동하기 위해서 ;을 세 차례나 더 눌러야 한다. fx 명령을 사용한다면 입력 한 번으로 해당하는 문장까지 이동할 수 있다. 원하는 위치까지 이동한 다음에 단어를 삭제하기 위해서 daw 명령을 사용한다. 자세한 내용은 'Tip.53 주변 삭제하기, 내부 변경하기'를 참고하자.

영어로 된 책은 대부분 소문자로 작성되어 있다. 대문자나 기호는 가끔 쓰인다. 문자 검색 명령을 사용할 때는 출현 빈도가 낮은 문자를 선택하는 것이 좋다. 원하는 위치로 빠르게 이동하는 법을 배우려면 연습이 필요하다.

Tip.51 이동을 위해 검색하기

검색 명령을 이용하면 입력을 조금만 하더라도 거리에 상관없이 바로 이동할 수 있다.

문자 검색 명령(f{문자}, t{문자} 등)은 빠르고 가볍지만 제한적인 면도 있다. 이 명령은 한 번에 문자 하나씩, 현재 행에 대해서만 검색할 수 있다. 문자를 하나 이상 검색하고 싶거나, 현재 행을 넘는 범위를 찾고 싶다면 문자 검색 명령 대신 검색 명령을 사용해야 한다.

아래 예제에서 "takes"로 커서를 이동하려고 한다.

motions/search-haiku.txt

```
search for your target
it only takes a moment
to get where you want
```

검색을 위해 /takes⟨CR⟩을 입력할 수 있다. 이 짧은 예제에서는 이 단어가 한 개뿐이라 해당 위치로 한번에 이동한다. 혹시 더 적게 입력할 수 있는 방법이 있는지 확인해보자.

키 입력	버퍼 내용
{시작}	search for your target it only takes a moment to get where you want
/ta<CR>	search for your target it only takes a moment to get where you want
/tak<CR>	search for your target it only takes a moment to get where you want

"ta" 두 글자는 두 번 나오지만 "tak" 세 글자는 한 번만 나타난다. 이 예제에서는 검색으로 이동한 거리가 짧지만 긴 문서에서 이 기법을 사용하면 적은 입력으로 도 먼 거리까지 이동할 수 있다. 이 예제처럼 검색 명령으로 이동하면 탐색을 경제적으로 수행할 수 있다.

"ta" 두 글자로 검색해서 의도하지 않은 곳으로 이동하게 되었다면 n 명령을 사용한다. 이 명령을 사용하면 검색한 내용이 나타나는 다음 위치로 이동할 수 있다. n 명령을 너무 많이 눌러 이동하려던 위치를 지나쳤다면 N 명령을 사용해 반대 방향으로 이동하는 것도 가능하다. 'Tip.4 실행하기, 반복하기, 되돌리기'에서 봤던 내용에 다시 익숙해질 때다. 실행하고, 반복하고, 되돌리자.

fe 명령은 영문자 e가 흔한 탓에 유용하게 사용하는 경우가 드물다는 사실을 앞에서 확인했다. 이 문제는 두 글자 이상으로 검색하면 피할 수 있다. e는 영어에서 빈번하게 나타나지만 r의 경우에는 대부분 바로 이동하는 데 성공할 수 있다. 처음 몇 글자를 입력하기만 하면 원하는 위치로 쉽게 이동할 수 있다!

이 예제에서는 'hlsearch' 검색 강조 기능을 활성화해서 일치하는 단어를 모두 강조 색상으로 표시했다. 짧은 문자열을 검색했을 때 일치하는 부분이 문서 이곳저곳에 흩어져 있다는 것을 확인할 수 있다. 결과가 많이 눈에 띄지도 않는다. 이런 상황에서는 차라리 'hlsearch' 기능을 끄고 싶을지도 모른다(기본 값은 꺼져있는 상태다). 이런 경우에 'incsearch' 설정이 아주 유용하다. 'Tip.82 검색을 실행하기 전에 첫 번째 일치 항목 미리보기'에서 더 자세한 내용을 살펴보자.

검색 모션으로 조작하기

일반 모드에서는 검색 명령을 사용하는 데 제한이 없다. 일반 모드, 동작 대기 모드, 비주얼 모드에서도 검색 명령을 사용할 수 있다. 아래 내용에서 "takes time but eventually" 문장을 제거하려고 한다고 생각해보자.

키 입력	버퍼 내용
v	This phrase **t**akes time but eventually gets to the point.
/ge\<CR\>	This phrase takes time but eventually **g**ets to the point.
h	This phrase takes time but eventually**▮**gets to the point.
d	This phrase gets to the point.

v를 눌러 비주얼 모드로 바꾸었다. 그리고 "ge" 문자를 찾아 선택 영역을 늘렸다. 커서는 off-by-one[3] 오류가 난 걸 제외하면 원하는 영역에 얼추 맞아 들었다. 영역은 다음 단어의 시작인 "g"를 포함하고 있지만 그 문자를 삭제하려는 것은 아니다. 그래서 h 명령을 사용해서 선택 범위 중 한 글자를 줄였다. 이렇게 선택 범위를 변경한 다음에 d 명령으로 영역을 삭제했다.

조금 더 빠른 방법도 있다.

키 입력	버퍼 내용
{시작}	This phrase **t**akes time but eventually gets to the point.
d/ge\<CR\>	This phrase **g**ets to the point.

/ge〈CR〉 검색 모션을 d{**모션**} 명령에서의 모션으로 사용해서 해당 문장을 삭제하는 데 사용했다. 검색 명령은 그 자체로 제외적(exclusive) 모션으로 해당 검색 패턴은 범위에서 제외한다. 다시 말하면 커서가 "gets,"가 시작하는 "g" 위로 이동하더라도 해당 문자는 제외하고 제거 동작을 실행한다는 뜻이다(:h exclusive 참고).

제거 명령에서 검색 모션을 사용하는 방법을 비주얼 모드에서 수행한 방식과 비교해보자. 두 가지 동작 즉, 범위를 다시 조정하는 명령(h)과 최종적으로 제거하는 명령(d)이 필요하지 않았다. 'Tip.23 가능하면 비주얼 명령 대신 오퍼레이터 명령 사용하기'를 참고하자. 이런 방식에 익숙해지는 데는 시간이 걸리겠지만 검색 모션과 함께 d{**모션**} 동작을 사용하는 방식은 정말 강력하다. 이 방식을

---

3 (옮긴이) 계산의 큰 줄기는 맞지만 하나가 모자라거나 하나가 많아서 틀리는 코드의 오류

사용하면 친구들과 동료들이 당신 어깨 너머로 작업을 보다가 어떻게 Vim을 사용하고 있는가에 더 관심을 갖게 될 것이다.

Tip.52 정밀 텍스트 객체로 선택 영역 추적하기

텍스트 객체(text object)는 괄호, 인용, XML 태그, 그 외 본문에서 사용할 수 있는 일반적인 패턴을 대상으로 영역을 쉽게 선택할 수 있도록 제공하는 기능이다.

다음 예제 코드를 확인하자.

motions/template.js

```
var tpl = [
  '<a href="{url}">{title}</a>'
]
```

영역을 정의할 때 { 문자로 열고, } 문자로 닫는 식으로 일정한 규칙을 따르고 있다. 이 원칙은 [와], <와 >에서도 적용되며 열고 닫는 HTML 태그 즉, <a> 와 </a>에도 동일하게 적용된다. 따옴표와 겹따옴표 역시 짝을 이뤄서 사용한다.

Vim은 이렇게 일정한 규칙을 준수하는 패턴 구조를 잘 이해한다. 그래서 이런 패턴 구조를 쉽게 영역으로 지정하고 내용을 수정할 수 있도록 텍스트 객체를 제공한다. 텍스트 객체는 패턴 구조로 정의한 본문 영역을 뜻한다(:h text-objects 참고). 텍스트 객체를 활용하면 직접 영역을 선택하는 것보다 키를 적게 입력할 수 있으며 구조가 있는 본문 일부를 선택하거나 조작하기에 용이하다.

커서의 위치가 중괄호 내에 있고 중괄호 내 본문을 선택 영역으로 지정하려고 한다. vi}를 입력하자.

키 입력	버퍼 내용

{시작}	`var tpl = [`
	`  '<a href="{u`r`l}">{title}</a>'`
	`]`

vi}	`var tpl = [`
	`  '<a href="{ur`l`}">{title}</a>'`
	`]`

a"	`var tpl = [`
	`  '<a href=`"{url}"`>{title}</a>'`
	`]`

`i>`	`var tpl = [`
	`    '<a href="{url}`▌`">{title}</a>'`
	`]`

`it`	`var tpl = [`
	`    '<a href="{url}">`{title}▌`</a>'`
	`]`

`at`	`var tpl = [`
	`    '`<a href="{url}">{title}</a▌`'`
	`]`

`a]`	`var tpl = `[`    '<a href="{u[r]l}">{title}</a>'`]▌

평소대로 비주얼 모드를 사용하는 경우라면, 선택 영역의 한쪽은 특정 문자에 고정되어 있고 다른 한쪽은 자유롭게 이동할 수 있는 상태일 것이다. l, w, f{문자}와 같은 모션을 사용해서 이동할 수 있는 선택 영역의 끝을 확장하거나 원하는 위치로 이동할 수 있다.

여기에서는 조금 다른 일이 일어났다. vi}를 입력했을 때, Vim은 비주얼 모드로 진입한 다음, {} 괄호 안에 있는 모든 문자를 선택 영역으로 지정했다. 커서의 위치가 괄호 안이라면 어디에 있든지 상관없이 i}를 입력해서 텍스트 객체를 사용할 수 있다. 이미 선택 영역이 있더라도 다른 텍스트 객체를 사용해서 선택 영역을 확장할 수 있다. 예를 들어 a"를 입력하면 겹따옴표로 감싼 범위로 선택 영역을 확장한다. i>는 꺾쇠 괄호 안에 있는 모든 문자를 영역으로 지정한다.

Vim의 텍스트 객체는 두 개의 문자로 구성되어 있으며 첫 문자는 항상 i나 a로 시작한다. 일반적으로 i로 시작하는 텍스트 객체는 구분자 내에 있는 본문을 영역으로 지정하고, a를 사용하는 텍스트 객체는 구분자를 포함해서 선택 영역을 지정한다. i는 내부(inside)를, a는 주변(around)을 선택한다고 생각하면 기억하기 쉽다.

i와 a를 사용한 텍스트 객체가 영역을 어떻게 선택했는지 이전 예제를 살펴보자. 특히 it와 at의 차이에 유의하자. a]가 범위를 확장할 때는 행 하나에서 동작하는 것이 아니라 여러 행에 걸쳐 동작했다는 점도 알아두자.

Vim에 내장되어 있는 텍스트 객체 중 일부 목록을 다음 표로 요약했다. 깔끔하게 보이도록 중복되는 명령은 제외했다. 예를 들어 i(와 i)는 기능이 동일하다. a[와 a]도 마찬가지다. 어느 스타일이든 자신에게 편한 방식을 고르면 된다.

텍스트 객체	선택 영역	텍스트 객체	선택 영역
a) 혹은 ab	(괄호) 영역	i) 혹은 ib	(괄호) 내 범위
a} 혹은 aB	{중괄호} 영역	i} 혹은 iB	{중괄호} 내 범위
a]	[대괄호] 영역	i]	[대괄호] 내 범위
a>	<꺾쇠 괄호> 영역	i>	<꺾쇠 괄호> 내 범위
a'	'따옴표' 영역	i'	'따옴표' 내 범위
a"	"겹따옴표" 영역	i"	"겹따옴표" 내 범위
a`	`역따옴표` 영역	i`	`역따옴표` 내 범위
at	<xml>태그</xml> 영역	it	<xml>태그</xml> 내 범위

텍스트 객체로 오퍼레이터 사용하기

비주얼 모드는 무슨 일이 일어나고 있는지 시각적으로 보여주기 때문에 텍스트 객체를 설명하기에 매우 편리하다. 반면에 텍스트 객체의 진가는 오퍼레이터-대기 모드에서 발휘된다.

텍스트 객체 자체는 모션이 아니기 때문에 문서를 이동하는 기능으로 사용할 수 없다. 하지만 비주얼 모드나 오퍼레이터-대기 모드에 있을 때는 텍스트 객체를 활용해서 이동할 수 있다. {모션}을 명령 문법에서 사용할 수 있던 것처럼 텍스트 객체도 명령 문법에서 모션을 대신해 사용할 수 있다. d{모션}, c{모션}, y{모션}과 같은 명령을 d{텍스트객체}, c{텍스트객체}, y{텍스트객체} 방식으로 사용할 수 있다는 의미다. 다른 명령은 Tip.12의 '표 2 Vim의 오퍼레이터 명령'에서 확인하자.

여기에서는 특정 본문을 제거한 후에 끼워넣기 모드로 전환하는 c{모션} 명령을 사용한다(:h c). {url}을 # 기호로 치환한 후에 {title}을 임시 문장으로 변경할 것이다.

키 입력	버퍼 내용
{시작}	'<a href="{url}">{title}</a>'
ci"#<Esc>	'<a href="#">{title}</a>'
citclick here<Esc>	'<a href="#">click here</a>'

ci" 명령은 '겹따옴표 내에 있는 본문을 치환한다'는 의미이고, cit 명령은 '태그 내에 있는 본문을 치환한다'는 뜻이다. 동일한 방식으로 태그 내에 있는 본문을 복사할 때는 yit 명령을, 태그 내 본문을 제거할 때는 dit 명령을 사용할 수 있다.

토론

앞에서 살펴본 각각의 명령은 키를 세 번씩 입력해서 우아하고 간결하게 문제를 해결했다. 이 명령은 입력하는 키 하나 하나가 자신의 역할을 명확하게 표현하고 있다. 그 이유는 바로 각각의 명령이 'Tip.12 분할 정복'에서 다룬 Vim의 간단한 문법 규칙을 준수하고 있기 때문이다.

'Tip.50 문자로 찾기'와 'Tip.51 이동을 위해 검색하기'에서 정밀하게 커서를 이동하는 몇 가지 방법을 학습했다. f{문자} 명령으로 해당 문자가 나타나는 위치를 검색했던 방법이나 /목표〈CR〉을 입력해서 여러 문자를 검색하는 방법을 배웠다. 이 명령에 사용하는 모션 대신에 f{문자} 명령을 사용하거나 /

목표〈CR〉 명령을 사용할 수 있다. 사용하려는 명령에 적절한 목표를 정해서 조준한 다음, 발사하는 방식으로 말이다. 조준을 잘 했다면 단 한 번의 움직임으로 목표를 맞출 수 있다. Vim은 강력한 이동 기능을 제공하기 때문에 큰 노력 없이도 다양한 작업을 해낼 수 있다.

텍스트 객체는 한 단계 상위 개념이다. f{문자}와 /패턴〈CR〉 명령은 목표를 향해 '날라차기' 하는 모습이라면 텍스트 객체는 단 한 번의 움직임으로 두 목표를 제압하는 '가위차기'에 비유할 수 있다.

Tip.53 주변 삭제하기, 내부 변경하기

텍스트 객체는 대부분 짝을 이룬다. 하나는 객체 내부를 대상으로 동작하고 다른 하나는 객체를 감싸는 방법으로 동작한다. 이 팁에서는 각각의 텍스트 객체를 사용하는 대표적인 예를 확인한다.

Vim의 텍스트 객체는 동작 방식에 따라 두 종류로 분류할 수 있다. 구분자 짝과 함께 동작하는 i), i", it 같은 객체가 있고 단어, 문장, 문단과 같이 본문 단위를 기준으로 동작하는 객체가 있다. 다음 표에서 요약된 내용을 살펴보자.

키 입력	선택 범위	키 입력	선택 범위
iw	단어(word)	aw	단어(word)와 공백
iW	WORD	aW	단어(WORD)와 공백
is	문장	as	문장과 공백
ip	문단	ap	문단과 빈 행

첫 번째 분류는 시작과 끝이 짝을 이루는 기호로 구성되어 있어서 구분자 텍스트 객체로 이름을 붙였다. 두 번째 분류는 단어, 문장, 문단을 기준으로 경계가 나뉘기 때문에 경계 텍스트 객체라고 부를 것이다. 사실 Vim 문서에서는 이 둘을 '블록(block)', '논블록(non-block)' 객체로 설명하고 있다. 하지만 이 명칭은 텍스트 객체를 구분하기 적당하지 않다. 따라서 텍스트 객체를 설명할 때는 구분자 텍스트 객체, 경계 텍스트 객체라는 새로운 이름을 사용했다.

iw와 aw 텍스트 객체를 비교해보자. 이 명령들은 각각 단어 내부(inside the word), 단어 주변(around the word)을 대상으로 동작한다고 생각하면 기억하기 쉬울 것이다. 그런데 내부와 주변이라니, 무슨 의미로 사용한 것일까?

iw 텍스트 객체는 현재 단어의 첫 번째 문자부터 마지막 문자까지 영향을 미친다. aw 텍스트 객체도 현재 단어의 첫 번째 문자부터 마지막 문자까지 대상으로 동작하는 것은 동일하지만 단어의 앞 또는 뒤에 빈칸이 존재한다면 그 빈칸까지 영역으로 사용한다. Vim이 단어의 경계를 어떻게 정의하고 있는지는 'Tip.49 단어 단위로 이동하기'에서 확인할 수 있다.

이 설명만으로는 iw와 aw의 차이가 크지 않다고 느낄 수 있다. 이 둘을 구분해서 사용해야 할 만한 명확한 상황을 상상하기는 쉽지 않기 때문이다. 그래서 이번에는 이 차이를 보여주는 대표적인 예를 살펴보려 한다. 다음 문장에서 "excellent"를 제거하려면 daw 명령을 사용할 수 있다.

키 입력	버퍼 내용
{시작}	Improve your writing by deleting e**x**cellent adjectives.
daw	Improve your writing by deleting **a**djectives.

위 명령을 이용하면 단어 하나와 공백 하나를 지워서 깔끔한 결과를 얻을 수 있었다. 만약 diw를 사용했다면 문장에 연속된 공백이 생기게 된다. 의도했던 결과와는 달라지는 것이다.

이번에는 "excellent"를 "most"로 교체하는 예제를 확인해보자. 이 경우에는 ciw 명령을 사용해야 한다.

키 입력	버퍼 내용
{시작}	Improve your writing by deleting e**x**cellent adjectives.
ciwmost\<Esc\>	Improve your writing by deleting mos**t** adjectives.

ciw 명령을 사용해서 공백에는 손대지 않고 단어만 지운 후 끼워넣기 모드로 전환했다. 정확하게 필요했던 동작이다. 만약 caw 명령을 사용했다면 뒤에 있던 단어와 붙어서 "mostadjectives"가 되었을 것이다. 공백 하나 수정하는 것 정도야 손쉽게 고칠 수는 있지만 애초에 문제를 피할 수 있으면 피하는 쪽이 현명하다.

d{모션}을 사용할 때는 aw, as, ap 등을 사용하고, c{모션} 명령을 사용할 때는 iw와 같은 분류의 텍스트 객체를 사용하는 것이 일반적으로 적용할 수 있는 규칙이다.

Tip.54 위치를 표시하고 그 위치로 이동하기

마크(mark)를 이용하면 문서 내에서 필요한 위치로 빠르게 이동할 수 있다. 마크를 수동으로 지정해서 사용할 수도 있지만, 작업 편의를 위해서 자동으로 생성되는 마크를 이용할 수도 있다.

m{a-zA-Z} 명령을 사용하면 현재 커서 위치를 해당 문자에 마크로 저장할 수 있다(:h m 참고). 소문자 마크의 경우는 현재 파일 내에서만 이동할 수 있다. 대문자 마크는 전역적으로 접근이 가능하다. 이 차이에 대한 자세한 내용은 'Tip.59 전역 마크를 사용해 파일 간 이동하기'에서 다룬다.

마크로 이동하는 방법에는 두 가지 일반 모드 명령이 있다. 이 명령은 상당히 비슷하므로 눈여겨봐야 한다. '{마크}는 마크로 표시한 행으로 이동해서 처음으로 공백이 아닌 문자가 나오는 곳에 커서를 놓는다. `{마크} 명령은 위치를 표시한 행과 열을 정확하게 찾아 그 위치로 커서를 이동한다(:h mark-motions 참고).

둘 다 기억하기에 버겁다면 `{마크}만 기억해두자. 정확한 위치로 이동하든, 해당 행으로 이동하든 이 명령 하나로 해결할 수 있다. 물론 `{마크} 대신에 '{마크}를 사용해야 할 때도 있는데 바로 Ex 명령의 맥락에서 사용해야 하는 경우이다. 이 내용은 'Tip.28 연속된 행에 명령 실행하기'에서 확인하자.

mm과 `m 명령은 유용하게 사용할 수 있는 명령 짝이다. m에 위치를 기록하고 이동할 수 있기 때문이다. Tip 62의 '두 단어 치환하기'를 보면 위치를 저장해두 었다가 다른 곳으로 이동한 후에 저장한 위치로 빠르게 돌아가는 예제를 확인할 수 있다.

자동 위치 표시

Vim에서는 마크를 만드는 데 버퍼당 26개 소문자를 사용할 수 있다. 각각 영문 자 하나에 위치 하나를 저장할 수 있다는 의미다. 일반적인 작업에서 실제로 필 요한 수보다 훨씬 많은 수의 저장 공간을 제공하는 것이다. 이렇게 많은 공간을 제공하는 이유는 Vim의 조상인 vi에서 비주얼 모드 같은 기능이 존재하지 않았 기 때문이다. 그래서 vi에서는 지금보다 마크 기능의 비중이 더 높았다. vi 시절 에는 마크를 사용해서 처리했던 작업을 Vim에 와서는 비주얼 모드로 손쉽게 해 결할 수 있는 경우가 많아졌다.

그렇다고 Vim에서 이 마크 기능이 쓸모없어진 것은 아니다. Vim에서는 마크 기능을 더 유용하게 사용할 수 있도록 자동으로 마크를 생성하는 기능도 있다. 다음 표의 내용을 확인하자.

키 입력	버퍼 내용
`` ` `` `` ` ``	현재 파일에서 마지막으로 이동하기 전 위치
`` ` ``.	마지막 변경 위치
`` ` ``^	마지막 삽입 위치
`` ` ``[	마지막 변경 또는 복사의 시작 위치
`` ` ``]	마지막 변경 또는 복사의 끝 위치
`` ` ``<	마지막 선택 영역의 시작 위치
`` ` ``>	마지막 선택 영역의 끝 위치

표 10 Vim의 자동 위치 표시

`` `` ``는 점프 목록의 기록을 기준으로 이동한다(사용법은 'Tip.56 점프 목록 가로 지르기'에서 확인한다). `` ` ``. 명령은 변경 목록을 기준으로 이동하며 이 내용은 'Tip.57 변경 목록 가로지르기'에서 다룬다.

비주얼 모드에서 영역을 선택할 때도 마크가 자동으로 생성된다. 비주얼 모드에 서 마지막 선택한 영역의 시작과 끝에 마크를 자동으로 생성해서 위치를 기록한다. 비주얼 모드에서 영역을 선택하는 과정을 마크를 생성하기 위한 편리한 인터페이스 중 하나로 고려해도 좋을 것이다.

Tip.55 괄호 넘나들기

Vim은 괄호의 열고 닫은 짝 사이를 빠르게 이동할 수 있도록 모션을 제공한다. matchit.vim 플러그인을 활성화하면 이 모션을 XML 태그에서도 사용할 수 있고 프로그래밍 언어의 키워드에서도 사용할 수 있다.

% 명령을 이용해 열고 닫는 괄호로 이동할 수 있다(:h % 참고). 이 명령은 (), {}, []에서 모두 동작한다.

키 입력	버퍼 내용
{시작}	console.log([{'a':1},{'b':2}])
%	console.log([{'a':1},{'b':2}])
h	console.log([{'a':1},{'b':2}])
%	console.log([{'a':1},{'b':2}])
l	console.log([{'a':1},{'b':2}])
%	console.log([{'a':1},{'b':2}])

실제로 어떻게 사용하는지 다음 루비 코드를 이용해 확인하자.

motions/parentheses.rb

```
cities = %w{London Berlin New\ York}
```

이 코드에서 %w{London Berlin New\ York} 문법을 일반적인 목록 정의인 ["London", "Berlin", "new York"]으로 전환하려고 한다. 먼저 중괄호를 대괄호로 전환해야 한다. 이 상황에서 %를 사용해야 한다고 짐작했다면 정확히 맞했다!

먼저, 여는 중괄호 위치로 커서를 이동한 다음에 여는 대괄호로 치환하는 r[명령을 입력한다. [London Berlin New\ York}이라는 이상한 모습의 코드가 되었다. % 명령은 짝이 제대로 있는 괄호를 대상으로만 동작하기 때문에 %를 사용해도 } 문자로 이동하지 않는다.

여기에서 사용할 수 있는 방법은 내용을 수정하기 전에 % 명령을 미리 사용하는 것이다. % 명령을 사용하는 순간 이동하기 전 위치에 마크가 자동으로 생성된다. `` 키를 입력하면 이전 위치에 생성된 마크로 빠르게 되돌아간다. 어떻게 사용하는지는 위에서 살펴본 예제로 다시 확인해보자.

키 입력	버퍼 내용
{시작}	cities = ▓w{London Berlin New\ York}
dt{	cities = █London Berlin New\ York}
%	cities = {London Berlin New\ York█}
r]	cities = {London Berlin New\ York█]
``	cities = █London Berlin New\ York]
r[	cities = █London Berlin New\ York]

참고로 이런 상황에서는 `` 모션 대신 〈C-o〉 명령을 사용하는 것도 가능하다. 'Tip.56 점프 목록 가로지르기'를 참고하자. surround.vim 플러그인은 이런 작업을 더 쉽게 수행할 수 있는 명령을 제공한다. 자세한 내용은 다음 페이지의 'surround.vim 플러그인'에서 확인한다.

키워드 사이 이동하기

Vim에는 % 명령의 기능을 향상하는 matchit 플러그인이 기본적으로 포함되어 있다. 이 플러그인을 활성화하면 % 명령으로 키워드 사이를 이동할 수 있다. HTML 파일을 예로 든다면 % 명령을 사용해서 태그의 열고 닫는 위치로 이동할 수 있는 것이다. 루비 파일이라면 class/end, def/end, if/end 짝을 빠르게 오갈 수 있다.

matchit이 Vim 배포에 포함되어 있긴 하지만 기본 설정은 비활성화되어 있다. vimrc에 다음 설정을 추가하고 Vim을 실행하면 matchit 플러그인을 자동으로 불러온다.

```
set nocompatible
filetype plugin on
runtime macros/matchit.vim
```

이 플러그인을 사용하면 키워드 사이를 이동할 때 % 명령을 더 유용하게 사용할 수 있다. 그러므로 위 설정을 추가해서 활성화하길 권장한다(:h matchit-install 참고).

surround.vim 플러그인

팀 포프의 surround.vim[1]은 필자가 선호하는 플러그인 중 하나로, 이 플러그인을 사용하면 구분자 짝을 기준으로 손쉽게 영역을 선택할 수 있다. New York에 따옴표를 넣는 방법을 예로 들면 다음과 같다.

키 입력	버퍼 내용
{시작}	cities = ["London", "Berlin", New York]
vee	cities = ["London", "Berlin", New York]
S"	cities = ["London", "Berlin", "New York"]

S" 명령은 surround.vim에서 제공하는 명령으로 '선택한 영역을 겹따옴표로 감싼다'는 의미다. 따옴표가 아닌 괄호나 중괄호로 감쌀 때는 S), S}으로 이용하면 된다.

이미 존재하는 구분자를 다른 기호로 변경하는 경우에도 surround.vim을 활용한다. {London}을 [London]으로 변경하려면 '현재 본문을 감싸고 있는 {} 중괄호를 [] 대괄호로 치환한다'는 의미인 cs}] 명령을 사용하면 된다. 이 플러그인도 꽤 강력하니 꼭 확인하자.

---

1 *http://github.com/tpope/vim-surround*

점프 명령으로
파일 사이 이동하기

이전까지의 장에서 배운 것처럼 파일 주변을 이동하기 위해서 모션을 활용할 수 있다. 여기서 다룰 점프 명령은 앞에서 배운 모션과 비슷한 기능을 하지만 다른 파일 사이를 이동할 때도 사용할 수 있다는 점에서 다르다. Vim은 마치 열기만 하면 어디론가 순간이동할 수 있는 문처럼 문서 내에서 다른 코드로 빠르게 이동할 수 있는 명령을 지원하다. 처음에는 점프 명령을 사용하는 방법이 다소 복잡하게 느껴질지 모른다. 하지만 이동했던 경로를 다시 되돌아갈 수 있는 흔적이 남기 때문에 출발했던 지점으로 돌아가는 것도 그다지 어렵지 않다.

Tip.56 점프 목록 가로지르기

Vim에서 위치를 이동하면 이동 전과 후의 위치가 모두 저장된다. 어디를 거쳐 현재 위치까지 이동했는지는 몇 가지 명령을 사용하면 확인할 수 있다.

웹 브라우저에서는 뒤로 가기 버튼을 눌러 이전에 방문했던 페이지로 이동할 수 있다. Vim에도 브라우저 방문 기록과 비슷한 기능을 하는 점프 목록(jump list)이 있다. 〈C-o〉 명령을 누르면 뒤로 가기 버튼과 같은 동작을 하며 〈C-i〉 명령을 누르면 앞으로 가기 버튼과 같이 동작한다. 이 두 가지 명령을 사용하면 Vim에서 점프했던 모든 위치로 이동할 수 있다. 그런데 도대체 점프라는 게 무엇일까?

모션은 파일을 이동할 때 사용하는 명령을 뜻하고, 점프는 파일 사이를 돌아다닐 때 사용하는 명령을 의미한다(완벽하게 올바른 정의는 아니다. 계속 읽으면 알겠지만 일부 모션 중에도 점프로 구분되는 모션이 있다). 다음 명령을 실행해보면 점프가 어떤 기능을 하는지 확인할 수 있다.

```
⇒ :jumps
< jump  line   col  file/text
    4    12     2   <recipe id="sec.jump.list">
    3   114     2   <recipe id="sec.change.list">
    2   169     2   <recipe id="sec.gf">
    1   290     2   <recipe id="sec.global.marks">
  >
계속하려면 엔터 혹은 명령을 입력하십시오
```

열린 파일이 있는 현재 창에서 어떤 명령으로 다른 파일을 열었다면 그 명령이 바로 점프 명령에 해당한다. Vim은 이 점프 명령을 실행하기 전과 후의 커서 위치를 점프 목록에 기록한다. :edit 명령으로 새 파일을 열었다면('Tip.42 파일 경로와 :edit 명령으로 파일 열기' 참고) 새로 연 파일과 이전에 열려 있던 파일을 〈C-o〉와 〈C-i〉 명령을 사용해서 이동할 수 있다.

[숫자]G 명령을 사용해서 특정 행으로 바로 이동하는 동작은 점프로 처리되지만 위아래 방향키를 입력해서 한 번에 한 행씩 이동하는 동작은 점프로 처리되지 않는다. 문장 범위, 문단 범위를 이동하는 모션은 점프에 해당하지만 문자 단위나 단어 단위 모션은 점프가 아니다. 단순하게 생각해서 먼 거리를 이동하면 점프로, 가까운 거리를 이동하면 모션으로 볼 수 있다. 점프로 처리되는 명령을 아래 표에 정리했다.

명령	효과
[숫자]G	행 번호로 점프
/패턴<CR> / ?패턴<CR> / n / N	전후에서 해당 패턴이 나타나는 곳으로 점프
%	일치하는 괄호로 점프하기
(/)	이전/다음 문장의 시작으로 점프하기
{ / }	이전/다음 문단의 시작으로 점프하기
H / M / L	현재 화면의 상단/중간/하단으로 점프하기
gf	커서가 놓여 있는 파일명을 열기
<C-]>	커서가 놓여 있는 키워드의 정의로 점프하기
'{마크} / `{마크}	마크로 이동하기

〈C-o〉와 〈C-i〉 명령 자체는 모션으로 처리되지 않는다. 다시 말하면 이 두 가지 점프 목록 이동 명령은 비주얼 모드에서 선택 영역을 확장하거나 오퍼레이터-

대기 모드에서 이 명령을 사용할 수 없다는 뜻이다. 점프 목록은 수정하면서 거쳐온 위치 중에서 다시 돌아갈 수 있는 발자취 목록이라고 생각할 수 있다. Vim은 여러 점프 목록을 동시에 관리한다. Vim 창을 여러 개 띄웠다면 그 각각의 화면에 대한 점프 목록이 별개로 존재한다. 창 분할이나 다중 탭 페이지를 사용하고 있어도 〈C-o〉와 〈C-i〉 명령은 현재 활성화 창의 점프 목록을 따라 이동하게 된다.

탭 키를 매핑할 때 주의할 점

끼워넣기 모드에서 <C-i>를 눌러보면 <Tab>을 입력한 것처럼 동작한다는 것을 확인할 수 있다. Vim에서 <C-i>와 <Tab>을 같은 입력으로 처리하기 때문에 나타나는 현상이다. 즉, <Tab>의 매핑을 변경하면 <C-i>를 누를 때도 변경된 매핑으로 실행된다(반대도 마찬가지다). 이러한 상황이 크게 문제될 것 같지 않아 보이지만 <Tab>을 다른 기능으로 변경한다면 <C-i> 명령의 기본 동작을 덮어쓰는 일이 생긴다. 그러므로 <Tab>을 다른 기능으로 변경할 때는 점프 목록을 이동하는 <C-i> 기능을 포기할 만큼 중요한지 잘 고려해야 한다. 점프 목록을 이동할 때 <C-i> 없이 <C-o>만 사용한다면 점프 목록 기능이 그다지 유용하지 않을 수 있기 때문이다.

Tip.57 변경 목록 가로지르기

Vim에서는 문서 내에서 만든 모든 변경점의 위치가 기록된다. 변경한 내용을 모두 저장하고 있기 때문에 변경 목록을 활용하면 이동하고 싶은 곳으로 간단하고 빠르게 이동할 수 있다.

실행 취소를 한 다음에 다시 원래대로 돌려본 적이 있을 것이다. Vim에는 작업을 취소하는 명령과 취소한 작업을 다시 반복하는 명령 두 가지가 존재한다. 각각의 명령을 실행하고 나면 가장 최근에 변경한 위치로 커서를 이동하는 부차적인 효과도 생긴다. 그래서 실행 취소 명령은 문서 중 최근 변경 위치로 돌아가고 싶은 경우에도 유용하게 사용할 수 있다. 입력을 취소하는 명령과 입력 취소를 되돌리는 명령을 함께 사용해서 u〈C-r〉을 입력하면 마지막 변경 위치로 손쉽게 커서를 이동할 수 있다. 원래 용도와는 다르지만 커서의 위치를 옮기기 위해 이런 편법을 사용하는 것이다.

Vim은 버퍼에서 내용을 수정하는 동안의 내역을 목록으로 관리하고 있다. 이 목록을 변경 목록이라고 하는데(:h changelist 참고) 다음 명령으로 내역을 확인할 수 있다.

```
⇒ :changes
❮ change  line  col text
      3    1    8 Line one
      2    2    7 Line two
      1    3    9 Line three
    ❯
    계속하려면 엔터 혹은 명령을 입력하십시오
```

명령을 입력한 결과를 보면 Vim이 각각 변경을 수행한 행과 열 번호를 목록으로 저장하고 있는 것을 확인할 수 있다. 변경 목록에서 g;과 g, 명령을 사용하면 이 목록의 항목을 전후로 살펴볼 수 있다. ;과 , 명령이 f{문자} 검색 명령을 반복하거나 반대 방향으로 검색하는 기능을 한다는 점을 생각하면 g;과 g,명령 또한 기억하기 쉬울 것이다. 'Tip.50 문자로 찾기'를 참고하자.

문서에서 가장 최근 변경한 위치로 이동하려면 g;을 입력한다. 그러면 마지막으로 수정했던 행과 열로 커서가 이동한다. u〈C-r〉을 입력해도 가장 최근 변경한 위치로 이동하지만, 이 명령은 문서를 변경하는 방식으로 이동하는 편법을 쓰는 것이기 때문에 좋은 방법은 아니다.

마지막 변경에 마크 생성하기

Vim은 변경 목록을 보완하기 위해서 몇 가지 마크를 자동으로 생성한다. `. 마크는 항상 마지막 변경의 위치를 참조한다. `^ 마크에는 마지막으로 끼워넣기 모드를 종료한 위치를 기록한다.

대부분의 시나리오에서 `. 마크로 이동하면 g; 명령과 결과가 동일하다. 하지만 `. 마크가 가장 마지막 변화에 대해서만 위치를 저장하는 것과 달리 변경 목록은 여러 위치를 저장한다. g;을 반복해서 입력하면 변경 목록에 저장된 위치를 순서대로 계속 이동할 수 있다. 반면 `.은 변경 목록에서 가장 마지막에 해당하는 위치로만 이동한다.

마지막 입력의 시작 위치를 저장하는 `^ 마크는 좀 더 특별한 상황에서 생성된다. 끼워넣기 모드를 떠나거나 문서를 스크롤하며 내용을 살펴보다가 마지막으로 수정했던 위치에서 바로 끼워넣기 모드로 시작하고 싶다면 gi 명령을 사용하면 된다(:h gi 참고). 내용 입력을 모두 끝낸 다음에 커서의 위치를 다시 끼워넣기 모드를 시작했던 위치로 이동해서 계속 입력하고 싶다면 `^ 마크로 커서 위치를 옮긴 뒤에 끼워넣기 모드로 변환하면 된다. 사소하지만 시간을 좀 더 절약할 수 있는 방법이다.

Vim은 변경 목록을 각각의 개별적인 버퍼를 기준으로 나눠 관리한다. 그에 반해 점프 목록의 경우는 각각의 창(window)을 기준으로 만들어서 관리한다.

Tip.58 커서 밑 파일명으로 이동하기

Vim은 문서에 있는 파일명을 웹 페이지의 하이퍼링크처럼 사용할 수 있다. 몇 가지 설정을 사용하면 파일명 위에 커서를 이동한 다음에 gf 명령을 사용해서 해당 파일을 열 수 있다. 이 기능을 확인하기 위해서 책에서 제공하는 소스 파일을 이용하려고 한다. 이 예제는 다음 디렉터리 구조를 갖고 있다.

```
practical_vim.rb
practical_vim/
    core.rb
    jumps.rb
    more.rb
    motions.rb
```

셸에서 jumps 폴더로 이동한 다음에 Vim을 구동한다. 데모에서는 별도의 플러그인 없이 구동되는 것을 보여주기 위해 -u NONE -N 플래그를 추가했다.

```
⇨ $ cd code/jumps
⇨ $ vim -u NONE -N practical_vim.rb
```

practical_vim.rb 파일 내용은 core.rb와 more.rb 파일을 불러오는 역할을 하는 코드뿐이다.

jumps/practical_vim.rb
```
require 'practical_vim/core'
require 'practical_vim/more'
```

위 코드에서 require로 표시된 파일을 잠깐 열어서 빠르게 확인해볼 수 있다면 얼마나 유용할까? gf 명령이 바로 이러한 역할을 한다. 이 명령으로 해당 파일로 바로 이동할 수 있다(:h gh 참고).

이 기능이 어떻게 동작하는지 확인해보자. 커서를 'practical_vim/core' 문자열 위로 이동한다. fp를 누르면 커서가 해당 위치로 바로 이동할 것이다. 이제 gf 명령을 사용해본다. 아쉽게도 "E447: path에서 'practical_vim/core' 파일을 찾을 수 없습니다"라는 오류가 뜰 것이다.

practical_vim/core 파일을 열려고 했지만 파일이 존재하지 않는다는 오류가 발생했다. 열어야 하는 파일은 파일 확장자를 포함한 practical_vim/core.rb이 기 때문이다. 그러므로 Vim이 실제로 커서 밑에 있는 파일명으로 파일을 열기 전에, 해당 파일이 어떤 확장자를 덧붙여야 하는지 알려줘야 한다. 이런 상황에 서는 'suffixesadd' 옵션을 사용할 수 있다.

파일 확장자 정하기

'suffixesadd' 설정에는 하나 이상의 파일 확장자를 지정할 수 있다. gf 명령을 실행해서 파일명을 확인할 때, 이 옵션에 저장되어 있는 확장자를 사용하는 파 일이 있는지 확인한다(:h suffixesadd 참고). 아래의 명령으로 위 예제에서 필요 한 설정 값을 지정한다.

➾ **:set suffixesadd+=.rb**

이제 gf 명령을 사용하면 커서 밑에 있는 파일 경로의 파일로 바로 이동한다. 이 명령으로 more.rb를 열어보자. more.rb를 열어보면 또 다른 require 선언을 확 인할 수 있을 것이다. 또다시 하나를 골라서 gf 명령으로 열어보자. Vim은 gf 명 령을 사용할 때마다 점프 목록에 이 내용을 모두 기록한다. 〈C-o〉 명령을 사용 하면 언제든 다시 이전 파일로 돌아갈 수 있다('Tip.56 점프 목록 가로지르기' 참 고). 이 경우에는 〈C-o〉를 누르면 파일을 연 순서대로 more.rb로 먼저 이동하고 다시 한번 더 누르면 practival_vim.rb로 이동할 것이다.

특정 폴더 내에서만 찾기

앞에서 살펴본 예제에서는 require 문에서 참조하는 모든 파일이 하나의 폴더 내에 있는 것이 아니라 각각 다른 위치의 상대 경로에 존재했다. 게다가 루비잼 (rubygem)을 사용해서 설치한 서드파티 라이브러리라면 참조해야 하는 라이브 러리가 현재 프로젝트와는 전혀 다른 위치에 있게 된다. 이런 상황에서 요긴하 게 사용할 수 있는 설정이 바로 'path' 다(:h 'path' 참고). 이 'path' 설정 값에 gf 명령으로 찾는 파일이 존재할 만한 모든 경로를 추가해두면 gf 명령을 사용했 을 때 해당 파일을 문제없이 찾을 수 있다(경로가 여러 개라면 쉼표로 분리해서 입력하면 된다). gf 명령을 사용하면 Vim은 'path'에 저장되어 있는 모든 디렉 터리를 살펴보고 해당 이름으로 된 파일이 존재하는지 확인한다. 여기서 사용한 'path' 설정은 :find 명령에도 사용할 수 있다. 이 명령은 'Tip.43 파일명과 :find

명령으로 파일 열기'에서 알아보았다.

현재 'path'에 어떤 경로가 설정되어 있는지는 아래의 명령으로 확인할 수 있다.

```
⇨ :set path?
〈 path=.,/usr/include,,
```

이 경로 목록에서 .은 현재 파일이 위치한 경로를 뜻한다. 이 경로에 현재 작업 중인 폴더도 추가하기 위해 쉼표 두 개 연달아 입력해서(,,) 빈 문자열을 입력했다. 위에서 살펴본 예제는 간단하기 때문에 기본 설정으로도 충분하지만 더 큰 프로젝트를 한다면 이 기본 설정 디렉터리 외에도 다른 디렉터리를 'path' 설정에 추가해야 할 것이다.

루비 프로젝트를 진행하는 경우를 예로 들어보자. 프로젝트에서 사용한 모든 루비잼의 경로를 'path'에 추가할 수 있다. 이렇게 'path' 값을 수정해서 코드 내 어떤 require 문이든 참조하는 모듈을 확인할 때 gf 명령을 사용할 수 있을 것이다. 매번 필요할 때마다 수작업으로 'path'를 수정하는 일은 하지 않아도 된다. 설정을 변경하는 문제를 자동화로 해결한 팀 포프의 bundler.vim 플러그인[4]을 설치해보자. 이 플러그인은 프로젝트의 Gemfile을 참고해서 'path' 설정에 자동으로 반영해준다.

토론

이 팁을 설정할 때는 Vim의 플러그인을 끈 상태로 실행하는 것을 좋다. Vim은 배포될 때 루비 파일 타입 플러그인이 포함되는데, 이 플러그인이 'suffixesadd'와 'path' 설정을 자동으로 처리하기 때문이다. 개발할 때 루비를 많이 사용한다면 최신 버전의 파일 타입 플러그인을 깃허브에서 내려받기를 권장한다. 이 플러그인은 아주 활발하게 관리되고 있어서 최신 플러그인을 사용하면 꽤 유익할 것이다.[5] 'suffixesadd'와 'path' 설정은 각 버퍼에 따라 지역적으로 설정할 수 있다. 그 외에도 파일 타입에 따라 다른 설정을 사용하는 것도 가능하다. Vim은 루비 외에도 수많은 언어 파일 타입 플러그인과 함께 제공되기 때문에 특별한 경우가 아니고는 위 설정을 직접 만질 필요가 없다. 물론 gf 명령이 어떻게 동작하는지 이해하는 것도 충분히 가치 있는 일이다. 이 명령으로 각 문서에 있는 파일

---

4 *https://github.com/tpope/vim-bundler*
5 *https://github.com/vim-ruby/vim-ruby*

경로가 하이퍼링크와 같이 동작하므로 각 코드를 쉽게 오갈 수 있다.

〈C-]〉 명령도 비슷한 역할을 한다. 이 명령을 사용하기 위해서는 몇 가지 필요한 설정이 있다. 이 설정을 제대로 했다면 코드 내에서 어느 메서드든, 그 메서드를 정의한 위치로 바로 이동해서 코드를 확인할 수 있다. 이렇게 메서드가 정의된 위치로 이동해서 코드를 보는 기능은 'Tip.103 ctag를 위한 Vim 설정'에서 자세히 다룬다. 어떤 방식으로 동작하는지 살펴보고 싶다면 'Tip.104 Vim의 태그 탐색 명령으로 키워드 정의 탐색하기'를 먼저 읽어보자.

점프 목록과 변경 목록은 지금까지 작업한 과정을 되돌아 볼 수 있도록 각각의 단계를 저장하며 이 순서를 다시 확인할 수 있는 기능을 지원한다. 커서 밑의 파일명으로 파일을 여는 gf 명령과 코드가 정의된 위치로 이동하는 〈C-]〉 명령은 원하는 위치로 빠르게 오고 갈 수 있는 지름길 같은 명령이다.

Tip.59 전역 마크를 사용해 파일 간 이동하기

전역 마크는 파일 사이를 이동할 때 사용할 수 있는 마크로 일종의 책갈피 역할을 한다. 마크는 코드를 살펴보기 위해 파일을 오가야 하는 상황에서 특히 유용하다. m{영문자} 명령은 현재 커서가 놓인 곳에 마크를 생성한다(:h m 참고). 소문자로 만든 마크는 현재 버퍼에서만 사용할 수 있는 지역 단위로 마크가 되고 대문자로 만든 마크는 전역에서 접근할 수 있다. 이 마크 기능으로 필요한 위치에 표시를 해두면 `{영문자} 명령을 사용해 해당 위치로 바로 이동할 수 있다(:h ` 참고).

vimrc 파일을 열어서 mV로 해당 위치를 전역 마크로 지정해보자. 기억하기 좋게 vimrc를 V에 저장했다. 이제 다른 파일을 열고 `V를 누르면 현재 버퍼가 전역 마크로 지정했던 vimrc 파일로 돌아가는 것을 확인할 수 있다. 전역 마크는 기본적으로 viminfo에 기록되어 편집 세션이 달라져도 계속 사용할 수 있다. 이 동작은 설정에서 변경하는 것도 가능하다(:h 'viminfo' 참고). vimrc 파일을 전역 마크를 설정한 덕분에 키를 두 번 누르는 동작으로 간단히 열 수 있다. 물론 전역 마크 V에 다른 위치를 지정해서 저장된 위치를 덮어쓰기 전까지 말이다.

코드 열기 전에 전역 마크 설정하기

전역 마크는 여러 파일을 빠르게 이동하면서 살펴본 후에 다시 첫 파일로 돌아와야 하는 경우에도 유용하다. 코드를 작성하면서 코드 전체에 fooBar() 메서드가 호출된 위치를 찾는다고 하자. 이럴 때 :vimgrep 명령을 사용할 수 있다. 자세한 내용은 'Tip.111 Vim 내부 검색엔진으로 문자열 찾기'에서 다룬다.

⇒ `:vimgrep /fooBar/ **`

기본적으로 :vimgrep을 사용하면 가장 처음 일치하는 곳으로 커서가 바로 이동한다. 이 위치는 검색을 같이 수행하기 때문에 같은 파일이 아니라 다른 파일일 수도 있다. 이런 경우에는 〈C-o〉 명령을 사용해서 :vimgrep을 가장 먼저 실행했던 위치로 돌아갈 수 있다.

작성한 코드 내에 수십 군데에 fooBar가 존재한다고 가정해보자. :vimgrep으로 찾아낸 각 일치하는 위치는 퀵픽스(quickfix) 목록에 기록된다. 이제 이 목록을 활용해 코드를 살펴보며 실제로 필요한 부분을 찾아야 한다. 이 목록을 보다가 다시 :vimgrep 명령을 사용했던 위치로 돌아가려면 어떻게 해야 할까?

물론 〈C-o〉 명령을 반복해서 사용해 점프 목록을 역으로 이동하여 처음 위치로 돌아갈 수 있다. 하지만 원하는 위치로 커서를 이동하기까지 시간이 걸린다. 이런 상황에서는 전역 마크가 요긴하게 쓰인다. :vimgrep을 사용하기 전에 mM으로 위치를 마크해두면 `M으로 한번에 이동 가능하다.

어떤 작업을 하기 전에 이런 일을 먼저 하라는 식의 조언은 그다지 유용한 것은 아니다. 전역 마크를 생성하는 일은 앞으로의 작업을 생각해보고 올바른 경우에만 사용해야 한다. 어떤 시나리오에서 전역 마크가 유용한가 판단하는 방법을 알기 위해서는 꾸준한 연습이 필요하다.

퀵픽스 목록을 생성하는 명령 즉, :grep, :vimgrep, :make 등을 사용하는 경우에는 명령을 사용하기 전에 전역 마크를 설정하는 습관을 갖자. 버퍼와 인자목록을 사용하는 명령인 :args {인자목록}과 :argdo를 사용하는 경우에도 같은 규칙을 적용할 수 있다. 'Tip.38 인자 목록으로 버퍼 묶음 관리하기'에서 내용을 확인할 수 있다.

전역 마크는 26개까지 설정할 수 있다. 꽤 넉넉한 양이므로 작업을 하다가 다시 살펴봐야 할 것 같은 부분이 생기면 언제든지 전역 마크를 만들어 현재 위치를 저장해두자.

4부

레지스터

Vim의 레지스터는 본문을 보관하는 간단한 보관함이다. 레지스터는
본문 잘라내기, 복사하기, 붙여넣기와 같은 작업을 할 때 클립보드처
럼 사용할 수 있다. 또는 일런의 키 입력을 레지스터에 매크로로 저
장했다가 필요할 때 꺼내서 다시 사용할 수도 있다. 4부에서는 Vim
의 핵심적인 기능 중 하나인 레지스터를 정복한다.

P r a c t i c a l   V i m

복사하기와 붙여넣기

Vim은 다른 편집기와는 조금 다른 방식으로 잘라내기, 복사하기, 붙여넣기 기능을 사용한다. 각각 기능의 사용법은 'Tip.60 Vim의 무명 레지스터로 잘라내기, 복사하기, 붙여넣기'에서 배운다. 용어에 대한 차이는 Tip 61의 'Vim과 실제 세계의 용어 차이'에서 확인한다.[1]

Vim에서는 시스템 단위의 단일 클립보드를 사용하는 것 대신에 본문 범위를 담아서 저장할 수 있는 여러 개의 레지스터가 제공된다. 'Tip.61 Vim 레지스터 이해하기'에서는 Vim의 레지스터에 대해서 자세하게 학습한다. Vim의 붙여넣기 명령은 행 단위인지 또는 문자 단위인지 대상에 적합한 방식을 스스로 파악해서 동작하는데 자세한 내용은 'Tip.63 레지스터에서 붙여넣기'에서 확인한다. 비주얼 모드에서 붙여넣기 명령은 독특하게 동작하는데 이 내용은 'Tip.62 레지스터로 비주얼 선택 영역 대체하기'에서 살펴본다.

마지막으로 'Tip.64 시스템 클립보드와 상호작용하기'에서는 시스템에서 제공하는 붙여넣기 명령을 Vim에서 사용할 때 어떤 문제가 생기는지 알아보고, 그 문제를 어떻게 해결할 수 있는지 확인한다.

Tip.60 무명 레지스터로 잘라내기, 복사하기, 붙여넣기

Vim의 잘라내기, 복사하기, 붙여넣기 명령은 기본적으로 일반적인 작업을 쉽게

---

1 (옮긴이) Vim에서의 제거 명령은 일반적으로 이야기하는 잘라내기와 동일하게 동작한다. 원문에서 제거하기를 잘라내기와 혼용하고 있어 제거하기를 모두 잘라내기로 옮겼다.

처리할 수 있도록 설계되었다. Vim의 무명 레지스터(unnamed register)를 활용해서 쉽게 해결할 수 있는 몇 가지 문제를 살펴보고, 레지스터의 동작 원리를 이해하는 데 도움이 되는 작업을 확인하면서 이 팁을 마무리한다.

평소에 잘라내기, 복사하기, 붙여넣기 동작에 대해 이야기할 때는 클립보드에 본문을 붙여넣어 임시로 보관했다가 필요할 때 꺼내서 사용하는 방식으로 설명한다. 하지만 Vim에서는 클립보드 대신에 레지스터를 사용한다. 먼저 'Tip.61 Vim 레지스터 이해하기'에서 Vim의 다중 레지스터를 확인하고 어떤 레지스터를 사용할 것인지 살펴본다. 우선 무명 레지스터를 사용하는 방법을 확인해보려고 한다.

문자 위치 교대하기

글을 쓰다 보면 특정 단어에서 오타가 빈번하게 발생하기 마련이다. 그 오타가 거듭되면 어떤 단어를 습관적으로 잘못 입력하는지 알 수 있을 것이다. 같은 단어에서 오타를 계속 내지 않으려면 반복해서 연습해야 한다. 하지만 대부분의 실수는 예기치 않은 곳에서 발생한다. 오타를 내는 주된 패턴 중 하나는 너무 빠르게 입력한 나머지 문자 두 개의 순서를 바꿔 입력하는 경우다. Vim에서는 이런 실수를 쉽게 고칠 수 있는 기능이 있다.

이 책 제목을 작성하다가 다음처럼 문자 위치를 바꿔 잘못 입력했다고 생각해보자.

키 입력	버퍼 내용
{시작}	Practica lvi**m**
F␣	Practica**█**lvim
x	Practica**l**vim
p	Practical**█**vim

문장을 입력하면서 공백의 위치를 잘못 입력한 경우이다. 위치를 서로 바꿔야 하는 두 문자 중 첫 번째 문자에 F␣ 명령을 사용해서 커서를 옮긴다('Tip.50 문자로 찾기' 참고). x 명령을 입력하면 커서 밑에 있는 문자를 잘라서 무명 레지스터에 저장한다. 그리고 무명 레지스터에 저장한 내용은 p 명령을 사용해서 현재 커서 뒤로 붙여넣을 수 있다. 각각 별개의 명령이지만 하나의 명령처럼 생각한다면 xp 명령을 두 문자의 위치를 교체하는 명령으로 볼 수 있다.

행 위치 교대하기

두 행의 위치를 교대하는 작업도 간단하게 처리할 수 있다. x 명령을 사용해서 현재 위치의 문자를 잘라냈던 것처럼 dd 명령을 사용하면 현재 행을 잘라낼 수 있다. 잘라낸 행은 문자를 잘라냈을 때와 동일하게 무명 레지스터에 저장된다.

키 입력	버퍼 내용
{시작}	**2**) line two 1) line one 3) line three
dd	**1**) line one 3) line three
p	1) line one **2**) line two 3) line three

p 명령은 앞에서 봤던 예시와 같이 무명 레지스터에 있던 내용을 붙여넣는 기능을 수행한다. 이 예제에서는 예상대로 잘라낸 행 단위 본문을 현재 행 아래에 붙여넣었다. 앞에서 살펴본 xp의 p 명령은 현재 커서 뒤에 내용을 붙여넣었다는 점을 기억하자.

ddp는 '현재 행과 다음 행의 위치를 교대한다'는 의미의 명령 조합이다.

행 복사하기

지금 작성한 행과 새로 작성할 행이 한두 단어만 제외하고 동일하다면 작성한 행을 복제해서 수정하는 방법도 나쁘지 않다. Vim에서 행 단위로 복사 및 붙여넣기 동작은 다음과 같다.

키 입력	버퍼 내용
{시작}	1) line one **2**) line two
yyp	1) line one 2) line two **2**) line two

참고로 앞에서 살펴본 ddp와 yyp는 기능이 상당히 유사하다. ddp는 행 단위로 잘라내고 붙여넣기 기능으로 두 행의 순서를 바꾸는 데 효과적이다. 반면에 yyp는 행 단위 복사하고 붙여넣기 기능으로 동작하고 행을 복제하는 데 유용하다.

악! 복사한 내용을 날렸다

Vim의 잘라내기, 복사하기, 붙여넣기 동작은 상당히 직관적이다. 이 명령을 이용하면 일반적인 작업들이 아무것도 아니게 느껴질 정도로 손쉽게 처리할 수 있다. 그러나 이런 손쉬운 기능도 부드럽게 잘 동작하지 않아 문제를 일으키는 경우가 종종 발생한다. 아래 예를 보자.

copy_and_paste/collection.js

```
collection = getCollection();
process(somethingInTheWay, target);
```

이 코드에서 collection을 무명 레지스터에 복사한 후 somthingInTheWay와 치환하려고 한다. 아래 표를 확인하자.

키 입력	버퍼 내용
yiw	collection = getCollection(); process(somethingInTheWay, target);
jww	collection = getCollection(); process(somethingInTheWay, target);
diw	collection = getCollection(); process(, target);
P	collection = getCollection(); process(somethingInTheWay, target);

표 11 복사 붙여넣기 - 첫 시도

커서가 이미 복사하려는 단어 위에 있기 때문에 yiw를 입력해서 단어를 무명 레지스터에 복사할 수 있다.

이제 복사한 단어를 넣을 위치인 somethingInTheWay로 커서를 이동한다. 이미 이 위치에 somethingInTheWay가 있기 때문에 우선 이 단어를 제거해야 할 것이다. 그래서 diw 명령으로 somethingInTheWay를 제거한다. P를 눌러 무명 레지스터에 있는 내용을 커서의 앞에 붙여넣었다. 하지만 앞에서 복사한 단어인 collection이 아니라 somethingInTheWay가 나타났다. 무슨 일이 벌어진걸까?

diw 명령은 단어를 단순히 지우기만 하는 게 아니라 지운 단어를 무명 레지스터에 복사하기도 한다. 익숙한 표현으로 바꿔 말하면 diw는 단어를 잘라내는 기능에 해당한다(이 차이점은 Tip. 61의 'Vim과 실제 세계의 용어 차이'에서 자세히 다룬다).

어떤 부분을 잘못해서 이런 문제가 발생했는지 명확해졌다. diw 명령을 실행하는 순간에 무명 레지스터의 내용을 덮어 씌운 것이다. 그래서 P를 눌렀을 때, 앞에서 복사한 단어 대신에 방금 삭제했던 단어가 다시 나타났다.

이 문제는 Vim 레지스터가 어떻게 동작하는지 더 깊이 이해해야 해결할 수 있다.

Tip.61 Vim 레지스터 이해하기

지금까지 클립보드 하나로 잘라내기, 복사하기, 붙여넣기 동작에 사용했다. 하지만 Vim은 다중 레지스터를 제공한다. 잘라내기, 복사하기, 붙여넣기 명령을 사용하면서 어느 레지스터를 사용할지 지정할 수 있다.

레지스터 참조하기

잘라내기, 복사하기, 붙여넣기 명령은 한 개의 Vim 레지스터와 함께 동작한다. 이 명령을 사용하면서 명령 앞에 "{레지스터}를 붙이면 어느 레지스터를 사용할지 지정할 수 있다. 레지스터를 정하지 않고 명령을 실행한다면 그 명령은 무명 레지스터를 기본으로 사용한다.

현재 단어를 a 레지스터에 복사하려면 "ayiw를 입력하면 된다. 현재 행을 레지스터 b에 잘라내려면 "bdd라고 입력한다. 레지스터 a에 저장한 단어를 문서에 붙여넣으려면 "ap 명령을, 레지스터 b에 저장한 행을 붙여넣기 위해서는 "bp 명령을 사용한다.

이 일반 모드 명령뿐 아니라 Ex 명령으로 된 잘라내기, 복사하기, 붙여넣기 명령에서도 레지스터를 사용할 수 있다. 현재 행을 잘라내서 c 레지스터에 저장하려면 :delete c를 실행하면 된다. 레지스터에 복사한 내용을 현재 행 밑에 붙여넣기 위해서는 :put c를 입력한다. 일반 모드 명령에 비해서 장황하게 느껴질 수 있지만 Vim 스크립트에서 다른 Ex 명령과 함께 조합해서 사용하면 유용하게 쓸 수 있다. 'Tip.100 TODO 항목을 레지스터에 수집하기'에서 어떻게 :yank 명령을 :global 명령과 함께 사용하는지 확인하자.

Vim과 실제 세계의 용어 차이

잘라내기(cut), 복사하기(copy), 붙여넣기(paste)는 대부분의 운영 체제와 소프트웨어 프로그램에서 보편적으로 사용하는 용어로 어디서나 사용 가능하다. Vim에서도 물론 이 기능이 제공되지만 사용하는 용어는 제거하기(delete), 복사하기(yank), 붙여넣기(put)로 다르다.

Vim의 붙여넣기 명령은 일반적인 붙여넣기와 동일하게 동작한다. 다행히 두 단어 모두 문자 p로 시작하기 때문에 어느 용어를 사용해도 기억하기 쉬울 것이다.

Vim의 잘라내기 명령은 일반적인 복사하기 동작처럼 동작하는데, 여기에는 역사적인 이유가 있다. c 명령은 이미 교체하기(change) 동작이 배정되어 있어서 복사하기(copy)를 대체할 만한 이름을 찾아야 했다. 사용 가능한 키 중 y가 있어서 복사하기 동작을 나타내는 기능은 복사하기 대신 잘라내기(yank) 명령으로 이름 붙게 되었다.

Vim의 제거하기 명령은 일반적인 잘라내기 동작과 동일하다.[1] 이 명령은 특정 본문을 레지스터에 저장한 다음에 그 본문을 문서에서 제거한다. 이 키를 사용하면서 겪을 수 있는 일반적인 함정을 어떻게 피할 수 있는지 Tip.60의 '악! 복사한 내용을 날렸다'에서 자세히 확인했다.

여기까지 읽었다면 제거하기 기능에 대한 의문이 생길 수도 있다. 본문을 지우면서 레지스터에 저장하지 않는 지극히 일반적인 제거하기 기능은 Vim에 없는 걸까? Vim은 레지스터에 저장하지 않고도 제거하기 명령을 쓸 수 있도록 블랙홀이라 부르는 특별한 레지스터를 제공한다. 이 레지스터는 아무것도 반환하지 않는다. 블랙홀 레지스터는 _ 문자로 참조할 수 있다(:h quote_ 참고). "_d{모션} 명령을 이용하면 진정한 의미의 제거 기능을 사용할 수 있다.

---

1 (옮긴이) 혼동을 피하기 위해 맥락에 따라 제거하기 중 일부는 잘라내기로 번역했다.

무명 레지스터 ("")

명령에서 어떤 레지스터를 사용할지 지정하지 않으면 기본 레지스터인 무명 레지스터를 사용해서 명령을 수행한다. 이 무명 레지스터는 " 기호로 참조할 수 있다(:h quote_quote 참고). 이 레지스터를 명시적으로 참조해서 사용하려면 겹따옴표 두 개를 연속으로 입력하면 된다. 즉, ""p 명령은 p 명령과 동일한 기능을 수행한다.

x, s, d{모션}, c{모션}, y{모션} 명령은 모두 무명 레지스터를 사용한다. 각각 명령의 대문자 명령도 동일하다. 물론 이 명령도 명령 앞에 "{레지스터}를 명시적으로 작성하면 해당 레지스터를 사용한다. 단지 무명 레지스터를 기본 값으로 사용하고 있을 뿐이다. 대부분의 명령에서 무명 레지스터를 기본 레지스터로 사용하기 때문에 쉽게 내용을 잃어버릴 수 있다. 그러므로 무명 레지스터로 작업

할 때는 내용을 유실하지 않도록 각별히 주의해야 한다.

Tip.60의 '악! 복사한 내용을 날렸다'를 다시 생각해보자. 다른 곳에 붙여넣으려는 의도로 본문 일부(단어 "collection")를 복사했다. 복사한 단어를 붙여넣기 전에 붙이려는 공간에 존재하는 단어를 제거했는데 이 삭제 과정에서 제거한 본문이 무명 레지스터를 덮어 씌웠다. p 명령을 사용했을 때는 이전에 복사했던 단어를 붙여넣는 동작을 기대했겠지만 실제로는 마지막에 제거한 단어를 붙여넣게 된다.

사실 Vim이 선택한 용어는 적절하지 않다. x와 d{모션} 명령은 일반적으로 '제거하기' 명령이라고 하는데 잘못된 명칭이다. 제거하기 보다는 그냥 '잘라내기'명령이라고 하는 게 이해하기도 쉽다. 무명 레지스터를 사용하는 상황에서는 붙여넣기를 했을 때 예상과 다른 본문이 나타나는 경우가 자주 있다. 그러나 다행히도 복사하기 작업에서 신뢰하고 사용할 수 있는 복사하기 레지스터가 존재한다.

복사하기 레지스터 ("0)

y{모션} 명령을 사용하면 선택한 본문이 무명 레지스터에만 저장하고 끝내는 게 아니라 복사하기 레지스터에도 내용을 저장한다. 이 복사하기 레지스터는 0 기호를 사용해서 참조할 수 있다(:h quote0 참고).

레지스터 이름처럼 이 레지스터는 y{모션} 명령을 사용했을 때만 내용을 저장한다. 다시 말해서 x, s, c{모션} d{모션} 명령에는 전혀 영향을 받지 않는 레지스터다. 본문 일부를 복사했다면 그 내용은 레지스터 0에 계속 보관된다. 다른 내용을 복사해서 복사하기 레지스터를 덮어쓰지 않는 이상에는 말이다. 무명 레지스터는 쉽게 증발하지만 복사하기 레지스터는 신용할 수 있다.

Tip.60의 '악! 복사한 내용을 날렸다'에서 확인한 문제를 해결하기 위해 복사하기 레지스터를 사용할 수 있다.

키 입력	버퍼 내용
yiw	`collection = getCollection();` `process(somethingInTheWay, target);`
jww	`collection = getCollection();` `process(somethingInTheWay, target);`
diw	`collection = getCollection();` `process( target);`
"0P	`collection = getCollection();` `process(collection, target);`

제거하기 명령인 diw는 무명 레지스터의 내용을 덮어쓰지만 복사하기 레지스터
는 건드리지 않는다. 복사하기 레지스터에 안전하게 보관된 내용은 "0P 명령을
사용해서 붙여넣을 수 있다. 원하는 대로 동작했다.

무명 레지스터나 복사하기 레지스터의 내용을 확인하면 어떤 본문을 제거하
고 복사했는지 확인할 수 있다. 레지스터에 저장된 내용은 다음 명령으로 확인
한다.

```
⇒ :reg "0
〈 ─── 레지스터 ───
  "" somethingInTheWay
  "0 collection
```

이름 레지스터("a-"z)

Vim에서는 각각의 영문자를 이용한 이름 레지스터를 제공한다(:h quote_alpha
참고). 다시 말해서 잘라내기("ad{모션}), 복사하기("ay{모션}), 붙여넣기("ap)처
럼 사용할 수 있는 26개의 공간이 제공된다는 뜻이다.

이름 레지스터를 사용하면 Tip.60의 '악! 복사한 내용을 날렸다'의 문제도 해
결 가능하다.

키 입력	버퍼 내용
"ayiw	collection = getCollection(); process(somethingInTheWay, target);
jww	collection = getCollection(); process(somethingInTheWay, target);
diw	collection = getCollection(); process(, target);
"aP	collection = getCollection(); process(collection, target);

이름 레지스터를 사용하려면 추가적으로 키를 입력해야 하기 때문에 간단한 상
황에서는 복사하기 레지스터("0)를 사용하는 게 더 좋은 선택이다. 반면 이름 레
지스터는 하나 이상의 본문을 복사해서 여러 위치에서 활용해야 하는 상황에는
아주 유용하게 활용할 수 있다.

레지스터와 함께 명령을 사용할 때 이름 레지스터를 소문자로 참조하면 그 레
지스터에 내용을 덮어씌우게 되고, 대문자로 참조하면 레지스터에 저장된 내용

뒤에 덧붙이게 된다. 'Tip.100 TODO 항목을 레지스터에 수집하기'에서 레지스터에 내용을 덧붙이는 예제를 확인할 수 있다.

블랙홀 레지스터 ("_)

블랙홀 레지스터는 아무 내용도 반환하지 않는다. 이 레지스터는 밑줄(_) 기호로 참조한다(:h quote_ 참고). "_d{모션} 명령을 실행하면 Vim은 삭제한 내용을 어떤 레지스터에도 복사하지 않고 내용을 제거한다. 이 기능은 무명 레지스터의 내용을 덮어쓰우지 않고 본문을 지우는 데 유용하게 사용할 수 있다.

블랙홀 레지스터는 Tip.60의 '악! 복사한 내용을 날렸다'의 문제를 해결할 때에도 사용할 수 있다.

키 입력	버퍼 내용
yiw	collection = getCollection(); process(somethingInTheWay, target);
jww	collection = getCollection(); process(somethingInTheWay, target);
"_diw	collection = getCollection(); process(, target);
P	collection = getCollection(); process(collection, target);

시스템 클립보드("+)와 영역 선택("*) 레지스터

지금까지 다룬 모든 레지스터는 Vim 내부에서 사용하는 레지스터다. Vim에서 복사한 본문을 외부 프로그램에 붙여넣기 위해서는 (또는 그 반대 작업을 하기 위해서는) 시스템 클립보드를 사용해야 한다. Vim의 +(더하기 기호) 레지스터는 시스템 클립보드를 참조하며 + 기호로 사용할 수 있다(:h quote+ 참고).

외부 애플리케이션에서 복사하거나 잘라낸 내용을 Vim에서 사용하려면 "+p 명령으로 붙여넣으면 된다(또는 끼워넣기 모드에서 〈C-r〉+를 입력한다). 반대로 Vim에서 "+ 레지스터에 본문을 잘라내거나 복사하면 그 본문을 시스템 클립보드에서 사용할 수 있다. 이 기능으로 Vim에서 외부 프로그램으로 손쉽게 내용을 붙여넣을 수 있다.

X11 윈도우 시스템에는 주(primary) 클립보드라고 하는 다른 종류의 클립보드가 존재한다. 이 클립보드는 가장 최근에 선택한 내용을 저장하며 마우스 가

운데 버튼을 (만약 있다면) 누르면 그 클립보드 내용을 붙여넣는다. Vim에서는 인용별(quotestar) 레지스터가 이 주 클립보드와 연결되어 있으며 * 기호로 참조할 수 있다(:h quotestar 참고).

레지스터	버퍼 내용
"+	잘라내기, 복사하기, 붙여넣기에 사용하는 X11 클립보드
"*	마우스 가운데 버튼으로 사용하는 X11 주 클립보드

윈도우즈와 맥 OS X에는 주 클립보드가 없기 때문에 "+, "* 레지스터는 둘 다 시스템 클립보드를 참조한다.

Vim을 컴파일할 때 X11 클립보드 호환을 지원할지 정할 수 있다. 사용하고 있는 Vim에서 호환을 지원하는지 확인하려면 :version 명령에서 xterm_clipboard 를 찾아보면 된다. xterm_clipboard 앞에 빼기 기호(-)가 붙어 있다면 현재 설치된 Vim은 그 기능을 지원하지 않는다는 뜻이다. 더하기 기호(+)가 붙어 있다면 이 기능을 사용할 수 있다는 의미다.

표현식 레지스터 ("=)

Vim의 레지스터는 단순히 문자열을 저장하는 보관함이라고 생각할 수 있다. 하지만 = 기호로 참조할 수 있는 표현식 레지스터는 예외다(:h quote= 참고). 표현식 레지스터를 사용하면 Vim은 명령행 모드로 전환되고 = 기호를 프롬프트에 출력한다. 이 명령행에 Vim 스크립트 표현식을 입력한 다음에 〈CR〉을 눌러서 스크립트를 실행할 수 있다. 만약 표현식이 문자열을 반환하면 (또는 문자열로 생각할 수 있는 값을 반환하면) Vim은 그 결과를 사용할 것이다.

표현식 레지스터를 사용하는 예시는 'Tip.16 즉석에서 계산하기', 'Tip.96 두 개 이상의 단어 교체하기', 'Tip.95 치환에서 산술 계산 수행하기', 'Tip.71 목록에 있는 숫자 항목을 반복자로 계산하기'에서 확인할 수 있다.

그 외 레지스터

이름 레지스터, 무명 레지스터, 복사하기 레지스터에는 제거하기 명령 또는 잘라내기 명령을 사용해서 내용을 명시적으로 설정할 수 있다. Vim은 이런 레지스터 외에도 이미 값이 저장되어 있는 유용한 레지스터도 추가적으로 제공한다. 이 레지스터를 통틀어 읽기 전용 레지스터라고 부른다(:h quote. 참고). 다음 표에서 읽기 전용 레지스터를 요약했다.

레지스터	내용
"%	현재 파일명
"#	직전에 편집한 파일명
".	마지막 삽입 본문
":	마지막 Ex 명령
"/	마지막 검색 패턴

기술적으로 따지면 "/ 레지스터는 읽기 전용이 아니며, :let 명령을 사용해서 명시적으로 검색 패턴을 저장할 수 있다(:h quote/ 참고). 하지만 편의상 이 표에 포함했다.

Tip.62 레지스터로 비주얼 선택 영역 대체하기

비주얼 모드에서 붙여넣기 명령을 사용하는 경우에 독특한 특징이 있다. 이 팁에서는 이 특징을 어떻게 사용할 수 있는지 학습한다.

p 명령을 비주얼 모드에서 사용하면 Vim은 선택한 영역을 레지스터에 있는 내용으로 대체하게 된다(:h v_p 참고). 이 기능을 Tip.60의 '악! 복사한 내용을 날렸다'에서 확인한 문제를 해결할 때도 사용할 수 있다.

키 입력	버퍼 내용
yiw	collection = getCollection(); process(somethingInTheWay, target);
jww	collection = getCollection(); process(somethingInTheWay, target);
ve	collection = getCollection(); process(somethingInTheWay, target);
p	collection = getCollection(); process(collection, target);

이 해결책은 대부분의 상황에서 가장 좋은 방법이다. 이 방식을 사용하면 무명 레지스터를 그대로 사용하면서도 문제없이 복사하고 붙여넣을 수 있는데, 선택한 영역을 제거하는 작업이 없어 무명 레지스터가 오염되지 않기 때문이다. 게다가 잘라내기와 붙여넣기 동작을 각각 따로 수행한 이전 방식과 다르게 선택한 영역을 레지스터에 저장한 내용으로 바로 치환한다. 따라서 하나의 동작으로 두

가지 일을 해결할 수 있다.

이 기법의 부가적인 효과를 이해하는 것도 중요하다. u를 눌러서 마지막 변경을 취소해보자. gv를 눌러서 마지막 선택 영역을 다시 선택하고 p를 입력한다. 무슨 일이 일어났는가? 아무 일도 일어나지 않았다!

이 작업을 다시 실행할 때는 "0p 명령을 사용해서 복사하기 레지스터에 있던 내용으로 선택 영역의 본문을 대체해야 한다. p 명령을 사용했을 때는 무명 레지스터에 있는 내용을 사용해서 선택한 영역의 내용을 덮어썼다. 이 명령을 사용하던 순간에는 붙여넣기 위해 지웠던 문자열이 무명 레지스터에 저장되어 있었다. 하지만 두 번째 이 명령을 실행했을 때는 p 명령으로 지워진 문자열이 무명 레지스터에 저장되었다. 무명 레지스터의 내용이 선택했던 문자열로 덮어 씌워졌기 때문에 붙여넣으려던 문자열이 없어진다. 이런 이유에서 원하는 대로 동작하지 않았던 것이다.

이 기능이 얼마나 이상한지는 잘라내기, 복사하기, 붙여넣기 표준 모델의 API와 비교해보면 더 명확하다. 이 API가 setClipboard()와 getClipboard()라는 두 메서드를 제공한다고 생각해보자. 잘라내기와 복사하기 동작은 둘 다 setClipboard()를 호출하고 붙여넣기 동작은 getClipboard()를 호출한다. Vim 비주얼 모드에서 p 명령을 사용하면 이 두 메서드를 동시에 사용하는 것이다. 즉, 무명 레지스터에서 붙여넣을 내용을 가져온 다음, 제거한 내용을 다시 무명 레지스터에 입력한다.

이 기능은 문서의 선택 영역과 레지스터에 있는 본문의 위치를 서로 맞바꾼다고 생각할 수 있다. 이 특징이 하나의 기능일까, 아니면 버그일까? 각자의 판단에 맡긴다.

두 단어 치환하기

Vim 비주얼 모드에서 붙여넣기가 특이하게 동작한다는 점을 살펴봤다. 다음 표를 보자. "I like chips and fish" 문장에서 "chips and fish"를 두 단어의 순서를 바꿔 "fish and chips"로 바꾸려 한다.

de 명령을 사용해서 "chips"를 잘라내고 무명 레지스터에 이 단어를 저장했다. 그리고 치환하려는 단어인 "fish"를 영역으로 선택했다. 이제 p 명령을 사용하면 그 순간 문서에 있던 "chips"는 사라지고 무명 레지스터에 저장되어 있었던 "fish"로 대체된다. 그런 후에 원래 "fish"가 있었던 공백 위치로 이동해서 무명 레지스터에 저장되어 있는 "fish"를 다시 문서에 붙여넣었다.

키 입력	버퍼 내용
{시작}	I like chips and fish.
fc	I like chips and fish.
de	I like and fish.
mm	I like and fish.
ww	I like and fish.
ve	I like and fish.
p	I like and chips.
`m	I like and chips.
P	I like fish and chips.

이 예제를 실제로 따라해보면 c3w 명령으로 "chips and fish"를 지우고 직접 "fish and chips"를 입력하는 것이 더 빠르다는 것을 알 수 있다. 물론 긴 문장에서 치환이 필요할 때는 여전히 유용하게 사용할 수 있는 기법이다.

m{문자} 명령으로 마크를 생성해서 위치를 저장하고 `{문자} 명령을 이용해 그 위치로 이동했다. 이 명령은 'Tip.54 위치를 표시하고 그 위치로 이동하기'에서 더 자세하게 다뤘다.

Tip.63 레지스터에서 붙여넣기

일반 모드에서 붙여넣기 명령은 어떤 본문을 붙여넣는가에 따라서 다르게 동작할 수 있다. 행 단위 또는 문자 단위 본문을 붙여넣은 경우에 유용하게 사용할 수 있는 각각의 전략을 확인한다.

'Tip.60 무명 레지스터로 잘라내기, 복사하기, 붙여넣기'에서 두 문자의 위치를 xp 명령으로 바꾸고, ddp로 두 행의 순서를 바꾸는 것을 다뤘다. 두 경우 모두 p 명령을 사용했지만 내용을 붙여넣는 방식은 미묘하게 다르다.

p 명령은 커서 위치 뒤로 레지스터에 있는 본문을 붙여넣는다(:h p 참고). 이 명령을 보완하기 위해서 대문자 P 명령도 제공하는데 이 명령은 커서 앞에 문자열을 붙여넣는다. 문자열을 커서 앞에 붙여넣는지 커서 뒤에 붙여넣을지에 따라서 결과가 달라질 수 있는데 이 동작은 레지스터에 저장되어 있는 본문 형태에 영향을 받는다.

xp를 사용하는 경우에는 레지스터에 단일 문자가 저장된다. p 명령을 사용하면 커서 바로 뒤에 레지스터에서 가져온 내용을 붙여넣게 된다.

ddp를 사용하면 레지스터에 하나의 완전한 행이 저장된다. p 명령을 누르면 현재 커서가 위치한 행의 아래로 레지스터 내용을 붙여넣는다.

p 명령을 사용해 레지스터에서 내용을 가져올 때 현재 커서가 위치한 문자 뒤로 붙여넣는지 아니면 현재 커서 행 밑으로 내용을 붙여넣는지는, 레지스터에 저장되어 있는 내용이 어떤 내용인가에 따라 다르다. 행 단위 잘라내기 또는 복사하기 동작(예를 들어, dd, yy, dap)을 사용했다면 레지스터는 행 단위로 동작하고, 문자 단위의 잘라내기 또는 복사하기 동작(x, diw, das 등)을 사용했다면 문자 단위의 레지스터를 생성한다. p 명령의 출력 결과는 대부분의 경우에서 상당히 직관적으로 동작할 것이다(:h linewise-register 참고).

문자 단위로 붙여넣기

기본 레지스터에 "collection"이라는 문자열을 저장하고 있는데 아래 메서드에서 첫 번째 인자 위치에 이 문자열을 붙여넣으려고 한다. 이 상황에서 p 또는 P 중 어느 명령을 사용하는가는 현재 커서의 위치를 기준으로 결정해야 한다. 다음 버퍼를 살펴보자.

```
collection = getCollection();
process(▌, target);
```

다음 내용과 비교해보자.

```
collection = getCollection();
process(▌ target);
```

첫 번째 경우는 p를 사용해야 하고 두 번째 경우는 P를 사용해야 한다. 이 두 상황을 직관적으로 판단하기란 쉽지 않다. 실제로 잘못 입력하는 경우도 많다. 하지만 puP 또는 Pup로 빠르게 다른 선택지로 전환할 수 있기 때문에 잘못 입력하더라도 손쉽게 되돌리고 다른 붙여넣기 방식을 사용할 수 있다.

문자 단위의 문자열을 붙여넣는 데 커서 앞에 붙여야 할지 뒤에 붙여야 할지 고민하는 일은 사소하지만 꽤 신경 쓰이는 일이다. 그래서 문자 단위 문자열을 붙여넣을 때는 일반 모드에서 p와 P 명령을 사용하는 방법보다 끼워넣기 모드에서 〈C-r〉{레지스터} 명령을 사용하는 방법을 더 자주 이용하게 된다. 이 기법을 사용하면 레지스터에 있는 내용을 항상 커서 앞에 붙여넣기 때문에 동작에 일관성이 있다. 마치 끼워넣기 모드에서 직접 입력하는 방식으로 생각할 수 있어서 붙여넣는 작업에 실수를 줄일 수 있다.

끼워넣기 모드에서 무명 레지스터의 내용을 붙여넣을 때는 〈C-r〉"를, 잘라내기 레지스터에 있는 내용을 삽입할 때는 〈C-r〉0 명령을 사용할 수 있다('Tip.15 끼워넣기 모드를 벗어나지 않고 레지스터 붙여넣기'에서 더 자세한 내용을 다룬다). 이 방식을 Tip.60의 '악! 복사한 내용을 날렸다'의 예시에서도 적용할 수 있다.

키 입력	버퍼 내용
yiw	`collection = getCollection();` `process(somethingInTheWay, target);`
jww	`collection = getCollection();` `process(somethingInTheWay, target);`
ciw<C-r>0<Esc>	`collection = getCollection();` `process(collection, target);`

ciw 명령을 사용하면 부수적인 혜택도 있다. 이 명령을 사용한 후에 점 명령을 사용하면 현재 단어를 "collection"으로 치환한다.

행 단위 범위 붙여넣기

레지스터에 행 단위 내용이 저장되어 있을 때는 p는 현재 행 아래에, P는 현재 행 위에 내용을 붙여넣는다. 이 명령은 단어 단위 동작에 비해서 더 직관적이다.

p, P 명령 외에도 gp와 gP 명령이 있는데 짝으로 기억해두면 유용하다. 이 명령을 사용하면 기본 p, P 명령과 동일하게 현재 행을 기준으로 위 또는 아래에 본문을 붙여넣는다. 하지만 커서의 위치는 붙여넣은 본문의 시작 지점이 아니라 본문 끝이 된다. gP 명령은 특히 여러 행을 복사할 때 유용하게 사용할 수 있다. 아래 예시를 확인하자.

키 입력	버퍼 내용

yap	`<table>`
	
	`  <tr>`
	`    <td>Symbol</td>`
	`    <td>Name</td>`
	`  </tr>`
	
	`</table>`

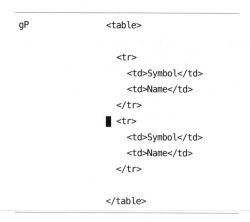

```
gP                    <table>

                        <tr>
                          <td>Symbol</td>
                          <td>Name</td>
                        </tr>
                      █ <tr>
                          <td>Symbol</td>
                          <td>Name</td>
                        </tr>

                      </table>
```

이 명령으로 복사한 본문을 템플릿처럼 활용해서 필요한 부분만 간단하게 수정할 수 있다. P와 gP 명령 모두 붙여넣기 동작을 수행하지만 붙여넣기 후에 커서의 위치에 차이가 있다. P 명령은 붙여넣은 내용이 시작하는 위치에 커서를 둔다. 위 예제에서 사용한 gP 명령은 복제 후에 커서를 붙여넣은 본문 끝 즉, 두 번째 위치에 놓기 때문에 붙여넣은 후에도 필요한 내용을 편리하게 수정할 수 있을 것이다.

토론

p와 P 명령은 여러 행을 붙여넣는 상황에서 강력한 힘을 발휘한다. 하지만 짧은 문자 단위의 본문을 붙여넣을 때는 끼워넣기 모드에서 〈C-r〉{레지스터}를 사용하는 방법이 더 직관적이다.

Tip.64 시스템 클립보드 사용하기

Vim에 붙여넣기 기능이 내장되어 있긴 하지만, 가끔 시스템에서 제공하는 붙여넣기 기능을 사용할 때가 있다. 터미널에서 구동하는 Vim에서 시스템의 클립보드를 사용하는 붙여넣기 기능을 사용하면 예기치 못한 결과가 발생하기도 한다. 시스템 붙여넣기 명령을 사용하기 전에 'paste' 설정을 활성화하면 이 문제를 해결할 수 있다.

준비

이 팁은 Vim을 터미널에서 구동하는 경우에만 해당한다. GVim을 사용하고 있다면 이 팁은 넘겨도 좋다. 다음과 같이 Vim을 터미널에서 구동해보자.

⇒ `$ vim -u NONE -N`

시스템 클립보드를 붙여 넣을 때 문제가 발생하는 경우는 대부분 'autoindent' 설정이 활성화되어 있기 때문이다. 그래서 이 현상을 관찰하기 위해 다음처럼 설정을 활성화한다.

⇒ `:set autoindent`

마지막으로 다음 코드 내용을 시스템 클립보드에 먼저 복사해야 한다. 예제 코드를 내려받은 다음 다른 문서 편집기 또는 웹브라우저로 열어서 시스템 복사 명령으로 코드를 복사한다.

copy_and_paste/fizz.rb

```
[1,2,3,4,5,6,7,8,9,10].each do |n|
  if n%5==0
    puts "fizz"
  else
    puts n
  end
end
```

시스템 붙여넣기 명령 단축키 찾기

이 팁을 따라할 때 시스템 붙여넣기 명령을 사용하려면 자신의 시스템에 맞는 단축키를 사용해야 한다. OS X은 시스템 붙여넣기를 Cmd-v로 실행할 수 있다. 이 명령은 터미널 내에서나 MacVim에서 사용할 수 있는데, 이 명령을 사용하면 시스템 클립보드에 있는 내용을 버퍼에 삽입한다.

리눅스와 윈도우의 경우에는 그렇게 깔끔하게 동작하지 않는다. 시스템 붙여넣기의 표준 단축키는 일반적으로 Ctrl-v로 사용할 수 있다. 하지만 이 단축키는 Vim에서 이미 사용하고 있다. Vim의 일반 모드에서는 비주얼-블록 모드로 전환하는 단축키로 동작하고('Tip.21 비주얼 영역 선택 정의하기' 참고) 끼워넣기 모드에서는 말 그대로 문자를 추가하거나 숫자 코드로 입력하는 기능을 한다('Tip.17 문자 코드를 이용해 일반적이지 않은 문자 입력하기' 참고).

리눅스에서 제공하는 터미널 에뮬레이터 중에는 시스템 클립보드에서 붙여 넣는 동작을 사용할 수 있도록 수정된 버전의 Ctrl-v를 지원하는 경우가 있다. Ctrl Shift-v나 Ctrl Alt-v처럼 시스템에 따라 다른 키를 지원하기도 한다. 지금 설정에서 어떤 시스템 붙여넣기 명령을 사용할 수 있는지 찾지 못하더라도 걱정하지 말자. 붙여넣기 키 대신에 이 팁의 마지막에서 알려주는 "* 레지스터를 활용해도 되기 때문이다.

끼워넣기 모드에서 시스템 붙여넣기 명령 사용하기

끼워넣기 모드로 전환한 다음에 시스템 붙여넣기 명령을 사용하면 다음과 같이
결과가 이상해진다.

```
[1,2,3,4,5,6,7,8,9,10].each do |n|
  if n%5==0
    puts "fizz"
      else
    puts n
      end
      end
```

보다시피 들여쓰기가 난장판이 되었다. 끼워넣기 모드에서 시스템 붙여넣기 명
령을 사용하면, 각각의 문자를 손으로 직접 입력한 것처럼 처리된다. 그래서
'autoindent' 설정이 켜져 있는 경우에는 새 행을 시작할 때마다 이전 행과 동일
한 계층의 들여쓰기로 열을 맞추게 된다. 하지만 클립보드에 있는 코드는 이미
들여쓰기를 포함해서 작성한 코드이기 때문에 Vim이 새 행에서 설정한 들여쓰
기와 원래 코드에 있던 들여쓰기까지 합쳐져 원래 의도와 다르게 코드가 오른쪽
으로 치우치게 되는 것이다.

GVim은 클립보드에서 내용을 붙여넣는 상황을 이미 눈치채고 알아서 이 들
여쓰기 문제를 처리하지만, 터미널에서 구동하는 Vim은 클립보드에서 붙여넣
는 상황을 인지하지 못한다. 대신 'paste' 설정을 수동으로 켜서 Vim에게 시스
템 붙여넣기를 사용한다고 미리 알려줄 수 있다. 'paste' 설정을 켜면 Vim은 모
든 끼워넣기 단축키, 축약, 'autoindent'와 같이 붙여넣기에 영향이 있는 설정을
모두 해제한다(:h 'paste' 참고). 시스템 클립보드의 내용을 붙여넣을 때 이 설
정을 사용하면 아무 문제없이 원하는 대로 내용을 붙여넣을 수 있다.

시스템 붙여넣기 명령을 다 사용했으면 이 'paste' 설정을 다시 꺼야 한다. 이
설정을 끄고 다시 일반 모드로 돌아오기 위해서 Ex 명령 :set paste!를 실행한
다. 끼워넣기 모드에서 벗어나지 않고 'paste' 설정을 쉽게 전환할 수 있으면 유
용하게 사용할 수 있지 않을까?

Vim에서 'paste'를 활성화했다면 끼워넣기 모드에서 커스텀 단축키는 모두
사용할 수 없다. 대신 'pastetoggle' 설정에 키를 배정해서 사용할 수 있다(:h
'pastetoggle' 참고).

⇨ `:set pastetoggle=<f5>`

위 명령행을 실행한 이후에는 〈f5〉를 눌러서 붙여넣기 설정을 쉽게 전환할 수 있다. 이 키는 끼워넣기 모드와 일반 모드에서 둘 다 동작한다. 이 단축키가 유용하다면 `vimrc`에 등록해서 계속 사용할 수 있다.

시스템 클립보드 레지스터를 사용하여 'paste' 전환하지 않고 붙여넣기

시스템 클립보드와 호환이 되는 Vim을 사용하고 있다면 'paste' 설정을 완전히 잊어도 된다. 일반 모드에서 `"+p` 명령을 입력하면 더하기 레지스터에 있는 내용을 붙여넣게 되는데 이 레지스터가 바로 시스템 클립보드를 사용하기 위한 레지스터다(Tip.61의 '시스템 클립보드(`"+`)와 영역 선택(`"*`) 레지스터'에서 자세히 다룬다). 이 명령은 클립보드에 있는 들여쓰기를 그대로 지키기 때문에 아무 문제없이 클립보드의 내용을 붙여넣을 수 있다. 따라서 'paste'와 'autoindent' 설정을 고민할 필요도 없다.

매크로

Vim은 반복 작업을 처리할 수 있는 여러 가지 방법을 제공한다. 작은 변경을 반복할 때 유용하게 사용할 수 있는 점 명령은 이미 배웠다. 하지만 더 큰 단위의 작업인 경우에는 Vim 매크로가 유용하다. 매크로를 사용하면 키 입력을 레지스터에 저장한 후 일련의 명령을 반복적으로 실행할 수 있다.

매크로는 동일한 작업을 행이나 문단, 파일 전체에서 반복해서 실행해야 하는 경우에 이상적으로 사용할 수 있는 기능이다. 매크로를 일련의 파일에서 실행하거나 병렬로 호출할 수 있다. 이 장에서는 매크로를 실행하는 이 두 가지 방법을 확인하고 어떻게 사용하는지 배운다.

일련의 명령을 기록하다 보면 실수를 하는 경우가 있다. 물론 실수를 했다고 전체를 버리고 처음부터 다시 시작할 필요는 없다. 이미 존재하는 매크로에 간단히 새로운 명령을 덧붙이면 된다. 편집할 부분이 많다면 매크로를 문서에 붙여넣어 수정한 다음에 다시 레지스터로 저장해서 사용할 수 있다.

또한 문서 작업을 하다 보면 증가하거나 감소하는 숫자를 연속으로 입력해야 하는 경우가 생긴다. 'Tip.67 실행 횟수 사용하기'에서 기초적인 Vim 스크립트와 표현식 레지스터를 조합해서 숫자를 입력하는 방법을 살펴본다. Vim 매크로를 배우는 것은 바둑과 같다. 몇 분 투자해서 규칙을 배울 수 있지만 정통하기 위해서는 시간을 평생 투자해야 한다. 하지만 매크로는 작업을 쉽게 자동화할 수 있도록 해주기 때문에 다소 어렵게 느껴지더라도 배워둘 가치가 있다. 이제 이 기능을 어떻게 사용하는지 살펴보자.

Tip.65 매크로 기록하고 실행하기

매크로는 일련의 변경 내용을 기록한 후에 그 기록한 내용을 반복해서 사용할 수 있는 기능을 제공한다. 이 팁에서 매크로를 어떻게 이용하는지 배운다.

반복해서 처리해야 하는 작업 중에는 반복적인 변경도 필요한 경우가 있다. 이 과정을 자동화하기 위해서 매크로로 기록하고 실행해보자.

매크로로 기록하기 위해 일련의 명령 모으기

매크로를 '기록'하고 '정지'하기 위해 q를 사용할 수 있다. 키 입력을 하기 전에 q{레지스터}를 입력하면 참조로 사용한 레지스터에 입력하는 모든 명령을 매크로로 저장한다. 매크로 기록이 제대로 시작되었다면 화면 하단에 있는 상태 행에 '기록 중(recording)'이라고 표시가 뜬다. 이제 실행하는 모든 명령과 입력은 q를 다시 눌러서 매크로 기록을 멈출 때까지 저장된다. 실제로 어떻게 사용하는지 확인해보자.

키 입력	버퍼 내용

qa	`foo = 1`
	`bar = 'a'`
	`foobar = foo + bar`

A;\<Esc\>	`foo = 1;`
	`bar = 'a'`
	`foobar = foo + bar`

Ivar␣\<Esc\>	`var foo = 1;`
	`bar = 'a'`
	`foobar = foo + bar`

q	`var foo = 1;`
	`bar = 'a'`
	`foobar = foo + bar`

qa를 입력해서 레지스터 a에 매크로를 기록하기 시작했다. 기록을 시작한 후에 첫 번째 행에서 두 가지를 변경했다. 먼저 세미콜론을 끝에 넣고 앞에 var를 추가했다. 이 두 가지 변경을 끝내고 나서 q를 눌러서 매크로 기록을 끝냈다(:h q 참고).

지금까지 입력한 내용은 레지스터에 저장되는데, 다음과 같이 내용을 확인할 수 있다.

```
⇒ :reg a
〈 ── 레지스터 ──
  "a    A;^[Ivar ^[
```

알아보기는 어렵지만 앞서 입력한 명령이 순서대로 기록되어 있다는 사실은
알 수 있을 것이다. 레지스터의 내용 중 ^[기호가 눈에 들어오는데 이 기호는
〈Esc〉를 뜻한다. 자세한 내용은 Tip 72의 '매크로에서의 키보드 코드'에서 설명
한다.

매크로를 실행해서 일련의 명령 다시 실행하기

레지스터에 저장한 매크로는 @{레지스터} 명령으로 실행할 수 있다(:h @ 참고).
가장 마지막에 실행했던 매크로를 사용하려면 @@를 입력한다. 이 명령을 사용하
는 예시는 다음과 같다.

키 입력	버퍼 내용
{시작}	var█foo = 1; bar = 'a' foobar = foo + bar
j	var foo = 1; bar█= 'a' foobar = foo + bar
@a	var foo = 1; var█bar = 'a'; foobar = foo + bar
j@@	var foo = 1; var bar = 'a'; var█foobar = foo + bar;

나머지 두 행을 동일하게 변경하기 위해서 방금 기록한 매크로를 반복해서 실행
했다. 첫 번째는 @a를 사용했고 그 다음 행에서는 @@ 명령을 이용해 마지막에 사
용한 매크로를 다시 실행했다.

이 예시에서는 j@a 명령으로 저장한 매크로를 사용했다(그리고 이어서 j@@를
사용했다). 표면적으로 보면 반복 동작을 위해 명령을 입력하는 패턴이 점 명령
과 유사하다는 점을 확인할 수 있을 것이다. 이 명령은 이동을 위해 키(j)를 한
번 입력했고 동작을 위해 키(@a)를 두 번 입력했다. 이걸로도 작업을 처리하기에
충분하지만 더 나은 방법이 있다.

　매크로를 반복적으로 실행하는 상황에서 사용할 수 있는 몇 가지 기법이 있다. 각각 기법을 사용하기 위한 설정은 조금씩 다르다. 특히 중요한 점은 매크로로 명령을 반복하는 중간에 오류가 발생했을 때 각 기법마다 오류에 대처하는 방법이 다르다는 점이다. 크리스마스 트리 전구를 예로 들어 각 기법이 어떤 차이가 있는지 설명한다.

　저렴한 파티 전구의 경우 전구가 직렬로 연결됐을 가능성이 높다. 이어진 전구 중에서 전구 하나가 나가면 모든 전구가 나갈 것이다. 비싼 파티 전구라면 각 전구가 병렬로 연결되었을 것이다. 비싼 파티 전구는 전구 하나가 나가도 다른 전구에는 영향을 주지 않는다.

　매크로를 연속해서 실행하는 방식을 설명하기 위해 직렬과 병렬이라는 표현을 빌려왔다. 각각의 매크로의 실행 방법, 동작 방식의 차이는 이 파티 전구의 직렬, 병렬과 비슷하다. 직렬로 매크로를 실행하는 방법은 직렬도 연결된 저렴한 파티 전구처럼 불안정하다. 반면 매크로를 병렬로 실행하는 방법은 좀 더 안정적인 방식이라 할 수 있다.

매크로 직렬로 실행하기

다음은 컨베이어 벨트 위에서 로봇 팔이 물건을 조립하고 있는 그림이다.

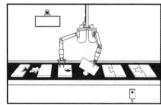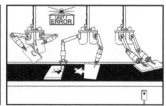

매크로를 기록하는 과정은 로봇이 해야 하는 일을 프로그래밍 하는 것과 같다. 로봇은 같은 일을 반복해야 하기 때문에 매크로로 기록한 작업은 반복할 수 있는 하나의 단위가 될 것이다. 로봇 팔은 이 단위 작업이 끝나면 다시 컨베이어 벨트로 돌아가서 다음 항목을 가져온다. 이 접근 방식처럼 하나의 매크로를 작성한 후 비슷한 항목을 대상으로 일련의 순서가 있는 작업을 반복 수행하는 데 사용할 수 있다.

　이 접근 방식을 사용하고 있다고 가정했을 때, 예상치 않은 일이 발생한다면 어떻게 해야 할까? 바로 경고음을 내고 동작을 중지해야 한다. 컨베이어 벨트 위에 끝내지 못한 일이 남아 있더라도 작업을 멈춰야 한다.

매크로 병렬로 실행하기

매크로를 병렬로 실행하는 일은 컨베이어 벨트로 조각난 물건을 보내는 방식과는 다르다. 오히려 모든 부품을 모두에게 나눠줘서 동시에 조립하는 방법에 가깝다. 담당한 부분만 조립하는 로봇을 배치하는 방식이 아니라[2], 각각의 로봇이 모든 조립 과정 전체를 담당하도록 하는 방식이다. 즉, 각각 로봇은 하나의 완성된 일을 하게 된다. 모든 로봇이 성공적으로 부품을 조립했다면 물론 박수칠 만한 일이다! 하지만 로봇 하나가 실패했다 하더라도 다른 물건에 영향을 주지는 않을 것이다.

Vim에서는 매크로를 병렬로 실행하는 방식이든 직렬 방식이든 어느 방법을 사용하더라도 내부적으로는 순차적으로 실행한다. 그런데도 병렬이라는 용어를 사용하는 이유는 병렬 기관과 유사한 형태로 매크로를 처리하기 때문이다. 앞에서 파티 전구의 예를 들었다. 여기까지 내용을 읽고 나서, Vim에서는 항상 병렬로 매크로를 실행하는 것이 바람직하겠구나라고 생각했을지 모른다. 하지만 파티 전구의 비유는 매크로를 병렬로 실행하는 것을 권장하는 의미로 보인 것은 아니다.

'Tip.68 연속된 행에 변경 반복하기'와 'Tip.70 파일 묶음을 대상으로 작업 처리하기'에서 매크로를 직렬과 병렬로 실행하는 예제를 확인해보자.

Tip.66 정규화, 공격, 중지

가끔 매크로가 예상하지 못한 결과를 만들 수 있다. 그때는 다음 예처럼 작업을 조화롭게 처리한다.

명령을 순서대로 직접 입력한다면 입력에 따라서 매번 눈으로 변화를 확인하며 명령의 순서나 종류를 변경할 수 있을 것이다. 하지만 매크로를 사용하면 저장된 일련의 키가 현재 버퍼의 상황과 상관없이 그대로 연속해서 입력된다. 매크로를 반복하는 과정을 주의 깊게 보지 않는다면 기대와는 다른 결과가 나타날 수 있다. 하지만 각각 상황에 순응해서 더 유연하게 동작하도록 매크로를 조합하는 방법도 가능하다. 매크로를 기록하면서 모든 명령을 반복 가능한 형태로 작성할 것, 이것이 바로 매크로의 황금률이다.

2 *http://all-sorts.org/of/robots*

커서 위치 정규화하기

매크로 기록을 시작하면서 스스로에게 이 질문을 해보자. 나는 어디인가? 어디에서 왔는가? 어디로 가는가? 어떤 작업이든 작업을 시작하기 전에 커서의 위치를 먼저 살피고 다음 명령은 어떤 명령인가를 고려해서 커서가 어디로 이동해야 하는지 생각해야 한다.

커서를 이동하는 일은 다음 검색 일치로 이동하거나(n) 현재 행의 맨 앞으로 이동하거나(0) 현재 파일의 첫 행으로 이동(gg)하는 등 커서를 특정 위치에 놓는 것이다. 모든 작업을 다 끝낸 후에는 커서를 원래 위치에 다시 옮겨 놓아야 매크로를 더 쉽게 재사용할 수 있다.

반복할 수 있는 모션으로 목표 공략하기

Vim은 파일 내를 탐색할 수 있는 수많은 모션을 제공한다. 이 모션을 제대로 사용해보자. 커서가 원하는 위치에 이동할 때까지 l을 두드리는 일은 하지 않도록 하자. 매크로가 실행될 때는 어느 위치에서 어떤 방식으로 입력하는지 고려하지 않고 명령을 기록한 그대로 사용한다는 점을 기억해야 한다. 매크로를 작성하면서 커서를 오른쪽으로 열 칸 이동했다면 나중에 이 매크로를 사용할 때는 어떻게 동작할까? 이 저장한 매크로가 실행되면 매크로를 작성했을 때처럼 커서를 오른쪽으로 열 차례 이동하려 한다. 하지만 이 매크로를 작성했던 맥락과 다른 상황이라면 원하는 위치를 넘어가거나 그 위치 근처에도 못 갈 수 있다.

w, b, e, ge와 같은 단어 단위 모션은 h, l 같은 문자 단위 모션보다 훨씬 유연하게 적용할 수 있다. 매크로를 기록할 때, 0 모션을 사용한 다음에 e 모션을 사용했다면 매크로를 반복해서 사용하더라도 일관성 있는 결과를 얻을 것이다. 0e를 입력하면 현재 행 첫 번째 단어의 마지막 문자 위치로 커서를 이동한다. 현재 행에 단어가 하나라도 있다면 첫 번째 단어가 몇 글자로 이뤄졌는지 상관없이 해당 위치로 이동한다.

검색으로 이동하고, 텍스트 객체를 사용한다. Vim이 제공하는 모든 모션을 꺼내 들고 유연하고 반복하기 좋은 매크로를 만들자. 그리고 이 점을 명심하자. 매크로를 작성할 때는 마우스 사용 금지다!

모션이 동작에 실패했을 때 중지하기

Vim 모션은 적절하지 않은 상황에서는 작동하지 않는다. 예를 들어 파일의 첫 행에 커서가 있는 경우에는 k를 눌러도 아무런 변화가 없을 것이다. 동일하게 파일 마지막 행에 커서가 놓여 있을 때는 j를 눌러도 아무 일도 일어나지 않는다. 이처럼 Vim은 이동 모션이 실패한 경우 기본적으로 경고음이 발생한다. 경고음이 울리는 게 싫다면 'visualbell' 항목으로 끌 수 있다(:h 'visualbell' 참고).

매크로 실행 중에 모션으로 이동하는 데 실패하면 나머지 매크로는 실행되지 않고 중지한다. 매크로가 멈추는 것은 버그가 아니라 기능이다. 매크로를 사용하기 전에 모션을 직접 사용해보면 이 상황에서 해당 매크로를 사용할 수 있는지 판단할 수 있을 것이다.

이 예제를 생각해보자. 먼저 패턴을 검색하는 것으로 시작한다. 문서에서 패턴과 일치하는 부분을 열 군데 찾았다. n 명령을 사용해서 다음 일치한 위치를 찾아 해당 내용을 편집하는 매크로를 작성했다. 커서가 일치하는 위치로 이동한 다음에 내용을 변경하고 매크로 기록을 끝냈다. 검색 패턴에 일치했던 단어였지만 내용을 변경했기 때문에 커서가 놓인 곳은 더 이상 검색 패턴과 일치하지 않는다. 이제 일치하는 위치는 아홉 군데만 남게 된 것이다.

다시 이 매크로를 실행하면 다음 일치하는 위치로 이동해서 내용을 변경한다. 이제 검색 패턴에 일치하는 위치는 여덟 군데 남았다. 더 이상 일치하는 위치가 없을 때까지 매크로를 반복한다. 이제 매크로를 실행하기 전에 n 명령을 눌러보면 일치하는 위치가 없기 때문에 이동에 실패한다. 이 매크로는 n으로 시작하기 때문에 모션 이동에 실패할 것이다. 매크로를 실행하면 모션 이동에 실패해서 더 이상 동작하지 않고 정지한다.

a 레지스터에 매크로가 저장되어 있다고 가정해보자. 이 매크로를 열 번 실행하기 위해서 @a를 열 번 입력할 필요가 없다. 반복하려는 숫자를 접두어로 사용해서 10@a로 입력한다. 이 방법을 사용하면 정확히 필요한 만큼만 매크로를 실행할 수 있다. 몇 차례나 실행해야 할지 신경 써야 할까? 아니다. 매크로로 변경할 대상이 남아 있지 않으면 더 실행되지 않기 때문에 횟수는 큰 문제가 되지 않는다. 100@a든, 1000@a든 최종 결과는 동일하다.

Tip.67 실행 횟수 사용하기

점 명령은 반복해야 할 횟수가 적은 경우에 편리하게 쓸 수 있지만, 실행 횟수
(count)와 함께 실행할 수는 없다는 단점이 있다. 이 한계를 극복하기 위해서 반
복해야 할 동작을 간단한 매크로로 작성하면 실행 횟수를 지정해서 명령을 반복
할 수 있다.

'Tip.3 한 걸음 물러서고 세 걸음 나아가기'에서 사용한 다음 예제는 점 공식을
사용해서 내용을 변경했다.

```
the_vim_way/3_concat.js
var foo = "method("+argument1+","+argument2+")";
```

이 파일을 다음처럼 변환하려고 한다.

```
var foo = "method(" + argument1 + "," + argument2 + ")";
```

점 공식은 ;. 명령을 몇 차례 입력하는 것으로 간단한 반복 문제를 해결할 수 있
는 장점이 있었다. 동일한 작업이지만 대규모로 처리해야 하는 상황에 직면하면
어떻게 해결해야 할까?

```
x = "("+a+","+b+","+c+","+d+","+e+")";
```

점 공식을 배울 때 사용했던 접근 방식과 동일한 방법으로도 이 예제를 해결할 수
있다. 하지만 ;. 명령을 사용하면 작업을 완료할 때까지 몇 차례나 입력해야
할지 막막하다. 방대한 작업을 시작하는 기분까지 든다. 실행하는 횟수를 넣어
서 반복하는 방법은 없을까?

앞에서 배운 내용대로 11;.을 입력하면 쉽게 반복해서 문제를 해결할 수 있지
않을까? 하지만 실제로는 예상과 다르게 동작한다. 이 명령은 ;을 11번 실행한
다음에 .을 한 번 실행한다. ;11.을 생각했었다면 이 명령도 문제가 있다는 점을
눈치챘을 것이다. 이 명령은 ;을 한 번 실행한 다음 .을 11차례 실행한다. 원하
는 것은 ;.을 11번 실행하는 것이다.

이 명령을 가장 간단하게 매크로로 전환하는 방법은 qq;.q 명령이다. qq는 이
후 입력을 q 레지스터에 기록하는 명령이다. 이제 매크로로 전환하려는 명령인
;.을 입력한다. 마지막으로 q을 입력해서 매크로 기록을 종료한다. 이제 11@q처
럼 횟수와 함께 실행해서 ;.을 11번 실행하는 목표를 달성할 수 있다. 이 내용을
종합해서 살펴보면 다음과 같다.

키 입력	버퍼 내용
{시작}	x = "("+a+","+b+","+c+","+d+","+e+")";
f+	x = "("+a+","+b+","+c+","+d+","+e+")";
s + <Esc>	x = "(" +a+","+b+","+c+","+d+","+e+")";
qq;.q	x = "(" + a +","+b+","+c+","+d+","+e+")";
22@q	x = "(" + a + "," + b + "," + c + "," + d + "," + e +")";

; 명령으로 f+ 검색을 반복했다. 커서의 위치가 행의 마지막 + 문자 뒤라서 ; 모션 이동에 실패하고 매크로는 정지한다.

이 경우에는 정확하게 열 번만 매크로를 실행하면 된다. 하지만 횟수를 초과해서 11번 실행하더라도 마지막 실행은 모션 이동에 실패해서 정지한다. 다시 말해서 작업이 10번 필요한 경우에도 10번 이상의 실행 횟수를 사용할 수 있고 더 많은 횟수를 반복하더라도 작업을 완료하는 데는 아무런 영향을 주지 않는다는 뜻이다.

매크로를 몇 번 실행해야 하는지 알아보기 위해서 하나씩 세고 있는 사람이 있는가? 참고로 나는 아니다. 나는 정확한 실행 횟수를 가늠하기보다는 더 많은 횟수를 예상해서 입력하는 방법을 선호한다. 실행 횟수로 22을 자주 사용하는데 숫자 2는 게으른 사람에게 입력하기 더할 나위 없이 좋은 위치에 있다. 왜냐하면 내가 사용하는 키보드에는 @와 2가 동일한 버튼에 있기 때문이다.

참고로 매크로를 사용할 때 항상 이런 방식으로 횟수를 가늠해서 실행해야 하는 것은 아니다. 매크로를 작성할 때 사용한 ; 명령은 마지막으로 사용했던 검색 명령인 f+를 반복해서 사용하는 명령으로 현재 행 커서 이후에 존재하는 +를 검색한다. 이 예에서는 커서 이후로 나타나는 + 문자로 계속 이동했고 현재 행에 더 이상 이동할 + 기호가 존재하지 않는 상황에서 모션 이동이 실패했다. 모션 이동이 실패하면 동시에 매크로도 중지되기 때문에 매크로를 많이 반복해도 안전하게 사용할 수 있었다. Tip.66의 '모션이 동작에 실패했을 때 중지하기'에서 더 자세한 내용을 확인할 수 있다.

Tip.68 연속된 행에 변경 반복하기

각각의 행을 대상으로 간단한 작업을 처리하려면 각 행을 일일이 변경하는 대신에 그 과정을 매크로로 작성하고, 범위 행을 대상으로 매크로를 실행해 일괄

적으로 처리하는 게 좋다. 매크로를 실행하는 방법에는 직렬과 병렬 두 가지가
있다.

다음 문서를 편집해서 어떻게 일괄적으로 편집하는지 확인해보자.

---

macros/consecutive-lines.txt

```
1. one
2. two
3. three
4. four
```

이 목록을 다음처럼 변경하려고 한다.

```
1) One
2) Two
3) Three
4) Four
```

작업은 사소해 보일지 몰라도 흥미로운 도전 과제가 기다리고 있다.

단위 작업으로 기록하기

먼저 첫 행에서 모든 변경을 작성한다.

키 입력	버퍼 내용
qa	1. One 2. two
0f.	1. one 2. two
r)	1) one 2. two
w~	1) One 2. two
j	1) One 2. two
q	1) One 2. two

이 예에서는 모션을 매크로 내에서 사용했다. 0 명령을 사용해서 커서의 위치를
행의 가장 앞으로 이동하는 것으로 시작했다. 이 모션을 매크로가 시작될 때 사
용한 덕분에 항상 같은 위치에서 시작할 수 있게 되었고 이제 반복 가능한 형태

의 매크로를 작성할 수 있다.

다음 모션은 f.이다. l 명령을 눌러서 한 칸 이동해도 동일한 위치로 커서를 이동할 수 있기 때문에 키를 두 개 입력하는 이 모션이 비효율적으로 보일 수 있다. 한 번 입력하면 될 일을 왜 두 번 입력한 것일까?

다시 강조하지만 매크로를 작성할 때는 작업의 반복 가능성을 고려해야 한다. 위 예제는 항목 수가 적어서 1부터 4까지만 존재한다. 그런데 항목이 두 자리 이상인 경우에는 매크로가 정상적으로 동작할까?

```
1. one
2. two
...
10. ten
11. eleven
```

앞에서 아홉 번째 항목까지는 0l 명령으로 행의 두 번째 문자인 마침표로 이동할 수 있다. 하지만 열 번째 항목부터는 목표하는 위치로 이동하지 못한다. 반면 f.은 숫자가 두 자리든 세 자리든 상관없이 의도에 맞게 동작한다.

또한 f. 모션을 사용하면 안전한 매크로를 작성할 수 있다. 만약 현재 행에 . 문자가 존재하지 않는다면 f. 명령이 오류를 반환하면서 매크로의 진행을 중단할 것이다. 이 내용은 이후에 다시 확인할 예정이니 기억해두자.

직렬로 매크로 실행하기

기록한 매크로를 실행하기 위해서 @a를 입력했다. 이 매크로는 행에서 가장 먼저 나타나는 . 문자를 찾아서)로 변경한 후, 그 다음 단어의 첫 문자를 대문자로 변경한 후 다음 행으로 이동하고 작업을 마무리한다.

@a 명령을 세 차례 실행하는 대신에 3@a로 더 빠르게 끝낼 수 있다.

키 입력	버퍼 내용
{시작}	1) One
	2. t**w**o
	3. three
	4. four
3@a	1) One
	2) Two
	3) Three
	4) F**o**ur

이제 새로운 문제를 확인할 시간이다. 만약 작업하는 파일에 주석이 있다면 어떻게 될까?

---

macros/broken-lines.txt

```
1. one
2. two
// break up the monotony
3. three
4. four
```

이제 매크로를 반복해서 사용하면 어떤 문제가 발생하는지 살펴보자.

키 입력	버퍼 내용
{시작}	**1**. one 2. two // break up the monotony 3. three 4. four
5@a	1) One 2) Two **/**/ break up the monotony 3. three 4. four

매크로는 세 번째 행까지 문제없이 실행된 후에 주석이 있는 곳에서 멈출 것이다. 주석이 있는 행에서 f. 명령을 실행했지만 . 문자가 해당 행에 존재하지 않기 때문에 매크로가 중지된 것이다. 문제가 생긴 상황에서 더 이상 동작하지 않았으니 그나마 다행이라 할 수 있다. 매크로가 멈추지 않고 이 행에서도 동일한 변경을 수행했다고 생각해보자. 주석이 있는 행을 이전 행처럼 변경했다고 하더라도 그게 원하는 결과는 아니었을 것이다.

지금은 이 문제를 그냥 두려고 한다. Vim에게 매크로를 다섯 번 실행하라고 했고 세 번 반복 후에 멈췄다. 매크로가 멈춘 행에서 다음 행으로 커서를 이동한 다음에 매크로를 다시 실행해서 작업을 마무리한다. 다른 방법은 없을까? 대안을 찾아보자.

병렬로 매크로 실행하기

'Tip.30 일반 모드 명령을 범위 대상으로 실행하기'에서 연속한 행을 대상으로 점 명령을 실행하는 방법을 사용했다. 동일한 방법을 여기에서도 적용할 수 있다.

키 입력	버퍼 내용
qa	1. one
0f.r)w~	1) One
q	1) One
jVG	1) One 2. two // break up the monotony 3. three 4. four
:'<,'>normal @a	1) One 2) Two // break up the monotony 3) Three 4) Four

매크로를 처음부터 다시 작성했다. 이전에 작성한 매크로와 비슷하지만 마지막에 j 명령을 써서 다음 행으로 이동하는 부분은 제외했다. 여기에서는 필요하지 않기 때문이다.

범위로 지정한 각각의 행에서 새로 작성한 매크로를 실행하기 위해 :normal @a 명령을 사용했다. 앞에서 작성했던 매크로는 첫 두 행에서만 동작하고 세 번째 행에서는 중지했지만 이 명령은 모든 행을 문제없이 해결했다. 이전 매크로와 어떤 차이가 있을까?

앞에서는 5@a 명령을 사용해서 매크로를 직렬로 다섯 번 실행했다. 세 번째 반복에서 매크로가 중지했기 때문에 나머지 항목은 처리되지 않고 그대로 남았다. 이번에는 병렬로 다섯 차례 실행했다. 각 행에서 실행한 매크로는 다른 행과 독립적으로 동작한다. 즉 세 번째 반복에서 매크로가 중지했지만 다른 행에 영향을 주지 않았다.

결정의 순간: 직렬이냐 병렬이냐

직렬 또는 병렬, 어느 것이 좋을까? 답은 (항상 그렇지만) 상황에 따라 다르다.

여러 행을 대상으로 매크로를 병렬 실행하는 방식은 더 강력하다. 앞에서 예로 든 상황에서는 병렬이 더 나은 해결책이다. 하지만 반대로 직렬이 더 효과적인 경우도 있다. 매크로를 실행하는 중에 문제가 발생하면 그 사실을 알려줬으면 하는 경우가 그렇다. 매크로를 직렬로 실행한 경우에는 어느 항목에서 문제가 발생했는지 명확하게 확인할 수 있다.

우선 두 방법을 모두 배우고, 어떤 상황에서 어느 방식으로 매크로를 사용해야 하는지 요령을 습득하자.

Tip.69 매크로 끝에 명령 더하기

매크로를 기록하다가 핵심적인 단계를 빼먹는 경우가 종종 있다. 그렇다고 전체 매크로를 처음부터 다시 기록할 필요는 없다. 이미 존재하는 매크로 끝에 추가로 명령을 덧붙일 수 있기 때문이다.

매크로를 사용하는 다음 작업을 확인해보자. 'Tip.68 연속된 행에 변경 반복하기'의 예제를 빌렸다.

키 입력	버퍼 내용
qa	1. **O**ne 2. two
0f.r)w~	1) O**n**e 2. two
q	1) O**n**e 2. two

q를 눌러서 매크로 기록을 종료하자마자 다음 행으로 이동하기 위한 j를 누르지 않았다는 것을 깨달았다.

내용을 고치기 전에 먼저 레지스터 a에 등록된 매크로를 확인한다.

```
⇒ :reg a
< "a          0f.r)w~
```

qa를 입력하면 이후 입력하는 내용을 a 레지스터에 다시 저장하는데 이때 기존에 저장해뒀던 매크로를 덮어쓰게 된다. qa 대신에 qA를 입력하면 이후에 입력하는 내용을 a 레지스터에 들어 있는 기존 내용 뒤에 추가한다.

키 입력	버퍼 내용
qA	1) O**n**e 2. two
j	1) One 2. t**w**o
q	1) One 2. t**w**o

이제 a 레지스터에 들어있는 내용을 확인한다.

```
⇒ :reg a
⟨ "a        0f.r)w~j
```

처음에 기록한 모든 내용은 여전히 레지스터에 들어 있고 그 끝에 j 명령이 추가
되었다.

토론

이 해법을 이용하면 매크로를 기록하다가 마지막 명령을 빼먹더라도 매크로 전
체를 처음부터 다시 작성할 필요가 없다. 하지만 매크로의 앞이나 중간에 내용
을 추가하고 싶은 경우에는 어떻게 할까? 그런 상황에서는 이 방법이 전혀 도움
되질 않는다. 대신 이런 상황에 사용할 수 있는 다른 해결책이 있다. 'Tip.72 매
크로 항목 수정하기'에서 매크로를 기록한 후에 수정하는 강력한 방법에 대해 배
운다.

Tip.70 파일 묶음을 대상으로 작업 처리하기

지금까지 작업은 하나의 파일을 대상으로 수행했지만 매크로는 여러 파일에 걸
쳐서도 실행할 수 있다. 여기에서 한 번 더, 매크로를 병렬 또는 직렬로 어떻게
실행하는지 확인한다.

다음과 같은 파일이 여러 개 존재하는 경우를 생각해보자.

macros/ruby_module/animal.rb

```
# ...[end of copyright notice]
class Animal
  # implementation
end
```

이 클래스를 다음 코드와 같이 모듈로 만들려고 한다.

```
# ...[end of copyright notice]
module Rank
  class Animal
    # implementation...
  end
end
```

준비

먼저 이 팁에서 사용할 코드를 위해 다음 설정을 vimrc에 추가한다.

```
macros/rc.vim
set nocompatible
filetype plugin indent on
set hidden
if has("autocmd")
  autocmd FileType ruby setlocal ts=2 sts=2 sw=2 expandtab
endif
```

'hidden' 설정에 대해서는 Tip.39의 ':*do 명령을 사용하기 전에 'hidden' 설정 활성화하기'에서 자세히 다뤘다.

인사이트 웹 페이지에서 받은 파일에서 code/macros/ruby_module 경로를 찾아보면 이 팁에서 사용하는 예제를 찾을 수 있다.

목표 파일 목록 생성하기

건물을 올리기 전에 먼저 기반을 닦아야 한다. 매크로를 사용할 파일 목록을 먼저 만들자. 여기에서 사용할 모든 파일은 인자 목록을 사용해서 관리하려고 한다(인자 목록에 대한 내용은 'Tip.38 인자 목록으로 버퍼 묶음 관리하기'에서 확인한다).

```
⇒ :cd code/macros/ruby_module
⇒ :args *.rb
```

이제 :args를 인자 없이 실행하면 어떤 파일을 불러왔는지 확인할 수 있다.

```
⇒ :args
⟨ [animal.rb] banker.rb frog.rb person.rb
```

이 파일 목록은 :first, :last, :prev, :next 명령을 사용해서 탐색할 수 있다.

단위 작업 기록하기

시작하기 전에 인자 목록에서 가장 앞에 있는 파일로 이동한다.

```
⇒ :first
```

이제 작업할 내용을 매크로로 작성한다.

키 입력	버퍼 내용

qa	`█ ...[end of copyright notice]`
	`class Animal`
	`    # implementation...`
	`end`

gg/class\<CR\>	`# ...[end of copyright notice]`
	`█lass Animal`
	`    # implementation...`
	`end`

Omodule Rank\<Esc\>	`# ...[end of copyright notice]`
	`module Ran█`
	`class Animal`
	`    # implementation...`
	`end`

j>G	`# ...[end of copyright notice]`
	`module Rank`
	`    █lass Animal`
	`        # implementation...`
	`    end`

Goend\<Esc\>	`# ...[end of copyright notice]`
	`module Rank`
	`    class Animal`
	`        # implementation...`
	`    end`
	`en█`

q	`# ...[end of copyright notice]`
	`module Rank`
	`    class Animal`
	`        # implementation...`
	`    end`
	`en█`

각각의 파일은 저작권 알림으로 시작하기 때문에 커서의 시작 위치를 결정 하는 일에 더 신경 써야 한다. gg를 눌러서 파일의 시작으로 이동한 다음에 /class〈CR〉로 "class" 단어가 처음으로 나타나는 위치로 이동했다. 이 준비 과 정이 끝나면 내용을 변경하기 시작한다.

O 명령으로 현재 커서 위에 새로운 행을 만들고 새로운 내용을 입력한다. 그리 고 다음 행으로 커서를 이동한 다음에 >G 명령으로 현재 행부터 파일 끝까지 들 여쓰기를 추가한다. 마지막으로 G를 눌러 파일 끝으로 이동한 다음에 o 명령으 로 커서 아래애 새 행을 추가한 후, 키워드 end를 추가한다.

여기까지 따라 했다면 :w를 입력해서 파일을 저장하고 싶어질 것이다. 하지만 조급해하지 말고 잠시 기다리자. 거다리는 이유는 이제 확인한다.

병렬로 매크로 실행하기

인자 목록에 있는 모든 버퍼에서 Ex 명령을 한번 실행하려면 :argdo 명령을 사용할 수 있다(:h :argdo 참고). 하지만 :argdo normal @a를 당장 실행한다면 부작용이 나타날 것이다.

생각해보자. :argdo normal @a를 실행하면 인자 목록에 있는 모든 버퍼에서 실행된다. 즉, 이미 변경을 끝낸 첫 번째 파일에서도 다시 매크로를 실행한다. 결과적으로 첫 번째 버퍼에는 모듈을 두 번이나 감싸게 될 것이다.

이 문제를 예방하려면 먼저 첫 번째 버퍼에서 만든 변경 사항을 되돌려야 한다. 내용을 변경한 첫 번째 버퍼를 원본으로 되돌리려면 :edit! 명령을 사용할 수 있다(:h :edit! 참고).

> ⇒ :edit!

이미 파일을 저장했다면 :edit! 명령이 동작하지 않는다. 이 경우에는 맨 처음 파일 내용과 동일하게 될 때까지 u를 누르는 방법밖에 없다.

이제 인자 목록에 있는 모든 파일 버퍼에서 매크로를 실행한다.

> ⇒ :argdo normal @a

이 방식을 사용하려면 준비 작업이 필요했지만, 명령 하나만으로 엄청나게 많은 작업을 동시에 처리할 수 있었다. 이제 이 매크로를 직렬로 실행하려면 어떻게 해야 하는지 확인해보자.

직렬로 매크로 실행하기

지금 작성한 매크로는 단일 단위 작업을 버퍼 하나에서 수행한다. 여러 버퍼에서 매크로를 실행할 목적이라면 매크로의 마지막 단계에서 목록에 있는 다음 버퍼로 이동하는 명령을 넣는 방식도 가능하다. 다음 페이지의 '표 12 직렬로 매크로 실행하기'를 확인한다.

키 입력	버퍼 내용
qA	module Rank class Animal # implementation... end end
:next	class Banker # implementation... end
q	class Banker # implementation... end
22@a	module Rank class Person # implementation... end end

표 12 직렬로 매크로 실행하기

버퍼 목록에 있는 나머지 파일을 대상으로 매크로를 실행하는 상황을 가정해보자. 이 경우에는 정확하게 몇 개의 파일이 있는지 확인해서 3@a로 매크로를 실행할 필요가 없다. 인자 목록에서 마지막 버퍼에 도달하면 :next 명령은 실패할 것이고 앞에서 봤던 직렬 방식과 동일하게 매크로는 중단될 것이다. 그러므로 실행 횟수를 정확히 입력하는 것보다 22와 같이 충분히 크고 입력하기도 쉬운 숫자를 입력하는 것이 낫다.

모든 파일의 변경 사항 저장하기

4개의 파일을 변경했지만 아직 저장하지 않았다. :argdo를 사용해서 인자 목록에 있는 모든 파일을 저장하는 명령을 사용할 수도 있지만 더 간단한 방법도 있다.

⇨ :wall

이 명령은 버퍼 목록에 있는 모든 파일을 저장하는 기능으로 엄밀하게 따지면 이 명령은 인자 목록을 대상으로 하는 :argdo write와 동일한 명령이 아니다(:h :wa 참고).

또 다른 명령으로는 :wnext가 있는데, :write한 다음에 바로 :next를 실행하는 것과 동일하게 동작한다(:h :wn 참고). 인자 목록에 있는 파일에 매크로를 하나씩 실행하는 상황이라면 이 명령이 유용하다.

토론

매크로를 인자 목록의 파일을 대상으로 실행하는 도중에 세 번째 파일에서 문제가 발생했다고 가정해보자. :argdo normal @a 명령을 사용했다면 하나의 파일에서만 변경에 실패하고 나머지 파일에서는 문제없이 매크로를 수행했을 것이다. 반대로 매크로를 실행 횟수와 함께 직렬로 실행했다면 인자 목록 중에 매크로가 멈춘 항목 이후로는 매크로가 실행되지 않아 내용이 변경되지 않았을 것이다.

'Tip.68 연속된 행에 변경 반복하기'에서 직렬로 매크로를 실행했을 때 문제가 발생하면 정지하고 더 이상 변경을 진행하지 않는 동작 방식을 이미 확인했다. 하지만 여기에서의 결과는 조금 다르다. Tip.68에서는 하나의 파일을 대상으로 작업했기 때문에 모든 변경 사항을 쉽게 확인할 수 있었다. 단일 파일이라면 매크로를 병렬로 실행하든 직렬로 실행하든 어떤 부분이 잘못되었는지 한눈에 들어올 것이다.

하지만 하나의 파일이 아니라 여러 파일을 대상으로 일괄 변경을 수행했을 때는 모든 변경을 한눈에 확인할 수 없다. 파일을 일괄적으로 변경하는 상황에서 매크로를 직렬로 실행해서 중간에 실패했다면 오류가 발생한 위치에서 정지했을 것이다. 반면에 병렬로 실행한 매크로는 중간에 실패하더라도 인자 목록에 있는 모든 파일을 다 변경하기 때문에 어느 파일에서 오류가 발생했는지 확인하려면 직접 찾는 수밖에 없다.

병렬로 매크로를 실행하면 작업을 더 빠르게 처리할 수 있는 장점이 있지만 매크로에서 오류가 발생한 경우에는 필요한 정보를 보여주지 않는 단점이 있다.

Tip.71 목록에 있는 숫자 항목을 반복자로 계산하기

매크로를 실행할 때마다 같은 값을 입력하는 대신에 증가하거나 감소하는 식으로 다른 값을 입력할 수 있다면 더 유용할 것이다. 이 팁에서는 매크로를 사용해서 숫자를 증가하는 방법을 배우고 1부터 5까지 연속하는 숫자를 입력하는 예시를 살펴본다.

연속한 행 앞에 숫자를 넣어서 숫자 목록으로 만들려고 한다.

```
macros/incremental.txt
```
```
partridge in a pear tree
turtle doves
French hens
calling birds
golden rings
```

이 목록을 다음처럼 변환할 것이다.

```
1) partridge in a pear tree
2) turtle doves
3) French hens
4) calling birds
5) golden rings
```

Vim에서 산술 연산을 하는 방법은 이미 배웠다. 〈C-a〉와 〈C-x〉 명령을 실행 횟수와 함께 입력해서 숫자를 증가시키거나('Tip.10 간단한 산술에 실행 횟수 사용하기' 참고) 표현식 레지스터를 사용할 수 있다('Tip.16 즉석에서 계산하기' 참고). 이 팁에서는 Vim 스크립트와 표현식 레지스터를 사용해서 이 문제를 해결한다.

Vim 스크립트 기초

먼저 명령행에서 실행할 수 있는, 간단한 Vim 스크립트를 배워보자. 키워드 let을 사용해서 i 변수를 생성하고 0을 배정한다. :echo 명령으로 현재 어떤 값이 변수에 배정되어 있는지 확인할 수 있다.

```
⇒ :let i=0
⇒ :echo i
〈 0
```

다음처럼 i의 값을 증가시킬 수 있다.

```
⇒ :let i += 1
⇒ :echo i
〈 1
```

:echo 명령으로 변수에 있는 값을 확인할 수 있다. 하지만 이 팁에서 실제로 필요한 작업은 이 숫자를 문서에 붙여넣는 과정이다. 이 작업은 표현식 레지스터를 사용해서 처리할 수 있다. 'Tip.16 즉석에서 계산하기'에서는 표현식 레지스터에서 간단한 합을 계산하고 그 결과를 문서에 입력했다. 변수 i에 저장되어 있는 값도 끼워넣기 모드에서 〈C-r〉=i〈CR〉로 입력할 수 있다.

매크로 기록하기

이 모든 과정을 정리하면 다음과 같다.

키 입력	버퍼 내용
:let i=1	partridge in a pear tree
qa	partridge in a pear tree
I<C-r>=i<CR>)␣<Esc>	1) partridge in a pear tree
:let i += 1	1) partridge in a pear tree
q	1) partridge in a pear tree

매크로를 작성하기 전에 변수 i에 값 1을 지정했다. 매크로 내부에서는 i의 저장되어 있는 값을 표현식 레지스터를 사용해서 숫자를 입력할 때 사용했다. 그리고 매크로를 종료하기 전에 변수에 저장되어 있던 값이 2가 되도록 증가하는 명령을 넣었다.

매크로 실행하기

이제 남은 행에서 매크로를 실행하면 된다.

키 입력	버퍼 내용
{시작}	1) partridge in a pear tree turtle doves French hens calling birds golden rings
jVG	1) partridge in a pear tree turtle doves French hens calling birds golden rings
:'<,'>normal @a	1) partridge in a pear tree 2) turtle doves 3) French hens 4) calling birds 5) golden rings

:normal @a는 선택 영역의 각각 행에서 매크로를 실행하는 명령이다(Tip.68의 '병렬로 매크로 실행하기'에서 확인한다). i 변수의 값은 2로 시작해서 매크로가

실행될 때마다 증가한다. 결과적으로 모든 행 앞에 연속하는 숫자가 추가된다.

물론 동일한 작업을 복사하기, 붙여넣기와 〈C-a〉 명령을 사용해도 해결할 수 있다. 각각의 명령을 사용해서 직접 연습해보자.

Tip.72 매크로 항목 수정하기

'Tip.69 매크로 끝에 명령 더하기'에서 매크로 끝에 명령을 추가하는 방법은 명확했다. 만약 매크로에서 마지막 명령을 지우려면 어떻게 해야 할까? 매크로의 첫 부분은 또 어떻게 수정할까? 이 팁에서는 매크로의 항목을 일반 문서처럼 수정하는 방법을 학습한다.

표준에 맞지 않은 양식 문제

Tip.68의 '단위 작업으로 기록하기' 내용의 상황으로 돌아간다. 이 작업을 위해 입력했던 모든 키는 레지스터 a에 매크로로 저장되어 있다. 이제 양식이 살짝 어긋난 아래의 문서를 확인한다.

macros/mixed-lines.txt

```
1. One
2. Two
3. three
4. four
```

1, 2행에 맞춰 나머지 행도 모두 대문자로 시작하도록 양식을 맞추려고 한다. 매크로에서 현재 커서가 위치한 글자의 대소문자를 전환해주는 ~ 명령이 있지만 (:h ~ 참고) ~ 명령 대신에 vU 명령을 사용해 매크로를 갱신한다. 이 명령은 현재 커서가 위치한 글자를 대문자로 변환한다(:h v_U 참고).

매크로를 문서 안에 붙여넣기

레지스터를 매크로에 기록하는 방식은 문자를 복사하고 붙여넣는 동작과 매우 닮았다. 레지스터 a에 저장된 매크로를 변경하려면 그 레지스터를 일반 문서처럼 편집할 수 있도록 버퍼에 붙여넣어야 한다.

먼저 G를 눌러 현재 문서의 끝으로 이동한다. 이제 레지스터 a에 있는 내용을 새 행에 붙여넣는다. 가장 간단한 방법은 :put 명령을 사용하는 방법이다.

➾ `:put a`

"ap 명령으로도 할 수 있는데 왜 이 명령을 입력했을까? p 명령은 레지스터의 내용을 현재 행의 현재 위치 다음에 붙여넣는다. 그래서 레지스터에 어떤 내용이 들어 있는지에 따라서 붙여넣는 형태가 달라진다. 반면 :put 명령은 해당 레지스터에 행이 저장되어 있든, 글자가 저장되어 있든 항상 현재 행 아래에 붙여넣는다.

매크로에서의 키보드 코드

이 예제에서는 상대적으로 단순한 레지스터를 이용했다. 이 방법은 큰 매크로를 편집할 때 사용하면 문서가 쉽게 지저분해진다. 'Tip.70 파일 묶음을 대상으로 작업 처리하기'에서 기록한 매크로를 보면 그런 문제를 확인할 수 있다.

```
⇒ :reg a
〈 —— 레지스터 ——
  "a        Omoul<80>kb<80>kbdule Rank^[j>GGoend^[
```

이상한 점을 눈치챘는가? 우선 ^[기호가 여러 번 나온다. 이 기호는 매크로를 작성하면서 <Esc>나 <C-[>와 같은 탈출 키를 입력했다는 것을 나타내는 Vim의 표기법이다.

또 다른 이상한 기호 <80>kb는 백스페이스 키를 의미한다. 이처럼 매크로는 키를 입력한 모든 과정을 학습한다. 이 매크로를 살펴보면 "moul"까지 잘못 입력한 후에 백스페이스로 여러 번 지우고 "dule,"과 나머지 단어를 입력했다는 점을 알 수 있다.

모든 내용을 기록하는 방식은 실용적이라고 할 수 없다. 이렇게 기록한 키 입력을 다시 실행하면 실수도 그대로 따라 한 후 그 실수를 수정하는 작업을 수행한다. 물론 결과는 최종적으로 같을 것이다. 하지만 레지스터에 저장된 매크로에 이런 잡음이 많다면 나중에 읽기도, 수정하기도 어려워진다.

매크로 문자열 편집하기

이제 매크로를 일반 문자열로 편집할 수 있다. 아래 표를 보면 저장된 매크로에서 ~ 문자를 vU로 변환하는 과정을 살펴볼 수 있다.

키 입력	버퍼 내용
{시작}	0f.r)w-j
f~	0f.r)w~j
svU<Esc>	0f.r)wvUj

표 13 일반 문서처럼 매크로 수정하기

매크로를 문서에서 잘라내 레지스터에 다시 저장하기

매크로의 명령을 원하는 순서로 수정했다면 이 내용을 다시 문서에서 레지스터로 붙여넣을 수 있다. 가장 단순한 방법은 "add(또는 :d a)를 실행하는 것이지만이 방법은 나중에 문제가 될 수 있다. dd는 행 단위 제거를 수행하는 명령이다. 그래서 이 명령을 사용하면 레지스터에 ^J 문자가 꼬리처럼 포함되는 것을 볼수 있다.

```
⇒ :reg a
⟨ 0f.r)wvUj^J
```

이 문자열(^J)은 개행(newline) 즉, 줄바꿈을 의미한다. 대부분의 경우에는 문제가 되지 않지만 간혹 매크로가 이 개행 문자 때문에 의도와 다르게 만들어지기도 한다. 문서에서 레지스터로 저장할 때, 그런 일을 예방하는 차원에서 안전하게 문자 단위의 복사하기를 사용하는 것이 바람직하다.

키 입력	버퍼 내용
{시작}	// last line of the file proper 0f.r)wv█j
0	// last line of the file proper █f.r)wvUj
"ay$	// last line of the file proper █f.r)wvUj
dd	█/ last line of the file proper

0 명령을 실행한 후에 "ay$를 실행하면 개행을 제외한 모든 문자를 복사한다. 모든 내용을 a에 저장한 후, dd를 입력해서 그 행을 삭제한다. 본문에서 편집을 끝낸 매크로를 다시 a 레지스터에 저장하게 되었다. dd를 입력해서 행을 제거할 때별도의 레지스터를 지정하지 않았기 때문에 제거한 내용이 기본 레지스터에 저장되었을 것이다. 하지만 이미 필요한 내용은 a 레지스터에 저장했으니 삭제한내용이 기본 레지스터에 저장되어도 신경 쓸 필요가 없다.

위 순서에 따라 향상된 새 매크로가 레지스터에 저장되었다. 이 매크로를 사용해보고 싶다면 이 팁 시작 부분에서 사용했던 예제 문서에서 사용해보자.

토론

매크로를 문서에 붙여넣고 그 자리에서 편집한 후, 다시 레지스터로 옮겨 실행하는 방법은 아주 유용하다. 하지만 '매크로에서의 키보드 코드'에서 언급했듯이 레지스터가 쉽게 난장판이 될 수 있는 위험이 있다. 만약 매크로 끝에 명령을 추가하기만 한다면 'Tip.69 매크로 끝에 명령 더하기'에서 다룬 방법을 쓰는 것이 더 간단하다.

Vim의 레지스터는 단순히 문서의 문자열을 보관하는 데 그치지 않는다. 레지스터에서 Vim 스크립트를 사용하면 마치 프로그램을 작성하는 것처럼 레지스터를 활용할 수 있다. 예를 들어 substitute() 함수(:substitute 명령과 다르다. :h substitute() 참고)를 이용해서 앞서 작성한 매크로와 동일한 작업을 다음과 같이 처리할 수 있다.

➪ `` `:let @a=substitute(@a, '\~', 'vU', 'g')` ``

이 접근 방식이 흥미롭게 느껴진다면 :h function-list에서 더 자세히 살펴보도록 하자.

5부

패턴

5부에서는 패턴을 다룬다. Vim에서 제공하는 강력한 명령에는 패턴이 필수적인 경우가 많다. 그리고 정규표현식을 어떻게 조합하는지 그 방법을 알아보며, 본문에서 축약어(a.k.a. 같은)를 어떻게 검색하는지 살핀다. 또한 검색 명령의 원리를 알아본 후 패턴과 함께 사용할 수 있는 강력한 Ex 명령 두 가지를 살펴본다. 패턴과 일치하는 문장을 찾고 치환하는 기능을 제공하는 :substitute 명령과 패턴에 일치하는 각각의 행을 대상으로 Ex 명령을 실행할 수 있게 하는 :global 명령을 배운다.

패턴과 문자열 일치

이 장에서는 검색, 치환, 전역 명령을 주제로 다룬다. 먼저 각 명령에서 가장 핵심적인 역할을 하는 Vim의 검색 엔진을 집중적으로 살펴볼 것이다. Vim에서 정규표현식이 어떻게 동작하는지, 또는 이 정규표현식을 어떻게 끌 수 있는지 한 번이라도 궁금했던 적이 있는가?

Vim의 정규표현식 엔진은 일반적인 상황에서 습관적으로 사용하던 방식과 조금 다를지도 모른다. 정규표현식을 보면 굉장하게 복잡하고 모순적으로 보이기도 하지만 이 표현식을 패턴 전환에서 사용하면 마법을 부리는 것처럼 모든 일을 부드럽게 처리할 수 있다. Vim의 검색 칸에서 몇 가지 문자는 일반 문자와 다르게 특별한 의미로 사용되는데, 보이는 글자가 아닌 다른 의미로 문자가 사용되기 때문에 간단한 치환 작업마저도 복잡하게 느껴진다. 특별한 의미를 지닌 이런 문자를 일반 문자처럼 쉽게 사용할 수 있도록 제공하는 기능인 베리 노매직 리터럴 스위치(very nomagic literal switch)도 살펴볼 것이다.

Vim 패턴에서 사용할 수 있는 몇 가지 특별한 항목도 눈여겨서 살펴본다. 폭이 없는 경계 기호(zero-width delimiter)는 단어 또는 검색 일치의 경계를 표시하기 위해 사용한다. 특별한 의미를 가진 문자를 어떻게 다뤄야 하는지, \V와 같은 리터럴 스위치(literal switch)는 어떤 상황에서 어떻게 사용해야 하는지 심층 토론에서 자세히 확인한다.

Tip.73 검색 패턴에 대소문자 판별 지정하기

Vim에서 전역 검색이나 단위 검색을 사용할 때 대소문자 구분 여부를 지정할 수 있다.

대소문자 판별 전역 설정하기

Vim의 검색 패턴에서 대소문자를 판별하는 기능을 끄려면 'ignorecase' 설정을 활성화하면 된다.

> ⇒ `:set ignorecase`

이 설정을 변경할 때 주의할 점은 Vim의 키워드 자동완성 동작이 달라질 수 있다는 점이다. 이 내용은 Tip.112의 '자동완성과 대소문자 구분'에서 자세히 다룬다.

검색 수행에서 매번 대소문자 판별 지정하기

\c 또는 \C 항목을 사용해서 Vim의 기본 대소문자 판별 설정을 덮어쓰는 것이 가능하다. 소문자 \c를 사용하면 검색 패턴에서 대소문자를 구분하지 않는다. 반대로 대문자 \C 항목을 입력하면 대소문자를 구분한다. \c 또는 \C 항목을 검색 패턴에서 사용하면 전역 검색에서 대소문자 구분 여부를 지정했던 'ignorecase' 설정은 무시하고, 지정한 \c 또는 \C 항목을 따라 검색을 수행한다.

참고로 이 항목은 패턴 어디서든 사용할 수 있다. 검색하려는 패턴을 모두 작성한 후에 이 검색 결과가 대소문자 결과를 구분해야 하는 경우라면, 끝에 \C 항목을 추가해서 패턴 전체에 대소문자를 구분하도록 적용하는 것도 가능하다.

지능형 대소문자 판별 활성화하기

Vim에 대소문자 판별을 예측하는 기능도 존재한다. 'smartcase'라는 설정을 활성화하면 사용할 수 있다. 이 설정을 활성화하면 패턴 검색에서 대문자를 포함한 경우에는 자동으로 'ignorecase' 설정을 비활성화하고 검색한다. 다시 말해서 패턴을 모두 소문자로 작성한 경우에는 대소문자를 판별하지 않는 상태로 검색하는 것이다. 하지만 패턴에 대문자를 사용하면 그 순간부터 자동으로 대소문자 판별을 활성화한다.

이 설정이 보기에는 복잡하게 느껴질지도 모른다. 그러나 한번 사용해보면 직관적으로 이해할 수 있을 것이다. 개별 검색에서 \c와 \C 항목을 사용하면 언제든 강제로 대소문자 판별을 활성화하거나 비활성화할 수 있다는 점을 기억하자. 다음 표에서 대소문자 판별 설정의 예를 정리했다. :h /ignorecase에서 볼 수 있는 표와 유사하다. 다음 표는 foo Foo FOO라는 문자열이 있을 때 사용하는 패턴과 설정에 따라 어떤 검색 결과가 나오는지 보여준다.

패턴	'ignorecase'	'smartcase'	패턴 검색에 일치하는 단어
foo	off	-	foo
foo	on	-	foo Foo FOO
foo	on	on	foo Foo FOO
Foo	on	on	Foo
Foo	on	off	foo Foo FOO
\cfoo	-	-	foo Foo FOO
foo\C	-	-	foo

Tip.74 정규표현식 검색에 \v 패턴 전환 사용하기

Vim의 정규표현식 문법은 펄(Perl)보다 POSIX 문법에 더 가깝다. 펄의 정규표현식을 이미 아는 개발자라면 이런 차이점이 다소 불편하게 느껴질지도 모른다. 하지만 베리 매직(very magic) 패턴 스위치를 사용하면 더 익숙한 정규표현식 문법을 사용할 수 있다.

정규표현식을 사용해서 다음 CSS의 각각 색상 코드를 변경하려 한다.

patterns/color.css
```
body { color: #3c3c3c; }
a { color: #0000EE; }
strong { color: #000; }
```

문자 뒤에 6개 혹은 3개로 이뤄진 16진수 문자를 검색해야 한다. 이 코드는 0부터 9까지의 모든 숫자와 A부터 F까지의 대소문자로 조합한 색상 코드다.

매직 검색(magic search)으로 16진수 색상 찾기

다음의 정규표현식은 앞에서 정한 세 가지 요구 사항을 만족한다.

⇨ /#\([0-9a-fA-F]\{6}\|[0-9a-fA-F]\{3}\)

마음에 든다면 한번 사용해보자. 이 패턴은 실제로 동작하는 검색 패턴인데 역슬래시를 무려 다섯 차례나 사용했다.

이 검색 패턴에서는 세 종류의 괄호를 사용했다. 대괄호([,])는 기본적으로 특별한 의미가 부여되어 있고 이 패턴에서도 그 특별한 용도로 사용했다. 따라서 이스케이프 문자인 백슬래시를 붙일 필요가 없다. 괄호((,))는 문자 그대로 검색에서 사용하기 때문에 특별한 의미로 사용하려면 이스케이프 문자를 앞에 붙여야 한다. 중괄호 ({,})도 마찬가지로 이스케이프 문자를 붙여야 특별한 의미로 처리된다. 중괄호에 이스케이프 문자를 붙일 때는 여는 기호에 대해서만 이스케이프 문자를 붙여도 된다. 닫는 중괄호에 대해서는 이스케이프 문자를 붙이지 않더라도 Vim이 열린 중괄호로 작성 의도를 파악하고 처리한다. Vim은 중괄호만 이렇게 처리하고 괄호에 대해서는 처리하지 않기 때문에 괄호를 열고 닫는 경우에는 모두 이스케이프 문자를 사용해야 한다.

이처럼 세 가지 종류의 괄호는 각각 다른 규칙으로 처리된다. 앞 문장을 다시 읽고 기억하자. 나중에 외운다면서 책장을 그냥 넘겨버리지 말자. 암기하는 것을 귀찮게 여기지 말자!

두 종류의 정규표현식 엔진

Vim 7.4 버전에서 새로운 정규표현식 엔진이 소개됐다(:h new-regexp_engine 참고). 예전 엔진은 역추적(backtracking) 알고리즘을 사용한 반면 신규 엔진은 상태 기계(state machine)을 사용한다. 신규 엔진은 복잡한 패턴과 긴 본문을 다루기에 더 적합하다. 새 엔진으로 변경한 덕분에 정규표현식을 사용하는 문법 강조, 검색 명령, vimgrep 등의 성능이 많이 향상되었다.

Vim 7.4부터 새 정규표현식 엔진이 기본으로 설정되어 있지만 이전 엔진도 여전히 사용 가능하다. Vim의 정규표현식 기능 중 몇 가지는 새 엔진에서 지원하지 않는다. Vim은 구 버전의 패턴과 기능을 사용하면 자동으로 이전 버전의 엔진으로 동작한다(:h two-engines 참고).

16진수 색상을 베리 매직 검색(very magic search)으로 찾기

앞서 작성한 패턴을 다시 생각해보자. 패턴에 사용한 문자 중에서 특별한 의미로 사용하려는 문자 앞에 탈출 기호를 붙여줬다. 이 탈출 기호를 직접 붙이지 않아도 패턴에서 사용한 기호를 모두 특별한 의미로 취급하도록 베리 매직 검색(very magic search)을 사용할 수 있다. 이 검색 방식을 활성화하기 위해서는 검색 패턴에 \v 패턴 스위치를 추가하면 된다. 이 베리 매직 검색을 활성화하면

"_", 영문대소문자, 숫자 0~9를 제외한 모든 문자를 특별한 의미로 취급한다.

\v 패턴 스위치를 사용하면 Vim의 정규표현식 엔진을 펄, 파이썬, 루비의 정규표현식과 유사하게 사용할 수 있다. 이 패턴 스위치를 넣으면 이후에 설명할 내용과는 다른 문법으로 동작한다. 하지만 이 스위치를 살펴보면 어떤 문자에 탈출 기호를 붙여야 하는지, 어떤 문자에는 붙이지 않아야 하는지 기억하는 데 도움이 될 것이다.

16진수 색상과 일치하는 정규표현식을 다시 작성해보자. 이번에는 \v 패턴 스위치를 사용했다.

⇨ `/\v#([0-9a-fA-F]{6}|[0-9a-fA-F]{3})`

맨 앞에 \v 스위치를 넣었기 때문에 그 뒤로 입력한 모든 문자를 특수한 의미가 있는 문자로 처리한다. 이렇게 작성하면 패턴에 사용한 기호 중 특별한 의미로 사용한 문자를 이스케이프 문자인 역슬래시 없이 작성할 수 있다. 패턴을 읽기 더 쉽다는 걸 알 수 있다.

패턴을 개선하기 위해 16진수 문자 클래스 사용하기

패턴에서 모든 해당 문자 모음을 [0-9a-fA-F]처럼 전부 작성하는 대신에 문자 클래스 \x를 사용하면 이 패턴을 조금 더 개선할 수 있다(:h /character-classes 참고). 아래 패턴은 문자 모음을 문자 클래스 \x로 치환한 결과로 앞에서 작성한 패턴과 기능상 동일하다.

⇨ `/\v#(\x{6}|\x{3})`

토론

다음 표는 앞에서 사용했던 각각의 정규표현식을 비교해서 설명하고 있다.

패턴	설명
`#\([0-9a-fA-F]\{6}|[0-9a-fA-F]\{3}\)`	매직 검색을 사용한다. (,), |, { 문자를 특별한 의미로 사용하기 위해서 이스케이프 문자를 붙여야 한다.
`\v#([0-9a-fA-F]{6}|[0-9a-fA-F]{3})`	베리 매직 검색 \v 패턴 스위치를 사용한다. (,), |, { 모든 문자를 기본적으로 특별한 의미로 사용한다고 간주한다.
`\v#(\x{6}|\x{3})`	\x 문자 클래스를 사용해서 표현을 더 간소하게 작성한다. 이 문자 클래스는 [0-9a-fA-F]를 뜻한다.

문자에는 특별한 의미가 없다. 언제나 일반 문자로 인식한다. 베리 매직 검색에서는 '_', 영어 대소문자와 숫자를 제외한 모든 문자를 특별한 의미로 다룬다고 한 이야기를 기억하는가? 방금 # 문자는 항상 일반 문자라고 했으니 이 규칙의 예외를 찾아낸 것이다.

이에 대한 Vim의 답변은 이러하다. 아직은 모든 문자가 특별한 의미를 지니고 있는 것은 아니지만 '미래 확장을 위한 예약'으로 이와 같은 규칙을 만들었다(:h /\\ 참고). 다시 말해서 지금 #에 특별한 의미가 없지만 이후 버전에서 어떻게 달라질지 모른다는 얘기다. #이 특별한 의미를 갖게 되면 그 이후에는 #을 일반 문자처럼 사용하기 위해 앞에 이스케이프 문자인 역슬래시를 붙여야 한다. 물론 벌써부터 이 걱정으로 잠을 설칠 필요는 없다.

Tip.75 축약어 검색을 위해 \V 리터럴 스위치 사용하기

정규표현식 정의에서 사용하는 특별한 문자는 패턴으로 검색할 때는 아주 편리하지만 본문에서 축약한 단어를 검색해야 하는 경우에는 오히려 불편하다. 예를 들어 보자. 본문에서 축약어인 a.k.a.나 e.g.와 같은 단어를 검색하려면 . 문자를 특별한 의미로 처리하지 않고 문자 그대로 검색해야 한다. 이런 상황에서 베리 노매직 검색(very nomagic search)을 수행하기 위한 리터럴 스위치(literal switch)를 사용하면 특별한 의미를 지닌 문자 중 ., *, ?와 같은 대부분의 문자를 문자 검색에서 그대로 쓸 수 있다.

> **역사적 교훈: 유서 깊은 Vim의 패턴 문법 위에 서서**
>
> Vim에는 \v와 \V로 활성화할 수 있는 두 가지 과거의 패턴 문법이 존재한다. Vim의 기본 설정은 매직(magic) 검색이다. 반면 노매직(nomagic) 검색은 vi에서 동작하던 것처럼 동작한다. 이 동작도 \m, \M 스위치로 활성화할 수 있다.
>
> \M 노매직 스위치는 \V 리터럴 스위치와 비슷하게 동작해서 대부분 특별한 문자를 일반 문자처럼 처리하지만 여전히 몇 가지 문자는 특별한 뜻으로 처리한다. ^, $ 기호가 그 예다. 매직 검색은 ., *, 대괄호와 같은 문자에 특별한 의미를 부여했다. 매직 검색은 간단한 정규표현식을 쉽게 만들기 위해서 추가한 기능이었지만 +, ?, 괄호, 중괄호 등에 특별한 의미를 부여하게 되면서 이 문자를 일반 문자로 사용할 때마다 역슬래시를 하나씩 전부 붙이게 되었다.
>
> 정규표현식을 쉽게 만들기 위해 도입된 매직 검색은 그 목표의 절반밖에 이루지 못했다. 이 매직 검색을 사용했을 때 이스케이프 문자를 붙여야 하는 경우를 예측하기가 쉽지 않았고 그 탓에 규칙을 외우기가 어려워졌다. \v 즉, 베리 매직 패턴 검색은 _, 숫자, 문자 외에는 특별한 의미로 해석하는 방법을 써서 이 문제를 해결한다. 이 접근 방식은 기억하기 쉽고, 펄의 정규표현식과 작성하는 방법이 동일하다.

다음 문서의 일부를 확인하자.

```
patterns/excerpt-also-known-as.txt
The N key searches backward...
...the \v pattern switch (a.k.a. very magic search)...
```

이제 검색을 사용해서 "a.k.a."의 위치로 이동하려고 한다(a.k.a는 '~으로 알려진'을 의미하는 'also known as'를 줄인 말이다). 검색 기능을 이용해서 해당 위치로 이동한다고 생각해보자. 자연스레 검색 명령을 다음처럼 사용하게 될 것이다.

⇨ /a.k.a.

이 검색을 수행하면 처음 생각했던 결과와는 다른 방식으로 검색한다는 점을 알게 될 것이다. 패턴 검색에서 . 기호는 특별한 의미를 갖고 있는데 어느 문자든 일치가 가능하다는 뜻으로 사용한다. 본문에서 찾을 수 있는 "backward"라는 단어도 이 패턴에 일치한다. 이 검색을 사용했을 때 결과를 다음 표에서 확인할 수 있다.

키 입력	버퍼 내용
{시작}	The N key searches backward... ...the \v pattern switch (a.k.a. very magic search)...
/a.k.a.<CR>	The N key searches backward... ...the \v pattern switch (a.k.a. very magic search)...
/a\.k\.a\.<CR>	The N key searches backward... ...the \v pattern switch (a.k.a. very magic search)...
/\Va.k.a.<CR>	The N key searches backward... ...the \v pattern switch (a.k.a. very magic search)...

이 예제에서 수행한 결과가 예상과 달라서 좀 답답할 것이다. 처음 검색으로 찾은 단어는 실제로 찾으려는 단어와 달랐지만 같은 패턴을 사용해서 검색을 계속 진행하면 이동하려는 위치로 이동하리라 생각하며 n을 입력할 수도 있다. 단기적으로는 분명 이 문제를 해결할 수 있다. 하지만 이 패턴 검색 사용했을 때 의도한 내용과 다른 부분에 일치했다는 점을 가볍게 여겼다가는 나중에 뒤통수 맞는 일이 있을지도 모른다. a.k.a를 also known as로 변경하는 경우를 생각해보자. 본문의 내용을 치환하기 위해서 :%s//also known as/g와 같은 명령을 사용

하면, 원래 의도와 다르게 훨씬 더 광범위한 영역을 패턴으로 검색하고 본문을 치환한다. 검색 칸을 빈칸으로 둔 상태로 :substitute 명령을 사용하면 마지막으로 사용한 검색 패턴을 사용한다는 뜻이다(이 내용은 'Tip.91 마지막 검색 패턴 재사용하기'에서 확인할 수 있다). 작성한 검색 패턴이 실제 의도와 달라 오류가 생길 수 있는 상황이다.

• 문자를 특별한 의미로 사용하지 않으려면 이스케이프 문자인 역슬래시를 각문자 앞에 붙이면 된다. 다음과 같은 방식으로 패턴을 작성하면 앞에서 본 예처럼 단어 중간에 특별한 의미의 문자를 사용한 경우에도 검색에 걸리지 않고 정확하게 "a.k.a."로 일치하는 부분만 검색한다.

⇒ /a\.k\.a\.

이 방법 대신에 \V 리터럴 스위치를 사용해서 베리 노매직 검색을 활성화하는 방법으로도 검색이 가능하다.

⇒ /\Va.k.a.

Vim 문서에 따르면 \V를 사용했을 때는 그 이후로 작성하는 패턴에서 백슬래시만 유일하게 특별한 의미로 처리한다(:h /\V 참고). 이 예제에서는 이스케이프 문자를 처리하는 문제도 간략하게 설명했는데, 이는 이스케이프 문자 처리 문제를 'Tip.79 이스케이프 문자 처리 문제'에서 심도 있게 논의하기 위한 의도도 담겨 있다.

베리 노매직 검색을 사용해서 정규표현식을 생성하는 방법도 여전히 가능하다. 하지만 이 방법을 사용했을 때는 모든 문자에 이스케이프 문자를 붙이는 아주 어색한 방법을 써야 한다. 정규표현식으로 검색하려 한다면 \v 패턴 스위치를 사용하고, 본문에서 축약 단어를 검색하려 한다면 \V 리터럴 스위치를 사용하는 것을 일반적인 규칙으로 여기자.

Tip.76 하위 일치를 잡아내기 위해 괄호 사용하기

패턴을 정의할 때 하위 일치(submatch)를 사용하면 그 부분을 다른 곳에서 참조로 사용할 수 있다. 이 기능은 치환하기 명령과 조합하면 특히 유용하게 쓸 수 있다. 또한 단어가 반복적으로 나타나는 경우를 패턴으로 정의할 때도 사용할 수 있다.

다음 내용을 확인하자.

```
patterns/springtime.txt
I love Paris in the
the springtime.
```

이 문장은 문법 오류가 있다. 줄이 나누어져 있어 어떤 문제가 있는지 한눈에 알아보기 힘들지만 "I love Paris in the the springtime."처럼 한 줄로 읽어보면 무슨 문제인지 바로 알 수 있을 것이다. 바로 동일한 단어가 반복적으로 나타나고 있다. 문장의 줄이 바뀌어 있어 이런 문법 실수를 쉽게 인식하지 못하는 경우가 많다. 이 현상을 어휘착시(lexical illusion)라고 한다.[1]

다음 정규표현식은 중복된 단어를 찾는다.

⇒ /\v<(\w+)_s+\1>

이 패턴으로 검색하면 "the the"가 검색 패턴과 일치해 강조되는 것을 확인할 수 있다. vipJ 명령을 사용해서 두 행을 하나로 만들어 보자. 한 행으로 만든 이후에도 여전히 검색으로 그 패턴을 찾을 수 있다. 이 패턴은 단지 "the the"에만 동작하는 것이 아니라, 중복되는 단어는 어떤 것이든 찾아낸다. 이 정규표현식이 어떻게 동작하는지 하나씩 살펴보자.

동일한 단어가 두 번씩 반복하는 경우를 찾는 것은 ()와 \1의 조합으로 가능하다. 어떤 내용이든 괄호 내에서 일치한 패턴은 자동으로 임시 저장소에 저장된다. 이렇게 저장된 본문은 \1 레지스터를 사용해서 참조할 수 있으며, 이렇게 사용하는 레지스터를 캡처 레지스터라고 한다. 정규표현식 패턴에서 괄호를 여러번 사용했다면 각 괄호와 일치하는 내용을 개별로 참조할 수 있다. 괄호 내 패턴과 일치하는 순서대로 \1, \2에서 \9까지 사용해서 일치한 부분을 참조할 수 있다는 의미다. \0 항목은 패턴에서 사용한 괄호와는 상관없이 패턴으로 전체 일치되는 내용을 참조할 필요가 있을 때 사용한다.

어휘 착시 문제를 해결할 때 사용한 정규표현식에는 다른 기법이 더 사용되었다. 'Tip.74 정규표현식 검색에서 \v 패턴 전환 사용하기'에서 살펴본 \v 패턴 스위치를 활성화해서 베리 매직 검색을 사용했다. <, > 기호를 사용해서 일치하는 단어의 경계를 설정했는데 이 기법은 'Tip.77 단어 경계선 긋기'에서 확인한다. 그리고 _s를 사용해서 공백이나 개행 문자에 대한 처리를 했다(:h /_와 :h 27.8 참고).

---

1 *http://matt.might.net/articles/shell–scripts–for–passive–voice–weasel–words–duplicates/*

많은 상황에서 적용할 수 있는 기능은 아니지만 검색 패턴에서 하위 일치가 유용한 경우가 존재한다. 예를 하나 더 들어보면 XML 또는 HTML 태그를 열고 닫는 짝을 찾을 때다. 그 외에는 하위 일치를 :substitute 명령의 {문자열}을 대체할 때 사용할 수 있는데 이 내용은 'Tip.94 하위 일치로 CSV 재정렬하기'에서 살펴볼 것이다.

내용을 참조하기 위해 사용하는 방법 외에 괄호 활용

일치하는 내용을 다시 사용하는 일과는 무관하게 단순히 영역을 묶기 위해서 괄호를 사용하고 싶을 때가 있다. 다음은 저자의 이름을 찾기 위한 패턴이다.

```
⇒ /\v(And|D)rew Neil
```

이 예제에서 괄호는 "Andrew"나 "Drew"를 모두 찾기 위해서 괄호를 사용했지만 "And 또는 D" 조각을 찾아서 그 단어를 참조하는 일에는 전혀 관심이 없을 것이다. 이런 경우에는 이 괄호 영역에 일치하는 부분을 찾더라도 \1 레지스터와 같은 참조를 배정하지 않도록 괄호 앞에 % 기호를 붙여 작성할 수 있다. 즉, 다음처럼 작성할 수 있다는 의미다.

```
⇒ /\v%(And|D)rew Neil
```

이 기호가 어떤 차이를 만들까? 이전 패턴에 비해 오히려 입력해야 할 내용이 늘어났는데 좋아진 점은 도대체 무엇일까? 이 기능은 패턴에서 여러 묶음의 괄호를 사용하고 있는 경우에 유용하다. "이름 성"으로 된 단어를 모두 찾아서 "성, 이름"으로 바꾸려고 한다고 생각해보자. 두 가지 이름 형태 모두 제대로 동작해야 한다. 다음처럼 패턴을 작성할 수 있다.

```
⇒ /\v(%(And|D)rew) (Neil)
⇒ :%s//\2, \1/g
```

검색 패턴은 "Andrew" 또는 "Drew"인 경우를 찾아 \1 레지스터에 배정하고 "Neil"은 \2 레지스터에 배정한다. 만약 %()를 두 번째 묶음의 괄호에서 사용하지 않았다면 필요 없는 단어 조각을 레지스터에 배정해야 해서 치환 칸에서 사용하는 패턴을 더 복잡하게 만들었을 것이다.

Tip.77 단어 경계선 긋기

패턴을 정의할 때, 패턴이 단어의 시작에만 일치하거나 끝에만 일치한다고 정의할 수 있다면 아주 유용할 것이다. Vim은 이런 상황에 사용할 수 있도록 단어 구분자(word-delimiter) 항목을 제공한다.

어떤 단어, 특히 짧은 단어는 다른 단어 안에서 자주 발견된다. 예를 들어 "the"는 "these", "they", "their"와 같이 수많은 단어 안에서 쉽게 찾을 수 있다. 다음 예시에서 /the〈CR〉로 검색하면 찾으려고 하는 the 외에도 the를 포함하는 단어가 더 나타나는 것을 확인할 수 있다.

```
the problem with these new recruits is that
they don't keep their boots clean.
```

단어의 일부를 찾는 것이 아니라 "the"라는 단어만 콕 집어서 찾으려 한다면 단어 경계 구분자를 사용할 수 있다. 베리 매직 검색에서는 <, > 기호가 단어 경계를 구분하는 문자의 역할을 한다. 즉, 위 본문 예시에서 /\v<the>〈CR〉패턴을 사용해 검색한다면 단 하나의 일치 결과를 얻을 수 있을 것이다.

이 단어 경계 구분자 기호는 폭이 없는 문자(zero-width)에 해당하며 어떤 문자도 일치하지 않는다는 뜻을 갖고 있다. 이 문자는 단어와 공백, 또는 단어와 주변의 구두점의 경계를 의미한다.

\zs, \ze 일치 구분자와 \w, \W 문자 클래스를 조합해서 사용해보면 <와 > 기호가 정확히 어떤 역할을 하는지 가늠해볼 수 있다(이 내용은 'Tip.78 패턴 일치 결과에서 가장자리 지정하기'에서 다룬다). \w 문자 클래스는 영어 대소문자, 숫자, 그리고 _ 기호로 작성된 단어 문자를 찾는다. 반면 \W는 이 단어 문자를 제외한 모든 문자와 일치한다. 이 두 클래스를 조합해서 < 항목을 \W\zs\w로, > 항목을 \w\ze\W로 표현할 수 있다.

베리 매직 검색에서는 <, > 문자를 단어 구분자로 해석해서 처리하지만 매직 검색, 노매직 검색, 베리 노매직 검색에서는 탈출 기호를 포함해야 단어 구분자 기능으로 사용할 수 있다. 이런 이유로 Vim의 문서에서 단어 구분자 항목을 찾으려면 :h /\<와 같이 역슬래시를 붙여야 한다. 반대로 베리 매직 검색에서는 이 꺾쇠 괄호를 단어 구분자로 쓰는 게 아니라 검색하려는 일반 문자열로 사용하려면 역슬래시를 붙여서 사용해야 한다.

검색 패턴을 작성할 때 단어 경계 항목을 사용해서 단어의 영역을 지정하지 않더라도 * 또는 # 명령을 사용해 우회적으로 이 단어 경계 구분자를 쓸 수 있다 (:h * 참고). 이 두 명령은 커서 밑에 있는 단어를 검색어로 사용해서 검색을 수행한다. 커서를 기준으로 이후 내용을 검색할 때는 *, 이전 내용은 #으로 검색할 수 있다. 이 명령으로 검색을 수행한 후에 검색 히스토리를 살펴보면(/<Up>) 마지막으로 사용한 검색 패턴에서 단어 구분자를 사용했다는 점을 확인할 수 있을 것이다. g*, g# 명령을 사용하면 동일하게 커서 밑에 있는 단어를 사용해서 검색하지만 단어 구분자는 사용하지 않는다.

Tip.78 패턴 일치 결과에서 가장자리 지정하기

어떤 경우에는 먼저 넓은 범위를 패턴으로 정의한 후에 세부적으로 일치하는 부분을 다루고 싶을 때가 있다. Vim에서는 이런 상황에 \zs와 \ze 항목을 사용해서 처리할 수 있다.

지금까지는 검색에 사용한 패턴과 패턴으로 찾은 일치 영역(match)이 완전히 동일한 것처럼 다뤘다. 이제 이 개념을 둘로 쪼개서 상세하게 살펴보려고 한다. 먼저 이 두 개념을 정의한다. 패턴은 정규표현식(또는 리터럴 문구)으로 검색 칸에 입력한 부분을 뜻한다. 일치는 문서상에 어떤 본문이든 강조 표시가 된 부분을 의미한다('hlsearch' 설정을 활성화하지 않으면 강조 표시를 확인할 수 없다. 따라서 이 설정을 활성화한 것으로 가정한다).

일치의 경계는 일반적으로 패턴의 시작과 끝에 해당한다. 하지만 \zs, \ze 항목으로 일치하는 범위를 잘라내서 전체 패턴의 일부만 일치 범위로 사용하는 것도 가능하다(:h /\zs 참고). \zs 항목은 일치의 시작을 표시하고 반대로 \ze 항목은 일치의 끝 부분을 표시한다. 두 항목을 동시에 사용해서 패턴을 정의하면 본문에서 패턴으로 일치하는 범위를 찾은 후에 그 범위 내에서 일치 범위에 해당하는 부분을 찾아낸다. \zs, \ze도 앞에서 다룬 단어 구분자와 동일하게 폭이 없는 문자로 취급된다.

다음 예제를 살펴보면 이해하는 데 도움이 될 것이다. /Practical Vim〈CR〉로 검색을 하면 문서에 존재하는 모든 "Practical Vim" 단어가 강조로 표시된다. 검색 패턴을 /Practical \zsVim〈CR〉로 수정해서 검색하면 "Vim"만 강조 표시된다. 즉, "Practical"은 일치에서는 제외했지만 여전히 검색 패턴의 일부로 존재하는 것이다. 이렇게 일치 구분자를 패턴 검색에 사용한 결과로 "Practical"의 뒤에 붙어 있는 "Vim"에는 강조 표시가 되었지만 앞에 "Practical"이 없는 "Vim"은 일치에 해당하지 않아 강조되지 않았다. 이 패턴을 사용했을 때 단순히 /Vim〈CR〉로 검색하는 경우와 조금 다른 결과를 얻을 수 있다는 의미다.

다음은 또 다른 예제로 \zs, \ze를 활용해서 일치의 시작과 끝을 다룬다.

키 입력	버퍼 내용
{시작}	Match "quoted words"---not quote marks.
/\v"[^"]+"<CR>	Match "quoted words"---not quote marks.
/\v"\zs[^"]+\ze"<CR>	Match "quoted words"---not quote marks.

정규표현식 "[^"]+"는 기초적인 패턴에 해당하는데 자주 사용하는 관용구 중 하나다. 이 패턴은 겹따옴표로 시작하고 끝나는 부분을 찾은 후, 각 겹따옴표 사이에 있는 문자를 일치하는 영역으로 지정한다. 이 검색 패턴에서 시작하는 겹따옴표 뒤에 \zs를 넣고, 끝나는 겹따옴표 앞에 \ze 항목을 넣으면 패턴을 더 유용하게 사용할 수 있다. 두 위치에 일치 구분자를 넣으면 일치 범위에서 겹따옴표를 제외한다. 따라서 겹따옴표 내의 부분만 일치하는 영역으로 지정된다. 최종 일치 영역에서 겹따옴표가 제외되었지만 이 패턴에서는 겹따옴표가 가장 중요한 역할을 한다.

Tip.79 이스케이프 문자 처리 문제

\V 리터럴 스위치는 ., +, * 기호의 특별한 의미를 끄는 역할을 하기 때문에 축약어를 검색할 때 편리하게 사용할 수 있다. 하지만 여전히 특별한 의미를 끌 수 없는 몇 가지 문자가 존재한다. 이 팁에서는 이런 문자를 어떻게 다뤄야 하는지 살펴볼 것이다.

정방향 검색에서 '/' 이스케이프 문자 처리하기

다음 마크다운(Markdown) 문서를 살펴보자.

patterns/search-url.markdown

```
Search items: [http://vimdoc.net/search?q=/\\][s]
...
[s]: http://vimdoc.net/search?q=/\\
```

위 예제 문서에서 URL 주소 http://vimdoc.net/search?q=/\\를 검색하려고 한다. 이 주소를 키보드로 직접 입력하는 대신에 레지스터로 복사해서 검색 칸에 붙여넣는다. 이 주소에서 특별한 의미를 갖고 있는 문자도 그 문자 그대로 검색하기 위해서 검색 패턴 앞에 \V 리터럴 스위치를 넣어 검색을 수행한다.

커서의 위치가 대괄호 짝의 내부라면 그 URL 주소를 "uyi[명령으로 레지스터 u에 저장할 수 있다(u를 고른 이유는 URL이기 때문이다). 그러고 나서 /\V<C-r>u⟨CR⟩을 입력하면 레지스터 u에 저장한 문장을 검색 칸으로 불러와서 검색을 수행하게 된다. 순서를 잘 따라왔다면 검색 프롬프트는 다음과 같을 것이다.

➾ /\Vhttp://vimdoc.net/search?q=/\\

전후방 탐색 표현식

Vim의 \zs와 \ze 일치 구분자는 펄의 전후방 탐색(lookaround assertion)[1]과 유사한 개념이다. 펄과 Vim의 정규표현식 엔진에서 문법의 차이는 있겠지만 \zs는 긍정형 후방탐색(positive lookbehind), \ze는 긍정형 전방탐색(positive lookahead)에 대응한다고 볼 수 있다.

이미 예상했을지도 모르지만 펄의 경우는 부정형 전후방 탐색(negative lookaround aassertions)도 지원한다. 이 기능도 폭 없는 문자로 사용할 수 있으며 현재 패턴이 존재하지 않는 경우에 패턴과 일치하는 것으로 처리한다. Vim도 전후방 탐색에서 긍정형뿐 아니라 부정형 전후방 탐색도 지원한다. 물론 문법은 펄과 다르다. 두 문법을 비교해서 살펴보고 싶다면 :h perl-patterns을 확인하자.

'Tip.78 패턴 일치 결과에서 가장자리 지정하기'에서 사용했던 /\v"\zs[^"]+\ze"<CR> 패턴을 다시 살펴보자. 긍정형 전후방 탐색에 대응하는 \zs, \ze 일치 구분자 대신에 부정형 전후방 탐색을 이용하면 다음처럼 패턴을 작성할 수 있다.

⇒ /\v"@<=[^"]+"@=

위 패턴처럼 부정형 탐색 패턴으로 작성해도 문제없이 동작한다. 이 글을 읽는 독자에게도 해당하는지 모르겠지만 필자의 경우에는 \zs, \ze로 작성한 패턴이 더 읽기 쉽다. 게다가 부정형 전후방 탐색은 Vim의 문법강조 정의에서는 많이 사용하지만 실무에서는 그렇게 자주 필요하지 않았다. 그 대신 긍정형 전후방 탐색은 대다수의 상황에서 빈번하게 사용하기 때문인지 몰라도 짧은 표현식인 \zs, \ze를 제공한다.

---

1 *http://www.regular-expressions.info/lookaround.html*

이 패턴을 사용해서 검색하면 다음처럼 표시된다.

```
Search items: [http://vimdoc.net/search?q=/\\][s]
...
[s]: http://vimdoc.net/search?q=/\\
```

무슨 일이 일어난 걸까? 검색 칸에 URL 주소 전체를 넣었는데도 Vim은 첫 번째 / 문자에서 검색 칸이 끝난 것으로 인식했다(이 팁의 마지막에 있는 '검색 칸 종료 문자'에서 다룬다). 첫 번째 정방향 슬래시 뒤로 오는 문자열은 모두 무시됐다. 결국 검색하려 했던 단어 중 http:만 남은 것이다.

정방향 검색을 사용할 때는 / 문자 앞에 이스케이프 문자를 붙여야 한다. 슬래시 문자는 (\v 패턴 스위치로 활성화할 수 있는) 베리 매직 검색에서도 이스케이프 문자로 처리해야 하며 (\V 리터럴 스위치로 활성화 할 수 있는) 베리 노매직 검색에서도 탈출 처리가 필요하다. 이전 검색 문자열에서 각각의 / 문자에 백슬래시를 붙여 수정해보자.

⇨ **/\Vhttp:\/\/vimdoc.net\/search?q=\/**

이번에는 예상했던 결과에 한걸음 가까워졌다.

```
Search items: [http://vimdoc.net/search?q=/\\][s]
...
[s]: http://vimdoc.net/search?q=/\\
```

여전히 완벽하지 않다. 일치된 문자열을 보면 마지막 역슬래시가 빠진 것을 확인할 수 있다. 이런 문제가 왜 발생하는지 알아보기 전에 먼저 역방향 검색에 대해 확인해보자.

역방향 검색에서 ? 이스케이프 문자 처리하기

역방향 검색을 사용하면 ? 기호는 검색 칸을 종료할 때 사용한다. 역방향 검색을 수행하게 되면 /에 이스케이프 문자를 붙일 필요가 없어진다. 대신 ? 기호는 이스케이프 문자를 붙여야 한다. 레지스터 u에 저장했던 주소를 불러와서 역방향 검색에서 사용하면 어떻게 되는지 아래 예시를 보자.

⇨ **?http://vimdoc.net/search?q=/**

이스케이프 문자를 아무것도 붙이지 않은 결과, http://vimdoc.net/search 문자열만 일치했다.

```
Search items: [http://vimdoc.net/search?q=/\\][s]
...
[s]: http://vimdoc.net/search?q=/\\
```

이 검색 결과는 이스케이프 문자를 사용하지 않고 수행한 정방향 검색의 검색 결과보다 낫지만 여전히 URL 전체를 일치하는 결과로 반환하는 데는 실패한다. 이 문제는 ? 문자에 역슬래시를 붙여서 해결할 수 있다.

⇨ **?http://vimdoc.net/search\?q=/**

결과는 다음과 같다.

```
Search items: [http://vimdoc.net/search?q=/\\][s]
...
[s]: http://vimdoc.net/search?q=/\\
```

'\' 문자 항상 탈출하기

여기에서 이스케이프 문자로 처리해야 하는 문자가 하나 더 있다. 바로 역슬래시(\)다. \는 이 기호 바로 뒤에 입력한 다음 문자를 특별하게 처리하기 위해서 사용하는 지시자다. 역슬래시를 두 번 반복해서 \\로 입력하면 첫 번째 역슬래시가 두 번째 역슬래시의 효과를 제거하는 기능을 한다. 다시 말해서 두 번 반복해서 입력하면 하나의 역슬래시 문자로 처리한다는 뜻이다.

예제 문서에서 검색하려는 URL에는 연속한 역슬래시 두 개가 포함되어 있다. 이 역슬래시를 검색 칸에서 사용하려면 역슬래시를 두 번 더 입력해야 한다. 정방향 검색에서 다음처럼 검색 패턴을 작성하면 역슬래시를 포함한 주소도 문제없이 검색할 수 있다.

⇒ /\Vhttp:\/\/vimdoc.net\/search?q=\/\\\\

드디어 검색에서 일치시키려 했던 범위가 모두 일치하게 되었다.

```
Search items: [http://vimdoc.net/search?q=/\\][s]
...
[s]: http://vimdoc.net/search?q=/\\
```

역슬래시 문자는 정방향 검색이든 역방향 검색이든 항상 이스케이프 문자를 앞에 붙여야 한다.

자동으로 문자 탈출 처리하기

직접 이스케이프 문자를 처리하는 것은 손이 많이 가는 데다 수작업으로 해결한다 해도 쉽게 문제가 생길 수 있는 작업이다. 다행히도 Vim 스크립트에는 이 복잡한 문제를 손쉽게 처리할 수 있도록 escape({문자열}, {문자}) 라이브러리 함수가 포함되어 있다(:h escape() 참고).

이 함수는 함수를 호출할 때 {문자} 인자에 정의한 문자를 기준으로 이스케이프 문자를 붙인다. 정방향 검색이라면 escape(@u, '/\')처럼 /와 \ 문자 앞에 이스케이프 문자를 붙이도록 작성할 수 있다. 반대로 역방향 검색이라면 escape(@u, '?\')로 작성할 수 있다.

먼저 검색하려는 URL이 아직도 레지스터 u에 저장되어 있는지 확인한다. 그런 후에 / 또는 ?를 눌러서 검색 프롬프트를 띄운다. escape() 함수는 두 검색 방식 모두에서 동작하는 함수라서 어느 키를 눌러서 검색 프롬프트를 띄웠는가와는 상관없이 사용할 수 있다. \V 리터럴 스위치를 입력한 다음에 〈C-r〉=을 입력한다. 입력하는 순간 검색 프롬프트가 표현식 레지스터 프롬프트로 바뀐다. 이제 아래 내용을 입력한다.

```
⇨ =escape(@u, getcmdtype().'\')
```

다 입력한 후에 〈CR〉을 누르면 escape() 함수를 실행하고 그 함수의 실행 결과가 검색 칸에 입력될 것이다. getcmdtype() 함수는 현재 어떤 검색을 사용하고 있는가에 대한 결과를 반환한다. 즉, 정방향 검색에서는 /를 반환하고 역방향 검색에서는 ? 기호를 반환한다(:h getcmdtype() 참고). Vim 스크립트에서 . 기호는 문자열 오퍼레이터로, 두 문자열을 하나로 붙이는 역할을 한다. 정리하면 getmcdtype().'\'으로 입력했을 때, 정방향 검색에서는 /\를, 역방향 검색에서는 ?\를 결과로 반환하는 것이다. 다시 말해 검색이 어떤 방향으로 진행되는지 신경 쓰지 않고 u 레지스터에 저장된 내용을 탈출 기호로 처리하고 싶다면 escape 함수를 사용하면서 {문자} 인자에 getmcdtype().'\'를 넣으면 된다는 뜻이다.

표현식 레지스터를 사용하기 위해 표현식 레지스터 프롬프트로 전환하고 escape() 함수와 인자를 손으로 직접 입력하는 과정을 보면 편의에 비해서 여전히 많은 내용을 입력해야 하는 것처럼 느껴진다. Vim 스크립트를 좀 더 활용하면 이 작업도 자동화해서 더 손쉽게 해결할 수 있다. Vim 스크립트를 활용하는 예제는 'Tip.87 비주얼 선택 영역으로 검색하기'에서 확인한다.

검색 칸 종료 문자

검색 칸에서 어떤 문자가 종료 문자로 동작하는지 궁금할 것이다. 왜 검색 프롬프트에 입력하는 모든 내용을 그대로 검색하지 않는 것일까? Vim에서는 검색 칸 종료 문자 이후에 어떤 플래그를 붙이는지에 따라서 검색 명령의 동작 방식을 변경할 수 있기 때문이다. /vim/e<CR>을 입력하면 패턴과 일치하는 부분을 찾은 후에 커서의 위치가 해당 단어의 시작이 아니라 끝에 위치하게 된다. 'Tip.83 검색에서 일치하는 단어의 끝에 커서 놓기'에서 이 기능을 어떻게 활용할 수 있는지 살펴보려고 한다.

검색 칸 종료 문자를 어떤 문자를 사용해야 하는지 고민할 필요 없이 패턴 검색을 사용하는 방법이 하나 있는데, 바로 :promptfind 명령을 사용하는 것이다. 하지만 이 명령은 GVim에서만 동작한다(:h :promptfind 참고). 이 명령을 사용하면 '찾기'라는 검색창이 열리는데 이 창에서는 /나 ? 문자를 이스케이프 문자로 사용하지 않고 입력해도 검색할 수 있다. 하지만 이 검색창에서도 \ 문자나 개행 문자를 사용했을 때는 여전히 문제가 발생한다.

검색하기

Vim의 정규표현식 엔진에 대해서는 이미 앞에서 다루었다. 이 장에서는 정규표현식을 검색 명령에서 어떻게 사용하는지 살펴볼 것이다. 이 장에서는 아주 기초적인 부분 즉, 어떻게 검색을 실행하는가에 대해서 먼저 배운다. 또 일치하는 단어를 강조 표시하고 그 단어 사이를 이동하는 방법을 살펴본다. 그 후에 검색 결과를 즉각적으로 확인하는 용도는 물론, 자동완성 기능으로 검색하려는 단어를 빠르게 입력할 수 있는 Vim의 증분 검색(incremental search)을 배운다. 그리고 문서에서 검색 패턴에 일치하는 부분이 몇 차례나 반복적으로 나타나는지 확인하는 방법을 배울 것이다.

검색 오프셋(search offset)은 검색에 일치하는 단어를 찾았을 때 커서의 위치를 어디에 둘 것인지 정하는 기능이다. 작업 흐름에서 이 기능을 활용할 수 있는 예제를 살펴보려고 한다. 그리고 완전 검색 일치에서 이 검색 오프셋을 어떻게 사용하는지 확인할 것이다.

의도대로 동작하는 정규표현식을 한번에 만들기란 쉽지 않다. 그래서 정규표현식을 작성할 때 식을 만들고 실험해보는 과정을 여러 차례 반복해봐야 하는 경우가 종종 생긴다. 그러므로 패턴을 반복해보고 점진적으로 개선하는 작업 흐름은 아주 중요하다고 할 수 있다. 이 과정에서 사용할 수 있는 유용한 기능으로 검색 히스토리와 명령행 창을 사용하는 방법에 대해 배우려고 한다.

문서에 이미 존재하는 본문을 간단하게 다시 검색하고 싶은 경우가 있다. * 명령을 조금 변경하면 현재 비주얼 모드에 선택된 영역을 검색하는 기능으로 사용할 수 있다. 마지막 내용에서 이 방법을 배운다.

Tip.80 검색 명령 만나기

이 팁에서는 검색 명령의 기초적인 사용법을 배운다. 검색 방향을 지정하고, 마지막 검색을 정방향이나 역방향으로 반복하는 방법을 확인한다. 그리고 검색 히스토리를 어떻게 사용하는지 살펴본다.

검색 수행하기

일반 모드에서 /를 누르면 Vim의 검색 프롬프트가 열린다. 여기에 검색하려는 패턴이나 문자열을 입력할 수 있다. Vim은 〈CR〉을 누르기 전까지 아무 검색도 수행하지 않는다. 〈CR〉 대신에 〈Esc〉를 눌렀다면 검색 프롬프트가 닫히고 다시 일반 모드로 돌아올 것이다.

검색을 실행하면 Vim은 현재 커서의 위치에서 정방향으로 찾기 시작한다. 그리고 가장 먼저 일치하는 단어를 찾으면 그 위치에 멈춘다. 문서 끝까지 검색해도 찾지 못한다면 '끝까지 찾았음, 처음부터 계속'이라는 메시지를 출력한다. 다시 말해서 특정 상황에서는 정방향 검색을 사용해도 커서가 반대 방향으로 이동하는 상황이 존재한다는 뜻이다. 설명으로는 복잡하게 느껴질 수도 있다. 검색 명령을 실행하니 문서의 처음으로 되돌아가 다시 검색을 시작한다고 생각하면 이해하기 쉬울 것이다. 현재 커서에서 문서 마지막까지 검색을 다 한 다음에 문서의 첫 부분으로 되돌아가서 검색을 다시 시작하는 동작을 방지하려면 'wrapscan' 설정을 끄면 된다(:h 'wrapscan' 참고).

검색 방향 설정하기

검색을 시작할 때 /를 사용하면 Vim에서는 문서를 정방향으로 검색한다. 반대로 ?를 사용해서 나타나는 검색 프롬프트를 사용해서 검색하면 역방향으로 검색한다. 검색 프롬프트는 항상 /나 ? 문자로 시작하는데 이 두 문자가 검색을 어느 방향으로 수행할지 알려주는 단서가 된다.

마지막 검색 반복하기

n 명령은 검색 패턴과 일치하는 다음 위치로 이동하는 기능을 하며, N 명령은 반대로 검색 패턴과 일치하는 이전 항목으로 이동하는 기능을 한다. 현재 문서에서 일치하는 위치로 손쉽게 n과 N 명령으로 이동할 수 있다. 하지만 여기에서 말한 '다음 일치'의 정의는 맥락에 따라 달라질 수 있다.

n 명령은 이전 검색에서 어떤 오프셋(offset)을 적용했는지에 따라 그 진행 방향이 결정된다(오프셋이 무엇인지는 'Tip.83 검색에서 일치하는 단어의 끝에 커서 놓기'에서 살펴볼 것이다). 정방향 검색을 /와 함께 사용하면 n 명령은 정방향을 기준으로 다음 일치하는 단어로 이동한다. 반대로 이전에 수행한 검색에서 ?를 사용했다면 n은 역방향으로 이동할 것이다. N은 항상 n과 반대 방향으로 움직인다.

간혹 검색 패턴을 그대로 사용하면서 방향이나 오프셋만 변경해야 하는 경우가 종종 생긴다. 이런 상황에서 n, N 명령을 사용하면 다른 방향으로 검색하기 위해서 패턴을 일일이 다시 입력할 필요 없이 이전 검색 명령에서 사용한 패턴을 그대로 재사용할 수 있다. 다음은 검색을 반복하는 경우에 사용할 수 있는 명령을 정리한 표다.

명령	효과
n	이전 검색과 오프셋을 기준으로 다음 일치하는 위치 이동
N	이전 검색과 오프셋을 기준으로 이전 일치하는 위치 이동
/<CR>	이전에 사용한 검색 패턴으로 정방향 검색
?<CR>	이전에 사용한 검색 패턴으로 역방향 검색
gn	문자 단위 비주얼 모드를 활성화하고 다음 일치하는 문장을 선택
gN	문자 단위 비주얼 모드를 활성화하고 이전 일치하는 문장을 선택

검색을 시작하며 ? 문자를 사용했다고 생각해보자. 앞서 검색한 방향에서 역방향으로 검색을 하다가 이번에는 정방향으로 일치하는 단어를 검색하고 싶다면 어떻게 해야 할까? 물론 이 상황에서 N을 눌러 현재 진행 방향인 역방향에서 반대 방향으로 검색할 수 있다. 역방향의 반대 방향은 정방향이 맞긴 하지만 반대 방향을 탐색할 때 쓰는 N 명령을 계속 사용하면 마치 방향이 뒤집힌 기분이 들 것이다. 이 명령 대신에 /⟨CR⟩을 사용하면 이전에 검색에서 사용한 패턴으로 정방향 검색을 실행한다. 이 명령으로 검색의 방향을 다시 정방향으로 만들었기 때문에 n을 눌러서 문서 내에 일치하는 단어를 정방향으로 하나씩 찾아 확인할 수 있게 된다.

n과 N 명령을 사용하면 현재 패턴과 일치하는 위치로 커서가 이동한다. 검색 패턴과 일치하는 단어를 비주얼 모드에서 영역으로 선택한 다음에 그 영역을 편집할 수 있는 방법은 없을까? 일반 모드에서 gn을 입력하면 다음 일치하는 본문

으로 커서를 이동한 후에 비주얼 모드를 활성화하고 패턴과 일치하는 범위를 영역으로 선택한다. 커서가 이미 패턴과 일치하는 곳에 있는 경우라면 커서를 움직이지 않고 패턴 일치에 해당하는 단어를 영역으로 지정하게 된다. 이 명령에 대해서는 'Tip.84 검색 후 오퍼레이터 명령 사용하기'에서 자세히 살펴본다.

검색 히스토리 다시 사용하기

Vim은 검색에 사용한 모든 패턴을 기록하기 때문에 사용했던 패턴을 쉽게 재사용할 수 있다. 검색 프롬프트가 열린 상태에서 〈Up〉을 누르면 이전에 사용한 모든 검색 항목을 확인할 수 있다. 검색 히스토리를 살펴보는 것은 명령행 히스토리를 보는 방법과 동일하다. 이에 대한 자세한 내용은 'Tip.34 히스토리에서 명령 다시 호출하기'를 확인하자. 이 기법을 실제로 활용하는 방법은 'Tip.85 검색 히스토리를 반복해서 복잡한 패턴 생성하기'에서 살펴볼 것이다.

Tip.81 검색 일치 강조하기

Vim은 검색에 일치한 부분을 강조해서 표시하는 기능이 있는데 기본 설정에서는 이 강조 표시 기능이 활성화되어 있지 않다. 이번에는 이 설정을 어떻게 활성화하는지 배우고 필요에 따라서 잠시 끄는 방법도 살펴보자.

검색 명령을 이용하면 검색어와 일치하는 본문 위치로 빠르게 이동할 수 있다. 하지만 시각적으로 일치하는 부분을 확인할 수 있는 기능은 기본 설정에서 꺼져 있다.

Vim의 기본 설정에서는 'hlsearch' 설정을 활성화해서 이 문제를 해결할 수 있다(:h 'hlsearch' 참고). 이 설정을 켜면 현재 활성화되어 있는 모든 창에서 검색한 내용과 일치하는 위치에 모두 강조되어 표시될 것이다.

검색 강조 잠시 끄기

검색 강조가 유용한 기능이기는 하지만 간혹 이 기능이 활성화되어 있는 상태가 오히려 불편한 경우가 있다. 검색한 패턴이 매우 반복적으로 나타나는 문자열이라면 문서 전체가 노란색으로 덕지덕지 칠해져서 커서의 위치도 가늠하기 어려워진다(현재 Vim에 설정된 색상 조합(color scheme)에 따라서 다른 색상일수도 있다).

:set nohlsearch를 사용하면 강조 기능을 완전히 끌 수 있다(:se nohls, :se

hls!도 동작한다). 하지만 완전히 기능을 끄는 방법보다 이번 검색에서만 기능을 끄고 다시 검색을 수행했을 때는 이 기능이 활성화되는 방식이 더 편할 수도 있다.

이런 상황을 위한 적절한 해결책이 있다. :set nohlsearch 대신에 :nohlsearch 명령을 입력하면 검색 강조가 일시적으로 꺼진다(:h :noh 참고). 이 기능을 사용하면 새로운 검색을 실행하거나 기존 검색을 다시 수행하기 전까지만 강조 기능이 비활성화된다. 이 기능을 편하게 사용할 수 있도록 이 명령을 단축키로 만드는 방법을 아래에서 설명한다.

> **검색 강조를 잠시 끄는 단축키 만들기**
>
> :noh<CR>을 직접 입력해서 검색 강조를 잠시 끄는 일은 번거롭다. 이 명령을 더 빠르게 활용할 수 있도록 다음처럼 단축키를 만들 수 있다.
>
> ```
> nnoremap <silent> <C-l> :<C-u>nohlsearch<CR><C-l>
> ```
>
> 일반적으로 <C-l>은 화면을 모두 지우고 다시 출력하는 기능을 한다(:h CTRL-L 참고). 이 설정을 추가하면 <C-l> 명령으로 제공하는 기본 동작을 실행하는 동시에 검색 강조를 일시적으로 비활성화하는 기능도 함께 실행된다.

Tip.82 검색을 실행하기 전에 첫 번째 일치 항목 미리보기

Vim의 증분 검색(incremental search) 기능을 켜면 검색 명령을 훨씬 유용하게 사용할 수 있다. 이 팁에서는 이 증분 검색으로 작업 흐름을 향상할 수 있는 방법을 몇 가지 살펴보려 한다.

Vim의 기본 설정에서는 검색 패턴을 입력하는 동안에 아무런 동작을 하지 않고 대기 상태로 기다리다가 〈CR〉을 누르는 순간에만 동작한다. 설정에서 'incsearch'를 활성화하면 이 기본 동작보다 더 편리한 검색 기능을 사용할 수 있다(:h 'incsearch' 참고). 이 설정은 검색 칸에 입력하는 매 순간마다 첫 번째로 일치하는 위치를 강조해서 표시한다. 각 문자를 하나씩 입력할 때마다 Vim에서 일치를 바로 파악할 수 있도록 강조 위치를 즉각적으로 갱신한다. 다음 표를 보면 어떤 방식으로 동작하는지 알 수 있다.

키 입력	버퍼 내용
{시작}	The car was the color of a carrot.
/car	The car was the color of a carrot.
/carr	The car was the color of a carrot.
/carr\<CR\>	The car was the color of a carrot.

검색 칸에 "car"를 입력하자마자 가장 먼저 일치하는 단어인 "car"가 강조되어 표시된다. 다음 "r" 문자를 입력하는 순간에 Vim은 다음 일치하는 단어인 "carrot"으로 넘어갔다. 이 상황에서 〈Esc〉를 누르면 검색 프롬프트가 닫히고, 커서는 검색을 시작할 때 커서가 위치하고 있었던 행의 처음으로 돌아간다. 〈CR〉을 눌러서 검색 명령을 실행하면 커서는 단어 "carrot"이 시작하는 위치로 이동한다.

이 설정을 활성화하면 검색 동작을 화면에서 즉각적인 반응으로 볼 수 있어서 어떤 내용을 검색하든 원하는 위치로 이동하고 있는지 여부를 쉽게 확인할 수 있다. 검색을 사용한 의도가 "carrot"이 시작하는 부분으로 이동하려는 목적이었다면 단어를 모두 입력하지 않고 /carr〈CR〉만 입력하면 된다. 이 설정이 켜져 있다면 원하는 위치인 "carrot"으로 이동하기에 충분하다는 사실을 바로 확인할 수 있을 것이다. 'incsearch' 기능을 비활성화한 상황에서는 검색을 실제로 실행하기 전까지, 즉 〈CR〉을 누르기 전까지는 이 패턴이 원하는 위치로 이동하는지 쉽게 판단하기가 어려울 것이다.

일치 존재 여부 확인하기

앞에서 살펴본 예제에서는 부분적으로 "car"에 일치하는 단어가 한 행에 두 개 존재했다. 하지만 "car"와 "carrot" 사이에 수 백 단어가 존재한다고 생각해보자. 검색 칸에 "car"에서 "carr"를 입력하는 순간에 Vim은 문서에서 "carro"의 위치를 찾기 위해 수 백 단어를 지나서 그 단어가 위치한 곳까지 화면을 스크롤하게 될 것이다.

커서를 움직이지 않고 문서 내에 "carrot"이 존재하는지만 확인하고 싶다면 어떻게 해야 할까? 'incsearch' 설정이 켜진 상태에서 검색 프롬프트에 찾으려는 단어를 입력하게 되면 입력하는 순간에 처음으로 나타나는 "carrot"을 찾을 수 있다. 단어를 찾아 이동했더라도 단어가 존재하는지 확인하는 것이 목적이기 때문에 간단하게 〈Esc〉를 눌러서 검색을 종료한다. 검색이 종료되면서 커서는 다시 원래 위치로 돌아온다. 이 과정으로 단어 존재 여부를 확인한다면 작업 흐름에 전혀 방해가 되지 않을 것이다.

이전 일치했던 내용으로 검색 칸 자동완성하기

마지막 예제에서 "carrot"을 검색 명령으로 찾았다. 이 명령을 사용한 의도가 처음 일치하는 단어에 커서를 이동하고 싶었던 것이라면 이 동작으로도 충분할 것이다. 하지만 검색 패턴으로 입력한 "carrot"과 일치하는 첫 단어 위치만 필요했던 것이 아니라 문서에 패턴이 나타나는 모든 위치가 필요한 상황이라면 어떻게 해야 할까? 검색 명령으로 찾은 모든 일치 항목을 치환 명령을 사용해서 다른 단어로 바꾸려고 한다면 명령을 어떻게 사용해야 할까?

물론 "carrot"을 전부 입력해서 검색해도 상관없다. 하지만 〈C-r〉〈C-w〉 단축키를 입력하면 더 편리하게 검색할 수 있다. 이 단축키를 누르면 현재 화면에서 커서가 위치한 단어를 검색 칸에 자동완성으로 입력해준다. 즉, 증분 검색 기능을 사용하고 있는 지금 상황에서는 지금까지 입력한 검색어를 기준으로 커서가 이동하기 때문에 현재 화면에서 미리보기로 강조 표시된 단어 전체가 검색 칸에 자동완성된다. "carr"까지 입력한 상황에서 이 자동완성 단축키를 누르면 "ot"까지 입력하지 않더라도 "carrot"으로 자동으로 완성되고 검색어로 사용할 수 있다.

〈C-r〉〈C-w〉 자동완성은 이 맥락에서 사용하기에는 약간 부실한 부분도 있다. 검색에서 \v 스위치를 사용하고 있을 때 이 단축키를 사용하면 앞에서 살펴본 자동완성과 다르게 동작한다. 앞에서는 현재 커서가 위치한 단어의 나머지 부분을 입력했지만 이 스위치가 켜진 상태에서는 현재 커서가 놓인 단어 전체를 검색 패턴에 입력하게 된다(즉, /\vcarrcarrot〈CR〉이 된다). 검색에서 패턴 대신 단어를 사용하는 경우라면 증강 검색을 사용한 자동완성 기능이 조금이나마 시간을 절약하는 데 도움을 줄 것이다.

Tip.83 검색에서 일치하는 단어의 끝에 커서 놓기

검색 오프셋(search offset)은 검색 일치 항목에서 커서의 위치를 기준으로 고정된 수의 문자 앞이나 뒤를 선택할 수 있도록 제공하는 기능이다. 이 팁에서는 커서를 검색에 일치하는 단어 끝에 놓이도록 오프셋을 지정해서 점 공식을 더욱 완벽하게 사용할 수 있는 방법을 학습한다.

커서는 검색 명령을 매번 실행할 때마다 검색과 일치하는 단어의 첫 문자에 놓인다. 이 기본 설정은 대부분의 상황에 적합하기 때문에 합리적인 선택이라고 할 수 있겠지만 종종 커서가 단어의 끝에 놓이는 것이 더 편할 때가 있다. Vim에서는 검색을 수행할 때 커서의 위치를 지정할 수 있도록 검색 오프셋 기능을 제공한다(:h search-offset 참고).

예제를 통해서 배워보자. 다음 문서 일부를 보면 저자가 "language"를 축약한 "lang"이라는 단어를 반복해서 사용하고 있다.

search/langs.txt

```
Aim to learn a new programming lang each year.
Which lang did you pick up last year?
Which langs would you like to learn?
```

문서에서 "lang"을 축약어가 아닌 전체 단어로 변경하려면 어떻게 해야 할까? 이 경우에 대한 해결책 중 하나로 치환 명령 :%s/lang/language/g를 사용할 수 있다. 하지만 이 팁에서는 점 공식을 사용하는 다른 방법을 살펴보려고 한다. 이 과정에서 배울 수 있는 내용이 있다.

먼저 검색 오프셋 기능 없이 변경하는 방법을 생각해보자. 수정하려는 문자열을 검색하기 위해서 /lang⟨CR⟩로 작업을 시작한다. 이 명령을 사용하면 검색과 일치하는 첫 번째 단어의 첫 문자로 커서를 옮긴다. 이제 나머지 필요한 단어를 입력하기 위해서 eauage⟨Esc⟩를 입력한다. 현재 커서가 위치한 단어 끝에 입력을 추가하는 일은 ea 명령을 사용할 수 있다. 이 명령은 일상적으로 많이 사용하는 작업 중 하나라서 의식하지 않고도 입력할 수 있도록 손에 익히는 것이 좋다.

이제는 커서를 단어의 끝에 이동하도록 하는 전략이 필요하다. 점 명령을 이용하면 그 작업을 쉽게 처리할 수 있다. "lang"이 나타나는 다음 위치로 이동하기 위해 ne. 명령을 사용한다. n은 다음 일치하는 단어로 이동하는 명령이고 e는 현재 커서가 위치한 단어의 마지막 문자로 이동하는 명령이다. 마지막에 .을 입력하는 것으로 앞에서 단어 나머지를 입력했던 동작을 반복한다. 이 모든 과정이 키를 세 번 입력하는 것으로 끝났다. 이상적인 방식으로 점 공식을 사용한 것은 아니지만 최소한 원하던 목적은 달성할 수 있었다.

이게 전부일까? 같은 과정을 처리하기 위해서 ne.을 한 차례 더 입력한다. 하지만 마지막 단어를 변경하면 무언가 잘못되고 있는 것을 눈치챌 수 있다. 무슨 일이 일어난 것일까? 마지막 일치하는 단어의 "lang"은 실제로 "languages" 즉, 복수형을 줄여서 작성한 것이다. 점 공식이 완전히 최적화되지 않았는데도 모르는 척 한 번 더 실행한다면 이상한 단어인 "langsuage"로 수정된다. 따라서 이런 상황에서는 단어의 마지막으로 커서를 이동해서 나머지 내용을 추가하는 방식보다 검색으로 일치한 부분 끝에 단어를 추가하는 방식을 쓰는 것이 더 적절하다.

다음에 나오는 '표 14 검색 오프셋을 활용해서 작업 흐름 향상하기'에서 이 명령을 어떻게 사용하는지 그 과정을 설명하고 있다.

/lang/e〈CR〉로 검색하면 일치하는 내용의 끝에 커서가 놓이게 된다. 여러 차례 n 명령을 입력할 때마다 커서가 다음 일치하는 내용 끝으로 이동한다. 이제 점 명령을 사용하기에 적절한 검색 명령이 되었다는 의미다. 검색에서 오프셋을 사용한 덕택에 반복해서 사용할 수 있는 가장 이상적인 점 공식을 만들어낼 수 있었다.

키 입력	버퍼 내용

{시작}	`Aim to learn a new programming lang each year.`
	`Which lang did you pick up last year?`
	`Which langs would you like to learn?`

/lang/e<CR>	`Aim to learn a new programming lang each year.`
	`Which lang did you pick up last year?`
	`Which langs would you like to learn?`

auage<Esc>	`Aim to learn a new programming language each year.`
	`Which lang did you pick up last year?`
	`Which langs would you like to learn?`

n	`Aim to learn a new programming language each year.`
	`Which lang did you pick up last year?`
	`Which langs would you like to learn?`

.	`Aim to learn a new programming language each year.`
	`Which language did you pick up last year?`
	`Which langs would you like to learn?`

n.	`Aim to learn a new programming language each year.`
	`Which language did you pick up last year?`
	`Which languages would you like to learn?`

표 14 검색 오프셋을 활용해서 작업 흐름 향상하기

이 검색 오프셋이 실무에서 항상 편리하다고 말하기는 어렵다. 커서의 위치가 단어의 끝 문자가 아니라 패턴 일치의 끝 문자에 오는 경우가 더 편리하다는 사실은 대개 오프셋 없이 검색을 먼저 수행한 다음에 n을 몇 번 눌러 단어 사이를 이동하고 난 후에야 눈치채는 경우가 많기 때문이다. 물론 작업 과정에서 큰 문제가 될 부분은 아니다. 간단하게 //e⟨CR⟩을 입력하면 된다. 그러면 검색 칸을 빈칸으로 두고 실행하여 앞서 사용한 검색 패턴을 다시 사용할 수 있다. 즉, 이 명령을 사용하면 마지막에 사용한 검색 패턴을 오프셋 설정을 추가해서 간단하게 다시 수행할 수 있다.

Tip.84 검색 후 오퍼레이터 명령 사용하기

Vim의 검색 명령은 본문에서 일치하는 부분을 강조 표시하는 동시에 그 일치하는 위치를 빠르게 오고 갈 수 있는 기능을 제공한다. 또한 gn 명령을 사용해서 현재 검색 패턴과 일치하는 위치를 대상으로 명령을 실행할 수 있다.

Vim의 검색 명령은 패턴이 나타나는 곳을 이동할 때 편리하게 사용할 수 있다. 각각 일치하는 부분을 수정하려면 어떻게 해야 할까? gn 명령이 지금까지 좀 이상하게 느껴졌을지 모르겠지만 검색 일치를 조작하는 작업에는 아주 효과적으로 활용할 수 있다(이 기능은 Vim 7.4.110 이후로 사용할 수 있다).

예제를 먼저 살펴보자. 이 예제는 XmlDocument, XhtmlDocument, XmlTag, XhtmlTag라는 클래스를 다루고 있다.

search/tag-heirarchy.rb

```
class XhtmlDocument < XmlDocument; end
class XhtmlTag < XmlTag; end
```

위 클래스의 명칭을 아래와 같이 수정하려고 한다.

```
class XHTMLDocument < XMLDocument; end
class XHTMLTag < XMLTag; end
```

이 작업에는 범위를 선택해서 대문자로 전환하는 gU{모션} 오퍼레이터를 사용할 수 있다(:h gU 참고). 이 오퍼레이터를 사용하면서 다음 일치하는 위치까지 범위를 선택하는 gn 명령을 함께 활용할 것이다(:h gn 참고). 만약 커서가 일치하는 단어에 놓인다면 gn은 현재 위치의 단어까지만 영향을 미친다. 하지만 커서의 위치에 일치하는 단어가 없다면 gn은 본문 중에서 커서가 있는 위치 이후로 검색 패턴과 일치하는 단어까지 이동한 다음, 그 위치까지 변경 사항을 적용한다. 다음에 나오는 '표 15 완전 검색 일치 수행하기'에서 어떻게 사용하는지 예시를 볼 것이다.

먼저 Xml 또는 Xhtml을 찾는 정규표현식을 작성해보자. /\vX(ht)?ml\C⟨CR⟩

으로 작성하면 간단하게 작업을 처리할 수 있다. \C 스위치를 추가하면 강제로 대소문자를 구분하는 방식으로 동작한다. 덕분에 이 검색 패턴을 사용했을 때 XML 또는 XHTML에는 영향을 주지 않는다. 이 패턴을 검색하면 이 작업에서 변경하려고 하는 위치 네 군데가 모두 강조로 표시되며 커서는 첫 번째 일치 항목 위에 놓인다.

gUgn 명령을 사용하면 검색 패턴과 일치하는 본문을 대문자로 전환한다. 이 명령의 아름다움은 간단하게 반복할 수 있다는 점에 있다. n을 눌러 다음 일치하는 위치로 이동한 후에 간단하게 .을 입력해서 같은 작업을 반복할 수 있다. 전형적인 점 공식의 예로 볼 수 있는데 매 변경을 키 입력 두 번으로 처리할 수 있게 되었다. 조금 드문 경우이긴 하지만 여기에서 살펴본 예는 이 두 차례 입력하는 방식보다 더 경제적으로 반복하는 방법이 있다.

점 공식 향상하기

앞에서 사용한 gUgn은 다음 일치하는 본문을 대문자로 변환하는 명령으로 설명할 수 있다. 커서가 이미 일치하는 곳에 있다면 .을 눌렀을 때 커서 밑에 있는 일치하는 부분이 바로 변경된다. 하지만 커서가 일치하는 곳에 있지 않다면 .을 눌렀을 때 다음 일치하는 위치로 이동한 후에 변경을 적용한다. 즉, 이 동작에서는 n을 누를 필요가 없어졌다. 검색에 일치하는 위치에 이동할 걱정 없이 .을 누르기만 하면 된다. 키 입력 한번에 필요한 수정이 가능하게 된 것이다. 전형적인 점 공식은 이동을 위한 키 입력과 변경을 적용하는 키 입력, 두 부분으로 이뤄진다. gn 명령을 사용하면 이 두 단계를 하나로 줄일 수 있는데 gn은 현재 커서의 위치가 아니라 다음 일치를 기준으로 동작하기 때문이다. . 명령으로 다음 일치하는 위치로 이동해서 마지막에 수행한 변경을 반복하는 작업이 필요한 상황이라면 gUgn과 같은 명령 조합을 사용해서 키 입력 한 번당 내용을 한 번 변경할 수 있고, 이 명령은 점 명령을 사용해서 쉽게 반복 가능하다. 이 방식을 향상된 점 공식이라고 부른다.

키 입력	버퍼 내용
{시작}	class XhtmlDocument < XmlDocument; end class XhtmlTag < XmlTag; end
/\vX(ht)?ml\C<CR>	class XhtmlDocument < XmlDocument; end class XhtmlTag < XmlTag; end

gUgn	class **X**HTMLDocument < **Xml**Document; end class **Xhtml**Tag < **Xml**Tag; end
n	class XHTMLDocument < **Xml**Document; end class **Xhtml**Tag < **Xml**Tag; end
.	class XHTMLDocument < **X**xMLDocument; end class **Xhtml**Tag < **Xml**Tag; end
n.	class XHTMLDocument < XMLDocument; end class **X**HTMLTag < **Xml**Tag; end
.	class XHTMLDocument < XMLDocument; end class XHTMLTag < **X**MLTag; end

표 15 완전 검색 일치 수행하기

예제에서 \C 대신 \c 항목을 사용해서 수행하면 어떻게 될까? \c 항목을 사용하면 검색에서 대소문자를 구분하지 않게 되고 점 명령만으로는 다음 위치로 이동하지 않는다. 하지만 n을 눌러 다음 일치 항목으로 이동한 후에 점 명령을 사용하는 방법은 여전히 사용할 수 있다. 점 명령으로 gUgn을 반복해서 수행하는 것은 동일하지만 \c 때문에 다음 패턴에 Xml과 XML 모두가 해당되는 문제가 발생한다. 명령은 커서 밑에 검색과 일치하는 본문이라면 이동하지 않고 커서 밑 본문에 변경을 적용한다. Xml이 XML로 변경된 이후에도 검색 패턴은 대소문자를 구분하지 않기 때문에 여전히 현재 위치가 검색 패턴과 일치하는 것으로 인식한다. 그래서 다음 위치로 이동하지 않고 제자리에서 동일한 변경을 반복하게 된다. 그냥 보기에는 아무 변화가 없는 것처럼 보이지만 실제로는 이미 대문자로 변경된 XML을 다시 대문자로 변경하는 동작을 반복하고 있는 것이다.

향상된 점 공식을 사용하기 위해서는 검색 패턴을 작성할 때 변경하기 이전 본문과는 일치하고 변경한 이후 본문에는 일치하지 않는 방식으로 작성해야 한다. 이 예제에서는 gU 동작이 목표한 본문을 대문자로 변경하는 작업을 하기 때문에 검색 패턴이 대소문자를 구분하는 것은 아주 중요하다. 하지만 향상된 점 공식을 사용하기 위해서 항상 대소문자를 구분하는 패턴으로 작성해야 하는 것은 아니다.

동일한 예제에서 dgn 명령을 이용해 일치하는 문자를 제거해보자. 또는 `cgn` Json⟨Esc⟩로 검색 패턴에 일치하는 본문을 Json으로 치환해보자. 이런 동작을 사용할 때는 대소문자 구분 없이도 .을 누르면 매번 다음 일치하는 본문으로 이동해서 변경을 적용한다. 다시 말해서 명령으로 본문을 목표대로 수정한 후에 검색 패턴에 일치하지만 않는다면 향상된 점 공식으로 만들어 사용할 수 있다.

파일의 크기가 커서 일치하는 본문 사이가 먼 경우에는 향상된 점 공식을 사용할 때 주의해야 한다. n.을 입력해서 내용을 변경하는 경우에는 n을 누른 후에 내용을 변경할지, 변경하지 않을지 먼저 살펴볼 수 있다. 하지만 향상된 점 공식을 사용하면 .을 눌렀을 때 다음 위치로 이동한 다음에 바로 내용을 변경해버린다. 각 변경하는 위치의 거리가 멀어 현재 화면에서 다 보이지 않는다면 일치하는 내용이 정말 변경하려는 내용인지 미리 확인하고 변경을 수행할 수 없기 때문에 유의해야 한다.

Vim의 7.4.110 버전이 배포된 이후로 내 작업 흐름에서 gn 명령은 필수적인 명령이 되었다. 이전 판의 Vim을 사용하면서 판올림을 미루고 있다면 이 명령이 판올림을 할 좋은 이유가 될 것이라고 생각한다.

Tip.85 검색 히스토리를 반복해서 복잡한 패턴 생성하기

정규표현식을 작성하는 것은 어렵다. 한번에 제대로 작성하는 것이 쉽지 않기 때문에 패턴을 반복해서 작성해볼 수 있는 작업 흐름을 만들면 두려움 없이 정규표현식 패턴을 작성할 수 있을 것이다. 검색 히스토리에서 이전에 사용한 패턴을 수정해서 재사용하는 방법으로 최종적인 정규표현식을 만드는 과정을 보고 어떻게 문제를 해결하는지 살펴본다.

다음 본문에서는 따옴표를 강조 기호로 사용했다.

```
search/quoted-strings.txt
This string contains a 'quoted' word.
This string contains 'two' quoted 'words.'
This 'string doesn't make things easy.'
```

따옴표로 감싼 문자열을 찾기 위해서 정규표현식을 만들려고 한다. 처음부터 필요한 정규표현식을 한번에 만들기는 어렵기 때문에 여러 차례로 나눠 만들려고 한다. 이렇게 정규표현식을 만든 후에 치환 명령과 함께 사용해서 위 예문을 다음 예문처럼 겹따옴표를 사용하도록 치환할 것이다.

```
This string contains a "quoted" word.
This string contains "two" quoted "words."
This "string doesn't make things easy."
```

초안 1: 넓은 일치

먼저 다듬지 않은 검색으로 시작한다.

> ⇒ /\v'.+'

이 검색 패턴은 단일 ' 문자를 찾은 후에 그 뒤로 닫는 ' 문자가 나타날 때까지 하나 이상의 문자를 선택한다. 이 패턴으로 검색 명령을 실행하면 문서에 다음 처럼 표시된다.

```
This string contains a 'quoted' word.
This string contains 'two' quoted 'words.'
This 'string doesn't make things easy.'
```

첫 행은 문제 없어 보인다. 반면에 두 번째 행은 문제가 있다. 패턴에 있는 .+ 항 목은 탐욕 일치(greedy match)를 수행하는 데 가능한 한 많은 문자를 일치하는 범위에 포함한다는 의미다. 여기에서 필요한 검색 패턴은 인용 단어 각각을 일 치로 인식하는 패턴이다. 이제 패턴을 좀 더 다듬어보도록 하자.

초안 2: 정제하기

검색 패턴에서 사용한 . 기호는 가능한 한 많은 문자를 선택하기 때문에 좀 더 세부적으로 선택할 수 있는 패턴으로 변경하려고 한다. ' 기호를 제외한 모든 문 자를 일치 범위에 포함하려면 [^']+로 작성하면 된다. 앞서 작성했던 검색 패턴 을 다음처럼 정제할 수 있다.

> ⇒ /\v'[^']+'

이 검색 패턴을 사용하기 위해서 매번 작성할 필요는 없다. 대신에 /⟨Up⟩을 입 력하면 가장 최근에 사용한 검색 패턴을 다시 출력할 것이다. ⟨Left⟩와 백스페 이스 키를 눌러 .을 지운 후, 방금 앞에서 작성한 새 패턴을 마저 입력해서 변경 을 최소화한다. 패턴을 실행하면 다음과 같은 결과를 확인할 수 있다.

```
This string contains a 'quoted' word.
This string contains 'two' quoted 'words.'
This 'string doesn't make things easy.'
```

이전 검색 패턴보다 향상된 결과를 만드는 데 성공했다. 첫 두 행은 필요한 범위 를 정확하게 선택했다. 하지만 세 번째 행에 새로운 문제가 나타났다. 세 번째 문장에서 ' 문자를 생략 부호(apostrophe)로 사용했는데 그 문자 때문에 의도와 다르게 일치 범위가 일찍 끝나고 말았다. 패턴을 좀 더 정제해야 하는 상황이다.

초안 3: 또 다른 반복

이제 생략 부호를 사용한 경우와 인용 끝에 사용하는 따옴표를 구분해야 한다. 즉, "won't", "don't", "we're"와 같은 경우를 구분해야 하는 것이다. 각각의 경우 ' 문자 뒤에 공백이나 마침표가 아닌 문자가 존재한다는 공통점이 있다. 이제 ' 문자 뒤에 단어(word)가 붙어 있는 경우는 제외하도록 다음과 같이 패턴을 수정한다.

* `/\v'([^']|'\w)+'`

이번 변경은 상당히 중요하다. `\w` 항목을 추가로 입력했을 뿐만 아니라 따옴표가 아닌 문자, 또는 따옴표 뒤에 다른 문자가 존재하는 경우를 처리하는 하위 패턴 두 가지를 사용했다. 이 두 패턴은 괄호로 감싼 후에 파이프 문자(|)로 구분했다. 이제 비장의 무기를 꺼낼 때가 되었다.

`/〈Up〉`을 사용해서 마지막 검색 패턴을 불러오는 방법 대신에 `q/`로 명령행 창을 연다. 이 동작은 Vim 버퍼와 거의 동일한 창을 여는데 기존 버퍼와 다른 점은 각각의 행이 이전에 사용한 검색 히스토리 항목에 해당한다는 것이다(Tip.34의 '명령행 창 만나기'에서 다뤘다). 이 창에서 Vim의 강력한 모달 편집 기능을 사용하면 마지막 검색 패턴을 수정하고 검색에 바로 사용할 수 있다.

패턴을 수정하기 위한 일련의 과정을 아래 표에서 확인할 수 있다. 여기에서 `c%(<C-r>")`〈Esc〉를 이해하기 어렵다면 'Tip.55 괄호 넘나들기'와 'Tip.15 끼워넣기 모드를 벗어나지 않고 레지스터 붙여넣기'에서 다룬 내용을 다시 한번 확인하도록 하자.

키 입력	버퍼 내용
{시작}	`\v'[^']+'`
`f[`	`\v'[^']+'`
`c%(<C-r>")<Esc>`	`\v'([^'])+'`
`i|'\w<Esc>`	`\v'([^']|'\w)+'`

검색 패턴을 원하는 대로 모두 수정했다면 〈CR〉을 누른다. 그러면 명령행 창의 커서가 위치한 행의 패턴을 사용해서 바로 패턴 검색을 할 수 있다. 그 결과는 다음과 같다.

```
This string contains a 'quoted' word.
This string contains 'two' quoted 'words.'
This 'string doesn't make things easy.'
```

성공적이다!

초안 4: 마지막 수정 하나

올바른 위치를 찾기 위한 패턴을 작성했지만 치환 명령을 사용하기 위해서 마지막으로 수정해야 하는 부분이 있다. 인용구에 해당하는 따옴표 내에 모든 문자를 선택하기 위해 검색 패턴에 괄호를 추가해야 한다. 최종적인 패턴은 다음과 같다.

⇒ `/\v'(([^']|'\w)+)'`

/⟨Up⟩을 입력해 이전 검색 내역을 검색 칸으로 불러와서 수정하거나, q/를 입력해서 명령행 창을 활용해서 검색 패턴을 수정하는 방법 모두 가능하다. 두 방법 중 자신에게 편하다고 생각하는 기능을 사용하면 된다. 이 검색 패턴으로 강조되는 부분은 앞에서 사용한 패턴과 다르지 않지만 각각 일치 항목에서 인용 내에 있는 문자열을 \1 캡처 레지스터에 배정하는 과정이 추가되었다. 즉, 다음 치환 명령처럼 레지스터를 활용해서 내용을 변경하는 것이 가능하게 되었다.

⇒ `:%s//"\1"/g`

검색 칸을 빈칸으로 두면 Vim은 마지막으로 사용한 검색 명령을 재사용한다(더 자세한 내용은 'Tip.91 마지막 검색 패턴 재사용하기'에서 확인한다). 치환 명령을 실행하면 다음과 같은 결과를 확인할 수 있다.

```
This string contains a "quoted" word.
This string contains "two" quoted "words."
This "string doesn't make things easy."
```

토론

다음 명령은 지금까지 한 작업을 정리한 것이다.

⇒ `:%s/\v'(([^']|'\w)+)'/"\1"/g`

이 명령을 실수 없이 한번에 작성할 수 있다고 자신 있게 이야기할 수 있는가?

이런 검색 패턴을 한번에 척척 작성해야만 하는 건 아니다. Vim에서는 키를 두 번만 눌러도 최근에 사용한 검색 패턴을 바로 확인할 수 있기 때문에 패턴을 다시 작성하는 일이 그렇게 복잡한 일이 아니다. 넓은 범위를 검색하는 것으로 시작해서 목표에 가까워질 수 있도록 범위를 점점 줄여가며 작성하면 된다.

간단한 작업이라면 명령행에서 명령을 바로 수정하는 것이 편리하다. 'incsearch' 설정이 활성화된 상태라면 명령행을 수정할 때 즉각적으로 그 결과를 확인할 수 있는 장점도 있다. 이 기능은 명령행 창을 열어서 작업할 때는 사용할 수 없다. 대신에 명령행 창을 열어서 작업하면 Vim의 강력한 다중 모드 편집 기능을 활용할 수 있다. 각 기능의 장단점을 고려해 사용하자.

Tip.86 현재 패턴과 일치하는 횟수 세기

이 팁은 현재 패턴과 일치하는 본문이 몇 군데 있는지 셀 수 있는 방법이다.

"buttons"가 이 문서에서 몇 차례 반복되는지 확인하려 한다.

search/buttons.js

```
var buttons = viewport.buttons;
viewport.buttons.previous.show();
viewport.buttons.next.show();
viewport.buttons.index.hide();
```

먼저 다음처럼 검색으로 시작한다.

⇒ /\<buttons\>

검색을 수행하면 다음 일치하는 부분으로 이동하기 위해 n, N을 사용할 수 있지만 Vim의 검색 명령이 실제로 현재 문서에서 몇 개 일치를 찾았는지 표시하지 않는다. :substitute 또는 :vimgrep 명령을 사용하면 일치하는 부분이 몇 개인지 그 횟수를 확인할 수 있다.

:substitute 명령으로 일치 횟수 세기

다음 명령으로 일치하는 횟수를 확인할 수 있다.

⇒ /\<buttons\>
⇒ :%s///gn
❮ 4줄에서 5개 찾아짐

일반적인 :substitute 명령을 실행했지만 명령 끝에 n을 추가했기 때문에 실제로 치환을 하지는 않았다. 각각 일치하는 부분에 대해 치환하는 대신에 몇 번 일

치하는지 횟수를 세고 그 결과를 명령행으로 출력했다. 검색 칸을 빈칸으로 사용했기 때문에 Vim은 마지막으로 사용한 검색 패턴을 그대로 사용했다. n 항목을 붙였기 때문에 치환 칸은 자동으로 무시되긴 하지만 여기에서는 치환하려는 것이 아니라 횟수를 확인하려는 것이기 때문에 치환 칸의 내용을 입력하지 않고 빈칸으로 뒀다.

참고로 이 명령에는 / 문자가 세 번 반복되어 있다. 첫 번째와 두 번째 구분자는 검색 패턴 칸을, 두 번째와 세 번째는 대체 칸을 구분하는 역할을 한다. 칸을 구분하기 위한 / 문자를 하나라도 빠뜨리지 않도록 주의해야 한다. 만약 하나를 빠뜨려 `:%s//gn`을 실행하면 일치하는 모든 본문이 gn으로 치환될 것이다.

:vimgrep 명령으로 일치 횟수 세기

`:substitute` 명령의 n 항목은 본문에서 패턴에 일치하는 횟수를 표시해준다. 때로는 이 항목이 몇 번째 일치하는 항목인지, 총 5개 일치 중 세 번째 항목으로 표시하는 것이 더 유용한 경우가 있다. 이 정보는 `:vimgrep`을 사용해서 얻을 수 있다.

```
⇒ /\<buttons\>
⇒ :vimgrep //g %
⟨ (1 of 5) var buttons = viewport.buttons;
```

이 명령을 실행하면 현재 버퍼에서 일치하는 부분을 퀵픽스 목록(quickfix list)으로 제공한다. `:vimgrep` 명령은 여러 파일에 걸쳐 검색하는 것도 가능하지만 여기에서는 단일 파일을 대상으로 검색하는 예시를 살펴본다. % 기호는 현재 버퍼에 열려 있는 파일로 한정하는 역할을 한다(`:h cmdline-special` 참고). 패턴 칸을 빈칸으로 둔 상태로 `:vimgrep` 명령을 사용하면 다른 검색 명령과 마찬가지로 마지막 검색 패턴을 다시 활용한다.

검색 명령을 수행한 다음에 n과 N으로 이동할 수 있던 것처럼, 여기에서는 `:cnext`와 `:cprev` 명령을 사용해서 전후로 이동할 수 있다.

```
⇒ :cnext
⟨ (2 of 5) var buttons = viewport.buttons;
⇒ :cnext
⟨ (3 of 5) viewport.buttons.previous.show();
⇒ :cprev
⟨ (2 of 5) var buttons = viewport.buttons;
```

내용을 치환하려고 하는 경우에도 일치하는 횟수를 셀 때는 `:substitute` 명령보

다 :vimgrep 명령이 주로 사용된다. 현재 일치하는 위치를 바로 확인할 수 있어서 남은 작업을 얼마나 반복해야 하는지 쉽게 판단할 수 있기 때문이다.

퀵픽스 목록은 Vim에서 하는 대부분의 작업에서 아주 중요한 역할을 한다. 퀵픽스 목록에 대한 자세한 내용은 '17장 코드 컴파일과 퀵픽스 목록에서 오류 확인하기'에서 확인할 수 있다.

Tip.87 비주얼 선택 영역으로 검색하기

일반 모드에서 * 명령을 입력하면 현재 커서 밑에 있는 단어를 검색할 수 있다. Vim 스크립트를 적용해서 * 명령을 현재 단어를 검색하는 대신에 비주얼 모드에서 선택한 단어를 검색할 수 있도록 기능을 재정의할 수 있다.

비주얼 모드에서 현재 단어 검색하기

비주얼 모드에서 * 명령으로 커서 밑에 있는 단어를 검색할 수 있다.

키 입력	버퍼 내용
{시작}	She sells sea shells by the sea shore.
*	She sells sea shells by the sea shore.

비주얼 모드에서 앞 세 단어를 선택하고 커서를 "sea"에 놓은 상황이다. 지금 상태에서 * 명령을 실행하면 정방향 검색으로 다음에 나타나는 "sea"를 찾아서 비주얼 선택 범위를 확장한다. 이 동작은 일반 모드의 * 명령과 같은 맥락으로 제공하는 기능이겠지만 유용하게 사용할 수 있는 경우는 거의 없었다.

Vim에 매료되기 전까지 사용했던 다른 문서 편집기에는 '선택 영역으로 검색' 명령이 있었다. 이 기능을 손에 불이 나도록 자주 사용했는데 나중에 Vim을 사용하면서 Vim에는 이 기능이 없다는 사실에 사뭇 놀랄 수밖에 없었다. 그래서 항상 * 명령을 비주얼 모드에서 실행했을 때, 현재 커서 밑에 있는 문장 대신에 현재 선택한 영역을 검색에 사용하는 게 더 좋지 않을까 생각했다. 이 기능을 Vim 스크립트를 사용하면 추가할 수 있었다.

현재 선택 영역으로 검색하기 (기존 기능)

:h visual-search를 살펴보면 다음 추천을 확인할 수 있다. 비주얼 모드에서 선택한 본문 영역을 검색 패턴으로 사용할 수 있도록 키를 설정하는 것이다.

```
:vmap X y/<C-R>"<CR>
```

참고로 특수 문자(".", "*"와 같은)를 선택한 다음 이 키를 사용하면 생각한 대로 동작하지 않을 수 있다.

이 설정은 X를 눌렀을 때 다음 일련의 명령을 실행하게 하는 설정이다. 먼저 y 명령으로 현재 선택한 영역을 복사한다. 그리고 나서 /<C-r>"〈CR〉 명령으로 검색 프롬프트에 기본 레지스터의 내용을 붙여넣은 후 검색을 실행한다. 이 해법은 간편하지만 Vim 문서에 언급된 것처럼 특수 문자를 대상으로는 이 단축키를 사용하지 못하는 한계가 있다.

'Tip.79 이스케이프 문자 처리 문제'에서 특별한 의미를 갖고 있는 문자를 검색에서 사용하려면 어떻게 해야 하는지 그 방법을 배웠다. 이제 현재 선택한 범위에서 특별한 문자가 제외되는 일 없이 검색할 수 있도록, 문자 제한 없이 사용할 수 있는 단축키를 만들어 본다.

현재 선택 영역으로 검색하기 (향상 버전)

아래 Vim 스크립트가 비주얼 모드에서 현재 선택한 영역의 문자열을 사용해 검색하는 기능을 제공한다.

patterns/visual-star.vim

```
xnoremap * :<C-u>call <SID>VSetSearch('/')<CR>/<C-R>=@/<CR><CR>
xnoremap # :<C-u>call <SID>VSetSearch('?')<CR>?<C-R>=@/<CR><CR>

function! s:VSetSearch(cmdtype)
    let temp = @s
    norm! gv"sy
    let @/ = '\V' . substitute(escape(@s, a:cmdtype.'\'), '\n', '\\n', 'g')
    let @s = temp
endfunction
```

이 스크립트를 vimrc 파일에 직접 붙여넣어서 사용할 수 있다. 또는 비주얼 별 검색[2] 플러그인을 설치해도 이 기능을 사용할 수 있다.

이 스크립트는 * 명령을 덮어쓴 것처럼 # 명령도 수정했다. # 명령은 선택한 본문을 역방향으로 검색하는 기능을 제공한다. 여기에서 사용한 xnoremap은 비주얼 모드에서만 이 명령을 추가한다는 의미의 키워드다(:h mapmode-x 참고).

---

2   *https://github.com/nelstrom/vim−visual−star−search*

치환하기

치환 명령이 단순히 문장을 찾고 치환하는 기능만 제공한다고 생각할지도 모른다. 하지만 실제로는 가장 강력한 Ex 명령 중 하나다. 이 장에서는 치환 명령 하나로 단순한 작업부터 가장 복잡한 문제까지 어떻게 헤쳐나가는지 배운다.

마지막에 사용한 검색 패턴을 다시 사용하는 방법으로 치환 명령을 더 빠르게 사용할 수 있다. 치환 명령과 검색 패턴을 조합하는 몇 가지 팁과 기법을 살펴보자. 또한 조금 특별한 경우에 해당하지만 아주 유용하게 사용할 수 있는 기능으로 내용을 치환하기 전에 치환이 되는 위치를 직접 확인하고 변경 여부를 결정하는 방법을 살펴본다. 그리고 직접 입력하지 않고도 대체 칸에 내용을 채워넣는 특별한 기능을 확인한다. 명령을 전부 다시 입력할 필요 없이 다른 범위에서 마지막으로 쓴 치환 명령을 반복할 수 있는데 이 방법에 대해서도 배운다.

치환 명령을 사용할 때 대체 칸에 문자열 대신 Vim 스크립트 표현식을 사용하는 것도 가능하다. 연속적으로 일치하는 숫자 값을 스크립트로 조작하는 고급 예제를 배울 것이다. 그리고 하나의 치환 명령으로 둘 이상의 단어를 교체하는 방법을 배운다. 마지막으로 다중 파일을 대상으로 검색하거나 본문을 치환하는 방법을 살펴보고 이 장을 마무리한다.

Tip.88 치환 명령 만나기

:substitute 명령은 검색 패턴, 치환할 문자열, 치환 명령을 수행하는 범위를 지정해야 하기 때문에 꽤 복잡하다. 이 치환 명령을 사용할 때 어떤 방식으로 동작하는지 제어할 수 있는 기능을 하는 것으로 플래그(flag)가 있다.

치환 명령은 문서에서 검색 패턴에 해당하는 본문을 찾은 후에 다른 문자열로 대체하는 기능이다. 치환 명령의 문법은 다음과 같다.

```
:[범위]s[ubstitute]/{패턴}/{문자열}/[플래그]
```

치환 명령은 여러 부품으로 구성되어 있다. 첫 번째 부품인 **[범위]** 규칙은 다른 Ex 명령과 동일하다. 이 규칙은 'Tip.28 연속된 행에 명령 실행하기'에서 비중 있게 다루고 있다. 두 번째 부품인 **{패턴}**은 '12장 패턴과 문자열 일치'에서 다뤘다.

플래그를 사용해서 치환 명령 조작하기

치환 명령에서 플래그를 사용하면 치환 동작 방식을 변경할 수 있다. 플래그의 역할을 이해하기 위한 가장 좋은 방법은 플래그가 어떻게 동작하는지 직접 확인하는 것이다. 이후 각각의 팁에서 플래그에 대해서 자세히 살펴본다. 여기에서는 먼저 플래그를 전반적으로 간략하게 살펴본다. 사용 가능한 전체 플래그 목록은 `:h :s_flags`에서 확인할 수 있다.

g 플래그를 사용하면 치환 명령을 전역 범위를 대상으로 수행한다. 즉, 가장 먼저 일치한 것 하나만 치환하는 게 아니라 일치하는 모든 본문에 대해 일괄적으로 치환을 수행한다. 이 기능은 'Tip.89 파일 내에서 모든 일치를 찾고 치환하기'에서 살펴볼 것이다.

c 플래그는 매 치환마다 변경 여부를 확인한다. 이 기능은 'Tip.90 치환 전에 일일이 확인하기'에서 확인한다.

n 플래그를 사용하면 치환 명령을 사용해도 치환을 수행하지 않는다. 대신에 치환 명령을 사용했을 때 본문에서 몇 번이나 치환을 반복하게 될지 그 횟수를 알려준다. 'Tip.86 현재 패턴과 일치하는 횟수 세기'에서 이 플래그의 사용 예시를 다뤘다.

검색 패턴으로 치환 명령을 실행했을 때 현재 파일에 일치하는 본문이 없다면 Vim에서 'E486: 패턴을 찾을 수 없습니다' 오류가 발생할 것이다. 치환 명령에서 e 플래그를 사용하면 이 오류를 출력하지 않는다.

& 플래그를 사용하면 이전에 사용한 치환 명령과 동일한 플래그를 적용한다. 'Tip.93 이전 치환 명령 반복하기'에서 이 기능을 유용하게 사용할 수 있는 경우를 확인한다.

대체 문자열에서의 특수 문자

'12장 패턴과 문자열 일치'에서 검색 패턴에 특별한 의미를 갖는 문자를 몇 가지 살펴봤다. 대체 칸에서도 유용하게 쓸 수 있는 특별한 문자가 존재한다. 이 문자 목록은 :h sub-replace-special에서 확인할 수 있으며 그중 중요한 기호는 다음 표로 정리했다.

기호	의미
\r	개행 문자 캐리지 리턴(carriage return) 삽입
\t	탭 문자 삽입
\\	역슬래시 삽입
\1	첫 번째 하위 일치하는 항목 삽입
\2	두 번째 하위 일치하는 항목 삽입(\9까지 연속)
\0	일치하는 전체 패턴 삽입
&	일치하는 전체 패턴 삽입
~	이전 :substitute에서 사용했던 {문자열}을 사용
\={Vim 스크립트}	{Vim 스크립트} 표현식 연산 후에 그 결과를 치환 {문자열}로 사용

\r, \t, \\ 토큰을 보면 토큰에 조합된 문자로 토큰의 기능을 유추할 수 있다. 'Tip.93 이전 치환 명령 반복하기'에서는 ~ 토큰을 어떻게 사용하는지 배운다. 그리고 이 토큰보다 더 빠르게 명령을 반복할 수 있는 단축키도 몇 가지 학습한다. \1과 \2의 사용 방법은 'Tip.94 하위 일치로 CSV 재정렬하기'에서 확인한다.

\={Vim 스크립트} 토큰은 매우 강력하다. 이 명령으로 Vim 스크립트 코드를 실행할 수 있고 실행 결과로 반환한 값을 대체 {문자열}에서 사용할 수 있다. 'Tip.95 치환에서 산술 계산 수행하기'와 'Tip.96 두 개 이상의 단어 교체하기'에서 사용 예시를 몇 가지 확인한다.

Tip.89 파일 내에서 모든 일치를 찾고 치환하기

기본적으로 치환 명령은 현재 행에서 첫 번째로 일치하는 본문만 변경한다. 파일 내에서 검색 패턴과 일치하는 모든 영역을 변경하려면 치환할 범위를 정하고 g 플래그를 사용해야 한다.

해당 기능을 확인하기 위해 다음 본문을 사용한다.

> **substitution/get-rolling.txt**
>
> ```
> When the going gets tough, the tough get going.
> If you are going through hell, keep going.
> ```

이 문서에 있는 단어 "going"을 모두 "rolling"으로 치환할 것이다. 먼저 작업 과정을 살펴보기 위해 **'hlsearch'** 설정을 활성화해보자(이에 대한 자세한 내용은 'Tip.81 검색 일치 강조하기'에서 확인한다).

⇒ **:set hlsearch**

치환 명령을 가장 간단하게 사용하는 방법으로는 목표인 **{패턴}**과 치환할 **{문자열}**을 입력해서 실행하는 것이다.

키 입력	버퍼 내용
:s/going/rolling	When the rolling gets tough, the tough get going. If you are going through hell, keep going.

무슨 문제가 나타났는지 보이는가? Vim은 처음으로 찾은 "going"을 "rolling"으로 변경했지만 나머지 일치하는 단어는 전혀 손대지 않았다.

그 이유를 설명하기 위해서 문서를 X축과 Y축으로 구성되어 있는 2차원 평면으로 가정해본다. 기본적으로 치환 명령은 현재 행에서 처음 일치하는 본문에서만 동작한다. 그렇다면 이 치환 명령을 수행하는 범위를 X축과 Y축 방향으로 확장하려면 명령을 어떻게 실행해야 할까?

현재 행에서 모든 수평 범위를 대상으로 변경하기 위해서는 g 플래그를 포함해야 한다. g는 전역(global)을 의미하는데 이름 탓에 기능을 오해하는 경우가 종종 있다. 이 플래그를 추가하면 파일 전체를 대상으로 치환을 실행한다고 생각하는 것이다. 하지만 g는 '현재 행에서 전역적으로' 실행한다는 의미다. Vim의 직계 조상인 행 편집기 ed를 기억하고 있다면 전역이 이런 방식으로 동작하는 맥락을 이해할 수 있을 것이다. 이에 대한 내용은 Tip.27의 'Vim의 어원과 가계도'에서 논의했다.

u를 눌러서 마지막 변경을 취소한 후에 치환 명령을 수정해서 실행한다. 이번에는 /g 플래그를 명령 끝에 추가한다.

키 입력	버퍼 내용
:s/going/rolling/g	When the rolling gets tough, the tough get rolling. If you are going through hell, keep going.

이번에는 현재 행에서 패턴에 일치하는 모든 본문을 "rolling"으로 치환했다. 하지만 파일 내 다른 행에는 여전히 "going"으로 치환되지 않고 그대로 남아 있다. 치환 명령을 어떻게 사용해야 현재 행뿐만 아니라 위아래 모든 행까지 처리할 수 있을까?

이 문제의 답은 범위 지정이다. 치환 명령을 % 기호로 시작하면 파일의 모든 행을 대상으로 명령을 사용한다.

키 입력	버퍼 내용
:%s/going/rolling/g	When the rolling gets tough, the tough get rolling. If you are rolling through hell, keep rolling.

치환 명령은 결국 수많은 Ex 명령 중 하나이기 때문에 다른 Ex 명령과 동일한 방식으로 범위를 입력할 수 있다. 'Tip.28 연속된 행에 명령 실행하기'에서 심도 있게 다루었다.

지금까지 작업을 정리해보자. 현재 파일에서 검색 패턴과 일치하는 모든 내용을 찾고 치환하기 위해서는 치환 명령에서 X축, Y축 모두 동작하도록 명시해야 한다. 치환하는 범위를 확장하기 위해 g 플래그와 %를 사용했다. 치환 명령에서 g 플래그는 수평 축을, % 범위는 수직 축을 확장하는 역할을 한다.

이런 세세한 내용을 모두 기억해서 한번에 입력하는 일이 쉬운 작업은 아니다. 그러나 이전에 사용한 치환 명령을 쉽게 재사용할 수 있기 때문에 점진적으로 명령을 개선하기는 쉽다. 'Tip.93 이전 치환 명령 반복하기'에서 치환 명령을 반복해서 사용할 때 유용하게 사용할 수 있는 기법을 살펴본다.

Tip.90 치환 전에 일일이 확인하기

문서에서 패턴이 나타나는 부분을 찾은 다음, 내용을 치환할 문자열로 대체하는데 직접 확인하지 않는다면 결과가 늘 정확할 것이라고 확신하기 어렵다. 때때로 일치하는 본문을 직접 보고 치환 여부를 결정해야 하는 경우가 있다. :substitute 명령을 사용할 때는 c 플래그를 붙여서 이 방식으로 작업할 수 있다.

'Tip.5 직접 찾고 치환하기'에서 사용한 다음 예제를 기억하고 있는가?

```
the_vim_way/1_copy_content.txt
...We're waiting for content before the site can go live...
...If you are content with this, let's go ahead with it...
...We'll launch as soon as we have the content...
```

이 문서에서 "content"를 찾아 "copy"로 치환하려고 했지만 의미가 달라지는 부분이 있어서 변경할 수 없었다. 그래서 이 문제를 해결할 때는 치환 명령 대신 점 공식을 사용했었다. 이 작업을 치환 명령과 c 플래그를 사용해서 수행할 수 있다.

⇒ **:%s/content/copy/gc**

일일이 검사하기 위해 c 플래그를 사용해서 치환 명령을 실행하면 일치하는 위치마다 "copy"를 치환할지 물어본다. y를 누르면 치환을 수행하며 n을 누르면 치환하지 않고 건너뛴다. 패턴과 일치하는 단어를 찾을 때마다 물어본다.

이 예제에서 yny를 입력하면 첫 번째와 마지막에 나타나는 단어는 치환하지만 중간에 나타난 단어는 수정하지 않는다.

c 플래그와 함께 치환할 때 사용할 수 있는 대답은 y, n으로만 한정되지 않는다. 아래 목록에서 확인할 수 있듯이 7가지 선택지가 제공된다. 각각의 의미를 아래 표에서 확인하자.

입력	효과
y	일치하는 본문 치환 수행하기
n	일치하는 본문 넘어가기
q	치환 종료하기
l	지금 치환을 '마지막(last)'으로 수행하고 종료하기
a	지금 치환과 남은 '모든(all)' 치환 수행하기
<C-e>	화면 상단으로 스크롤하기
<C-y>	화면 하단으로 스크롤하기

이 선택지에 대한 자세한 정보는 :h :s_c에서 확인할 수 있다.

토론

특이하게도 Vim의 치환 확인 모드에서는 대부분의 키가 아무 동작도 하지 않는다. 물론 ⟨Esc⟩를 누르면 평소처럼 일반 모드로 돌아가지만 그 외 키는 대부분 동작하지 않아 어색하게 느껴진다.

물론 이런 특징이 장점이 되기도 한다. 최소한의 입력으로 작업을 완료할 수 있기 때문이다. 한편으로는 이전까지 사용해온 모든 기능을 사용할 수 없어져 불편하기도 하다. 일일이 확인하고 치환하는 이 방식과 달리 점 공식을 이용해 직접 하나씩 수정하면 일반 모드의 모든 기능을 사용할 수 있다('Tip.5 직접 찾고 치환하기' 참고).

두 방법 모두 사용해보고 자신에게 더 편한 방법을 선택하자.

Tip.91 마지막 검색 패턴 재사용하기

치환 명령에서 검색 칸을 빈칸으로 두면 가장 최근에 사용한 검색 패턴을 적용한다. 이 팁에서는 이 패턴 재사용을 작업 흐름에 적용하는 방법을 확인한다.

치환 명령을 실행할 때는 꽤 많은 내용을 입력해야 한다. 먼저 범위를 지정한 후, 검색 패턴과 치환 문자열 칸을 채운다. 마지막으로 필요한 플래그를 추가한다. 이렇게 치환 명령을 작성하는 흐름에서 생각해야 할 부분이 많다. 하나라도 잘못 입력하면 원하는 결과에서 멀어질 수 있다.

여기 좋은 소식이 있다. 검색 칸을 빈칸으로 두면 가장 마지막에 사용한 검색 패턴을 적용한다는 점이다.

다음은 치환 명령 하나로 작성한 예시다('Tip.85 검색 히스토리를 반복해서 복잡한 패턴 생성하기' 참고).

```
⇒ :%s/\v'((['^']|'\w)+)'/"\1"/g
```

이 명령은 아래의 두 명령과 동일한 기능을 수행한다.

```
⇒ /\v'((['^']|'\w)+)'
⇒ :%s//"\1"/g
```

무엇이 다를까? 첫 번째 방법이나 두 번째 방법이나 결과적으로 모든 패턴을 직접 입력해야 하는 것은 동일하다. 이 말이 하고 싶은 걸까? 사실 이것이 요점은 아니다. 치환 명령은 검색 패턴을 구성하고 적합한 치환 문자열을 만드는 두 단계로 구성되어 있다. 즉, 두 번째 방법과 같이 패턴을 재사용하는 방법을 사용해서 검색 패턴을 구성하는 작업과 이 패턴을 사용해서 문자열을 치환하는 작업을 분리할 수 있다.

복잡한 정규표현식을 작성하면 적어도 여러 차례 시행 착오를 거치게 된다. 작성한 패턴을 시험해보려고 치환 명령을 사용하면 연습할 때마다 문서가 실제로 변경되어 난장판이 되기 쉽다. 이 문제를 예방하기 위해 검색 명령을 사용해보자. 검색 명령을 사용하면 문서가 변경되지 않기 때문에 잘못된 패턴을 만들어도 문서를 망치지 않는다. 'Tip.85 검색 히스토리를 반복해서 복잡한 패턴 생성하기'에서 정규표현식을 효과적으로 작성하는 과정을 확인했다. 치환 명령을 두 단계로 분리하면 작업 흐름이 더 깔끔해진다. 확신이 설 때까지 측정을 해본 후에 작업을 처리할 수 있는 것이다.

게다가 패턴을 꼭 직접 입력해야 할 필요도 없다. 'Tip.87 비주얼 선택 영역으로 검색하기'를 보면 작은 Vim 스크립트를 추가해 비주얼 모드에서 * 명령을 사용할 수 있었다. 이 매핑을 사용하면 문서에서 어떤 본문이든 선택한 후에 * 키를 눌러 선택한 내용을 검색어로 사용할 수 있다. 이 매핑을 사용해서 먼저 검색을 수행했다고 하자. 그렇다면 다음 치환 명령에서는 검색 칸을 빈칸으로 둬서 검색 패턴을 재사용할 수 있다. 치환 명령에서 간단하게 나머지 내용만 입력하면 되는 것이다. 지금 더 게으름 피울 수 있는 방법을 말해주고 있다!

항상 적절한 것은 아니다

지금 이 팁에서 말하는 이야기는 치환 명령에서 항상 검색 칸을 빈칸으로 두라고 하는 말이 아니다. 다음 예제는 본문에서 개행 문자를 쉼표로 변경해서 파일 전체를 한 행으로 변환하는 치환 명령이다.

```
⇒ :%s/\n/,
```

이렇게 간단한 명령은 굳이 두 부분으로 나눠서 사용할 필요가 없다. 이런 경우는 둘로 나눠서 작성하는 것이 오히려 일을 늘리는 것이다.

명령 히스토리에 검색 명령 포함하기

이 기능을 사용하는 데 고려해야 하는 부분은 검색 칸을 빈칸으로 사용하면 완전하지 않은 기록을 명령 히스토리에 남기게 된다는 점이다. 검색 패턴은 Vim의 검색 히스토리에 저장되고 치환 명령은 Ex 명령 히스토리에 저장된다(:h cmdline-history 참고). 검색과 치환 작업을 분리하면 다른 종류의 두 정보를 각각의 공간에 저장한다. 이로 인해 추후에 치환 명령을 다시 사용할 때는 불편해질 수밖에 없다.

치환 명령을 히스토리에서 다시 사용할 수 있도록 완전한 형태의 명령 기록으로 유지하고 싶다면 검색 칸에 명시적으로 검색 패턴을 입력한다. 〈C-r〉/를 입력하면 마지막 검색 레지스터에 저장된 내용을 명령행에 붙여넣는다. 다음과 같이 입력하면 명령 히스토리에 완전한 기록으로 저장할 수 있다.

⇨ `:%s/<C-r>//"\1"/g`

물론 치환 명령에서 검색 칸을 빈칸으로 뒀을 때가 편한 경우도 있고 그렇지 않은 경우도 있다. 두 접근 방식을 모두 사용해보고 상황에 따라 어떤 방법을 적용할지 직관을 키워야 한다. 모든 면에서 자신의 판단력을 잘 활용하자.

Tip.92 레지스터 내용으로 치환하기

치환 명령에서 치환할 문자열을 직접 입력할 필요는 없다. 문서에 이미 변경하려는 문장이 있다면 그 문장을 레지스터로 저장했다가 치환 문자열 칸에서 사용할 수 있다. 또한 레지스터에 저장된 내용을 값 자체로 또는 참조로도 사용 가능하다.

'Tip.91 마지막 검색 패턴 재사용하기'에서 치환 명령에 검색 칸을 빈칸으로 두면 Vim이 추측해서 마지막 검색 패턴을 사용하는 것을 확인할 수 있었다. 검색 패턴을 재사용하는 방식대로 치환 문자열 칸을 빈칸으로 두면 이전 치환 명령에서 사용한 치환 문자열을 사용할 것이라고 예상할 수도 있지만 전혀 그렇지 않다. 치환 문자열 칸을 빈칸으로 두고 치환 명령을 사용하면 일치하는 본문을 모두 빈 문자열로 치환한다. 즉, 일치하는 내용을 모두 지워버린다는 뜻이다.

값으로 넘기기

레지스터에 저장된 내용은 〈C-r〉{레지스터}로 입력할 수 있다. 본문을 복사해서 치환 명령의 치환 문자열 칸에 붙여넣으려면 다음처럼 입력한다.

⇨ `:%s//<C-r>0/g`

〈C-r〉0을 입력하면 Vim은 0 레지스터에 저장된 내용을 붙여넣는다. 이 방식은 치환 명령이 실제로 실행되기 전에 입력하는 방법이다. 대다수의 경우에는 이 방식이 적합하지만 복잡한 상황에서는 아닐 수도 있다.

만약 치환 문자열 칸에서 &, ~ 등과 같이 특별한 의미를 갖는 문자가 0 레지스터에 포함된 경우라면 이 문자를 이스케이프 문자로 처리하기 위해 붙여넣은 내용을 일일이 수정해야 한다. 0에 저장된 본문이 여러 행으로 이뤄져 있다면 명령행에 붙여넣기에도 적당하지 않다.

치환 칸에 직접 레지스터 내용을 붙여넣기 때문에 이런 문제가 발생한다. 치환 칸에 레지스터 내용을 붙여넣는 대신 레지스터를 사용하도록 참조를 넘겨주는 방법을 사용해서 이 문제를 해결할 수 있다.

참조로 넘기기

본문 여러 행을 선택해서 0 레지스터에 저장했다고 가정하자. 이제 이 레지스터에 저장한 본문을 치환 명령의 대체 문자열 칸에서 사용하려고 한다. 이 목표는 다음 명령으로 달성할 수 있다.

⇨ `:%s//\=@0/g`

치환 문자열 칸에 `\=` 항목은 Vim 스크립트 표현식으로, 실행하기 전에 Vim이 스크립트를 연산하게 된다. Vim 스크립트에서는 `@{레지스터}`를 사용해서 내용을 참조할 수 있다. `@0`은 복사하기 레지스터에 있는 내용을 반환하고 `@"`는 기본 레지스터인 무명 레지스터에 저장한 내용을 반환한다. 앞에서 사용한 명령을 다시 보면 `:%s//\=@0/g`는 마지막으로 사용한 검색 패턴을 적용하고 레지스터 0에 복사한 내용으로 치환하라는 명령으로 해석할 수 있다.

비교

다음 명령을 확인하자.

⇨ `:%s/Pragmatic Vim/Practical Vim/g`

다음 명령과 비교해보자.

⇨ `:let @/='Pragmatic Vim'`
⇨ `:let @a='Practical Vim'`
⇨ `:%s//\=@a/g`

`:let @/='Pragmatic Vim'`처럼 Vim 스크립트를 사용해서 검색 패턴을 프로그래밍할 수 있다. 이 명령을 사용하면 `/Pragmatic Vim⟨CR⟩` 명령을 직접 입력하는

방식과 동일한 결과를 반환한다(물론 `:let @/='Pragmatic Vim'`은 검색 히스토리에 기록을 남기지 않는다). 그리고 `:let @a='Practical Vim'`은 a 레지스터에 내용을 저장한다. 이 명령을 사용한 결과는 "Practical Vim" 문장을 영역으로 선택한 후에 `"ay` 명령을 사용해서 a 레지스터에 저장하는 것과 동일하다.

위에서 살펴본 치환 명령 두 경우는 모두 "Pragmatic Vim"을 찾아서 "Practical Vim"으로 치환한다. 이제 각각의 접근 방식이 어떤 결과를 낳을지 생각해보자.

첫 번째 명령을 사용했을 때는 명령 히스토리에 `:%s/Pragmatic Vim/Practical Vim/g`라는 기록이 남는다. 이 명령은 보기에도 명확하다. 나중에 편집하다가 동일한 치환을 반복해야 하는 경우에 직면하면 명령 히스토리에서 이 기록을 찾아 다시 실행할 수 있다. 너무나 당연한 이야기다.

두 번째 경우에는 명령 히스토리에 `:%s//\=@a/g`라는 기록이 남게 된다. 이 기록만 보고는 무슨 의도로 사용했는지 파악하기 어렵다. 난해해서 수수께끼처럼 느껴질지도 모른다.

앞에서 살펴본 일련의 명령을 실행한 그 순간에는 검색 패턴이 "Pragmatic Vim"였고 레지스터에 저장한 본문은 "Practical Vim"이었다. 하지만 작업을 진행하면서 검색 패턴도 수차례 달라졌을 것이고 a 레지스터에 저장한 문자열도 다른 본문으로 덮어써버렸는지도 모르는 일이다. 그래서 나중에 `:%s//\=@a/g` 명령을 다시 사용하면 이전에 사용했을 때와 전혀 다른 결과가 나올지도 모른다.

물론 이 명령도 유용하게 활용할 수 있다. 대체하려는 문자열을 레지스터 a에 등록하고 치환하려는 본문을 검색한다. 그러고 나서 `:%s//\=@a/g` 명령을 수행하면 이 명령은 `@/`와 `@a`에 미리 준비한 내용을 갖고 치환을 수행한다. 이후에 전혀 다른 내용이 되더라도 이전에 사용한 패턴으로 검색하고 a 레지스터로 치환한다는 동작을 그대로 사용할 수 있는 것이다. 검색을 수행한 후에 치환할 문자를 a 레지스터에 저장한 다음 `:%s//\=@a/g` 명령을 사용하면 간단하게 작업을 반복할 수 있다.

여기에서 다룬 명령을 모두 사용해보자. 이 기능을 좋아할 수도, 싫어할 수도 있다. 하지만 이 두 가지 방법 모두 꽤 깔끔한 기법이라고 할 수 있다.

Tip.93 이전 치환 명령 반복하기

작업을 하다보면 치환을 수행하는 범위를 수정해야 하는 경우가 있다. 또한 처음으로 실행한 치환 명령에 실수가 있을 수도 있고, 동일한 치환 명령을 다른 버퍼에서 실행해야 하는 상황도 있을 것이다. 치환 명령을 반복하기 위해 제공하는 몇 가지 단축키를 사용하면 목적을 쉽게 달성할 수 있다.

행 단위 치환을 파일 전체에서 반복하기

다음 명령을 실행하면 현재 행을 대상으로만 치환을 수행한다.

⇒ **:s/target/replacement/g**

이 명령을 사용하고 나서야 실수한 것을 알게 되었다. 이 명령 앞에 %를 붙였어야 했던 것이다. 물론 이 치환 범위를 빠뜨렸더라도 문제 없다. g&를 입력하면 동일한 치환 명령을 파일 전체 대상으로 반복한다(:h g& 참고). g&를 사용했을 때 Vim이 실제로 실행하는 명령은 다음과 같다.

⇒ **:%s//~/&**

이 명령을 하나씩 풀어서 생각해보자. 치환 명령 끝에 있는 & 플래그는 마지막 치환 명령을 동일한 플래그를 적용한다는 뜻이다. 또한 이전에 사용한 치환 명령과 동일한 치환 문자열, 마지막에 사용한 검색 패턴을 사용하지만 범위만 다르게 %를 사용했다. 즉, 정리해보면 마지막 치환 명령을 파일 전체를 대상으로 실행한다는 뜻이다.

다음에 이런 상황을 만나게 되면 검색 히스토리를 열고 치환 명령 앞에 %를 붙여 다시 실행해도 된다. 하지만 더 간단하게 g&를 입력해서 문제를 해결할 수도 있다.

치환 명령에 범위 덧붙이기

다음 코드로 시작한다.

substitution/mixin.js

```
mixin = {
    applyName: function(config) {
        return Factory(config, this.getName());
    },
}
```

이 파일을 다음 파일과 같이 확장하려고 한다.

```
mixin = {
    applyName: function(config) {
```

```
            return Factory(config, this.getName());
        },
        applyNumber: function(config) {
            return Factory(config, this.getNumber());
        },
    }
```

새로운 `applyNumber` 함수는 기존에 있던 함수와 거의 동일하다. 그러므로 기존에 있던 함수 `applyName`을 복사한 다음에 "Name" 일부를 "Number"로 치환하려한다. 하지만 다음과 같은 작업 흐름에서는 문제가 발생한다.

키 입력	버퍼 내용

{시작}	<pre>mixin = {
	    applyName: function(config) {
	        return Factory(config, this.getName());
	    },
	}</pre>

Vjj	<pre>mixin = {
	    applyName: function(config) {
	        return Factory(config, this.getName());
	    },
	}</pre>

yP	<pre>mixin = {
	    applyName: function(config) {
	        return Factory(config, this.getName());
	    },
	    applyName: function(config) {
	        return Factory(config, this.getName());
	    },
	}</pre>

:%s/Name/Number/g	<pre>mixin = {
	    applyNumber: function(config) {
	        return Factory(config, this.getNumber());
	    },
	    applyNumber: function(config) {
	        return Factory(config, this.getNumber());
	    },
	}</pre>

어떤 부분이 잘못되었는지 알아챘는가? 치환 명령에 범위를 지정할 때 % 기호를 사용해서 명령을 실행하는 범위를 파일 전체로 설정했다. 따라서 문서에 있는 모든 "Name"을 "Number"로 변경했고 앞서 변경하지 말아야 할 위치까지 변경하

고 말았다. 파일 전체를 대상으로 범위를 지정하는 것이 아니라 복제한 두 번째 함수를 대상으로만 치환 명령을 실행하도록 범위를 지정하는 과정이 필요하다.

걱정할 것 없다. 잘못된 작업은 쉽게 되돌리고 고칠 수 있다. 다음 내용을 살펴보자.

키 입력	버퍼 내용
| u | ```
mixin = {
    applyName: function(config) {
        return Factory(config, this.getName());
    },
    applyName: function(config) {
        return Factory(config, this.getName());
    },
}
``` |
| gv | ```
mixin = {
    applyName: function(config) {
        return Factory(config, this.getName());
    },
    applyName: function(config) {
        return Factory(config, this.getName());
    },
}
``` |
| :'<,'>&& | ```
mixin = {
    applyName: function(config) {
        return Factory(config, this.getName());
    },
    applyNumber: function(config) {
        return Factory(config, this.getNumber());
    },
}
``` |

gv 명령은 비주얼 모드로 전환한 후에 선택 범위를 마지막으로 선택했던 영역으로 다시 설정한다('Tip.21 비주얼 영역 선택 정의하기' 참고). :을 비주얼 모드에서 입력하면 명령행에 :'<,'> 범위가 미리 입력될 것이다. 이제 이 범위를 대상으로 실행할 Ex 명령만 입력하면 된다.

:&& 명령은 첫 번째 &와 두 번째 &의 의미가 다르다. 앞서 사용한 :&는 Ex 명령으로 마지막에 수행한 :substitute 명령을 반복할 때 사용한다(:h :& 참고). 반면에 두 번째로 사용한 &는 이전 치환 명령에 사용한 플래그를 다시 적용하기 위해 사용한다.
```

토론

새로운 범위를 정의한 후에 :&&를 입력해서 이전에 사용한 치환 명령을 다시 사용할 수 있다. 이 명령은 마지막에 사용한 범위가 어떤지는 전혀 상관없다. :&& 는 현재 행을 대상으로 치환 명령을 수행하지만 '<,'>&& 명령은 비주얼 영역을 대상으로, :%&& 명령은 파일 전체를 대상으로 치환 명령을 사용한다. 앞에서 이미 살펴봤지만 g&는 :%&&와 동일한 표현으로 짧게 쓸 수 있다.

& 명령 고치기

& 명령은 :s와 같은 의미로, 마지막 치환을 반복한다. & 명령으로 치환을 반복하면 마지막 치환 명령에서 사용한 플래그는 안타깝게도 적용되지 않는다. 그 결과로 최종 결과물이 이전 치환의 결과와는 사뭇 달라질 수 있다.

& 명령이 :s가 아닌 :&& 명령이라면 차라리 더 유용할 것이다. 이 명령은 마지막으로 실행한 플래그도 포함해서 반복하기 때문에 일관성 있는 결과를 반환한다. 아래 설정은 일반 모드의 &를 고치면서 동시에 비주얼 모드에 동일한 기능을 추가하는 내용이다.

```
nnoremap & :&&<CR>
xnoremap & :&&<CR>
```

Tip.94 하위 일치로 CSV 재정렬하기

이 팁에서는 하위 일치를 이용해 치환 칸에서 검색 패턴의 일부를 참조로 사용하는 방법을 살펴본다.

다음 내용처럼 이름과 이메일로 구성되어 있는 CSV 파일을 갖고 있다고 생각해보자.

substitution/subscribers.csv

```
last name,first name,email
neil,drew,drew@vimcasts.org
doe,john,john@example.com
```

이 CSV 파일에서 이메일을 가장 앞에 두고, 이름과 성 순서대로 열을 정리하려한다. 이 작업도 치환 명령을 통해서 다음처럼 수행할 수 있다.

⇨ `/\v^([^,]*),([^,]*),([^,]*)$`
⇨ `:%s//\3,\2,\1`

이 패턴에서 [^,]는 쉼표가 아닌 모든 문자와 일치한다. 그러므로 ([^,]*) 일치는 일치가 없거나 쉼표가 아닌, 연속되는 문자를 찾아 하위 일치로 반환한다 ('Tip.76 하위 일치를 잡아내기 위해 괄호 사용하기' 참고). 패턴에 일치하는 세 위치를 찾아 세 열의 순서를 바꾸는 작업으로 파일 본문을 전부 수정한다.

하위 일치를 참조하기 위해 \{숫자} 표기를 사용한다. 다시 말해서 대체 문자 열 칸에서는 \1은 성, \2는 이름, \3은 이메일을 참조한다. 각 행에서 각 열을 쪼 갠 후에 원하는 대로 재정렬할 수 있다. 이 예시에서는 \3,\2,\1로 치환해서 이 메일, 이름, 성 순서로 정렬을 수행했다.

명령을 실행하면 다음과 같은 결과를 얻을 수 있다.

```
email,first name,last name
drew@vimcasts.org,drew,neil
john@example.com,john,doe
```

Tip.95 치환에서 산술 계산 수행하기

대체 문자열 칸에 입력하는 문자열은 꼭 간단한 문자열을 사용해야만 하는 것은 아니다. Vim 스크립트 표현으로 계산을 수행한 다음에 그 결과를 대체 문자열로 사용할 수 있다. 이 방법을 활용해서 문서 내 모든 HTML 제목 태그의 단계를 한 번에 올리는 것도 가능하다.

다음 HTML 문서를 살펴보자.

```
substitution/headings.html
<h2>Heading number 1</h2>
<h3>Number 2 heading</h3>
<h4>Another heading</h4>
```

이 문서에 있는 모든 제목 태그를 찾아서 단계를 하나씩 올리려고 한다. <h2>를 <h1>로, <h3>을 <h2>로 올리는 식이다. 다른 방식으로 생각해보면 HTML 제목 태그에 있는 숫자 부분을 추출해서 활용해야 한다.

이런 작업은 치환 명령을 사용해서 처리할 수 있다. 전체적인 개념은 다음 과 같다. HTML 제목 태그의 숫자를 찾는 패턴을 작성한다. 그리고 치환 명령 에 Vim 스크립트 표현식을 사용해서 추출한 숫자에서 1을 뺀 결과를 사용한다. 다만 주의할 부분은 이 치환 명령을 파일 전체에 걸쳐 전역 범위를 대상으로 실 행했을 때, 모든 HTML 제목 태그가 단 한 번의 입력으로 변경되어야 한다는 점 이다.

검색 패턴

여기에서 변경하려는 것은 제목 태그의 숫자 부분이다. 따라서 숫자 부분 외에는 일치하지 않는 검색 패턴을 작성하는 것이 가장 이상적인 접근 방법이다. 그렇다고 모든 숫자를 일치 범위로 작성하는 것은 아니다. 일치 범위에 넣을 숫자는 <h 또는 </h 직후에 나오는 숫자만을 대상으로 한다. 다음은 이 기준으로 작성한 패턴이다.

```
⇒ /\v\<\/?h\zs\d
```

\zs 항목은 일치하는 부분을 확대해서 사용할 수 있는 기능이다. 이 예제를 더 간단하게 설명하면 h\zs\d 패턴은 h 문자 뒤에 붙는 어떤 숫자든 일치하게 된다는 것이다. h1, h2 식으로 말이다. 제목 태그의 h 문자는 검색 패턴과 일치하는 항목을 찾는 상황에서 매우 중요한 역할을 하지만 실제로 치환에서 활용할 숫자 부분은 아니기 때문에 하위 일치 영역에서는 제외해야 한다. 이런 상황을 위해서 \zs 항목을 사용해서 h 문자는 일치 영역에서 제외했다(\zs 항목은 'Tip.78 패턴 일치 결과에서 가장자리 지정하기'에서 펄의 긍정형 후방 탐색과 비교했다). 여기에서 작성한 패턴은 h 문자를 찾는 것 외에도 좀 더 복잡한 부분이 포함되어 있다. 단순히 h1, h2 등을 검색하는 것이 아니라 <h1, </h1, <h2, </h2 등을 일치 범위로 찾아야 하기 때문이다.

　이 검색을 직접 실행해보자. 각 제목 태그에서 숫자에 해당하는 부분이 강조로 표시될 것이다. 숫자가 나타나는 다른 위치에는 전혀 강조 표시가 되지 않는 것을 볼 수 있다.

치환 명령

이제 치환 명령의 치환 문자열 칸에서 산술 계산을 수행하려고 한다. 이 작업을 위해서는 Vim 스크립트 표현식을 사용해야 한다. 표현식에서 필요한 값에 접근하려면 submatch(0) 함수를 사용할 수 있는데 이 함수는 현재 검색 패턴과 일치하는 값을 반환한다. 앞서 작성한 검색 패턴은 증가하려고 하는 숫자 외에 일치하는 부분이 없기 때문에 submatch(0) 함수를 사용했을 때 숫자만 반환한다고 예상할 수 있을 것이다. 즉, 이 함수의 반환 값에서 1을 빼고 그 결과를 받아 치환 문자열로 사용한다.

다음 치환 명령은 예상대로 동작할 것이다.

⇨ **:%s//\=submatch(0)-1/g**

앞에서 살펴본 HTML 문서에서 이 명령을 수행한 결과는 다음과 같다.

```
<h1>Heading number 1</h1>
<h2>Number 2 heading</h2>
<h3>Another heading</h3>
```

명령을 실행한 후 결과를 보면 독립적인 숫자에는 변화가 없지만, HTML 제목 태그는 모두 한 단계씩 변경되었다는 것을 확인할 수 있다.

Tip.96 두 개 이상의 단어 교체하기

치환 명령을 사용해서 A를 B로, B를 A로 일괄적으로 교체하는 것도 가능하다. 또한 표현식 레지스터, Vim 스크립트 사전식을 이용해서도 여러 본문을 동시에 교체할 수 있다.

다음 문서를 보자.

substitution/who-bites.txt

```
The dog bit the man.
```

이 문서에서 "dog"와 "man"의 위치를 서로 바꾸려고 한다. 물론 이 작업은 Tip.62의 '두 단어 치환하기'에서 살펴본 것과 같이 복사하고 붙여넣는 작업으로도 해결할 수 있다. 하지만 여기에서는 치환 명령을 사용해보자.

다음과 같은 방법을 생각해볼 수 있지만 좀 안일한 선택이다.

⇨ **:%s/dog/man/g**
⇨ **:%s/man/dog/g**

"dog"를 "man"으로 치환하는 첫 명령을 수행하고 나면 문장은 "the man bit the man."이 된다. 그 다음 두 번째 명령으로 "man"을 "dog"로 치환하면 최종적으로 "the dog bit the dog."라는 결과가 나온다. 의도와 전혀 다른 결과가 되고 말았다. 치환으로 해결하기 위해서는 머리를 더 써야 한다.

두 단계로 만든 해결책으로 좋은 결과를 낼 수 없었으니 이 치환 명령을 한번에 실행할 방법을 고려해야 한다. "dog"와 "man" 모두 일치하는 패턴을 작성하는 하는 일은 그리 어려운 작업이 아니다. 어떻게 작성할지 생각해보자. 일치한 부분이 어떤 단어인지 판단하고, 치환하려는 적절한 단어를 반환하도록 작성하는 것이 조금 까다롭다. 이 두 과정 중 첫 퍼즐을 먼저 풀어보자.

다른 단어 반환하기

이 작업을 처리하기 위해서 함수까지 작성할 필요는 없다. 키와 값(key-value pair)으로 작성할 수 있는, 간단한 사전 데이터 구조를 사용해서 문제를 해결할 수 있다. Vim에서 다음처럼 작성해보자.

```
⇒ :let swapper={"dog":"man","man":"dog"}
⇒ :echo swapper["dog"]
< man
⇒ :echo swapper["man"]
< dog
```

"dog"를 치환 사전에 키로 넣으면 "man"으로 반환한다. 반대로 "man"을 넣었을 때는 "dog"를 반환한다.

두 단어 모두 일치하기

검색 패턴을 어떻게 작성해야 하는지 감이 왔는가? 다음처럼 작성할 수 있다.

```
⇒ /\v(<man>|<dog>)
```

"man" 또는 "dog"에 모두 일치하는, 간단한 검색 패턴이다. 일치한 본문을 치환 문자열 칸에서 참조할 수 있도록 패턴에 괄호를 사용했다.

작업 하나로 만들기

이제 작업한 내용을 하나로 만들자. 검색 명령을 실행하는 것으로 시작한다. 이 명령을 실행하면 문서 내 모든 "dog"와 "man"이 강조로 표시된다. 그 다음에 치환 명령을 실행할 때는 검색 칸을 빈칸으로 둬서 마지막에 사용한 검색 패턴을 간단하게 재사용할 수 있다. 'Tip.91 마지막 검색 패턴 재사용하기'에서 배운 내용이다.

이 작업을 처리하기 위해서는 치환할 문자열로 Vim 스크립트를 조금 사용해야 한다. 즉, 치환 칸에 \= 항목을 사용해야 한다는 뜻이다. 앞에서 살펴본 방식대로 사전을 먼저 선언해서 사용해도 상관없지만 일회용으로 사용한다고 치고 인라인(inline) 방식으로 작성해본다.

평소라면 검색 패턴에서 검출한 본문을 참조로 사용하기 위해서 \1, \2 등 기호를 사용할 수 있다. Vim 스크립트에서는 이 참조 방법 대신에 submatch() 함수를 사용해서 검색 패턴에 일치하는 본문을 활용할 수 있다(:h submatch() 참고).

앞에서 배운 모든 내용을 하나로 합치면 다음과 같다.

```
⇒ /\v(<man>|<dog>)
⇒ :%s//\={"dog":"man","man":"dog"}[submatch(1)]/g
```

토론

여기서 살펴봤던 예제는 사실 좀 지나친 감이 있다. "man"과 "dog"는 각각 키를 세 번 입력하면 치환할 수 있는 단어인데 오히려 복잡한 해결책을 보여준 느낌이다. 그냥 문서에서 두 단어를 직접 수정하는 것이 훨씬 빠를 것이다. 하지만 본문의 양이 방대하고 이런 단어가 여러 차례 나오는 상황이라면 하나씩 직접 수정하는 방법은 바람직하지 못하다. 여기에서는 이 기법을 단순하게 두 단어에 대해서만 사용했지만 셋 또는 그 이상의 단어를 한번에 치환할 때도 유용하게 사용할 수 있다.

하지만 아쉽게도 어떤 단어를 찾아서 어떤 단어로 치환할지 일일이 직접 입력해야 하는 번거로움은 여전히 남아있다. Vim 스크립트를 조금 더 활용한다면 이런 반복 작업을 쉽게 처리할 수 있다. 조금 더 사용자 친화적인 인터페이스로 맞춤형 명령을 만들어보자. 이런 명령을 작성하는 과정은 이 책에서 다루지 않지만 Tip.97의 'Abolish.vim: 강력한 치환 명령'을 참고하면 어떤 의미인지 감이 올 것이다.

Tip.97 여러 파일에서 검색하고 치환하기

치환 명령은 현재 파일을 대상으로 동작한다. 만약 이 치환 명령을 프로젝트 전체를 대상으로 실행하려면 어떻게 해야 할까? 이 시나리오는 일반적으로 생각해볼 수 있는 작업이지만 Vim에서 프로젝트 범위를 찾고 치환하는 목적에 적합한 명령은 제공되지 않는다. 하지만 퀵픽스 목록과 Vim의 기본 명령 몇 가지를 조합하면 이 작업을 진행할 수 있다.

> ## Abolish.vim: 강력한 치환 명령
>
> 팀 포프가 작성한 Abolish는 내가 좋아하는 플러그인 중 하나다.[1] 이 플러그인을 설치하면 :Subvert라는 명령이 추가되는데 Vim의 :substitute 명령의 확장판처럼 동작한다(짧게 줄여서 :S로도 사용). 이 플러그인을 사용하면 앞에서 다뤘던 "man", "dog" 교체 문제를 다음과 같이 해결할 수 있다.
>
> ➾ :%S/{man,dog}/{dog,man}/g
>
> 이 플러그인이 제공하는 명령은 입력이 쉬울 뿐 아니라 사용하기에도 유연하다. "man"을 "dog"로, 또는 그 반대로 치환하는 것 외에도 "MAN"을 "DOG"로, "Man"을 "Dog"로 대소문자를 알아서 판단해 치환한다. 이 예제는 플러그인의 수많은 기능 중 빙산의 일각에 불과하다. 이 플러그인의 다른 기능도 살펴보길 권한다.
>
> 1 *https://github.com/tpope/vim-abolish*

시연을 위해서 인사이트 웹페이지에서 제공하는 소스 파일 중 refactor-project 디렉터리를 사용한다. 이 디렉터리에 있는 파일과 디렉터리 구조를 간략하게 보면 다음과 같다.

```
refactor-project/

    about.txt
    Pragmatic Vim is a hands-on guide to working with Vim.

    credits.txt
    Pragmatic Vim is written by Drew Neil.

    license.txt
    The Pragmatic Bookshelf holds the copyright for this book.

    extra/
        praise.txt
        What people are saying about Pragmatic Vim...

        titles.txt
        Other titles from the Pragmatic Bookshelf...
```

각각 파일을 보면 "Pragmatic Bookshelf", "Pragmatic Vim"과 같이 "Pragmatic"이라는 단어가 포함되어 있다. 본문에서 "Pragmatic Vim"은 "Practical Vim"으로 치환하지만 "Pragmatic Bookshelf"는 변경하지 않으려고 한다.

　시작하기 전에 소스 코드를 내려받자. Vim을 열기 전에 refactor-project 디렉터리로 이동한다.

　이 팁에서는 작업 과정 중에 :cfdo 명령을 주로 사용한다. 이 명령은 Vim

7.4.858부터 사용할 수 있기 때문에 이 버전보다 낮은 판의 Vim을 사용하고 있다면 판올림을 먼저 해야 한다.

치환 명령

먼저 사용할 치환 명령을 작성하려고 한다. 검색 패턴은 "Pragmatic"이 나타나는 위치를 찾도록 작성한다. "Pragmatic Vim"은 일치 범위에 포함시키지만 "Pragmatic Bookshelf"는 포함하지 않도록 패턴을 작성해야 한다. 다음 패턴이 그 역할을 한다.

> ⇨ **/Pragmatic\ze Vim**

여기에서 사용한 \ze 항목으로 "Vim"을 일치에서 제외할 수 있었다('Tip.78 패턴 일치 결과에서 가장자리 지정하기' 참고). 그리고 다음 치환 명령을 실행한다.

> ⇨ **:%s//Practical/g**

다음으로 필요한 작업은 지금 사용한 명령을 프로젝트 전체를 대상으로 실행하는 것이다. 이 작업은 두 단계로 이뤄진다. 프로젝트 범위를 검색해서 해당 패턴에 일치하는 부분을 찾는다. 그리고 일치하는 본문이 존재하는 파일을 대상으로 치환 명령을 실행한다.

:vimgrep으로 프로젝트 범위 검색 실행하기

프로젝트 범위를 대상으로 검색을 하려면 :vimgrep 명령을 사용해야 한다 ('Tip.111 Vim 내부 검색엔진으로 문자열 찾기' 참고). Vim의 내장 검색 엔진을 사용하면 동일한 검색 패턴을 재사용할 수 있다. 다음 명령을 실행해보자.

> ⇨ **/Pragmatic\ze Vim**
> ⇨ **:vimgrep // **/*.txt**

이 명령의 검색 칸도 치환 명령처럼 /를 사용해서 구분한다. :vimgrep을 실행할 때 //로 입력해 검색 칸을 빈칸으로 두면 치환 명령처럼 마지막으로 사용한 검색 패턴을 다시 사용한다. **/*.txt 와일드 카드(wildcard)를 사용해서 현재 디렉터리에 존재하는 모든 .txt 확장자 파일을 검색한다.

:cfdo 명령을 사용해서 프로젝트 범위의 치환 명령 실행하기

vimgrep 명령을 사용해서 찾은 일치 결과는 퀵픽스 목록에 기록이 남는다('17장 코드 컴파일과 퀵픽스 목록에서 오류 확인하기' 참고). vimgrep을 사용하고 난 결과는 :copen 명령으로 퀵픽스 창을 열어서 확인할 수 있다. 하지만 이 창에서 일치하는 파일을 하나씩 살펴보면서 내용을 치환하려는 것이 아니라 프로젝트 내 모든 파일에서 일치하는 위치를 퀵픽스 목록에서 확인하고 한번에 치환하려고 한다. 이런 상황에서는 :cfdo 명령을 활용할 수 있다(:h :cfdo 참고).

:cfdo 명령을 사용하기 전에 'hidden' 설정을 활성화하자.

⇨ `:set hidden`

이렇게 설정하면 파일을 수정한 후에 저장하지 않고도 다른 파일로 이동할 수 있다. 더 자세한 내용은 'Tip.38 인자 목록으로 버퍼 묶음 관리하기'를 참고하자.

이제 다음 명령을 사용해서 퀵픽스 목록에 있는 모든 파일을 대상으로 치환 명령을 실행할 수 있다.

⇨ `:cfdo %s//Practical/gc`

c 플래그는 필요에 따라서 사용할 수 있다. 이 플래그를 사용하면 각각 일치하는 본문을 치환하기 전에 직접 확인하고 변경 여부를 결정할 수 있다('Tip.90 치환 전에 일일이 확인하기' 참고). 변경을 모두 완료한 다음에 아래 명령으로 변경 사항을 저장한다.

⇨ `:cfdo update`

:update 명령은 변경 사항이 있는 파일만 저장하는 명령이다(:h update 참고).

참고로 위에서 사용한 명령은 다음처럼 한번에 입력해서 실행할 수 있다.

⇨ `:cfdo %s//Practical/g | update`

Vim 명령행에서 사용하는 | 문자는 셸에서 흔히 사용하는 방식과는 조금 다른 의미를 담고 있다. 유닉스에서는 파이프 문자를 사용해서 다른 명령의 표준 출력을 받고 다음 명령의 표준 입력으로 사용한다('파이프라인'을 만든다고 표현한다). Vim에서 | 문자는 간단히 명령을 구분하는 문자로 사용하는데 유닉스 셸의 세미콜론(;)과 동일한 용도로 사용한다. :h :bar에서 더 자세한 내용을 확인할 수 있다.

정리

이 팁에서 다룬 명령을 정리하면 이렇다.

- ⇒ **/Pragmatic\ze Vim**
- ⇒ **:vimgrep // **/*.txt**
- ⇒ **:cfdo %s//Practical/gc**
- ⇒ **:cfdo update**

현재 버퍼를 대상으로 검색 패턴을 작성하는 일로 작업을 시작했다. 그런 후에 :vimgrep으로 프로젝트 전체에서 동일한 패턴이 존재하는 파일을 검색했다. 이 vimgrep 명령의 결과는 퀵픽스 목록에서 확인할 수 있었다. :cfdo 명령을 사용해서 퀵픽스 목록에 있는 모든 파일을 대상으로 :substitute를 실행하고 :update 명령으로 변경사항을 저장하는 작업을 반복 수행했다.

15장

전역 명령

:global 명령은 Vim의 Ex 명령과 패턴 일치를 검색하는 기능을 동시에 조합해서 쓸 수 있는 강력한 기능을 제공한다. :global 명령을 사용하면 각각의 행을 대상으로 패턴이 일치하는 곳에 Ex 명령을 수행할 수 있다. 이 :global은 앞에서 배운 점 공식과 매크로처럼 반복적인 작업을 효과적으로 할 수 있는 강력한 도구 중 하나다.

Tip.98 전역 명령 만나기

:global 명령을 사용하면 검색 패턴과 일치하는 각 행을 대상으로 Ex 명령을 실행할 수 있다. 먼저 이 명령의 문법을 살펴보자.

:global 명령은 다음과 같은 형태로 작성해야 한다(:h :g 참고).

:[범위] global[!] /{패턴}/ [명령]

:global 명령의 범위는 기본적으로 파일 전체(%)에 해당한다. :delete, :substitute, :normal 등 대부분의 Ex 명령이 현재 행(.)을 기본 범위로 동작하는 것과 대조적이다.

{패턴} 칸은 검색 히스토리와 연계되어 있다. 즉, 검색 칸을 빈칸으로 두면 Vim은 자동으로 현재 검색 패턴을 사용한다.

[명령]에는 :global 명령을 제외한 다른 Ex 명령을 사용할 수 있다. Tip.27의 '표 7 버퍼 문서 작업에 사용할 수 있는 Ex 명령'에서 설명했던 것처럼 문서를 변경해야 하는 상황에서는 Ex 명령을 유용하게 쓸 수 있다. [명령]을 빈칸으로 두

고 실행했다면 기본 값인 :print를 수행하게 된다.

:global을 반전해서 실행하려면 :global! 또는 :vglobal(반전(invert)으로 기억)을 사용한다. 반전으로 실행한다는 의미는 각 행에서 [명령]을 실행하는 데 정의한 패턴과 일치하지 않는 행을 대상으로 한다는 뜻이다. 다음 팁에서는 :global과 :vglobal을 실제로 어떻게 사용하는지 예제를 확인할 것이다.

:global 명령은 [범위]로 설정한 행을 기준으로 두 차례에 걸쳐 동작을 수행한다. 먼저 Vim은 각 행에서 {패턴}에 일치하는 행에 대해 표시한다. 그런 후에 두 번째 동작에서는 첫 동작에서 표시한 각각의 행을 대상으로 [명령]을 실행한다. [명령]도 그 명령 자체에 범위를 지정할 수 있기 때문에 여러 행의 영역을 범위로 동작할 수도 있다. 이 강력한 기능은 'Tip.101 CSS 파일의 각 규칙을 알파벳순으로 정렬하기'에서 확인한다.

---

grep의 어원

다음 :global 명령의 축약을 생각해보자.

⇨ **:g/re/p**

re는 정규표현식을 의미하며 p는 [명령]을 빈칸으로 두었을 때 기본으로 적용되는 명령인 :print를 줄인 표현이다. 이 명령에서 / 기호를 무시하고 본다면 "grep"이 된다.

Tip.99 패턴에 해당하는 행 제거하기

:global과 :delete 명령을 조합하면 파일의 부피를 빠르게 줄일 수 있다. 작성하는 {패턴}에 따라서 보존할 행과 제거할 행을 골라낼 수 있다.

다음 파일은 Vimcast.org의 에피소드를 볼 수 있는 링크를 포함한 HTML 파일이다.

global/episodes.html

```
<ol>
    <li>
        <a href="/episodes/show-invisibles/">
            Show invisibles
        </a>
    </li>
    <li>
        <a href="/episodes/tabs-and-spaces/">
            Tabs and Spaces
        </a>
```

```
        </li>
        <li>
            <a href="/episodes/whitespace-preferences-and-filetypes/">
                Whitespace preferences and filetypes
            </a>
        </li>
    </ol>
```

위 목록을 보면 각 항목마다 에피소드의 제목과 에피소드 주소를 포함하고 있다는 걸 알 수 있다. 이제 :global 명령으로 이 정보를 활용하는 방법을 살펴보자.

:g/re/d로 일치하는 행 제거하기

에피소드 주소가 담긴 `<a>` 태그와 에피소드 내용 부분을 제외한 나머지를 모두 제거하려면 어떻게 해야 할까? 이 파일을 보면 각 링크는 `<a>` 태그가 있는 행에 있고 필요한 에피소드 정보는 열고 닫는 태그 안에 모두 들어있다. HTML 태그를 찾는 패턴을 작성한 다음에 이 패턴과 일치하는 모든 행을 지우는 용도로 :glboal 명령을 사용할 수 있다.

다음 명령으로 이 과정을 수행할 수 있다.

```
⇒ /\v\<\/?\w+>
⇒ :g//d
```

이 두 가지 명령을 앞에서 본 파일에서 수행하면 다음과 같은 결과를 확인할 수 있다.

```
Show invisibles
Tabs and Spaces
Whitespace preferences and filetypes
```

:substitute 명령을 사용할 때와 같이 :global의 검색 칸을 빈칸으로 남기면 Vim은 마지막 검색 패턴을 다시 사용한다('Tip.91 마지막 검색 패턴 재사용하기' 참고). 다시 말하면 넓은 범위를 대상으로 정규표현식을 작성한 다음에 점차 범위를 좁혀가는 방법으로 수정하며 작성할 수 있다는 의미다. 이 접근 방법은 'Tip.85 검색 히스토리를 반복해서 복잡한 패턴 생성하기'에서 확인했다.

정규표현식은 베리 매직 검색에서 사용했다('Tip.74 정규표현식 검색에 \v 패턴 전환 사용하기' 참고). 검색 패턴은 열린 꺾쇠 기호(\<)를 찾고 그 뒤로 슬래시 문자는 선택적으로 (\/?) 찾는다. 그리고 하나 이상의 단어 문자를 찾고(\w+) 단어 종료 구분자(>)까지 검색한다. HTML 태그를 찾는 정규표현식으로 사용하

기에는 부족한 부분이 있어서 모든 상황을 다 처리하지는 못하지만 지금 예제에
서는 충분히 사용할 수 있는 검색 패턴이다.

:v/re/d에서 일치하는 행을 제외하고 제거하기

이번에는 앞에서와 반대의 작업을 하려고 한다. :vglobal 명령, 또는 줄여서 :v
명령을 사용해서 :g 명령과 반대되는 작업을 수행하는 것이다. 이 경우에는 검
색 패턴과 일치하지 않는 행을 대상으로 명령을 실행한다.

URL이 있는 행을 구분하는 방법은 간단하다. href 속성이 있으면 URL이 존재
하는 행이다. 다음 명령으로 href 속성이 없는 행만 제거할 수 있다.

⇨ **:v/href/d**

이 명령은 'href가 포함되지 않은 각각의 행을 제거하기'로 읽을 수 있다. 그리고
다음과 같은 결과를 반환한다.

```
<a href="/episodes/show-invisibles/">
<a href="/episodes/tabs-and-spaces/">
<a href="/episodes/whitespace-preferences-and-filetypes/">
```

파일에서 필요한 부분만 간추리는 작업을 단 하나의 명령으로 처리했다.

Tip.100 TODO 항목을 레지스터에 수집하기

:global과 :yank 명령을 조합해서 {패턴}에 해당하는 모든 행을 레지스터에 수집
할 수 있다.

다음 코드에는 "TODO"로 시작하는 주석이 여럿 있다.

global/markdown.js
```
Markdown.dialects.Gruber = {
    lists: function() {
        // TODO: Cache this regexp for certain depths.
        function regex_for_depth(depth) { /* implementation */ }
    },
    "`": function inlineCode( text ) {
        var m = text.match( /(`+)(([\s\S]*?)\1)/ );
        if ( m && m[2] )
            return [ m[1].length + m[2].length ];
        else {
            // TODO: No matching end code found - warn!
            return [ 1, "`" ];
        }
```

```
        }
    }
```

이 TODO 항목을 한 위치에 모두 모아서 보려고 한다. 이 항목을 한번에 모아서
보기 위해 다음 명령을 사용할 수 있다.

```
⇒ :g/TODO
⟨    // TODO: Cache this regexp for certain depths.
      // TODO: No matching end code found - warn!
```

:global 명령에서 [명령]을 입력하지 않으면 기본으로 :print 출력 명령을 사용
한다는 점을 기억하자. 위 명령을 실행하면 "TODO"라는 단어가 포함된 행을 모
두 출력할 것이다. 하지만 다른 명령을 실행하면 출력된 내용이 모두 사라지므
로 그렇게 좋은 방법은 아니다.

여기 대안이 될 만한 전략이 있다. "TODO"가 포함되어 있는 각각의 행을 복
사해서 레지스터에 저장하는 것이다. 그리고 레지스터를 다른 파일에 붙여넣어
필요할 때마다 열어서 볼 수 있도록 한다.

여기에서는 a 레지스터를 활용한다. 먼저 qaq를 실행해서 모든 값을 정리해야
한다. 이 명령을 간단하게 살펴보자. qa를 입력하면 a 레지스터에 레코드를 녹
화하기 시작하고 다시 q를 누르면 그 녹화를 중단한다. 녹화를 시작하자마자 중
단했기 때문에 어떤 매크로도 저장되지 않았고 레지스터는 비어 있는 상태가 된
다. 다음 명령을 실행해서 비어 있는 상태를 확인할 수 있다.

```
⇒ :reg a
⟨ --- 레지스터 ---
  "a
```

이제 TODO 주석이 있는 내용을 복사해서 레지스터에 저장한다.

```
⇒ :g/TODO/yank A
⇒ :reg a
⟨ "a // TODO: Cache this regexp for certain depths.
      // TODO: No matching end code found - warn!
```

위에서 사용한 명령을 보면 레지스터를 대문자 A로 사용했다. 레지스터를 대문
자로 지정하면 각각의 행에서 복사해서 붙여넣을 때 기존에 있는 내용을 지우지
않고 뒤에 덧붙여서 저장한다. 반면에 레지스터를 소문자로 지정했을 때는 기존
에 있는 내용을 매번 덮어쓰기 때문에 가장 마지막에 해당하는 내용만 레지스터
에 저장될 것이다. 위 명령을 풀어보면 '패턴 /TODO/와 일치하는 각각의 행을 모

두 찾은 후, 찾은 각각의 행 전체를 복사해서 레지스터 a 끝에 붙여넣는다'라는 의미로 해석할 수 있다.

이제 :reg a를 실행하면 문서에 있던 TODO 항목이 모두 레지스터에 저장되어 있음을 확인할 수 있다(가독성을 위해서 각각의 행으로 보이면 좋겠지만 Vim은 개행을 의미하는 ^J 기호로 표시하고 한 행으로만 출력한다). 이제 분리 창으로 새 버퍼를 열어서 "ap를 입력하면 레지스터에 있는 내용을 새 문서에 붙여넣을 수 있다.

토론

이 예제에서 TODO 항목을 수집하는 작업을 직접 하나씩 처리했지만 그대로 꽤 빠르게 수행할 수 있었다. 이 기법을 확장해서 사용할 수도 있다. 만약 여러 문서에 걸쳐 많은 TODO 항목이 존재한다면 TODO를 수집하는 동일한 작업을 여러 번 반복해야 할 것이다. :bufdo 또는 :argdo와 같은 명령을 :global 명령과 조합해서 사용한다면 여러 파일에 있는 TODO 항목을 한 위치에 모아서 확인할 수 있다. 이 명령을 조합하는 방법은 과제로 남겨둔다. 'Tip.36 배치를 사용해서 여러 Ex 명령 구동하기'를 읽어보면 어떤 작업 흐름으로 만들어야 하는지 단서를 얻을 수 있을 것이다.

이 문제에는 대안으로 살펴볼 만한 해결책도 있다.

⇒ :g/TODO/t$

이 명령에서는 :t('Tip.29 :t와 :m 명령으로 행을 복제 또는 이동하기' 참고)를 사용했다. TODO 항목을 레지스터에 저장하는 대신에 간단하게 파일 마지막에 붙여 넣었다. 이 명령을 실행한 후에는 파일 끝으로 이동해 TODO 항목을 살펴보는 것이 가능하다. 이 방식은 레지스터를 조작하지 않아도 되기 때문에 더 직관적이다. 다만 아쉬운 점은 이 방식을 :argdo나 :bufdo 명령과 함께 사용할 수 없다는 것이다.

Tip.101 CSS 파일의 각 규칙을 알파벳순으로 정렬하기

:global 명령과 Ex 명령을 조합해서 사용할 때, [명령]에 범위를 지정할 수 있다. Vim은 :g/{패턴}으로 검색한 범위를 동적으로 참조하는 기능도 제공한다. 이 팁에서는 CSS 파일 각각의 영역을 알파벳 순서로 정리하는 방법을 살펴보고 어떻게 이 :g/{패턴} 기능을 사용하는지 확인한다.

여기에서 사용할 CSS 파일은 다음 양식과 같다.

global/unsorted.css

```
html {
  margin: 0;
  padding: 0;
  border: 0;
  font-size: 100%;
  font: inherit;
  vertical-align: baseline;
}
body {
 line-height: 1.5;
  color: black;
  background: white;
}
```

이 파일에서 각각 규칙의 프로퍼티를 알파벳 순서로 정렬하려고 한다. 알파벳 순서로 정렬하기 위해 Vim의 내장 명령인 :sort를 사용할 것이다(:h :sort 참고).

스타일 규칙 단위 하나를 대상으로 프로퍼티 정렬하기

:sort 명령을 사용해서 파일 일부를 대상으로 먼저 정렬해보려고 한다. 다음 페이지의 '표 16 CSS 파일 일부 정렬하기'를 참고한다.

{} 영역 내부를 선택할 때는 vi{ 텍스트 객체를 사용할 수 있다. 이렇게 텍스트 객체로 영역을 선택한 상태에서 :'<,'>sort를 실행하면 선택한 영역의 행을 알파벳순으로 정렬한다. 이 방법은 규칙 하나를 대상으로 정렬할 때는 편리하다. 하지만 스타일시트에 수 백 가지 규칙이 존재하는 상황이라면 이렇게 하나씩 정렬하며 시간을 보낼 수는 없는 노릇이다. 이 과정을 모든 규칙에서 일괄적으로 실행하는 방법은 없을까?

키 입력	버퍼 내용

{시작}	html {
	    margin: 0;
	    padding: 0;
	    border: 0;
	    font-size: 100%;
	    font: inherit;
	    vertical-align: baseline;
	  }

```
vi{              html {
                     margin: 0;
                     padding: 0;
                     border: 0;
                     font-size: 100%;
                     font: inherit;
                     vertical-align: baseline;
                 }

:'<,'>sort       html {
                     border: 0;
                     font-size: 100%;
                     font: inherit;
                     margin: 0;
                     padding: 0;
                     vertical-align: baseline;
                 }
```

표 16 CSS 파일 일부 정렬하기

모든 규칙 영역을 대상으로 프로퍼티 정렬하기

:global 명령 하나를 실행해서 파일 내에 있는 모든 규칙 영역의 프로퍼티를 정렬할 수 있다. 다음 명령을 스타일 시트에서 실행해보자.

⇨ :g/{/ .+1,/}/-1 sort

명령을 실행하면 결과는 다음 코드와 같이 정렬된다.

```
html {
    border: 0;
    font-size: 100%;
    font: inherit;
    margin: 0;
    padding: 0;
    vertical-align: baseline;
}
body {
    background: white;
    color: black;
    line-height: 1.5;
}
```

정렬 명령이 각각 규칙의 {} 영역 내에서 실행되었다. 예제로 사용한 스타일시트는 몇 줄 되지 않지만 더 커다란 CSS 파일에서도 문제없이 사용할 수 있다.

이 명령은 보기에 복잡해 보이지만, 어떻게 동작하는지 이해한다면 :global 명령의 강력함에 고마운 기분마저 들 것이다. 이 명령의 표준 형태는 아래와 같다.

```
:g/{패턴}/[명령]
```

Ex 명령 대부분은 명령을 실행할 범위를 지정해서 사용할 수 있다는 점을 기억하자('Tip.28 연속된 행에 명령 실행하기' 참고). [명령]이 :global 명령의 맥락에서도 존재한다는 점은 여전히 염두에 두어야 할 부분이다. 이런 점을 앞에서 본명령의 형태에 적용하면 다음과 같다.

```
:g/{패턴}/[범위][명령]
```

즉, [명령]에서도 [범위]를 지정할 수 있는데 이 범위는 :g/{패턴}을 참조로 기준 삼아 동적으로 범위를 지정할 수 있다. 일반적으로 . 주소는 커서가 위치하는 행을 의미한다. 하지만 :global 명령을 사용할 때는 정의한 {패턴}과 일치하는 행을 의미한다.

위에서 사용한 명령은 두 개의 Ex 명령으로 분리할 수 있다. 명령 끝 부분부터 살펴보자. 다음 Ex 명령은 문제없이 동작한다.

```
⇨ :.+1,/}/-1 sort
```

위 명령에서 범위 오프셋을 제거하면 이 명령은 간단히 .,/}/로 볼 수 있다. 이범위는 '현재 행에서 /}/ 패턴이 일치할 때까지'로 해석할 수 있다. 이 패턴에 +1, -1 오프셋을 추가해서 범위를 {} 영역 내에 있는 코드로 간단하게 줄일 수 있었다. 앞에서 살펴봤던 정렬 전 CSS 파일을 기준으로 1행 또는 9행에 커서를 위치한 다음에 이 Ex 명령을 실행해보자. {} 영역 내 범위를 대상으로 프로퍼티 정렬을 수행한다.

이제 {} 영역 내 프로퍼티를 알파벳순으로 정렬하는 명령은 :.,/}/sort로 다만들었다. 이제 남은 작업은 {} 영역이 시작하는 위치로 커서를 이동하고 만든 정렬 명령을 사용하는 일이다. 이제 :global 명령에서 {패턴}에 해당하는 검색패턴을 실행해보자.

```
⇨ /{/
```

이 검색 패턴을 사용하면 커서는 이 작업에서 필요한 위치인 {} 영역의 상단으로 이동할 것이다. :global 명령과 앞에서 사용한 Ex 명령을 [명령]에 놓고 함께 실행해보자.

⇒ **:g/{/ .+1,/}/-1 sort**

{ 패턴은 {} 영역이 시작하는 위치를 모두 찾게 된다. 검색 패턴과 일치하는 모든 행에서 [**범위**]로 지정한 {} 영역을 대상으로 :sort 명령을 실행한다. 이 명령을 사용하면 최종적으로 CSS 파일의 각 규칙 범위 내의 모든 프로퍼티는 알파벳 순으로 정렬된다.

토론

:global 명령을 일반화하면 다음과 같은 형태가 된다.

 :g/{시작}/ .,{끝} [명령]

이 명령은 '{**시작**} 위치부터 {**끝**} 위치까지의 범위를 대상으로 [**명령**]을 실행한다' 라고 읽을 수 있다.

 이 :global 명령 공식은 어떤 Ex 명령이든 함께 조합해서 사용할 수 있다. 예를 들어 특정 범위를 들여쓰기 할 때에도 활용할 수 있다. :> Ex 명령으로 이 작업을 수행한다(:h :> 참고).

⇒ **:g/{/ .+1,/}/-1 >**
‹ 6 lines >ed 1 time
  3 lines >ed 1 time

:> 명령은 :sort와 다르게 이 명령이 몇 차례 실행되었는지 메시지를 출력한다. 이 메시지를 끄고 싶다면 [**명령**] 앞에 :silent를 붙여서 실행한다(:h :sil 참고).

⇒ **:g/{/sil .+1,/}/-1 >**

이 방법은 :g/{**패턴**}으로 일치하는 행이 많은 경우에 들여쓰기마다 일일이 출력하는 메시지를 끌 수 있어서 유용하다.

6부

도구

'하나의 역할을 수행하고 그 역할을 제대로 수행하게 하자(Do one thing, and do it well)'는 유닉스(Unix) 철학의 원칙이다. Vim에서는 make, grep 같은 외부 명령을 쉽게 호출할 수 있도록 래퍼 명령을 제공한다. 문서 편집기에서 하는 몇 가지 작업은 더 심도 있는 통합 기능이 필요한데 Vim은 자동완성과 맞춤법 검사를 위한 내장 도구를 제공하며 내장 :vimgrep 명령도 존재한다. 6부에서는 Vim에 내장된 도구 모음과 Vim 외부의 도구를 사용할 수 있는 인터페이스를 학습한다.

ctags로 소스코드
색인 및 탐색하기

ctags는 코드를 탐색하고 키워드로 색인을 생성하는 외부 프로그램이다. 원래 이 프로그램은 Vim에 내장되어 있던 기능이지만 Vim 6판 이후로는 별도의 프로젝트로 분리했다. 별도 프로젝트로 분리되긴 했지만 Vim은 여전히 이전 버전과 같이 ctags와 강력한 통합 기능을 제공한다.

Vim의 ctags 지원은 코드 내 함수 및 클래스 정의를 빠르게 탐색하는 기능으로 사용할 수 있다. 'Tip.104 Vim의 태그 탐색 명령으로 키워드 정의 탐색하기'에서 이 기능을 살펴본다. ctags를 사용해서 생성한 키워드는 자동완성에서 사용 가능하다는 장점 또한 있는데 이 내용은 Tip.114의 '태그 파일'에서 확인한다.

Vim이 ctags로 생성한 최신 색인 파일에 접근하기 전까지는 태그 탐색과 태그 자동완성을 사용할 수 없다. 'Tip.103 ctags를 위한 Vim 설정'에서 어떻게 ctags를 사용할 수 있도록 설정하는지 확인한다. 물론 그 전에 ctags를 어떻게 설치하고 실행하는지 학습할 것이다.

Tip.102 ctags 만나기

Vim의 태그 탐색 기능을 사용하려면 ctags를 먼저 설치해야 한다. 설치 후에 어떻게 프로그램을 실행하고 색인을 생성할 수 있는지 배울 것이다.

Exuberant Ctags 설치하기

리눅스 사용자라면 ctags를 패키지 관리자에서 받아 설치할 수 있다. 우분투 사용자라면 다음과 같이 설치할 수 있다.

```
⇒ $ sudo apt-get install exuberant-ctags
```

OS X에는 ctags라는 BSD 프로그램이 있다. 이 프로그램은 Exuberant Ctags 와 다르다는 점에 주의한다. Exuberant Ctags는 직접 설치해야 한다. 홈브루 (homebrew)를 사용한다면 다음 명령으로 설치할 수 있다.

```
⇒ $ brew install ctags
```

ctags를 설치했다면 다음 명령으로 구동이 되는지 확인한다.

```
⇒ $ ctags --version
‹ Exuberant Ctags 5.8, Copyright (C) 1996-2009 Darren Hiebert
  Compiled: Dec 18 2010, 22:44:26
  ...
```

이 메시지가 나오지 않는다면 $PATH를 수정해야 한다. /usr/bin 뒤에 /usr/ local/bin 경로도 환경 변수로 사용하도록 설정되어 있는지 확인한다.

ctags로 코드 색인 만들기

명령행에서 경로를 넣어 ctags를 실행하면 경로에 있는 파일을 기준으로 색인을 생성한다. 책과 함께 제공한 예제 코드에서 이 프로그램을 구동해볼 수 있도록 예제 루비 파일을 제공하고 있다. 이 코드를 사용해서 ctags를 구동한다.

```
⇒ $ cd code/ctags
⇒ $ ls
‹ anglophone.rb francophone.rb speaker.rb
⇒ $ ctags *.rb
⇒ $ ls
‹ anglophone.rb francophone.rb speaker.rb tags
```

ctags를 사용하면 tags라는 이름의 일반 텍스트 파일을 생성한다. 이 파일에는 경로에 있던 세 개의 소스 파일을 대상으로, ctags가 분석한 키워드 색인이 저장 되어 있다.

tags 파일 해부

방금 생성한 tags 파일 안을 확인해보자. 참고로 내용 일부는 잘라냈다.

ctags/tags-abridged

```
!_TAG_FILE_FORMAT     2     /extended format/
!_TAG_FILE_SORTED     1     /0=unsorted, 1=sorted, 2=foldcase/
```

```
!_TAG_PROGRAM_AUTHOR      Darren Hiebert //
!_TAG_PROGRAM_NAM         Exuberant Ctags //
!_TAG_PROGRAM_URL         http://ctags.sourceforge.net /official site/
!_TAG_PROGRAM_VERSION     5.8    //
Anglophone      anglophone.rb   /^class Anglophone < Speaker$/;"     c
Francophone     francophone.rb  /^class Francophone < Speaker$/;"    c
Speaker speaker.rb      /^class Speaker$/;"       c
initialize      speaker.rb      /^  def initialize(name)$/;"     f
speak   anglophone.rb   /^  def speak$/;"         f       class:Anglophone
speak   francophone.rb  /^  def speak$/;"         f       class:Francophone
speak   speaker.rb      /^  def speak$/;"         f       class:Speaker
```

tags 파일은 메타 데이터(metadata)로 시작한다. 메타 데이터 다음으로 한 행에 키워드 하나씩, 파일명과 소스코드에 정의되어 있는 키워드순으로 항목이 나열되어 있다. 키워드는 알파벳순으로 정렬되어 있다. 덕분에 Vim(또는 다른 문서 편집기)에서 이진 검색을 사용해서 빠르게 위치를 찾을 수 있다.

키워드는 행 번호가 아닌 패턴으로 참조

tags 파일 양식에서 키워드의 위치를 나타내기 위한 주소는 어떤 Ex 명령에서든 사용할 수 있다. 물론 tags 파일을 생성하면서 키워드의 위치를 기록하기 위해서 절대 행 번호를 사용할 수도 있었을 것이다. 절대 행 번호는 문서를 기준으로 몇 행에 위치했는가를 나타내는 방법인데 Ex 명령 :42를 입력하면 문서의 42행으로 커서가 이동한다. 하지만 이런 방식으로 주소를 참조하는 색인 파일은 쉽게 망가질 수 있다. 문서 상단에 행 하나만 추가해도 문서 내에 있던 모든 주소가 달라져서 그 파일을 색인으로 더 이상 사용할 수 없기 때문이다.

ctags는 각각 키워드 주소를 검색 명령에서 사용할 수 있는 패턴으로 생성한다(검색 패턴을 Ex 명령으로 사용할 수 있다는 확신이 없다면 :/{패턴}을 사용해 보자). 이 방법은 행 번호를 사용하는 방법보다 안전하지만 여전히 완벽하다고 하기는 어렵다. 파일에 검색 명령을 사용해서 특정 키워드를 찾았는데 그 키워드가 하나 이상 존재한다면 어떻게 해야 할까?

하지만 동일한 단어가 존재하더라도 위치를 찾지 못하는 문제는 발생하지 않는다. 색인 파일을 생성할 때는 코드 내에서 같은 패턴이 나타날 수 있다는 점을 이미 예측하고 문제가 생길 만한 경우에는 필요에 따라서 고유 주소를 생성하기 때문이다. 또한 행의 길이가 512자를 넘지만 않는다면 tags 파일은 vi 하위 호환을 유지한다. 행의 길이가 너무 길다면 동시에 tags에 생성된 검색 패턴도 길어져서 문제가 생길 수 있다. 색인 파일의 문제는 차치하더라도 한 행에 512자가 넘어갈 정도라면 작성한 코드가 지나치게 긴 것은 아닌지 고민해보자.

키워드는 메타 데이터로 표시

예전의 tags 파일 양식은 키워드, 파일명과 주소를 포함해서 탭으로 칸을 분리한 형태로 작성했다. 오늘날에는 각 키워드에 대한 메타 데이터를 넣을 수 있도록 확장한 양식을 사용하고 있다. 위 예제에서는 Anglophone, Francophone, Speaker 키워드 끝에 클래스를 의미하는 c가 붙어 있고 initialize와 speak 키워드 끝에 함수를 뜻하는 f가 추가되어 있다.

---

ctags를 확장하거나 호환 가능한 태그 생성기 사용하기

ctags는 자체적으로 지원하지 않는 언어에서 사용할 수 있도록 확장 기능을 제공한다. --regex, --langdef, --langmap 설정을 사용하면 정규표현식으로 키워드를 생성하는 간단한 규칙을 만들 수 있다. 각 언어에 맞는 정규표현식만 만들 수 있다면 언어 제한 없이 색인을 생성할 수 있다. 만약 C로 작성한 파서가 있다면 이 파서를 사용할 수 있는 설정도 제공한다. 일반적으로 정규표현식을 사용하는 경우보다 C로 만든 파서가 성능이 더 좋은 편이다. 코드 규모가 큰 경우라면 이 둘의 성능 차이가 눈에 띄게 나타난다.

ctags를 확장하는 방법 외에도 자신이 선택한 언어에서 색인을 생성하기 위한 전용 도구를 작성하는 방법이 있다. 예를 들어 gotags는 언어 ctags와 호환되는 Go 언어 태그 생성기다. 이 gotags는 그 자체도 Go로 구현되었다.[1] ctags로 생성하는 양식과 동일한 양식으로 파일을 생성하기 때문에 Vim과도 자연스럽게 동작한다.

tags 파일 양식은 누구도 소유권을 갖고 있지 않은 평범한 텍스트 양식이다. 어떤 방식으로든 이 양식에 맞게 tags 파일을 생성하면 Vim에서 문제없이 사용할 수 있다.

1   *https://github.com/jstemmer/gotags*

Tip.103 ctags를 위한 Vim 설정

Vim의 ctag 탐색 명령을 사용하려면 tags 파일이 가장 최근의 코드를 기준으로 생성했는지, Vim이 그 파일의 위치를 아는지 확인해야 한다.

Vim에 Tags 파일 경로 설정하기

Vim의 tags 설정은 Vim이 어느 경로에서 tags 파일을 찾아야 하는지 알려주는 용도로 사용한다(:h 'tags' 참고). tags에 ./를 사용하면 Vim은 현재 활성화된 파일 경로를 기준으로 찾는다. 기본 설정은 다음과 같이 확인할 수 있다.

⇒ **:set tags?**
❮ tags=./tags,tags

이 설정대로면 Vim은 tags 파일을 현재 파일이 들어 있는 디렉터리와 작업 디렉터리를 기준으로 찾는다. 색인을 수행했을 때 첫 번째 tags 파일에서 색인하려는 내용을 찾았다면 다음 파일은 확인하지 않는다(:h tags-option 참고). Vim의 기본 설정을 사용하면 프로젝트 내 모든 하위 디렉터리에서 tags 파일을 검색한다. 간단하게 유지하고 싶다면 프로젝트 최상위 디렉터리에 전역 tags 파일 하나만 생성하면 된다.

색인을 항상 최신 파일로 유지하기 위해서 ctags를 자주 실행하면 버전 관리 도구를 사용할 때 마다 tags 파일을 변경했다고 나올 것이다. 커밋 히스토리를 깔끔하게 유지하기 위해서는 버전 관리 도구에서 tags 파일을 무시하도록 설정하는 것이 바람직하다.

tags 파일 생성하기

Tip.102의 'ctags로 코드 색인 만들기'에서 다룬 내용처럼 ctags를 명령행에서 실행하면 tags 파일을 생성한다. 하지만 tags 파일을 셸에서 다시 생성하기 위해서 Vim을 매번 종료할 필요는 없다.

간단한 방법: ctags 수동 실행

ctags를 Vim에서 다음처럼 직접 실행할 수 있다.

⇒ **:!ctags -R**

이 명령을 입력하면 현재 작업 디렉터리와 모든 하위 디렉터리에 있는 파일을 찾아서 색인을 생성한다. 그 결과로 생성한 tags 파일은 현재 작업 디렉터리에 저장된다.

이 명령에서 --exclude=.git이나 --languages=-sql 같은 설정을 추가하기 시작하면 명령을 직접 입력하는 일도 고된 작업이 된다. 직접 입력하는 시간을 줄이기 위해 다음처럼 키를 하나 추가하자.

⇒ **:nnoremap <f5> :!ctags -R<CR>**

이제 간편하게 〈F5〉를 누르면 색인을 다시 생성할 수 있다. 하지만 최신 tags 파일을 계속 유지하려면 주기적으로 이 키를 눌러야만 한다. 설정을 몇 가지 추가하면 이 번거로운 과정을 자동화할 수 있다.

파일을 저장할 때마다 ctags 자동 실행하기

Vim의 자동명령(autocommand) 기능을 사용하면 새로운 버퍼를 생성하거나 열었을 때, 또는 파일을 저장하는 경우와 같이 이벤트가 발생할 때 매번 명령을 호출할 수 있다. 이 자동명령 기능을 사용해서 파일을 저장할 때마다 ctags를 호출하도록 다음처럼 설정한다.

```
:autocmd BufWritePost * call system("ctags -R")
```

이 설정을 사용하면 파일을 저장할 때마다 코드 전체의 색인 파일을 새로 생성한다.

버전 컨트롤 훅으로 ctags 자동 실행하기

대부분의 소스 관리 시스템(source control system)은 리포지터리에서 발생하는 이벤트에 따라서 스크립트를 실행할 수 있도록 훅(hook) 기능을 사용할 수 있다. 이 기능을 사용하면 소스 관리 도구로 코드를 갱신할 때마다 색인 파일을 생성하도록 설정할 수 있다.

팀 포프의 글, 'Git에서 Ctags 무위도식하기(Effortless Ctags with Git)'에서는 `post-commit`, `post-merge`, `post-checkout` 이벤트 훅을 사용하는 방법을 설명한다.[1] 이 방법은 색인 파일을 자동으로 생성하기 위한 해결책을 아름답게 제시하는데 git의 전역 이벤트 훅을 사용하고 있어서 시스템 내에 개별 리포지터리에서는 별도로 설정할 필요가 없다는 것이 장점이다.

토론

소스 코드에서 색인을 생성하는 전략은 방법이 여러 가지가 있고 각각 장단점이 있다. 수동으로 색인을 생성하는 방법은 간단하다. 하지만 내용을 변경할 때마다 색인을 새로 생성해야 해 번거로우며 색인을 최신 상태로 유지하기 위해서는 노력이 많이 필요하다.

자동명령을 사용해서 ctags를 매번 실행하는 방법은 항상 최신의 tags 파일을 유지할 수 있다는 장점이 있다. 하지만 매번 실행하는 비용은 얼마나 될까? 코드가 작다면 거의 눈치채지 못할 정도로 짧은 시간에 색인을 생성하겠지만 프로젝트가 커질수록 색인 생성 속도가 느려지고 작업 흐름을 방해할 수 있다. 또한 이 방법을 사용하면 편집기 외부에서 파일을 수정한 경우에는 Vim 내부에서 변경

---

1 *http://tbaggery.com/2011/08/08/effortless-ctags-with-git.html*

이 이뤄진 것이 아니기 때문에 코드의 변화를 인식하지 못하고 색인을 새로 생성하지 않는다.

리포지터리에 코드를 커밋할 때마다 색인을 새로 만드는 것도 좋은 방법이다. 물론 아직 리포지터리에 반영되지 않은 코드는 색인으로 생성되지 않는 불편함이 있지만 이 문제는 이해하고 넘어갈 수 있는 부분이다. 작업을 할 때 현재 작업하는 코드를 참조하기 위해 색인을 탐색해야 하는 경우는 드물기 때문이다. 그리고 tags 파일로 생성한 키워드는 검색 명령으로 위치를 참조하기 때문에 코드가 변경되더라도 큰 문제없이 색인을 계속 사용할 수 있다. 자세한 내용은 Tip.102의 'tags 파일 해부'를 참고한다.

Tip.104 Vim의 태그 탐색 명령으로 키워드 정의 탐색하기

Vim에서 ctags와 통합된 기능 덕분에 코드 내 키워드를 일종의 하이퍼링크로 사용할 수 있다. 그래서 키워드를 정의한 위치로 빠르게 이동 가능하다. 일반 모드의 〈C-]〉와 g〈C-]〉 명령을 사용해서 이동하는 방법과 이 명령과 동일한 기능을 하는 Ex 명령을 살펴본다.

키워드 정의로 이동하기

〈C-]〉를 누르면 커서 밑에 있는 키워드를 정의한 코드로 이동할 수 있다. 다음 내용을 확인한다.

키 입력	버퍼 내용
{시작}	```require './speaker.rb'` `class Anglophone < Speaker` ` def speak` ` puts "Hello, my name is #{@name}"` ` end` `end` `Anglophone.new('Jack').speak```
<C-]>	```require './speaker.rb'` `class Anglophone < Speaker` ` def speak` ` puts "Hello, my name is #{@name}"` ` end` `end` `Anglophone.new('Jack').speak```

이 예제에서는 Anglophone 클래스의 정의가 동일한 버퍼 내에 존재한다. 커서가 Speaker 키워드에 있고 같은 명령을 실행하면 클래스 정의가 있는 버퍼로 전환될 것이다.

키 입력	버퍼 내용

fS	```require './speaker.rb'```
	```class Anglophone < Speaker```
	``` def speak```
	``` puts "Hello, my name is #{@name}"```
	``` end```
	```end```
	```Anglophone.new('Jack').speak```

\<C-]\>	```class Speaker```
	``` def initialize(name)```
	``` @name = name```
	``` end```
	``` def speak```
	``` puts "#{name}"```
	``` end```
	```end```

이 명령을 사용해서 코드를 탐색하는 동안, Vim은 태그를 사용해서 이동한 모든 위치를 히스토리로 관리한다. 〈C-t〉 명령은 태그 히스토리의 뒤로가기 버튼에 해당한다. 지금 이 키를 입력하면 Speaker 정의에서 Francophone 정의로 돌아가고, 한 번 더 누르면 맨 처음 시작했던 위치로 돌아간다. 태그 이동 목록을 사용하는 방법은 :h tag-stack에서 자세히 확인할 수 있다.

키워드 일치가 많은 경우 어디로 이동할지 선택하기

이전 예제는 Speaker와 Anglophone 키워드 정의가 각각 하나만 존재했기 때문에 탐색하는 데 전혀 문제가 없었다. 만약 커서를 다음 코드의 speak 메서드에 놓고 키워드 검색을 한다면 어떻게 동작할까?

```
Anglophone.new('Jack').speak
```

Speaker, Francophone, Anglophone 클래스 모두 speak라는 함수를 정의하고 있는데 Vim에서 〈C-]〉 명령을 누르면 어디로 이동하게 될까? 직접 실행해보자.

해당 태그와 일치하는 정의가 현재 버퍼 내에 존재한다면 그 위치는 우선순위가 된다. 그러므로 이 예제에서는 Anglophone 클래스의 speaker 함수 정의로 이동한다. Vim에서 일치하는 태그를 어떤 방식으로 순위를 매기는지 궁금하다면 :h tag-priority를 참고한다.

〈C-]〉 대신에 g〈C-]〉 명령을 사용할 수도 있다. 태그와 일치하는 정의가 하나만 존재하는 경우에는 둘 다 동일한 방식으로 동작한다. 하지만 일치하는 위치가 많은 상황에서 g〈C-]〉 명령을 사용하면 현재 커서가 놓인 키워드가 정의된 위치를 찾을 수 있도록 키워드와 일치하는 모든 항목을 태그 일치 목록에서 표시한다.

```
# pri kind tag              file
1 F C f    speak            anglophone.rb
           class:Anglophone
           def speak
2 F   f    speak            francophone.rb
           class:Francophone
           def speak
3 F   f    speak            speaker.rb
           class:Speaker
           def speak
숫자 입력 후 <엔터> (숫자 없으면 취소): █
```

확인하고 싶은 정의가 어느 항목인지 목록에서 번호를 확인한 다음, 프롬프트에 해당 파일 숫자를 입력하고 〈CR〉을 누른다.

〈C-]〉를 눌러서 해당 키워드 정의로 이동했는데 찾으려고 했던 정의와 다를 수도 있다. 그런 경우에는 :tselect 명령을 입력해서 태그 일치 목록을 열 수 있다. 아니면 :tnext를 입력해서 프롬프트 없이 다음 일치하는 위치로 이동하는 것도 가능하다. 이미 눈치챘겠지만 :tprev, :tfirst, :tlast 모두 이 상황에서 사용할 수 있는 명령이다. 이 명령도 'Tip.37 버퍼 목록으로 열린 파일 추적하기'에서 만든 매핑처럼 단축키를 만들어서 사용하기를 권장한다.

Ex 명령 사용하기

해당 키워드 태그를 사용하기 위해서 꼭 키워드 위로 커서를 옮길 필요는 없다. 커서를 키워드에 놓는 대신에 사용할 수 있는 Ex 명령이 있기 때문이다. :tag {키워드}와 :tjump {키워드}는 각각 〈C-]〉, g〈C-]〉 명령과 동일하게 동작한다(:h :tag와 :h :tjump 참고).

문서 내에서 정의를 확인할 키워드에 커서를 가져다 두는 방법보다 직접 위 명령을 입력해서 찾는 방법이 훨씬 빠르다. 특히 이 명령은 tags 파일이 제공하는 모든 키워드를 사용할 수 있는 탭 완성 기능을 제공한다. 다시 말해서 :tag

Fran⟨Tab⟩을 입력하면 Francophone으로 입력 내용을 확장한다.

또한 이 Ex 명령은 :tag /{패턴} 또는 :tjump /{패턴} 형태로 사용해서 키워드를 정규표현식처럼 쓸 수 있다({패턴} 앞에 /가 있다). 키워드 끝이 phone으로 끝나는 정의를 다음처럼 탐색하는 것이 가능하다.

```
⇒ :tjump /phone$
⟨ # pri kind   tag
  1 F C c       Anglophone       anglophone.rb
               class Anglophone  < Speaker
  2 F   c       Francophone      francophone.rb
               class Francophone < Speaker
  숫자 입력 후 <엔터> (숫자 없으면 취소):
```

아래 표에 tags 색인 파일을 사용해서 코드 사이를 이동할 때 쓸 수 있는 명령을 정리했다.

명령	효과
<C-]>	커서 밑에 있는 키워드와 일치하는 첫 번째 태그로 이동
g<C-]>	커서 밑에 있는 키워드가 다중 일치하는 경우에 사용자가 선택할 수 있는 프롬프트 출력, 하나만 존재하는 경우에는 프롬프트 없이 이동
:tag {키워드}	{키워드}에 일치하는 첫 번째 태그로 이동
:tjump {키워드}	{키워드}가 다중 일치하는 경우에 사용자가 선택할 수 있는 프롬프트 출력, 하나만 존재하는 경우에는 프롬프트 없이 이동
:pop or <C-t>	태그 히스토리에서 뒤로 가기
:tag	태그 히스토리에서 앞으로 가기
:tnext	다음 일치하는 태그로 이동
:tprev	이전 일치하는 태그로 이동
:tfirst	첫 번째 일치하는 태그로 이동
:tlast	마지막 일치하는 태그로 이동
:tselect	태그 일치 목록에서 사용자가 선택할 수 있는 프롬프트 열기

코드 컴파일과 퀵픽스 목록에서 오류 확인하기

Vim의 퀵픽스 목록은 Vim으로 작업하면서 외부 프로그램과 통합이 필요할 때 활용할 수 있는 핵심 기능이다. 이 기능은 일련의 파일명, 행 번호, 열 번호(선택), 메시지를 포함한 참조 주소 목록으로 아주 단순하다. 이 기능은 전통적인 기능으로 컴파일러가 오류 메시지 목록을 생성한 경우에 그 내용을 참조할 때 사용하던 기능이다. 그 외에도 문법 검사, 교정, 그 외 출력 내용이 있는 외부 도구에서도 이 기능을 사용할 수 있다.

외부 셸에서 make를 구동하고 오류 메시지를 살펴보는 것부터 시작한다. 그 다음 Vim의 내장 명령인 :make 명령을 소개하고 컴파일러에서 출력하는 오류 메시지를 작업 과정에서 능률적으로 사용하는 방법, 그리고 이 메시지를 퀵픽스 목록에서 살펴볼 수 있도록 만드는 법을 학습한다.

'Tip.106 퀵픽스 목록 탐색하기'에서는 :make 명령을 사용한 후에 출력된 결과를 탐색할 때 사용할 수 있는 명령을 확인한다. 그리고 'Tip.107 이전 퀵픽스 목록에서 결과 재호출하기'에서 퀵픽스 기능과 함께 사용할 수 있는 실행 취소 명령을 배운다.

'Tip.108 외부 컴파일러 수정하기'에서는 작업 중인 자바스크립트 파일에 JSLint를 사용할 수 있도록 :make를 설정하는 방법과 JSLint를 사용한 결과를 퀵픽스 목록에서 탐색 가능하도록 생성하는 방법을 확인한다.

Tip.105 Vim을 벗어나지 않고 코드 컴파일하기

Vim을 벗어나지 않고 외부 컴파일러를 실행할 수 있다면 많은 시간을 절약할 수 있을 것이다. 컴파일러가 오류를 출력한 경우에도 어느 코드에서 오류가 발생했는지 빠르게 탐색할 수 있는 기능을 제공한다.

준비

시연을 위한 작은 C 프로그램 코드가 필요하다. 인사이트 웹페이지에서 제공하는 예제 코드에서 해당 파일을 찾을 수 있다(예제 코드는 '예제 다운로드하기'를 참고한다). 셸에서 code/quickfix/wakeup 디렉터리로 이동한다.

```
⇨ $ cd code/quickfix/wakeup
```

이 프로그램을 빌드하기 위해서는 gcc가 필요하지만 팁을 따라하려고 gcc 컴파일러를 설치할 필요는 없다. 여기에서 시연하는 작업 과정은 퀵픽스 목록이 어떤 필요에 의해서 구현되었는지 확인하기 위한 내용이기 때문이다(퀵픽스라는 이름도 이런 목적때문에 붙었다). 이제 퀵픽스 목록을 어떻게 사용하는지 확인하게 될텐데 이 기능은 지금 확인하는 용도 외에도 다른 용도로 많이 사용된다.

셸에서 프로젝트 컴파일하기

wakeup 프로그램은 Makefile, wakeup.c, wakeup.h 세 파일로 구성되었다. 셸에서 make를 구동해서 이 프로그램을 컴파일한다.

```
⇨ $ make
❬ gcc -c -o wakeup.o wakeup.c
  wakeup.c:68: error: conflicting types for 'generatePacket'
  wakeup.h:3: error: previous declaration of 'generatePacket' was here
  make: *** [wakeup.o] Error 1
```

컴파일러가 문제 해결에 도움이 될 몇 가지 오류를 출력했다. 터미널에서 출력한 이 내용으로 충분하지만 각각 오류가 발생한 항목을 Vim에서 쉽게 수정할 수 있도록 이 오류 메시지를 사용해서 코드를 탐색하는 기능을 살펴보려 한다.

Vim 내부에서 프로젝트 컴파일하기

셸에서 make를 실행하는 게 아니라 Vim 내부에서 프로젝트를 바로 빌드할 수도 있다. 먼저 Makefile이 있는 code/quickfix/wakeup 디렉터리로 이동했는지 확인한 후 Vim에서 다음 명령을 실행한다.

```
❬ $ pwd; ls
  ~/code/quickfix/wakeup
  Makefile wakeup.c wakeup.h
⇒ $ vim -u NONE -N wakeup.c
```

셸에서 사용한 make 명령은 Vim 내부에서 :make로 실행할 수 있다.

```
⇒ :make
❬ gcc -c -o wakeup.o wakeup.c
  wakeup.c:68: error: conflicting types for 'generatePacket'
  wakeup.h:3: error: previous declaration of 'generatePacket' was here
  make: *** [wakeup.o] Error 1
```

계속하려면 엔터 혹은 명령을 입력하십시오

셸에서 make를 실행했을 때와 결과는 동일하지만 똑똑한 Vim이 사용자 몰래 한 일이 있다. 셸에서 make 명령을 실행했을 때처럼 결과를 출력하는 것에 그치지 않고 각각의 행에서 파일명과 행 번호, 오류 메시지를 추출해냈다. 이 정보를 추출한 다음에 그 오류 내역을 퀵픽스 목록에 하나씩 항목으로 등록했다. 이 퀵픽스 목록에 등록된 항목은 전후로 이동하며 살펴볼 수도 있고 오류가 발생한 행으로 바로 이동하는 것도 가능하다. Vim 문서에서 퀵픽스 목록을 찾아보면(:h quickfix 참고) '빠르게 편집-컴파일-편집 과정을 처리할 수 있도록' 제공하는 기능이라고 설명한다.

Vim에서 :make를 구동하면 퀵픽스 목록의 첫 번째 항목으로 이동한다. 이 예제에서는 wakeup.c 파일에 있는 다음 함수로 이동할 것이다.

```
void generatePacket(uint8_t *mac, uint8_t *packet)
{
    int i, j, k;
    k = 6;
    for (i = 0; i <= 15; i++)
    {
        for (j = 0; j <= 5; j++, k++)
        {
            packet[k] = mac[j];
        }
    }
}
```

generatePacket의 타입이 충돌한다는 오류 메시지가 보고됐다. 이 상황에서 :cnext 명령을 실행하면 퀵픽스 목록에서 다음 항목으로 넘어갈 수 있다. :cnext

명령을 입력하면 다음 항목으로 이동하는데 여기서는 wakeup.h에서 오류가 발생한 행으로 이동한다.

```
void generatePacket(char *, char *);
```

컴파일러가 오류를 낸 이유는 이 헤더 파일에서 작성한 함수의 명세와 실제로 구현한 함수가 일치하지 않기 때문이다. 헤더 파일에 있는 명세 타입을 uint8_t 로 다음처럼 변경한다.

```
void generatePacket(uint8_t *, uint8_t *);
```

파일을 저장한 다음에 :make를 다시 실행한다.

```
⇒ :write
⇒ :make
‹ gcc -c -o wakeup.o wakeup.c
  gcc -o wakeup wakeup.o
```

이번에는 프로그램을 성공적으로 컴파일했다. 퀵픽스 목록은 마지막으로 실행한 make 결과로 갱신되었다. 컴파일에서 보고한 오류가 없기 때문에 :make 명령을 사용하고 나서도 커서가 이동하지 않았다.

위치 잃어버리지 않기

:make 명령을 사용할 경우 오류가 없을 때는 커서가 이동하지 않지만 오류가 나타나면 첫 번째로 오류가 발생한 위치로 커서가 자동으로 이동한다. 컴파일을 수행한 직후에도 커서가 현재 있는 위치에 그대로 있는 것을 선호한다면 다음 명령으로 컴파일을 구동하면 된다.

```
⇒ :make!
```

끝에 ! 문자를 붙이면 퀵픽스 목록에 새로운 오류 항목이 나타나더라도 커서를 첫 번째 항목으로 이동하지 않겠다는 뜻이 된다. 그렇다면 :make를 실행해서 커서가 이동한 다음에야 느낌표를 붙인 명령을 실행했어야 했다는 사실을 알았다고 가정해보자. :make을 실행하기 전에 있던 커서 위치로 돌아가려면 어떻게 해야 할까? <C-o> 명령을 사용하면 간단하게 이전 위치로 커서를 이동할 수 있다. 이 명령은 점프 목록에 기록된 위치를 사용한다. 점프 목록에 대한 자세한 내용은 'Tip.56 점프 목록 가로지르기'에서 다뤘다.

Tip.106 퀵픽스 목록 탐색하기

퀵픽스 목록은 하나 이상의 파일에서 필요한 위치를 모아 볼 수 있는 기능이다. 이 목록은 :make 명령으로 컴파일을 수행해서 발생한 오류나 :grep으로 검색한 결과를 항목으로 사용할 수 있다. 이 목록에 어떤 내용이 오든지 목록을 사용해서 각 항목을 탐색하는 것이 가능하다. 이 팁에서는 퀵픽스 목록을 어떻게 탐색하는지 배운다.

퀵픽스 목록(quickfix list)을 탐색하는 데 사용할 수 있는 모든 명령 목록은 :h quickfix에서 확인한다. 아래의 '표 17 퀵픽스 목록을 사용하기 위한 명령'에 가장 유용한 명령을 정리했다.

퀵픽스 목록의 명령은 모두 :c로 시작한다. 위치 목록은(다음 페이지의 '위치 목록 만나기' 참고) 퀵픽스 목록과 대부분 호환이 되는데 명령이 :c 대신 :l로 시작하는 점만 다르다. 즉 :lnext, :lprev 식으로 퀵픽스 목록에서 사용했던 명령을 같은 패턴으로 사용할 수 있다. 위치 목록에서 N 번째 항목으로 이동하기 위한 명령은 :ll N인데 앞에서 말한 호환 패턴과는 다르지만 전체적인 맥락에서 본다면 이 명령이 더 자연스럽다고 볼 수 있다.

명령	동작
:cnext	다음 항목으로 이동
:cprev	이전 항목으로 이동
:cfirst	첫 번째 항목으로 이동
:clast	마지막 항목으로 이동
:cnfile	다음 파일에 있는 첫 번째 항목으로 이동
:cpfile	이전 파일에 있는 마지막 항목으로 이동
:cc N	N 번째 항목으로 이동
:copen	퀵픽스 창 열기
:cclose	퀵픽스 창 닫기
:cdo {명령}	{명령}을 퀵픽스 목록 항목에 있는 각각의 행에서 실행하기
:cfdo {명령}	{명령}을 퀵픽스 목록 항목에 있는 각각의 파일에서 실행하기

표 17 퀵픽스 목록을 사용하기 위한 명령

위치 목록 만나기

퀵픽스 목록의 모든 명령과 기능을 사용할 수 있는 위치 목록(location list)이란 기능이 있다. :make, :grep, :vimgrep 명령은 퀵픽스 목록을 사용하지만, :lmake, :lgrep, :lvimgrep은 위치 목록을 사용한다. 이 두 목록은 어떤 점이 다를까? 퀵픽스 목록은 항상 하나로 유지되지만 위치 목록은 원하는 만큼 만드는 것이 가능하다.

'Tip.108 외부 컴파일러 수정하기'에서는 자바스크립트 파일을 JSLint로 전달하면서 :make 명령을 사용했다. 이제 다른 자바스크립트 파일 두 개를 분리 창을 이용해서 각각 열었다고 생각해보자. 이때 :lmake명령으로 현재 활성화된 창에서 컴파일을 실행하면 오류 메시지를 위치 목록에 저장한다. 이제 다른 창으로 이동해서 다시 :lmake를 실행한다. 그러면 이미 존재하는 위치 목록에 새 컴파일 결과를 덮어쓰는 것이 아니라 위치 목록을 새로 하나 더 생성한다. 결과적으로 각각 다른 자바스크립트 파일의 오류 항목을 저장한 위치 목록 두 개를 생성한 것이다.

위치 목록을 다루는 명령은 어떤 명령이든(:lnext, :lprev 등) 현재 활성화 창과 연결되어 있는 위치 목록을 조작하는 데 사용한다. 반면에 퀵픽스 목록은 전역적으로 사용하기 때문에 Vim 내라면 어디서든 단일 목록을 사용한다. 탭 페이지든 활성화된 창이든 상관없이 :copen 명령으로 퀵픽스 창을 열면 언제나 동일한 목록을 보여줄 것이다.

퀵픽스 모션 기초

퀵픽스 목록에 있는 항목을 앞뒤로 이동하기 위해서 :cnext, :cprevious 명령을 사용할 수 있다. 목록에서 첫 번째 항목이나 마지막 항목으로 이동하고 싶다면 :cfirst, :clast 명령을 사용한다. 이 네 가지 명령을 가장 많이 사용하기 때문에 쉽게 사용할 수 있는 단축키로 설정하는 것도 좋은 아이디어다. 'Tip.37 버퍼 목록으로 열린 파일 추적하기'에서 제안한 방법을 참고한다.

퀵픽스 목록에서 빠른 탐색하기

:cnext와 :cprev 앞에는 실행 횟수를 붙여서 사용할 수 있다. 그래서 퀵픽스 목록을 하나씩 탐색하는 것 대신에 다음처럼 한 번에 다섯 항목씩 탐색하는 것도 가능하다.

⇒ **:5cnext**

퀵픽스 목록에 많은 항목이 있는 상황을 가정해보자. 한 파일이 특히 많은 항목을 갖고 있는 경우가 있는데 그 파일에 있는 항목은 지금 당장 고쳐야 할 부분이 아닐 수도 있다. 이런 상황에서는 결과 항목을 하나씩(또는 열 개씩) 넘기며 탐하기보다는 그 파일에 일치하는 모든 항목을 건너뛰고 다음 파일에 해당하는 항목으로 바로 넘어가고 싶을 것이다. 이런 경우에는 :cnfile 명령을 사용할 수 있다. 이 명령을 반대 방향으로 사용하고 싶다면 :cpfile 명령을 사용하면 된다. :cpfile 명령을 사용하면 이전 파일의 마지막 퀵픽스 항목으로 이동할 것이다.

퀵픽스 창 사용하기

퀵픽스 목록이 들어 있는 퀵픽스 창을 열기 위해서 :copen 명령을 사용할 수 있다. 퀵픽스 창은 어떤 면에서는 일반 Vim 버퍼처럼 동작한다. k, j로 상하 이동이 가능하고 퀵픽스 목록의 내용에서 Vim 검색 명령을 수행하는 것도 가능하다.

퀵픽스 창은 고유한 방식으로 특별하게 동작한다. 커서를 항목에 위치한 상태에서 〈CR〉을 입력하면 해당 커서에 위치한 항목에 해당하는 파일을 열고 해당 행으로 커서를 이동한다. 이 과정에서 해당 파일이 열려 있지 않다면 퀵픽스 창 위에 있는 창에 바로 열리지만 현재 탭 페이지에 해당 파일이 이미 열려 있다면 그 버퍼를 사용하게 된다.

참고로 퀵픽스 창에 출력된 각 항목은 퀵픽스 목록에 대응해서 동작한다. :cnext를 입력하면 퀵픽스 창이 활성화되지 않은 상태에서도 커서가 다음 위치로 이동한다. 반대로 퀵픽스 창에서 항목을 하나 골라서 이동했다면 그 다음에 :cnext 명령을 실행했을 때는 퀵픽스 창에서 선택했던 항목의 다음 항목으로 이동하게 된다. 퀵픽스 목록에서 항목을 선택하는 동작은 :cc [번호] 명령으로 수행할 수 있다. 퀵픽스 창에서 커서를 이동해 항목을 선택하는 작업은 :cc [번호] 명령을 시각적 인터페이스를 사용해서 입력하는 과정으로 볼 수 있다.

퀵픽스 창이 활성화 상태일 때 창을 닫으려면 일반 활성 창을 닫는 방법과 동일하게 :q 명령을 사용한다. 활성창이 아닌 상황에서 퀵픽스 창을 닫으려면 :cclose 명령을 쓸 수 있다.

Tip.107 이전 퀵픽스 목록에서 결과 재호출하기

Vim은 퀵픽스 목록을 갱신하더라도 이전 내용을 덮어쓰지 않는다. 이전 퀵픽스 목록의 결과를 저장하고 있어서 목록이 갱신되어도 이전 목록을 여전히 참조할 수 있다.

Vim은 이전에 사용한 퀵픽스 목록(마지막 열 개의 목록을 저장함)도 다시 불러내서 사용할 수 있도록 :colder을 제공한다(아쉽게도 :warmer 명령은 없다).

이전 퀵픽스 목록을 본 다음에 최신 목록으로 돌아오려면 :cnewer 명령을 사용한다. 참고로 :colder와 :cnewer 명령 모두 실행 횟수를 앞에 붙여 호출할 수 있기 때문에 이전에 사용한 목록을 정확히 집어서 이동하는 것도 가능하다.

:colder 또는 :cnewer 명령을 사용한 후에 퀵픽스 창을 열었다면 어느 목록을 기준으로 생성한 창인지 알 수 있도록 상태 막대에 표시된다.

:colder나 :cnewer 명령을 마치 퀵픽스 목록을 위한 실행 취소하기, 다시 실행하기 기능처럼 생각할 수 있다. 퀵픽스 목록을 갱신하려고 명령을 다시 수행하는 방법보다 이전에 사용했던 목록을 :colder 명령으로 확인하는 방법이 더 효과적이다. 이전에 실행한 적이 있는 명령이라면 :make 또는 :grep 같은 명령을 반복해서 매번 새로운 퀵픽스 목록을 만들어 내는 것보다 :colder 명령을 활용해서 이전 목록을 열어 다시 활용하는 방법이 더 바람직한 접근이다(이미 파일을 변경한 경우에도 말이다). 특히 명령을 실행하는 시간이 오래 걸리는 경우에 이전 목록을 활용하는 방식으로 작업한다면 작업 시간을 크게 단축할 수 있을 것이다.

Tip.108 외부 컴파일러 수정하기

Vim의 :make 명령은 외부 make 프로그램을 호출하는 데 아무 제약이 없다. 따라서 장비에 있는 어떤 컴파일러든 실행할 수 있다(참고로 Vim에서 말하는 '컴파일러'는 실제 의미보다 유연하다. 다음에 나오는 ':compiler와 :make는 컴파일 언어만을 위한 기능이 아니다' 참고). 이 팁에서는 :make 명령으로 자바스크립트 파일을 JSLint로 전달하고 퀵픽스 목록에서 결과를 확인하려면 어떻게 Vim의 설정을 변경해야 하는지 확인한다.

먼저 Vim에서 :make 명령을 호출하면 JSLint[1]의 명령행 인터페이스인 nodelint[2]를 호출하도록 설정해야 한다. 이 도구는 Node.js[3]로 만들어졌기 때문에 아래와 같이 NPM[4]을 사용해서 설치할 수 있다.

```
⇒ $ npm install nodelint -g
```

아래 피즈버즈를 자바스크립트로 구현한 코드를 예시로 사용한다.

---

1   *http://jslint.com/*
2   *https://github.com/tav/nodelint*
3   *http://nodejs.org/*
4   *http://npmjs.org/*

```
quickfix/fizzbuzz.js
var i;
for (i=1; i <= 100; i++) {
    if(i % 15 == 0) {
        console.log('Fizzbuzz');
    } else if(i % 5 == 0) {
        console.log('Buzz');
    } else if(i % 3 == 0) {
        console.log('Fizz');
    } else {
        console.log(i);
    }
};
```

:make로 Nodelint 실행하도록 설정하기

:make 명령을 사용했을 때 어떤 프로그램을 실행할지 'makeprg'으로 설정할 수 있다(:h 'makeprg' 참고). Vim에서 nodelint를 사용하기 위해 아래처럼 설정한다.

⇨ **:setlocal makeprg=NODE_DISABLE_COLORS=1\ nodelint\ %**

% 기호는 실제로 이 명령을 호출할 때에 현재 파일 경로로 확장한다. 이제 ~/quickfix/fizzbuzz.js 파일을 수정한 다음에 Vim에서 :make를 실행하면 셸에서 다음 내용을 실행하는 것과 동일한 작업을 수행한다.

⇨ **$ export NODE_DISABLE_COLORS=1**
⇨ **$ nodelint ~/quickfix/fizzbuzz.js**
❮ ~/quickfix/fizzbuzz.js, line 2, character 22: Unexpected '++'.
  for (i=1; i <= 100; i++) {
  ~/quickfix/fizzbuzz.js, line 3, character 15: Expected '===' ...
  if(i % 15 == 0) {
  ~/quickfix/fizzbuzz.js, line 5, character 21: Expected '===' ...
  } else if(i % 5 == 0) {
  ~/quickfix/fizzbuzz.js, line 7, character 21: Expected '===' ...
  } else if(i % 3 == 0) {
  ~/quickfix/fizzbuzz.js, line 12, character 2: Unexpected ';'.
  };
  5 errors

nodelint는 오류를 ANSI 색상 코드를 사용해서 빨간색으로 표시하는 것이 기본 설정이다. Vim이 nodelint의 오류 메시지를 더 쉽게 문제없이 처리할 수 있도록 NODE_DISABLE_COLORS=1을 설정해서 색상을 꺼야 한다.

이제 nodelint의 출력을 Vim의 퀵픽스 목록에서 확인할 수 있으려면 nodelint가 출력한 내용을 Vim에서 해석해야 한다. 이 문제를 두 가지 방법으로 해결할 수 있다. 먼저 nodelint를 설정해서 Vim이 이해할 수 있는 형태의 오류 메시지를 출력하도록 하는 방법이 있다. 두 번째 방법은 앞서 방법과는 정반대로 nodelint의 기본 출력을 Vim이 이해하도록 가르치는 방식이다. 이 예제에서는 두 번째 방법을 사용한다.

Nodelint 결과를 퀵픽스 목록에 출력하기

'errorformat' 설정은 :make 명령을 실행했을 때 출력한 결과를 어떻게 해석해야 하는지 그 방식을 저장한다. 기본 설정은 다음 명령으로 확인할 수 있다.

```
➾ :setglobal errorformat?
⟨ errorformat=%*[^"]"%f"%*\D%l: %m,"%f"%*\D%l: %m, ...[생략]...
```

C 언어의 scanf와 친숙하다면 이 개념을 이해할 수 있을 것이다. 각각 문자 앞에 위치한 퍼센트 기호(%)는 문자에 특별한 의미를 부여한다. %f는 파일명을 의미하고 %l은 행 번호, %m은 오류 메시지를 뜻한다. 이런 특별한 의미의 컴파일 문자를 확인하고 싶다면 :h errorformat을 확인한다.

nodelint 출력을 해석하기 위해서 오류 양식을 다음처럼 추가한다.

```
➾ :setlocal efm=%A%f\,\ line\ %l\,\ character\ %c:%m,%Z%.%#,%-G%.%#
```

이제 :make를 실행하면 Vim은 위에서 입력한 오류 양식을 사용해서 nodelint 출력 결과를 해석한다. 각각 경고 메시지에서 파일명, 주소를 만들기 위한 행 번호와 열 번호를 추출하고 추출한 내용을 퀵픽스 목록의 항목으로 전환한다. 이제 'Tip.106 퀵픽스 목록 탐색하기'에서 배운 모든 명령을 사용해서 nodelint가 출력한 오류를 탐색하고 각각 오류가 발생한 위치로 이동할 수 있게 되었다.

'makeprg'와 'errorformat'을 명령 하나로 설정하기

'errorformat'에 입력한 문자열을 사용하기 위해서 암기해야 하는 것은 아니다. 'makeprg'와 'errorformat'에 설정할 내용을 파일로 저장한 후에 :compiler 명령을 사용하면 그 설정을 손쉽게 적용할 수 있다(:h :compiler 참고).

```
➾ :compiler nodelint
```

위 :compiler 명령은 컴파일러 플러그인을 활성화하기 위해 사용한다. 이 플러그인은 'makeprg'와 'errorformat' 설정을 nodelint 출력에 적합하도록 변경하게 되는데 대략 아래와 같은 내용을 담고 있다.

```
quickfix/ftplugin.javascript.vim
setlocal makeprg=NODE_DISABLE_COLORS=1\ nodelint\ %
let &l:efm='%A'
let &l:efm.='%f\, '
let &l:efm.='line %l\, '
let &l:efm.='character %c:'
let &l:efm.='%m' . ','
let &l:efm.='%Z%.%#' . ','
let &l:efm.='%-G%.%#'
```

실제 컴파일러 플러그인 내부는 위 내용보다 더 세세하게 작성되어 있지만 플러그인이 어떤 원리로 동작하는지 살펴보기에는 이 정도 내용으로도 충분하다. Vim과 함께 제공하는 컴파일러 플러그인 내용을 직접 살펴보고 싶다면 아래 명령을 사용한다.

→ :args $VIMRUNTIME/compiler/*.vim

Vim은 nodelint 컴파일러 플러그인을 포함하지 않고 있지만 쉽게 받아서 설치할 수 있다.[5] 자바스크립트 파일에서 항상 nodelint를 적용하려면 autocommand를 사용하거나 파일 타입(file-type) 플러그인으로 설정할 수 있다. 부록의 '특정 타입의 파일에 개별 설정 적용하기'에서 사용하는 방법을 확인한다.

:compiler와 :make는 컴파일 언어만을 위한 기능이 아니다

make와 compile이란 단어를 컴파일 프로그래밍 언어에서 이야기하면 코드를 실행 가능한 바이트 코드로 변환하는 도구와 그 과정을 나타내기 때문에 각 단어 자체가 고유한 의미로 사용되어 정의가 명확한 편이다. 반면에 Vim에서 사용하는 :make와 :compile 명령은 인터프리터 언어와 마크업 양식에서도 사용할 수 있을 정도로 유연한 정의를 사용한다.

LaTeX 문서를 작업하는 예를 들면 :make 명령을 사용해서 .tex 파일을 PDF로 변환할 때 사용할 수도 있다. 아니면 앞에서 본 예처럼 자바스크립트 같은 인터프리터 언어에 :make 명령을 사용해서 코드를 JSLint로 검사하거나 독자적이지 않은 문법 검사를 수행할 수 있다. :make 명령을 사용해서 테스트를 구동하는 것도 가능하다.

Vim 용어에서 컴파일러는 현재 작업하는 파일로 어떤 외부 프로그램을 사용한다는 의미이며 그 프로그램이 오류 또는 경고를 반환하면 목록으로 그 내용을 확인하는 기능을 제공한다는 정도로 이해할 수 있다. :make 명령은 외부 컴파일러를 실행한 후에 퀵픽스 목록에서 그 결과를 탐색할 수 있도록 해석하는 기능이라 할 수 있다.

5　https://github.com/bigfish/vim-nodelint

프로젝트에서 grep, vimgrep, 그 외 기능으로 검색하기

Vim 검색 명령은 파일 내 나타나는 모든 패턴을 검색하는 데 탁월하다. 그렇다면 프로젝트 전체에서 일치하는 패턴을 검색하고 싶은 경우에는 어떻게 해야 할까? 이제 수많은 파일을 모두 살펴봐야 한다. 이런 작업에는 전통적으로 grep이라는 검색 전용 유닉스 도구를 사용한다.

이 장에서는 편집기를 떠나지 않고도 외부 프로그램을 호출할 수 있는 명령인 :grep을 살펴본다. 이 명령은 기본적으로 grep을 실행한다(이 도구를 사용할 수 있는 경우에만 말이다). 또한 :grep 명령은 꼭 grep만 쓸 수 있는 것은 아니다. 이 동작을 ack와 같은 다른 검색 프로그램에서 사용할 수 있도록 설정하는 방법을 확인한다.

외부 프로그램을 사용하는 경우에는 Vim 검색에서 사용할 수 있는 정규표현식 문법이 대부분 호환되지 않는 단점이 있다. 그래서 Vim 고유 검색 엔진을 사용해서 여러 파일을 대상으로 패턴 검색을 수행할 수 있는 명령인 :vimgrep을 살펴본다. vimgrep은 편리하게 사용할 수 있지만 외부 프로그램을 사용하는 것보다 느린 편이다. Vim과 동일한 정규표현식을 쓸 수 있어 편리하지만 속도가 느린 점은 아쉬운 부분이다.

Tip.109 Vim 벗어나지 않고 grep 호출하기

Vim의 :grep 명령은 외부의 grep(또는 grep과 비슷한) 프로그램을 사용할 수 있는 래퍼(wrapper) 기능이다. 이 명령을 사용하면 Vim을 벗어나지 않고도 다중 파일을 대상으로 grep 패턴 검색을 할 수 있고 검색 결과를 퀵픽스 목록으로 확인할 수 있다.

먼저 grep과 Vim을 독립적으로 사용하는 작업 과정을 살펴본다. 이 방법을 보면 어떤 점이 부족한지 확인할 수 있는데 이 두 가지 기능을 통합해서 문제를 해결하는 방법을 배운다.

명령행에서 grep 사용하기

Vim에서 작업을 하던 중에 현재 디렉터리 내 모든 파일에서 "Waldo"라는 단어를 검색하려고 한다. Vim을 떠나 셸에서 다음 명령으로 검색할 수 있다.

```
⇒ $ grep -n Waldo *
❮ department-store.txt:1:Waldo is beside the boot counter.
  goldrush.txt:6:Waldo is studying his clipboard.
  goldrush.txt:9:The penny farthing is 10 paces ahead of Waldo.
```

기본 값으로 grep은 일치하는 각 항목을 한 줄로 출력하며 일치하는 본문과 파일명을 출력한다. -n 플래그를 추가하면 출력 결과에 행 번호를 포함한다.

이 검색 결과를 어디에서 사용할 수 있을까? 이 출력 내용을 마치 표에 담긴 내용처럼 다루는 것이 가능하다. 결과 목록에서 각각 항목을 사용하면 파일의 특정 행을 여는 데 사용할 수 있다. 만약 goldrush.txt의 9행을 열고 싶다면 다음처럼 명령을 실행한다.

```
⇒ $ vim goldrush.txt +9
```

물론 이 두 가지 도구를 통합해서 사용하면 더 편리하다.

Vim 내부에서 grep 호출하기

Vim의 :grep 명령은 외부 grep 프로그램의 레퍼(wrapper) 명령이다(:h :grep 참고). grep을 셸에서 실행하는 대신에 Vim에서 직접 실행할 수 있다.

```
⇒ :grep Waldo *
```

명령을 실행하면 Vim이 grep -n Waldo * 명령을 셸에서 실행한다. 셸에서 grep 명령을 쓰면 그 결과가 바로 출력되지만 Vim에서 사용하면 그냥 출력되는 방식보다 훨씬 더 유용하게 활용할 수 있도록 동작한다. Vim은 grep 출력 결과를 해석해서 퀵픽스 목록으로 만든다. :cnext, :cprev 명령을 사용해서 이 결과를 탐색할 수 있으며 '17장 코드 컴파일과 퀵픽스 목록에서 오류 확인하기'에서 배운 모든 퀵픽스 관련 기능을 활용할 수 있다.

:grep Waldo *를 실행했지만 Vim은 자동으로 -n 플래그를 추가해서 grep 결과에 행 번호도 출력하도록 처리한다. 퀵픽스 목록에서 각 항목을 탐색할 때, 검색 패턴과 일치하는 각각의 행으로 바로 이동할 수 있는 이유가 여기에 있다.

대소문자를 구분하지 않는 grep 검색이 필요한 경우가 있다. 이때는 -i 플래그를 사용할 수 있다.

```
⇒ :grep -i Waldo *
```

이 명령을 실행하면 Vim은 grep -n -i Waldo *를 실행한다. 참고로 -n 플래그는 기본 값이기 때문에 항상 존재한다. grep에서 사용할 수 있는 다른 플래그를 위 방법처럼 적용해서 grep의 동작을 수정할 수 있다.

Tip.110 grep 프로그램 수정하기

Vim의 :grep 명령은 외부 grep 프로그램을 실행하기 위한 래퍼 명령이다. Vim이 이 명령을 처리하는 방법을 'grepprg'와 'grepformat' 설정을 수정해서 변경할 수 있다. 먼저 기본 설정을 확인한 후에 grep 대신 사용할 수 있는 다른 프로그램을 이용해서 검색을 수행하도록 수정하는 방법을 배운다.

Vim의 기본 grep 설정

'grepprg' 설정은 :grep 명령을 실행할 때 실제로 셸에서 구동하는 명령을 정의한다(:h 'grepprg' 참고). 'grepformat' 설정은 Vim이 :grep 명령의 출력 결과를 해석하는 방법을 저장한다(:h 'grepformat' 참고). 유닉스 시스템은 다음 기본 값으로 설정되어 있다.

```
grepprg="grep -n $* /dev/null"
grepformat="%f:%l:%m,%f:%l%m,%f %l%m"
```

'grepprg' 설정에서는 $* 기호를 플레이스홀더로 사용하는데 :grep 명령에 넣은 인자가 위치하는 곳을 뜻한다.

'grepformat' 설정은 :grep 명령이 반환하는 결과 메시지의 구조를 토큰으로 작성한 문자열이다. 'grepformat' 문자열에서 사용되는 이 특수 토큰은 Tip.108의 'Nodelint 결과를 퀵픽스 목록에 출력하기'에서 확인한 'errorformat' 토큰과 동일하다. 이 토큰의 전체 목록은 :h errorformat을 참조한다.

이제 %f:%l %m 기본 양식을 사용한 grep 결과를 확인한다.

```
department-store.txt:1:Waldo is beside the boot counter.
goldrush.txt:6:Waldo is studying his clipboard.
goldrush.txt:9:The penny farthing is 10 paces ahead of Waldo.
```

각 레코드를 보면 %f가 파일명(department-store.txt나 goldrush.txt)에 해당하고 %l은 행 번호, %m은 행에 있는 문자열에 해당한다.

'grepformat' 문자열은 쉼표로 분리해서 여러 양식을 저장하는 것도 가능하다. 기본 일치는 %f:%l %m 또는 %f %l%m이다. Vim은 :grep 출력 결과와 일치하는 첫 번째 양식을 선택해서 사용한다.

:grep으로 ack 호출하도록 설정하기

ack는 grep 대신 사용할 수 있는 프로그램으로 특히 개발자를 대상으로 한 도구다. ack의 웹사이트를 방문하면 grep과 비교한 내용을 확인할 수 있다(웹사이트 주소를 읽어보자. 'grep보다 낫습니다 닷컴'이다. *http://betterthangrep.com*).

먼저 ack를 설치해야 한다. 다음 명령으로 설치한다.

```
⇒ $ sudo apt-get install ack-grep
⇒ $ sudo ln -s /usr/bin/ack-grep /usr/local/bin/ack
```

첫 행의 명령을 실행하면 프로그램을 설치해서 ackgrep 명령을 사용할 수 있게 된다. 두 번째 명령은 ack로 호출할 수 있도록 심볼릭 링크를 생성하는 명령이다. OS X에서는 홈브루로 설치할 수 있다.

```
⇒ $ brew install ack
```

이제 'grepprg'와 'grepformat' 설정을 변경해서 :grep이 ack를 사용하도록 설정한다. ack의 기본 설정에서는 일치하는 내용이 있는 파일명이 먼저 나오고 뒤를 따라서 행 번호와 일치하는 행의 내용을 출력한다.

```
⇒ $ ack Waldo *
< department-store.txt
  1:Waldo is beside the boot counter.

  goldrush.txt
  6:Waldo is studying his clipboard.
  9:The penny farthing is 10 paces ahead of Waldo.
```

grep -n을 실행했을 때 결과처럼 ack의 출력 결과를 변경하면 별다른 설정 없이 쉽게 사용할 수 있다. 이제 --nogroup 스위치를 사용해서 ack를 실행한다.

```
⇨ $ ack --nogroup Waldo *
❮ department-store.txt:1:Waldo is beside the boot counter.
  goldrush.txt:6:Waldo is studying his clipboard.
  goldrush.txt:9:The penny farthing is 10 paces ahead of Waldo.
```

이 출력은 grep -n의 양식과 일치한다. Vim의 기본 'grepformat'과 일치하기 때문에 이 설정은 변경할 필요 없다. 이제 grep 대신에 ack를 사용하기 위해 'grepprg'를 다음처럼 변경한다.

```
⇨ :set grepprg=ack\ --nogroup\ $*
```

grep 대체 플러그인

Vim에서는 외부 프로그램을 사용해서 여러 파일의 본문을 쉽게 검색할 수 있다. 단순히 'grepprg'와 'grepformat' 설정을 변경한 다음에 :grep 명령을 사용하면 끝이다. 게다가 그 결과는 퀵픽스 목록에서 확인할 수 있다. 어떤 프로그램을 호출하는지에 상관없이 사용할 수 있기 때문에 이상적인 인터페이스에 해당한다고 말할 수 있다.

하지만 여기에 중요한 차이가 있다. grep은 POSIX 정규표현식을 사용하는 반면 ack는 펄의 정규표현식을 사용한다. :grep 명령을 사용해서 ack를 호출하면 이 차이 때문에 제대로 호출되지 않는다. :Ack라는 명령을 직접 만들어서 이름처럼 ack를 호출하도록 만드는 것은 어떨까?

이런 접근 방법으로 개발된 Ack.vim 플러그인이 이미 존재한다.[1] 또한 git-grep을 사용할 수 있도록 :Ggrep 명령을 제공하는 fugitive.vim 플러그인도 있다.[2] 이런 플러그인을 설치하면 :grep 명령을 대체하는 방식보다 새로운 자작 명령을 생성하는 전략을 선택할 수 있다. :grep을 변경하는 대신에 대체 명령을 사용하면 혹시나 있을지 모를 충돌을 예방할 수 있다. grep 같은 프로그램만 고집할 필요는 없다. 가장 손에 익은 도구를 사용하는 방법이 최고다.

1 *https://github.com/mileszs/ack.vim,*
2 *https://github.com/tpope/vim-fugitive*

ack로 행과 열을 이동할 수 있도록 수정하기

ack는 마술과 같은 또 다른 기법을 숨기고 있다. --column 옵션을 포함하면 ack는 각각 일치에 행과 열 번호를 포함해서 출력한다. 다음 명령을 확인하자.

```
⇨ $ ack --nogroup --column Waldo *
❮ department-store.txt:1:1:Waldo is beside the boot counter.
  goldrush.txt:6:1:Waldo is studying his clipboard.
  goldrush.txt:9:41:The penny farthing is 10 paces ahead of Waldo.
```

'grepformat'을 수정해서 이 추가 정보를 추출할 수 있도록 설정한다. 이제 검색 결과를 사용하면 해당하는 행으로 이동하는 것뿐만 아니라 정확한 위치로 이동 한다. 다음 설정을 사용하면 ack를 더 편하게 활용할 수 있다.

```
⇒ :set grepprg=ack\ --nogroup\ --column\ $*
⇒ :set grepformat=%f:%l:%c:%m
```

이 grepformat에서 %c 항목은 열 번호를 배정해서 메시지를 처리하게 된다.

Tip.111 Vim 내부 검색엔진으로 문자열 찾기

:vimgrep 명령은 Vim의 내장 정규표현식 엔진을 사용해서 다중 파일을 검색할 수 있는 기능을 제공한다.

이 시연에서는 인사이트 웹페이지에서 제공하는 grep/quotes 디렉터리의 파 일을 사용한다. 디렉터리는 다음 파일 목록이 포함되어 있다.

```
quotes/
    about.txt
    Don't watch the clock; do what it does. Keep going.

    tough.txt
    When the going gets tough, the tough get going.

    where.txt
    If you don't know where you are going,
    you might wind up someplace else.
```

각각의 파일에서 단어 "going"을 적어도 하나 이상 포함하고 있다. Vim에 파일 중에서 이 단어를 어떤 파일이 포함하고 있는지 찾으려면 :vimgrep 명령을 사용 한다.

```
⇒ :vimgrep /going/ clock.txt tough.txt where.txt
⟨ (1 of 3): Don't watch the clock; do what it does. Keep going.
⇒ :cnext
⟨ (2 of 3): When the going gets tough, the tough get going.
⇒ :cnext
⟨ (3 of 3): If you don't know where you are going,
```

:vimgrep 명령은 검색에 일치한 항목을 각각 한 줄씩 퀵픽스 목록에 출력한다. :cnext, :cprev와 같은 명령을 사용해서 이 결과를 탐색할 수 있다('Tip.106 퀵픽 스 목록 탐색하기' 참고).

tough.txt 파일을 보면 "going"이 두 번 나타난다. 하지만 :vimgrep 명령의 결과에서는 단 하나만 일치한다고 나왔다. :vimgrep을 사용해서 일치하는 첫 행만 찾는 것이 아니라 모든 항목을 찾으려고 한다면 g 플래그를 패턴 뒤에 추가해야 한다.

```
⇒ :vim /going/g clock.txt tough.txt where.txt
‹ (1 of 4): Don't watch the clock; do what it does. Keep going.
```

플래그를 추가한 후 다시 실행하면 해당 패턴이 나타나는 모든 항목을 퀵픽스 목록에서 확인할 수 있을 것이다. 이 동작 방식은 :substitute 명령에서 이미 살펴봤던 부분이다. 이 치환 명령에서도 기본적으로는 첫 번째로 찾은 일치 항목에 대해서만 치환을 수행한다. g 플래그를 제공했을 때 비로소 패턴에 일치하는 모든 항목을 검색해서 작업을 완료했다. :substitute나 :vimgrep 명령을 사용할 때면 대부분의 상황에서 g 플래그를 넣어서 사용하게 된다.

살펴볼 파일 정하기

다음은 :vimgrep 명령 양식이다(:h :vimgrep 참고).

```
:vim[grep][!] /{패턴}/[g][j] {파일} ...
```

이 :vimgrep 명령에서 {파일} 인자는 빈칸으로 남겨둘 수 없다. 이 인자에는 파일 명이나 와일드카드, 역따옴표 표현식, 그리고 이 모든 선택지를 조합해서도 입력할 수 있다. 인자 목록을 불러올 때 사용할 수 있던 그 기법을 여기에서도 동일하게 사용할 수 있는 것이다(자세한 내용은 Tip.38의 '인자 목록 출력하기'에서 다뤘다).

앞 예제에서는 검색하려는 파일을 일일이 나열했다. 다음처럼 와일드카드를 사용해도 동일한 검색을 수행할 수 있다.

```
⇒ :vim /going/g *.txt
‹ (1 of 4): Don't watch the clock; do what it does. Keep going.
```

*와 ** 와일드카드를 사용한 것처럼 인자 목록에 있는 파일을 모두 열기 위해서는 ## 기호를 사용한다(:h cmdline-special 참고). 이 기호를 사용하면 조금 다른 방식으로도 작업을 진행할 수 있다. 먼저 확인하고 싶은 파일을 인자 목록으로 불러온다. 그리고 나서 :vimgrep 명령으로 인자 목록 내 파일에서 검색하는 것이다.

```
⇨ :args *.txt
⇨ :vim /going/g ##
❮ (1 of 4): Don't watch the clock; do what it does. Keep going.
```

이 방법은 Ex 명령 두 개로 분리해서 사용하기 때문에 작업이 더 복잡하게 느껴진다. 하지만 :vimgrep을 사용할 때는 이 방식을 쓰는 편이 더 낫다. 파일 내 검색 과정을 두 질문 즉, 어느 파일을 검색하고 싶은가, 어떤 패턴을 검색하고 싶은가로 분리해서 생각할 수 있기 때문이다. 인자 목록으로 파일을 불러 온 후에는 경로를 매번 입력할 필요 없이 :vimgrep 명령을 사용하고 싶은 만큼 반복할 수 있는 것도 장점이다.

파일 내부에서 먼저 검색하고 프로젝트 전체에서 검색하기

:vimgrep에 검색 칸을 빈칸으로 둬서 현재 검색 패턴을 다시 사용할 수 있다. 이 방법은 :substitute 명령과('Tip.91 마지막 검색 패턴 재사용하기' 참고) :global 명령에서도 동일하게 사용할 수 있었다. 빈칸으로 검색하는 방법은 여러 파일에 걸쳐 정규표현식을 사용할 때 유용하다. 현재 파일에서 정규표현식을 조합하고 적합한 정규표현식을 작성할 때까지 실험을 반복한다. 검색 패턴의 일치 결과가 마음에 든다면 동일한 패턴을 사용해서 :vimgrep 명령을 사용하는 것이다. 다음은 "don't"와 "Don't" 둘 다 일치하는 정규표현식으로 현재 파일 내에서 사용한 후에 :vimgrep을 사용하는 예시다.

```
⇨ /[Dd]on't
⇨ :vim //g *.txt
❮ (1 of 2): Don't watch the clock; do what it does. Keep going.
```

:vimgrep 사용에서 가장 큰 장점은 Vim의 검색 명령과 동일한 패턴을 사용할 수 있다는 점이다. 검색 패턴을 사용한 후에 같은 검색 패턴으로 :grep으로 프로젝트 단위 검색을 수행하려면 먼저 Vim의 정규표현식을 POSIX 정규표현식으로 번역하는 과정이 필요하다. 여기에서 본 간단한 정규표현식은 짧은 시간 내로 옮길 수 있겠지만 복잡한 정규표현식을 다른 정규표현식 문법으로 작성하는 작업은 쉬운 일이 아니다. 'Tip.85 검색 히스토리를 반복해서 복잡한 패턴 생성하기'에서 만든 정규표현식을 다시 떠올려보자.

:vimgrep과 검색 히스토리

인자 목록에서 현재 검색 패턴과 일치하는 파일이 얼마나 있는지 확인하기 위해 다음 :vimgrep 명령을 사용할 수 있다.

⇨ **:vim //g ##**
⟨ (1 of 2): Don't watch the clock; do what it does. Keep going.

이 명령에서 주의 깊게 봐야 하는 부분은 인자 목록(##)과 검색 히스토리의 현재 정보(패턴을 입력하는 칸을 공란으로 뒀기 때문에 현재 검색 패턴을 사용)를 사용한다는 점이다. 만약 이 명령을 나중에 반복한다면 명령을 실행할 때의 인자 목록과 검색 히스토리에 따라서 이전 검색 결과와 다른 결과를 받을 수 있다.

그래서 이 방법 대신에 검색 칸에 현재 검색 패턴을 직접 넣어서 사용하려면 ⟨C-r⟩/를 입력한다. 검색 결과는 동일하게 출력하지만 명령 히스토리에는 실제로 검색 패턴을 포함하는 방식으로 기록이 남게 된다.

⇨ **:vim /<C-r>//g ##**

이후에 :vimgrep 명령을 다시 사용하게 되더라도 검색 패턴이 명령 히스토리에 같이 포함되어 있기 때문에 더 유용하게 쓸 수 있을 것이다.

자동완성, 다이얼 X를 돌려라!

자동완성은 전체 단어를 직접 입력하는 수고를 덜어주는 기능이다. 단어의 첫 번째 문자를 입력하면 그 문자로 시작하는 단어 목록을 생성하고 그중에 마음에 드는 단어를 고르면 단어 나머지 부분이 자동으로 입력된다. 이 목록 기반 추천 기능은 어떤 상황이든 상관없이 사용할 수 있다. 자동완성 메뉴를 사용하는 몇 가지 방법을 'Tip.113 자동완성 팝업 메뉴 사용하기'에서 확인한다.

'Tip.112 Vim 키워드 자동완성 만나기'에서 기초적인 키워드 자동완성을 소개한다. 추천 완성 목록은 현재 편집 세션에 열려 있는 모든 파일과 태그 파일을 훑어서 생성한다. 'Tip.114 키워드 출처 이해하기'에서는 이 목록을 생성하는 과정을 살펴보고 이 추천 목록의 범위를 어떻게 설정하는지 확인한다.

Vim은 파일에 있는 키워드 외에도 자동완성으로 사용하고 싶은 단어를 추천 목록으로 생성하는 방법이 있다. 'Tip.112 Vim 키워드 자동완성 만나기'에 있는 표를 보면 이 장에서 다룰 중요한 명령을 확인할 수 있다.

Vim 자동완성 기능을 더 강력하게 사용하기 위해서는 가장 연관성 높은 추천 단어를 띄우는 방법과 목록에서 옳은 단어를 선택하는 방법, 이 두 가지를 이해해야 한다. 다음 팁에서 이 두 가지 방법을 살펴본다.

Tip.112 Vim 키워드 자동완성 만나기

Vim 키워드 자동완성은 입력하려는 단어를 추측해서 더 빠르게 입력할 수 있도록 입력한 문자를 기준으로 단어 나머지 부분을 완성해주는 기능이다.

Vim 자동완성 기능은 끼워넣기 모드에서 동작한다. 자동완성을 실행하면

Vim은 현재 편집 세션에 열려 있는 개별 버퍼에서 내용을 수집해 단어 목록을 생성한 후에 커서 왼쪽에 있는 문자를 분석한다. 문자 목록에서 시작하는 문자가 일치하는 단어를 찾게 되는데 일치하지 않은 단어는 제외하고 조건에 맞는 단어만 골라낸다. 일치 결과를 단어 목록 메뉴로 출력하게 되고 그중 하나를 선택할 수 있다.

이 기능은 다음 화면에서 확인할 수 있다. 하나는 키워드 자동완성을 실행하기 전 모습이고 다른 하나는 실행한 다음 화면이다.

이 경우에는 문자 "s"를 사용해서 "sell", "sea", "shells" 세 단어로 목록을 걸러냈다. 이 항목에 왜 "She"가 없는지 궁금하다면 아래의 '자동완성과 대소문자 구분'의 내용을 확인한다.

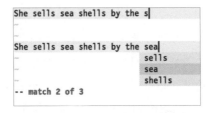

자동완성과 대소문자 구분

'ignorecase' 설정이 켜져 있는 상태에서 Vim 검색 명령은 대소문자를 동일하게 처리한다('Tip.73 검색 패턴에 대소문자 판별 지정하기' 참고). 하지만 이 설정을 켜둔 상태라면 자동완성 기능도 대소문자를 구분하지 않는 부작용이 발생한다.

위에서 확인한 "She sells sea shells" 예시를 다시 살펴보자. "She"는 대문자 "S"로 시작하기 때문에 단어 목록에 포함되지 않았다. 그러나 'ignorecase' 설정을 켠 상태에서는 "She"처럼 대문자로 시작하는 단어도 목록에 나온다. 이미 소문자 "s"를 입력한 상황에서는 이 설정을 변경하는 방법이 유용하다고 할 수 없다.

이 동작은 'infercase' 설정을 켜서 고칠 수 있다(:h 'infercase' 참고). 이 설정을 활성화하면 소문자 "s"를 입력했을 때 "She" 대신에 "she"를 목록에 추가해서 문제를 해결한다.

자동완성 실행하기

Vim의 자동완성은 끼워넣기 모드에서 〈C-p〉와 〈C-n〉을 눌러 실행할 수 있다. 〈C-p〉는 단어 목록에서 이전 항목을 선택하고 〈C-n〉은 다음 항목을 선택한다.

〈C-p〉와 〈C-n〉 명령은 둘 다 일반적인 키워드 자동완성을 호출한다. 자동완성 양식에는 여러 형태가 존재하며 각각의 명령은 〈C-x〉 명령을 먼저 호출한다.

이 장에서는 다음 표에 나오는 자동완성의 여러 형태를 살펴보려 한다(목록 전체는 :h ins-completion에서 확인할 수 있다).

명령	자동완성 종류
\<C-n\>	일반 키워드 완성
\<C-x\>\<C-n\>	현재 버퍼 키워드
\<C-x\>\<C-i\>	현재 파일에 포함된 파일 키워드
\<C-x\>\<C-]\>	태그 파일 키워드
\<C-x\>\<C-k\>	사전 목록
\<C-x\>\<C-l\>	전체 행 완성
\<C-x\>\<C-f\>	파일명 완성
\<C-x\>\<C-o\>	전체 완성(omni-completion)

〈C-x〉 〈C-n〉을 "She sells sea shells" 예제에서 사용하면 앞서 화면에서 봤던 예제와 동일한 결과를 출력한다. 하지만 〈C-n〉은 현재 버퍼 이외의 자료도 참고해서 단어 목록을 생성하기 때문에 더 많은 추천 단어가 포함되어 있다. 단어 목록에서 일반 키워드를 만들어 내는 과정은 'Tip.114 키워드 출처 이해하기'에서 자세히 다룬다.

이 기능은 어떤 형태의 자동완성을 사용하든 상관없이 항상 추천 메뉴 방식으로 동작한다. 이 메뉴에 대해서는 다음 팁에서 다룬다.

Tip.113 자동완성 팝업 메뉴 사용하기

자동완성 명령을 제대로 사용하려면 팝업 메뉴를 사용하는 방법을 익혀야 한다. 선택 항목을 거르거나 선택할 수 있고, 필요한 항목이 없다면 목록을 닫을 수 있다.

자동완성을 호출하면 단어 목록 항목이 들어 있는 팝업 메뉴를 출력한다. 다음에 나오는 '표 18 팝업 메뉴 명령'을 이용하면 이 메뉴를 사용할 수 있다. 더 자세한 내용은 :h popupmenu-completion을 참고한다.

어떤 자동완성을 선택하든 자동완성을 사용할 수 있는 팝업 메뉴가 나타날 것이다. 이 메뉴에서 항목을 선택할 때는 〈C-n〉과 〈C-p〉 명령을 사용해서 앞뒤로 이동할 수 있다. 끼워넣기 모드에서 〈C-n〉, 〈C-p〉 명령을 사용하면 일반 키워드 자동완성을 실행한다.

키 입력	효과
<C-n>	단어 목록에서 다음(next) 일치 항목 사용하기
<C-p>	단어 목록에서 이전(previous) 일치 항목 사용하기
<Down>	단어 목록에서 다음 일치 항목 선택하기
<Up>	단어 목록에서 이전 일치 항목 선택하기
<C-y>	현재 선택한 항목 사용하기
<C-e>	원래 입력한 단어로 되돌리기
<C-h> (또는 백스페이스)	현재 일치에서 문자 하나 제거하기
<C-l>	현재 일치에서 단어 하나 추가하기
{문자}	완성을 중단하고 {문자} 추가하기

표 18 팝업 메뉴 명령

〈C-n〉과 〈Down〉은 팝업 메뉴에서 다음 항목을 선택하는 기능이고 〈C-p〉
와 〈Up〉은 이전 항목을 선택하는 기능이다. 하지만 〈C-p〉/〈C-n〉을 쓸 때와
〈Up〉/〈Down〉을 쓸 때의 동작 방식은 약간 다르다.

문서 변경 없이 단어 목록 살펴보기

〈Down〉을 누르면 팝업 메뉴는 선택 항목을 다음 항목으로 변경하지만 문서의
본문은 변경하지 않은 상태로 동작한다. 팝업 메뉴에서 필요한 단어를 찾을 때
까지 〈Up〉과 〈Down〉으로 탐색 가능하다. 필요한 단어를 찾았다면 〈CR〉이나
〈C-y〉를 입력해서 문서에 삽입할 수 있다.

단어 목록을 살펴보면서 문서 변경하기

앞에서 살펴본 방향키를 사용하는 방법과는 대조적으로 〈C-n〉은 항목을 살펴
보는 동안 현재 선택한 단어를 본문에 바로 반영한다. 이 동작 방식은 팝업 메뉴
에서 선택한 항목을 자동으로 반영하기 때문에 선택한 단어를 사용하기 위해서
〈CR〉을 입력할 필요가 없다. 이 명령을 이용해 목록에서 필요한 단어를 선택한
후 문서를 다시 작성하기 시작하면 된다. 팝업 메뉴는 알아서 닫힌다.

　〈C-p〉와 〈C-n〉을 〈Up〉과 〈Down〉보다 선호하는 이유가 몇 가지 있다.
〈C-p〉와 〈C-n〉은 키보드 중앙에서 손을 많이 벗어나지 않고도 사용할 수 있다.
그리고 선택한 단어를 본문에 바로 반영하기 때문에 〈CR〉이나 〈C-y〉를 누를 필
요가 없다. 'Tip.47 키보드 중앙에서 벗어나지 않고 타자 입력하기'에서 했던 이

야기처럼 키보드 중앙을 벗어나지 않도록 노력하자.

모든 선택 취소하기

자동완성 메뉴를 부른 후에 이 메뉴를 끄고 싶은 경우가 있다. 자동완성 목록에 항목이 너무 많은 경우에는 단어를 조금 더 입력해서 추천 내용을 줄이면 된다. 자동완성을 종료하려면 〈C-e〉를 입력한다. 이 명령을 누르면 팝업 메뉴를 닫고 본문을 자동완성 이전의 상태로 되돌린다. 이제 남은 단어를 직접 입력하면 된다.

입력하는 대로 단어 목록 필터링하기

다음은 자동완성 팝업 메뉴를 사용할 때 자주 쓰는 방법이다. 〈C-n〉〈C-p〉를 입력해본다. 이 명령은 〈C-n〉을 입력한 다음에 바로 〈C-p〉를 누르는 방법으로 두 가지 명령을 동시에 사용하는 방법이다(순서를 바꿔 〈C-p〉〈C-n〉을 입력해도 동일하게 동작한다). 처음 명령은 자동완성을 실행해서 팝업 메뉴를 열고 단어 목록 중 첫 번째 항목을 선택한다. 두 번째 명령은 단어 목록의 첫 번째 항목의 이전 항목을 선택하는 명령이다. 즉, 이 명령을 사용하면 팝업 메뉴를 닫지 않고 처음 입력한 상태로 돌아간다. 이 상태로 단어를 입력하면, 단어 목록을 해당되는 단어로 실시간 필터링하는 것을 볼 수 있다.

이 방법은 단어 목록에 너무 많은 추천이 있어 모든 항목을 한번에 보기 힘든 상황에서 특히 유용하다. 단어를 두 글자 입력했는데 단어 목록에 20개 단어가 뜬 경우를 생각해보자. 이 상황에서 세 번째 문자를 입력하면 단어 목록이 다시 걸러내져 일치하는 단어만 출력할 것이다. 문자를 입력할 때마다 단어 목록이 줄어들기 때문에 목록을 탐색하기 편한 길이가 될 때까지 문자를 계속 입력한 후에 목록을 사용해서 자동완성을 마무리하면 된다.

이 방법은 다른 자동완성 방식에서도 적용할 수 있다. 예를 들어 〈C-x〉〈C-o〉〈C-p〉 명령을 입력하면 전체 자동완성(omni autocompletion)을 실시간으로 수행할 수 있고 〈C-x〉〈C-f〉〈C-p〉 명령으로 실시간 파일명 자동완성을 사용할 수 있다.

Tip.114 키워드 출처 이해하기

일반 키워드 자동완성은 유용하게 쓸 수 있는 자료에서 단어를 뽑아 목록으로 만든다. 자동완성 기능을 사용할 때 어느 자료를 사용해서 키워드 목록을 만들지 직접 지정할 수 있다.

여러 형식의 자동완성에서 단어 목록을 만들 때는 특정 파일 또는 일련의 파일을 기준으로 생성하도록 그 범위를 지정할 수 있다. 일반 키워드 자동완성은 이런 단어 목록을 섞어 사용한다. 일반 키워드를 어떻게 생성하는지 이해하기 위해서 먼저 자동완성 종류를 하나씩 자세히 살펴본다.

버퍼 목록

자동완성에서 사용할 단어 목록을 생성하는 가장 단순한 방식은 현재 버퍼에서 사용하고 있는 단어를 기준으로 목록을 만드는 것이다. 현재 파일 키워드 완성은 이 절차에 따라서 목록을 생성하는데 〈C-x〉〈C-n〉으로 실행할 수 있다(:h compl-current 참고). 이 명령은 일반 키워드 완성을 사용했을 때 나타나는 추천이 너무 많은 경우나 현재 버퍼에 사용하고 싶은 단어가 있는 경우에 유용하다.

하지만 현재 버퍼 키워드 완성을 사용하더라도 현재 버퍼에 단어가 많지 않은 경우에는 항목 추천이 적어 도움이 되지 않는다. 단어 목록을 좀 더 늘리기 위해서 버퍼 목록에 있는 각 파일을 이용해서 단어 목록을 만들 수 있다. 버퍼 목록은 다음 명령으로 확인한다.

➡ `:ls!`

이 명령으로 출력된 목록은 현재 Vim 세션에 열려있는 파일을 보여준다. 일반 키워드는 이 목록에 있는 파일 각각의 내용을 기준으로 키워드를 생성한다. 파일을 버퍼에 연 후에 자동완성 목록에서 사용하는 것도 가능하지만 다음 내용에서 확인하는 것처럼 파일을 열지 않고도 자동완성 단어 목록에서 해당 파일을 사용하는 방법도 있다.

포함된 파일

대부분의 프로그래밍 언어는 외부 파일 또는 라이브러리를 불러올 수 있는 방법을 제공한다. C에서는 `#include` 지시문을 사용하며 파이썬은 `import`, 루비는 `require`를 사용한다. 이렇게 지시문을 사용해서 외부 라이브러리를 불러와 사용하고 있는 경우에는 자동완성 목록을 만들 때 이 파일도 참조하면 자동완성을 더 유용하게 활용할 수 있다. 이 지시문으로 불러오는 파일까지 키워드 목록을 생성하는 데 참조하려면 〈C-x〉 〈C-i〉 명령을 사용하면 된다(:h compl-keyword 참고).

Vim은 C 언어의 파일 불러오기 지시문은 기본적으로 이해하지만 다른 언어의 지시문에서 사용하려면 'include' 설정을 변경해야 한다(:h 'include' 참고). 이 설정은 파일 타입 플러그인을 사용해서 해결할 수 있다. Vim은 기본적으로 다양한 언어를 지원한다. Vim에서 지원하는 언어라면 별도로 플러그인을 설치하거나 설정을 변경하지 않고도 각 언어의 지시문을 이해하기 때문에 별문제 없이 사용할 수 있을 것이다. 루비나 파이썬 파일을 열어서 :set include?를 실행해 보면 Vim이 이 언어에서 사용하는 파일 불러오기 지시문을 어떻게 참조해야 하는지 이미 알고 있다는 것을 알 수 있을 것이다.

태그 파일

'16장 ctags로 소스코드 색인 및 탐색하기'에서 Exuberant Ctags를 살펴봤다. 이 외부 프로그램은 함수명, 클래스명 또는 언어에서 제공하는 구조를 키워드로 생성하기 위해 코드를 훑어보고 색인 파일을 생성하는 역할을 한다. ctags를 코드에서 실행하면 키워드를 참조할 수 있는 키워드 색인을 생성하고 알파벳 순서로 정렬한다. 생성한 색인 파일은 관행적으로 tags라는 파일에 저장한다.

ctags를 사용해서 코드 색인을 생성하는 이유는 코드를 쉽게 탐색하기 위한 것도 있다. 하지만 여기에서는 생성한 tags 파일을 자동완성에서 키워드 목록으로 사용할 수 있다는 점 때문에 쓰였다. 이 파일을 사용하는 목록은 〈C-x〉 〈C-]〉 명령으로 열 수 있다(:h compl-tag 참고).

입력하려는 단어가 언어 객체(함수명이나 클래스명과 같은)에 해당하면 이 색인 파일을 참조해서 만든 단어 목록을 사용했을 때 불필요한 항목 비율이 다른 자동완성에 비해 훨씬 적을 것이다.

모든 목록을 한번에 보기

일반 키워드 자동완성은 버퍼 목록, 포함된 파일, 태그 파일을 한번에 모아서 단어 목록을 생성한다. 이 동작을 수정하고 싶다면 다음에 나오는 '일반 자동완성 기능 변경하기'를 참고한다. 일반 키워드 자동완성은 간단히 〈C-n〉을 누르면 사용할 수 있으며 그 외의 단어 목록은 〈C-x〉와 그 뒤로 따라오는 각각의 명령으로 불러올 수 있다는 점을 기억하자.

> **일반 자동완성 기능 변경하기**
>
> 일반 키워드 자동완성에서 사용하는 목록은 complete 설정에 저장되어 있다. 이 설정은
> 쉼표 분리 목록으로 작성되어 있는데 자동완성 목록 어디를 참조해서 생성할지 한 글자의
> 영문자 플래그로 표시한다. 기본 설정은 complete=.,w,b,u,t,i로 지정되어 있다. 코드
> 내 지시문을 사용해서 불러오는 파일을 자동완성에서 사용하고 싶지 않다면 다음처럼 입
> 력해서 목록에서 제거할 수 있다.
>
> ➾ `:set complete-=i`
>
> 자동완성에 맞춤법 검사 사전을 추가하려면 다음처럼 실행한다.
>
> ➾ `:set complete+=k`
>
> 플래그 각각 어떤 역할을 하는지 확인하려면 `:h 'complete'`를 참고한다.

Tip.115 사전으로 단어 자동완성하기

Vim 사전 자동완성 기능은 사전에 있는 단어를 사용해서 단어 목록을 생성한
다. 사전 자동완성 기능에서는 내장 맞춤법 검사에 쓰이는 단어 목록을 설정해
서 사용하는 것도 가능하다.

현재 열린 버퍼에도 포함된 파일이나 태그에도 나타난 적이 없는 단어를 자동
완성에서 사용하고 싶은 경우가 종종 있을 것이다. 이 경우에는 사전을 찾아 단
어를 확인하는 방법을 사용할 수 있다. 이 기능은 ⟨C-x⟩⟨C-k⟩ 명령을 사용해서
실행한다(`:h compl-dictionary` 참고).

이 기능을 활성화하기 위해서는 적절한 단어 목록을 Vim에서 사용할 수 있도
록 먼저 설정해 둬야 한다. 가장 간단한 방법은 `:set spell`을 실행해서 Vim 내
장 맞춤법 검사를 활성화하는 것이다('20장 Vim 맞춤법 검사하기' 참고). 이 설
정을 활성화하면 맞춤법 사전에 들어있는 모든 단어를 ⟨C-x⟩⟨C-k⟩ 명령으로 자
동완성에서 사용할 수 있다.

Vim 맞춤법 검사를 활성화하고 싶지 않은 경우에는 dictionary 설정으로 참
조하려는 하나 이상의 단어 목록을 지정하는 방법을 써도 된다(`:h 'dictionary'`
참고).

사전 자동완성은 긴 단어나 철자가 어려운 단어를 완성하는 데 유용하다. 다

음 그림에서 그 예를 확인한다.

자동완성 방식 중에는 맞춤법 사전을 이용하는 방식이 하나 더 있다. 그 방식은
'Tip.123 끼워넣기 모드에서 철자 오류 고치기'에서 확인한다.

Tip.116 전체 행 자동완성하기

지금까지 살펴본 자동완성은 단어를 기준으로 동작하지만 Vim은 행 단위로 동
작하는 자동완성 기능도 제공한다.

 행 단위 자동완성은 ⟨C-x⟩ ⟨C-l⟩ 명령으로 실행할 수 있다(:h compl-whole-
line 참고). 이 명령을 활용하기 위해 다음 예제를 먼저 확인한다.

auto_complete/bg-colors.css

```
.top {
    background-color: #ef66ef; }
.bottom {
```

이 파일에서 두 번째 행을 복사한 다음에 파일 마지막에 붙여넣으려고 한다. 이
작업을 통해 행 전체 자동완성을 활용하는 방식을 확인한다.

키 입력	버퍼 내용

{시작}	`.top {`
	`    background-color: #ef66ef; }`
	`.bottom {`

oba	`.top {`
	`    background-color: #ef66ef; }`
	`.bottom {`
	`    ba`

<C-x><C-l><Esc>	`.top {`
	`    background-color: #ef66ef; }`
	`.bottom {`
	`    background-color: #ef66ef; }`

이 행 단위 자동완성은 일반 키워드 자동완성에서 참조하는 파일을 동일하게 사용해서 행 단위 자동완성 기능을 제공한다(일반 키워드 자동완성은 'Tip.114 키워드 출처 이해하기'를 확인한다). 참고로 이 기능은 각 행의 들여쓰기를 무시한다.

행 단위 자동완성은 복사할 행의 위치를 정확히 알 필요가 없다는 점에서 아름다운 기능이다. 단순히 복사하려는 그 행이 존재한다는 사실만 알면 된다. 첫 몇 글자만 입력한 다음에 〈C-x〉〈C-l〉을 입력하면 나머지 내용을 알아서 입력된다.

행을 복사하기 위한 두 가지 방법 즉, 레지스터를 사용해서 복사하는 방법(Tip.60의 '행 복사하기')과 Ex 명령을 사용하는 방법(Tip.29의 ':t 명령으로 행 복제하기')을 앞에서 살펴봤다. 각각의 방식마다 장점도 있고 단점도 있다. 앞서 살펴본 두 가지 방법과 자동완성을 사용하는 방법 중 어떤 상황에서 어느 방식을 적용해야 하는지 생각해보고 적절한 상황에 필요한 방식을 사용하도록 한다.

Tip.117 연속하는 단어로 자동완성하기

자동완성을 사용해서 단어를 확장하면 Vim은 어떤 맥락에서 어느 단어를 선택했는지 기억한다. 두 번째로 자동완성을 호출하면 Vim은 이전 자동완성에서 사용한 단어를 추가한다. 자동완성을 반복해서 사용하면 연속하는 단어를 사용해서 자동완성을 수행한다. 이 방법이 문장을 직접 복사해서 붙여넣는 방식보다 더 빠른 경우도 있다.

다음 문서에서 작업을 한다고 생각해보자.

auto_complete/help-refs.xml
```
Here's the "hyperlink" for the Vim tutor:
<vimref href="http://vimhelp.appspot.com/usr_01.txt.html#tutor">tutor</
vimref>.

For more information on autocompletion see:
<vimr
```

<vimref> 태그는 XML 메뉴 스크립트를 사용해서 Vim의 :help 페이지로 연결하기 위해 직접 만든 엘리먼트다. <vimref>를 이 문서 마지막 행에 넣어서 Vim 문서의 :h ins-completion 항목으로 연결하려고 한다. 이 태그는 앞에 위치한 <vimref> 항목처럼 작성해야 하는데 usr_01 대신에 insert를, tutor 대신에 ins-completion을 입력해야 한다.

마지막 행을 입력하기 위해서 `<vimref>` 태그가 있는 행을 복사해서 필요한 부분만 수정하는 방법도 가능하다. `<vimref>` 태그가 있는 행으로 커서를 이동해서 행을 복사한 다음에 다시 원래 태그를 입력하려 했던 행으로 돌아와서 복사한 행을 붙여넣는다. 이 예제는 문서 길이가 짧아서 크게 어렵게 느껴지지 않는다. 하지만 문서가 수천 단어로 이뤄져 있다면 `<vimref>`를 복사하기 위해 이 태그가 존재하는 행을 찾아 커서를 옮기는 작업은 꽤나 긴 여행이 될 수 있다.

이 방법 대신에 Vim 자동완성을 사용한다면 `<vimref>` 태그를 복사하지 않고 바로 입력 작업을 시작할 수 있다.

키 입력	버퍼 내용
{시작}	`<vim`r
a<C-x><C-p>	`<vimref`■
<C-x><C-p>	`<vimref`.■
<C-p>	`<vimref href`■
<C-x><C-p>	`<vimref href="http`■
<C-x><C-p>	`<vimref href="http://vimhelp`■

먼저 a를 눌러서 끼워넣기 모드로 진입한다. 이제 〈C-x〉〈C-p〉를 입력한 후 자동완성을 사용해서 vimr을 vimref로 입력한다(이 예제에서는 〈C-x〉〈C-n〉을 사용해도 결과는 동일하다).

〈C-x〉〈C-p〉를 두 차례 입력하면 흥미로운 결과가 나타난다. Vim은 이전 vimref의 맥락에 맞게 문서를 완성한다. 자동완성 명령을 다시 입력하면 Vim은 vimref의 다음 단어를 입력한다. 이 경우에는 두 가지 가능한 선택지가 나타나는데 vimref가 여는 태그와 닫는 태그로 두 차례 사용했기 때문이다. 명령을 입력하면 Vim의 완성 메뉴가 열리고 지금 맥락에서 사용할 수 있는 두 가지 항목이 나타난다. 지금 필요한 항목인 두 번째 항목을 선택하기 위해서 〈C-p〉를 입력한다.

이제 〈C-x〉〈C-p〉를 반복해서 입력한다. 이 명령을 실행할 때마다 Vim은 이전에 자동완성을 사용한 상황을 기억하고 있어서 이전 자동완성을 사용한 행을 참고해서 자동완성을 수행한다. 나머지 XML 태그의 내용을 모두 입력하기까지 그렇게 오래 걸리지는 않을 것이다. 이 명령을 사용해서 모두 입력한 다음에는 직접 usr_01을 insert로, tutor를 ins-completion으로 편집해서 작업을 마무리한다.

Vim의 자동완성은 일련의 단어를 입력할 때만 사용할 수 있는 것은 아니다. 이 동작은 일련의 행을 입력할 때도 사용할 수 있다. 만약 〈C-x〉〈C-l〉 명령을 반복적으로 입력한다면 이 명령은 문서에서 찾은 행을 맥락에 맞게 나머지 행을 모두 계속 입력하게 될 것이다(이 명령은 'Tip.116 전체 행 자동완성하기'에서 다뤘다).

때때로 연속하는 단어나 행을 입력하는 데 자동완성을 사용하면 직접 내용을 복사해서 붙여넣는 작업보다 더 빠르게 입력할 수 있다. 동료 앞에서 이 방법을 사용한다면 동료는 지금 하던 작업은 둘째치고 어떻게 입력한 것인지 물어보게 될 것이다.

Tip.118 파일명 자동완성하기

셸의 명령행에서 〈Tab〉을 누르면 디렉터리나 파일 경로를 자동완성으로 입력할 수 있다. Vim에서는 동일한 기능을 파일명 자동완성을 통해 제공한다.

파일명 자동완성은 〈C-x〉〈C-f〉 명령으로 실행할 수 있다(`:h compl-filename` 참고).

Vim은 셸과 같이 현재 작업 디렉터리를 참조 경로로 항상 사용한다. 현재 작업 경로를 확인하고 싶다면 언제든 작업 디렉터리 출력(print working directory)을 의미하는 `:pwd` 명령을 사용해서 확인한다. 작업 디렉터리를 변경하고 싶다면 디렉터리 변경(change directory)을 뜻하는 `:cd {경로}` 명령을 사용한다. Vim의 파일명 자동완성은 현재 편집하는 파일 경로를 기준으로 하지 않고 현재 작업 디렉터리를 기준으로 상대 경로로 참조한다는 점을 이해하는 것은 중요하다.

작은 웹 어플리케이션을 작업하는 데 다음과 같은 구조로 파일을 관리하고 있다.

```
webapp/
  public/
    index.html
  js/
    application.js
```

이제 `index.html` 파일을 편집한다.

```
auto_complete/webapp/public/index.html
<!DOCTYPE html>
<html>
    <head>
        <title>Practical Vim – the app</title>
        <script src="" type="text/javascript"></script>
    </head>
    <body></body>
</html>
```

application.js 파일을 참조하도록 src="" 속성에 입력한다. 여기 파일명을 입력할 때 파일명 자동완성을 사용한다.

⇒ **:pwd**
❮ webapp

파일명 자동완성을 지금 사용하면 webapp 디렉터리를 기준으로 하여 상대 경로로 자동완성을 수행하기 때문에 src="public/js/application.js"로 입력될 것이다. 하지만 이 경로가 아니라 src="js/application.js"로 입력해야 제대로 파일을 참조해서 불러올 것이다. 파일명 자동완성을 사용하려면 작업 디렉터리를 public 디렉터리로 먼저 변경해야 한다.

⇒ **:cd public**

이제 다시 파일명 자동완성을 실행하면 webapp/public 디렉터리의 상대 경로로 입력할 수 있다.

키 입력	버퍼 내용
i	<script src="▮/>
js/ap	<script src="js/ap▮/>
<C-x><C-f>	<script src="js/application.js▮/>

파일 경로를 입력한 다음에 원래 작업 디렉터리로 이동하려면 다음 명령을 사용한다.

⇒ **:cd -**

셸에서 cd -를 사용해서 이전 작업 디렉터리로 이동하는 방법과 동일하다(:h :cd- 참고).

파일명 자동완성 문서를 보면 ''path' 설정은 (아직) 사용하지 않는다'라고 쓰여 있다. 아마도 나중에는 앞에서 본 웹앱 예제처럼 작업 디렉터리를 수동으로 변경하지 않고도 이 기능을 사용해서 문제를 해결할 수 있을 것이다.

Tip.119 맥락 경고와 함께 자동완성 사용하기

전체 완성(omni-completion)은 Vim의 인텔리센스(intellisense) 기능이다. 이 기능은 현재 커서의 맥락에 따라 적절한 단어를 목록에서 간추려 제공한다. 이 팁에서는 CSS 파일을 편집하는 맥락에서 어떤 방식으로 동작하는지 확인한다.

전체 완성은 〈C-x〉〈C-o〉 명령으로 실행할 수 있다(:h compl-omni 참고). 이 기능은 파일 타입 플러그인으로 구현되어 있기 때문에 다음 내용을 설정 파일인 vimrc에 추가해야 한다.

essential.vim

```
set nocompatible
filetype plugin on
```

설정을 추가한 다음에도 각 언어에서 전체 완성 기능을 사용하려면 해당 언어 구현 플러그인을 설치해야 한다. Vim은 HTML, CSS, 자바스크립트, PHP, SQL 등 여러 언어를 지원하고 있다. 전체 목록은 :h compl-omni-filetypes에서 확인 할 수 있다.

다음 그림은 전체 완성을 CSS 파일에서 사용한 예시다. 이 두 예시는 약간 다른 과정에서 사용되었다.

CSS 속성 일부로 "ba"를 입력한 다음에 자동완성 기능을 사용하면 background, background-attachement 등 사용할 수 있

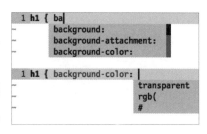

는 속성 목록을 출력한다. 이 예제에서는 background-color를 선택했다. 그 다음 에 아무 입력 없이 전체 자동완성을 실행하면 작업 흐름상 색상을 입력해야 할 차례가 되기 때문에 #, rgb(, transparent를 추천 단어로 제시한다.

CSS는 프로그래밍 언어에 비해 정적인 요소가 많기 때문에 전체 완성을 사용 하는 데 적합하다. 반면 프로그래밍 언어라면 이 기능의 유용성은 언어에 따라 서 천차만별이다. 특정 언어에서 이 기능이 만족스럽지 않다면 다른 플러그인을 찾아볼 수 있다. 물론 직접 작성하는 것도 가능하다. 전체 완성 플러그인을 작성 하는 방법은 :h complete-functions 문서를 참고한다.

20장

Vim에서 맞춤법 검사하기

Vim 맞춤법 검사는 잘못 입력한 단어를 쉽게 찾고 고칠 수 있는 기능을 제공한다. 'Tip.120 맞춤법 검사하기'에서는 일반 모드에서 맞춤법 검사를 사용하는 방법을 확인하고 'Tip.123 끼워넣기 모드에서 절차 오류 고치기'에서는 끼워넣기 모드에서 검사를 어떻게 수행하는지 배운다.

Vim은 일반적으로 영어 철자 파일만 포함해서 배포하지만 다른 언어도 손쉽게 설치할 수 있다. 'Tip.121 다른 철자 사전 사용하기'에서는 미국식 영어 사전을 영국식 영어 사전(또는 다른 언어 사전)으로 전환하는 방법을 확인한다. 올바른 단어를 잘못된 단어로 표시하고 있다면 그 단어를 철자 파일에 추가해서 이 문제를 해결할 수 있다. 'Tip.122 철자 파일에 단어 추가하기'에서 단어를 추가하는 방법을 학습한다.

Tip.120 맞춤법 검사하기

맞춤법 검사를 활성화하면 Vim은 철자 파일에 없는 단어를 강조 표시한다. 이 표시된 단어로 이동해서 철자를 수정할 수 있다. 또한 Vim은 이 단어의 올바른 표기법을 추천해준다.

다음 본문 일부를 확인하자.

spell_check/yoru-moustache.txt

```
Yoru mum has a moustache.
```

첫 단어는 명확하게 잘못 기입되었다. 다음 명령을 입력하면 내장 맞춤법 검사를 활성화해서 잘못 입력한 단어를 강조 표시할 수 있다.

⇒ `:set spell`

"Yoru"는 SpellBad 문법 강조로 표시된다. 일반적으로는 틀린 단어 밑에 빨간 점선으로 표시되지만 현재 색상 설정에 따라서 강조 표시가 다를 수도 있다.

기본적으로 Vim은 맞춤법 검사를 영어 단어 사전을 사용해서 수행한다. 이 사전을 변경하는 방법은 'Tip.121 다른 철자 사전 사용하기'에서 확인한다. 이 팁에서는 기본 설정을 그대로 사용한다.

Vim 맞춤법 검사 수행하기

맞춤법이 틀렸다고 표시된 단어는 [s와]s 명령을 사용해서 전후로 이동할 수 있다(:h]s 참고). 잘못 입력했다고 표시한 단어 위에 현재 커서가 놓여 있다면 z=명령으로 추천 정정 목록을 열 수 있다(:h z= 참고). 다음 그림은 z= 명령을 실행하기 전후 모습이다.

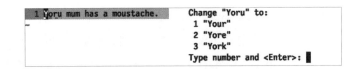

잘못 입력한 단어를 "Your"로 치환하기 위해서 1〈CR〉을 입력한다. 목록에 찾는 단어가 없다면 〈Esc〉를 눌러서 창을 닫으면 된다.

프롬프트를 출력하지 않고 치환하려면 z= 앞에 숫자를 넣어 입력하는 방법을 사용할 수 있는데 그 숫자에 해당하는 추천 단어를 사용해서 바로 치환한다. 첫번째 추천이 옳은 교정이라고 확신한다면 1z=을 입력해서 그 단어를 바로 사용할 수 있다.

필자는 글을 쓸 때 글을 작성하는 과정과 맞춤법 검사 과정을 별도의 작업으로 분리하는 방식을 선호하는 편이다. 글을 쓸 때는 맞춤법 검사 기능을 끈 상태로 작업을 진행해서 틀린 단어를 고치는 데 시간을 쓰지 않는다. 문서를 다 작성한 다음에야 맞춤법 검사 기능을 켜고 문서를 살펴보면서 잘못 입력한 단어를 수정한다.

다음은 일반 모드에서 맞춤법 검사를 수행할 때 사용할 수 있는 필수 명령이다.

명령	효과
]s	다음 철자 오류로 이동하기
[s	이전 철자 오류로 이동하기
z=	현재 단어 교정 추천 단어 열기
zg	현재 단어를 철자 파일에 추가하기
zw	현재 단어를 철자 파일에서 제거하기
zug	현재 단어에서 사용한 zg 또는 zw 명령 취소하기

zg, zw, zug 명령은 'Tip.122 철자 파일에 단어 추가하기'에서 살펴볼 예정이다.

Tip.121 다른 철자 사전 사용하기

Vim 맞춤법 검사는 지역 영어를 사용해서 수행할 수 있도록 지원한다. 다른 지역 영어를 사용해서 맞춤법을 수행하는 방법과 다른 언어 철자 사전을 맞춤법 검사에서 활용하는 방법을 확인한다.

Vim 맞춤법 검사를 활성화하면 기본적으로 영어 사전을 사용해서 단어를 검사한다. 'spelllang' 설정을 변경해서 이 동작을 변경할 수 있다(:h 'spelllang' 참고). 'spelllang' 설정은 전역 설정이 아니라 항상 현재 버퍼에만 적용되는 지역 설정이다. 본인이 다언어로 작업을 한다면 동시에 여러 문서를 열어놓고도 다른 종류의 철자 파일을 사용해서 맞춤법 검사를 수행할 수 있다는 의미다.

지역 언어 지정하기

Vim의 철자 파일은 여러 지역의 영어를 지원한다. 기본 값은 spelllang=en으로 설정되어 있다. 별도로 지역을 지정하지 않았기 때문에 어떤 지역의 영어든 문제없다고 인식한다. 즉, 콧수염을 "moustache"(영국 철자)로 사용해도, "mustache"(미국 방식)으로 사용해도 철자에 문제가 없는 것으로 간주하고, 고치라는 표시 없이 검사를 통과한다.

미국식 철자법만 사용하려면 다음처럼 지정하면 된다.

```
⇒ :set spell
⇒ :set spelllang=en_us
```

이 설정을 사용하면 "moustache"는 잘못 입력한 것으로 표시하고 "mustache"는 문제없이 검사를 통과한다. spelllang 설정에는 en_au, en_ca, en_gb, en_nz 등

다른 지역도 사용할 수 있다. 지원하는 모든 목록은 :h spell-remarks에서 확인
가능하다.

다른 언어의 철자 파일 사용하기

Vim은 영어 철자 파일만 제공하지만 사용 가능한 다른 언어 파일을 다운로드할
수 있다.[1] 시스템에 존재하지 않는 철자 파일을 사용하려고 다음처럼 입력하면
Vim은 그 언어를 찾아 설치한다.

```
⇨ :set spell
⇨ :set spelllang=fr
❰ Cannot find spell file for "fr" in utf-8
  Do you want me to try downloading it?
  (Y)es, [N]o:
⇨ Y
❰ Downloading fr.utf-8.spl
  In which directory do you want to write the file:
  1. /Users/drew/.vim/spell
  2. /Applications/MacVim.app/Contents/Resources/vim/runtime/spell
  [C]ancel, (1), (2):
```

이 기능은 Vim에 기본적으로 포함되어 있는 플러그인인 spellfile.vim에서 제공
한다. 이 기능을 사용하기 위해서는 다음 두 줄의 설정을 vimrc의 가장 끝에 추
가해야 한다.

```
set nocompatible
filetype plugin on
```

Tip.122 철자 파일에 단어 추가하기

Vim에 포함되어 있는 철자 사전은 그렇게 방대하지 않다. 대신 철자 파일에 단
어를 추가할 수 있는 기능을 함께 제공한다.

간혹 사전에 없는 단어라고 무조건 잘못된 단어로 표시하는 경우가 있다. 이
런 경우에 Vim에게 그 단어를 옳은 단어로 인식하도록 zg 명령을 사용할 수 있
다. 이 명령은 커서 밑에 있는 단어를 철자 사전에 추가하는 기능을 한다(:h zg
참고).

Vim은 이 명령을 보완하기 위해서 현재 커서 밑에 있는 단어를 철자 파일에서
제외하는 zw 명령도 제공한다. zg 또는 zw 명령을 무심코 누르면 의도하지 않은

---

1 http://ftp.vim.org/vim/runtime/spell/

단어를 철자 파일에 추가하거나 제거하게 된다. 이런 경우를 대비해 실행 취소 명령인 zug가 제공되는데 이 명령을 사용하면 zg 또는 zw 명령으로 커서 밑에 있는 단어에 수행한 작업을 원래대로 되돌린다.

Vim은 철자 파일을 사용해서 단어를 사전에 추가하기 때문에 다른 세션에서도 변경한 단어를 그대로 사용할 수 있다. 철자 파일의 이름은 언어명과 파일 인코딩으로 표기한다.

UTF-8 인코딩을 사용하는 파일에서 맞춤법 검사를 수행하고 영어 사전을 사용했다면 zg 명령으로 추가한 단어는 모두 ~/.vim/spell/en.utf-8.add라는 파일에 저장된다.

전문 용어를 위한 철자 파일 생성하기

zg 또는 zw 명령을 사용하면 변경 사항을 파일에 저장하게 되는데 spellfile 설정을 사용해서 이 파일의 경로를 변경할 수 있다(:h 'spellfile' 참고). Vim은 철자 파일을 동시에 여러 개 지정할 수 있으며 단어 목록도 동일하게 다중으로 사용할 수 있다.

이 책에서는 영어 사전에는 없는 Vim 명령(ciw 등)과 설정('spelllang') 같은 영어 단어를 많이 포함하고 있다. Vim에서 이런 단어를 잘못 입력한 단어로 표시하고 싶지 않지만 그렇다고 올바른 영어 단어로 표시하는 것도 마음에 들지 않는다. 이 두 입장의 타협안으로 Vim 용어를 별도의 단어 목록으로 관리하려고 한다. 이런 용도로 철자 파일을 만들어 둔다면 Vim에 관한 글을 써야 할 때는 언제든지 별도로 만들어 둔 철자 파일을 불러서 활용할 수 있다.

이 장을 다 작성하고 맞춤법 검사를 수행하기 위해서 다음 설정을 추가했다.

spell_check/spellfile.vim

```
setlocal spelllang=en_us
setlocal spellfile=~/.vim/spell/en.utf-8.add
setlocal spellfile+=~/books/practical_vim/jargon.utf-8.add
```

~/.vim/spell/en.utf-8.add는 Vim에서 zg 명령으로 단어를 추가했을 때 그 단어를 저장하는 기본 경로에 해당한다. ~/books/practical_vim/jargon.utf-8.add 경로는 이 책과 함께 제공한 리포지터리에 포함된 사전 파일로 Vim 용어를 목록으로 저장하고 있다.

이제 단어가 맞춤법 검사에서 잘못된 단어로 표시되면 다음과 같이 선택할 수 있다. 이 단어를 Vim 용어 목록에 추가하려면 2zg를 입력하고, 기본 단어 목록에 추가하려면 1zg를 입력하는 식으로 단어를 저장하면서 위치를 지정할 수 있다.

Tip.123 끼워넣기 모드에서 철자 오류 고치기

Vim 철자 자동완성은 끼워넣기 모드를 벗어나지 않고도 잘못 입력한 내용을 수정할 수 있는 기능을 제공한다.

다음 작업을 생각해보자. 문서를 한 줄 입력한 다음에 몇 단어 앞에서 철자가 틀렸다는 점을 알아챘다. 그 단어를 고치려면 어떻게 해야 할까?

준비

이 기법은 맞춤법 검사 기능을 활성화해야 사용할 수 있다.

```
⇨ :set spell
```

일반적인 방법: 일반 모드로 전환하기

실수를 고치기 위해서 일반 모드로 다시 전환한 다음에 [s 명령으로 잘못 입력한 위치로 이동한 후, 1z= 명령으로 고칠 수 있다. 오류를 모두 교정한 다음에는 원래 위치였던 현재 행의 끝으로 이동한 다음에 끼워넣기 모드로 전환하는 A 명령을 눌러 계속 문서를 작성할 수 있다.

빠른 방법: 철자 자동완성 사용하기

앞에서 확인한 방법 대신에 끼워넣기 모드에서 ⟨C-x⟩s 명령을 사용해서 오류를 교정할 수 있다. 이 명령은 다른 자동완성 기능과 다르게 특별한 방식으로 자동완성을 수행한다(:h compl-spelling참고). 다음 그림에서 ⟨C-x⟩s를 실행하기 전후 모습을 확인할 수 있다. 이 과정은 끼워넣기 모드에서 진행되었다.

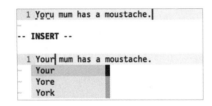

자동완성 단어 목록에는 'Tip.120 맞춤법 검사하기'에서 z= 명령을 실행해서 확인한 목록과 동일한 내용이 들어 있다.

자동완성 명령을 실행하면 Vim은 현재 커서 위치에 있는 단어를 자동완성하기 위해서 추천 단어 목록을 제공한다. 하지만 이 〈C-x〉s 명령을 이용하면, 현재 커서 위치를 기준으로 이전에 입력한 내용에서 잘못 입력한 단어가 있는지 검색을 수행한다. 이 검색에서 잘못된 단어를 찾으면 그 위치에서 멈춘다. 그리고 나서 자동완성 팝업 메뉴로 이 틀린 단어를 대체할 만한 단어를 단어 목록으로 만들어 추천한다. 'Tip.113 자동완성 팝업 메뉴 사용하기'에서 배운 대로 팝업 메뉴를 사용하는 모든 명령을 여기에서도 동일하게 사용할 수 있다.

〈C-x〉s 명령은 현재 행에서 잘못 입력한 단어가 하나 이상 있는 경우에 큰 도움이 된다. :set spelllang=en_us를 지정하면 앞에서 본 예제에서 "moustache"가 잘못된 단어로 표시될 것이다. 끼워넣기 모드에서 행 끝에 커서를 위치한 상태에서 〈C-x〉s를 두 번 입력하면 잘못 작성한 단어가 모두 수정된다. 이 기능을 직접 사용해보자. 정말 멋진 기능이라는 걸 알 수 있을 것이다.

이제부터 해야 할 일

Practical Vim의 마지막에 도달했다. 축하한다! 이제 무엇을 해야 할까?

계속 연습하라!

Vim을 계속 사용하자. 처음엔 까다롭게 느껴졌던 부분도 꾸준히 연습하면 또하나의 천성이 될 수 있다. Vim을 어떻게 사용해야 하는지 생각하지 않고도 자연스럽게 사용하는 것을 목표로 삼자. 그 경지에 도달하면 생각하는 속도만큼 빠르게 문서를 편집할 수 있을 것이다.

Practical Vim은 처음부터 끝까지 한 번에 읽는 식으로 작성한 책이 아니라서 한번에 쭉 읽는다고 모든 내용을 배울 수는 없다. 더군다나 몇 가지 팁은 기초적인 내용이지만 일부는 고급 사용자를 위한 내용을 다루고 있기 때문이다. 이 책을 다 읽은 후에도 다시 읽다 보면 새로운 사실을 또 배울 수 있을 것이다.

Vim을 자기만의 도구로 만들자

지금까지는 외부의 기능 없이 대부분 Vim에 있는 기능만을 사용해서 학습했다. 설치에 포함되어 있는 기능도 유용하게 사용할 수 있는 도구를 많이 포함하고 있지만 Vim을 사용할 때 이 기능만 붙잡고 사용하라는 의미는 아니다. Vim의 기본 설정이 좋은 설정인 경우는 그렇게 많지 않다. 왜 이런 방식으로 동작하지? 라는 생각이 들 정도로 의문스러운 설정은 대부분 'vi가 그렇게 동작했기 때문'인 경우가 많다.

그런 기본 설정을 참아가며 사용할 필요는 없다. 자신이 원하는 방식대로 Vim 이 동작하도록 기능을 수정하자. vimrc 파일에 선호하는 설정을 한번 작성하면 언제든지 그 설정을 불러와서 사용할 수 있다. 그러므로 자신의 작업 패턴에 맞게 설정을 바꿔보자. 부록 'Vim을 자신의 취향에 맞게 수정하기'에서 개인 설정을 어떻게 시작할 수 있는지 기초적인 안내서를 제공한다.

톱 쓰는 법을 배워라, 그리고 날을 갈아라

브램 무레너(Bram Moolenaar)는 그의 수필인 「성공하는 문서 편집의 일곱 가지 습관」에서 톱날을 가는 데 시간을 투자하라고 조언한다.[2] vimrc 파일을 만드는 것도 그 방법 중 하나지만 이 설정 파일을 만들기 전에 Vim의 기초 기능을 이해하는 과정이 필수적이다. 톱을 사용하는 방법을 먼저 배우자. 그 후에 날을 갈자.

사람들이 Vim을 수정하지 않고 그대로 사용해서 마치 무딘 톱을 사용하는 것처럼 쓰는 경우를 종종 봐왔다. 심지어 칼날을 갈지 않고 칼 손잡이를 가는 경우도 본 적이 있다! 하지만 이 책을 읽은 독자들은 그런 걱정은 할 필요가 없다. 이미 Vim의 핵심 기능은 모두 배웠기 때문에 이런 실수를 저지르진 않을 것이다.

vimrc 파일에 있던 내용은 모두 지우고 처음부터 작성하자. 설정 파일을 빈 파일로 만들고 다시 작성한다면 이 책과 함께 제공된 코드에 포함되어 있는 essential.vim이 도움될 것이다. 많은 Vim 사용자가 자신의 vimrc 파일을 인터넷에 게시하고 있다. 이렇게 공유된 자료를 참고하면 자신의 vimrc를 만드는 데 창조적인 밑거름이 될 수 있다. 자신의 문제를 해결할 수 있는 부분이 있다면 그 방법을 따르고 반대로 필요 없는 부분은 과감하게 제거한다. 자신이 작성한 vimrc는 자신이 소유하고 있어야 한다. 소유한다는 말은 그 안에 무엇이 담겨있는지 모두 이해하고 있어야 한다는 말과 같다.

내가 작성한 vimrc의 내용을 여기에서 설명하고 싶은 마음은 굴뚝같지만 그 유혹을 참고 있다(만약 그랬다면 이 책이 두 배는 두꺼워졌을 것이다). 하지만 참고 삼아서 파일을 찾을 수 있는 위치를 남긴다. 내 깃허브 페이지에 가면 내가 사용하는 많은 설정 파일과 함께 vimrc 파일을 찾을 수 있다.[3] 또한 Vimcasts. org에 내 설정에 대한 설명과 함께 선호하는 플러그인을 추천했으니 참고하기

---

2 *http://www.moolenaar.net/habits.html*
3 *http://github.com/nelstrom/dotfiles*

바란다.[4]

　Vim은 독특한 라이센스인 체리티웨어(charityware)로 배포하고 있다(`:h license` 참고). 무료로 사용할 수 있지만 ICCF Holland 재단[5]에 기부하는 것을 적극 권장하고 있다. 이 재단은 우간다에 있는 어린이를 돕고 있다. Vim을 작성한 사람에게 작게나마 감사를 표하고 싶다면 이 기부에 참여하길 권한다.

　　⇒ `:x`

4　*http://vimcasts.org/*
5　*http://iccf.nl/*

부록

P r a c t i c a l V i m

Vim을 자신의 취향에 맞게
수정하기

이 책은 Vim의 핵심 기능을 숙련하는 데 초점을 두고 있지만 기본 설정이 자신의 취향과는 거리가 있을 수도 있다. Vim의 설정은 매우 유연해서 자신이 선호하는 대로 기능을 수정할 수 있다.

즉석에서 Vim 설정 변경하기

Vim은 Vim의 기능과 동작 방식을 변경할 수 있는 수백 가지 설정을 제공한다(`:h option-list`에서 전체 목록을 확인할 수 있다). 이 설정은 모두 `:set` 명령을 사용해서 변경할 수 있다.

  'ignorecase' 설정을 예로 확인하자(이 설정은 'Tip.73 검색 패턴에 대소문자 판별 지정하기'에서 확인했다). 이 설정은 불린(boolean) 값으로, 켜고 끄는 것이 가능하다. 기능을 활성화하기 위해서는 다음 명령을 실행한다.

> ➪ `:set ignorecase`

이 기능을 비활성화하기 위해서는 "no"를 단어 앞에 붙여서 호출한다.

> ➪ `:set noignorecase`

불린 설정 뒤에 느낌표(!) 기호를 붙이면 현재 설정의 반대 설정으로 전환할 수 있다.

> ➪ `:set ignorecase!`

명령 뒤에 물음표(?) 기호를 붙이면 현재 설정된 값을 확인할 수 있다.

```
⇨ :set ignorecase?
< ignorecase
```

기본 설정으로 변경하고 싶다면 설정 끝에 & 기호를 붙여서 실행한다.

```
⇨ :set ignorecase&
⇨ :set ignorecase?
< noignorecase
```

Vim 설정 중에는 문자열이나 숫자를 사용하는 경우도 있다. 예를 들어 'tabstop' 설정을 사용하면 탭 문자를 몇 열 문자로 표시할지 설정할 수 있다. 아래와 같이 설정 값을 지정한다.

```
⇨ :set tabstop=2
```

set 구문 하나로 여러 설정을 한번에 지정할 수도 있다.

```
⇨ :set ts=2 sts=2 sw=2 et
```

softtabpstop, 'shiftwidth', 'expandtab' 설정은 Vim의 들여쓰기에도 영향을 준다. 이 설정에 대해서는 Vimcasts의 에피소드인 탭과 공백[1]을 확인하자.

Vim에서 사용할 수 있는 설정은 대부분 더 짧게 입력할 수 있는 축약어도 함께 제공한다. 'ignorecase' 설정은 ic로 줄여서 사용할 수 있는데 :se ic!로 설정을 변경하거나 :se noic로 기능을 비활성화할 수 있다. 즉석에서 설정을 변경하는 경우는 축약어로 변경하는 것이 낫지만 vimrc에 설정으로 입력하는 경우에는 가독성을 위해 긴 이름을 사용하는 쪽이 바람직하다.

Vim 설정은 대부분 전역으로 동작하지만 일부 설정은 창이나 버퍼를 기준으로만 제한해서 사용할 수 있다. :setlocal tabstop=4를 실행하면 현재 활성 버퍼에만 적용된다. 즉, 동시에 여러 파일을 열고 있다면 서로 다른 'tabstop' 설정을 각각 지정하는 것도 가능하다는 뜻이다. 동일한 설정을 모든 버퍼에 적용하고 싶다면 다음과 같이 실행한다.

```
⇨ :bufdo setlocal tabstop=4
```

'number' 설정은 창 단위로 사용할 수 있다. :setlocal number를 입력하면 활성

---

[1] *http://vimcasts.org/e/2*

화된 창에서 행 번호를 표시한다. 모든 창에서 행 번호를 표시하고 싶다면 다음 명령을 사용한다.

⇨ `:windo setlocal number`

`:setlocal` 명령은 현재 창이나 현재 버퍼에서만 설정을 변경할 때 사용할 수 있다(전역으로 사용할 수 있는 설정도 해당한다). `:set number`를 실행하면 현재 창에서 행 번호를 활성화하고 전역 기본 값으로도 같은 설정을 반영한다. 현재 열려 있는 창은 지역 설정에 따라 동작하지만 새로 열리는 창은 새 전역 설정에 따라 행 번호가 활성화된 창으로 동작한다.

vimrc 파일에 설정 저장하기

즉석에서 변경한 Vim 설정이 모두 잘 동작한다. 그런데 변경한 설정 중에서 특히 마음에 드는 기능이 있다면 어떻게 하면 좋을까? 이런 기능은 세션이 달라지더라도 계속 사용할 수 있다면 유용하지 않을까?

변경한 설정은 파일로 작성해서 저장할 수 있다. 그 저장한 파일은 `:source {파일}` 명령을 사용해서 특정 {파일}에 작성한 설정을 현재 세션에서 사용하도록 불러올 수 있다(`:h :source` 참고). 파일을 불러오면 명령행 모드에서 명령을 직접 입력해서 실행하는 것과 동일하게 저장된 파일의 각 행을 Ex 명령 같이 실행하게 된다.

파일 들여쓰기를 두 칸 공백으로 설정하고 사용하려면 다음과 같이 파일을 생성해서 디스크에 저장해놓고 필요할 때마다 불러서 사용할 수 있다.

customizations/two-space-indent.vim

```
" Use two spaces for indentation
set tabstop=2
set softtabstop=2
set shiftwidth=2
set expandtab
```

이 설정을 현재 버퍼에 적용하고 싶다면 다음 명령을 실행할 수 있다.

⇨ `:source two-space-indent.vim`

설정을 즉석에서 변경하려면 콜론(:)을 입력해서 명령행 모드로 전환해서 변경할 수 있다. 명령 행 가장 앞에 붙이는 콜론은 파일로 저장하는 경우에는 필요하지 않다. :source 명령으로 실행하는 파일은 파일 각 행을 이미 Ex 명령으로 가정하고 실행하기 때문이다.

Vim을 구동하면 vimrc 파일이 존재하는지 먼저 확인하는 과정을 거친다. 이 파일이 존재하면 Vim을 실행할 때 이 파일에 포함된 내용도 자동으로 같이 실행한다. 이 원리를 사용해서 선호하는 설정을 vimrc 파일에 미리 저장한다면 Vim을 실행할 때 항상 불러와서 사용하는 것이 가능하다.

Vim은 여러 위치에 있는 vimrc를 확인한다(:h vimrc). 유닉스 시스템에서 Vim을 실행하면 ~/.vimrc 파일을 확인한다. 윈도우에서는 $HOME/_vimrc 파일을 확인한다. 어느 시스템에서 구동하든 상관없이 Vim에서 vimrc 파일을 다음 명령으로 열 수 있다.

➪ **:edit $MYVIMRC**

$MYVIMRC는 Vim에서 사용하는 환경변수로 vimrc 파일의 경로로 확장한다. vimrc 파일을 저장한 다음에 새로운 설정을 Vim 세션에 반영하려면 다음 명령을 입력한다.

➪ **:source $MYVIMRC**

vimrc 파일이 활성 버퍼에 열려 있다면 :so %로 줄여 입력할 수 있다.

특정 타입의 파일에 개별 설정 적용하기

Vim에서 모든 파일에 일괄적으로 적용되었으면 하는 설정도 있겠지만 때로는 파일 타입에 따라 적용되었으면 하는 경우도 있다. 예를 들어 루비(Ruby)는 2칸 들여쓰기를 사용하고 자바스크립트(JavaScript)는 4칸 들여쓰기를 사용하는 사내 규정이 있을 수 있다. 파일 타입을 기준으로 개별적인 설정을 하려면 다음과 같이 vimrc에 설정할 수 있다.

customizations/filetype-indentation.vim

```
if has("autocmd")
    filetype on
    autocmd FileType ruby setlocal ts=2 sts=2 sw=2 et
    autocmd FileType javascript setlocal ts=4 sts=4 sw=4 noet
endif
```

autocmd 문은 Vim에게 이벤트 발생을 감지하면, 특정 명령을 실행하는 데 사용하는 선언문이다(:h :autocmd 참고). FileType 이벤트를 기다리고 있다가 Vim이 현재 파일의 타입을 감지하면 이 이벤트를 호출할 경우 지정한 명령을 실행하게 된다.

자동 명령(autocommand)은 동일한 이벤트라도 상관없이 여러 번 적용해서 사용할 수 있다. nodelint를 자바스크립트 파일의 컴파일러로 사용하려고 한다면 다음 예제처럼 이벤트를 하나 더 등록할 수 있다.

```
autocmd FileType javascript compiler nodelint
```

Vim에서 자바스크립트 파일을 열 때 FileType 이벤트를 호출하는데, 그 과정에서 앞 설정에서 이벤트에 지정한 두 가지 자동 명령을 모두 실행한다.

한두 개 정도의 파일 타입을 변경할 때는 자동 명령을 vimrc에 추가하는 작업으로도 충분하다. 하지만 각각 파일에 개별적인 설정을 지정하는 양이 많아지면 금방 난장판이 될 것이다. ftplugin은 자동 명령 대신 파일 타입에 따라 개별 설정을 사용할 수 있는 대안적인 구조를 제공한다. 이 플러그인을 사용하면 자바스크립트 설정을 자동 명령으로 vimrc에 선언하는 방법 대신에 ~/.vim/after/ftplugin/javascript.vim 파일을 생성해서 거기에 해당 언어에서 사용할 설정을 작성할 수 있다.

customizations/ftplugin/javascript.vim

```
setlocal ts=4 sts=4 sw=4 noet
compiler nodelint
```

이 파일은 일반 vimrc 파일처럼 작성했지만 자바스크립트 파일을 불러올 때만 적용한다는 점이 다르다. 또한 ftplugin/ruby.vim 파일을 루비 개별 설정을 위해서 사용할 수 있으며 동일한 방식을 다른 파일 타입에도 적용해서 사용할 수 있다. 자세한 내용은 :h ftplugin-name에서 확인한다.

ftplugin 구조를 사용하기 위해서는 파일 타입 감지와 플러그인을 모두 활성화해야 한다. 다음 내용을 현재 vimrc 파일에 포함하고 있는지 확인한다.

```
filetype plugin on
```

찾아보기